Uma história social do abandono de crianças:

De Portugal ao Brasil:
séculos XVIII-XX

Renato Pinto Venancio (org.)

Pontifícia Universidade Católica de Minas Gerais
Grão-Chanceler: Dom Walmor Oliveira de Azevedo
Reitor: Dom Joaquim Giovani Mol Guimarães
Vice-reitora: Patrícia Bernardes

Pró-reitor de Pesquisa e de Pós-graduação: João Francisco de Abreu
Diretor da Editora: Geraldo Márcio Alves Guimarães

Editora PUC Minas
Rua Pe. Pedro Evangelista, 377 – Coração Eucarístico
30535 490 Belo Horizonte MG Brasil
Tel.: 55 (31) 3319-9904 Telefax: 55 (31) 3319-9907
e-mail: editora@pucminas.br
www.pucminas.br/editora

Uma história social do abandono de crianças:

De Portugal ao Brasil: séculos XVIII-XX

Renato Pinto Venancio (org.)

Copyright© 2010 Renato Pinto Venancio (org.)

Edição: Joana Monteleone
Editora assistente: Vitor Rodrigo Donofrio Arruda
Projeto gráfico e diagramação: Fernanda Pedroni Portijo
Revisão: Iris Morais Araújo
Assistente de produção e Capa: Sami Reininger
Imagem da capa:

CIP-BRASIL.CATALOGAÇÃO-NA-FONTE
SINDICATO NACIONAL DOS EDITORES DE LIVROS, RJ

H58

UMA HISTÓRIA SOCIAL DO ABANDONO DE CRIANÇAS: de Portugal ao Brasil : séculos
XVIII–XX /
Renato Pinto Venancio.
São Paulo: Alameda, 2010.
360p.

Inclui bibliografia
ISBN 978-85-7939-027-2

1. Monores abandonados – Brasil – História. 2. Monores abandonados – Portugal
– História. 3. Monores abandonados – Condições sociais. 4. Monores abandonados
– Assistência em instituições – História. I. Venâncio, Renato Pinto, 1961–

10-0878.   CDD: 362.730981
                           CDU: 362-783.4(81)

017862

[2010]
ALAMEDA CASA EDITORIAL
Rua Conselheiro Ramalho, 694 – Bela Vista
CEP 01325-000 – São Paulo – SP
Tel. (11) 3012-2400
www.alamedaeditorial.com.br

Sumário

Introdução	07
I - A criança abandonada na história de Portugal e do Brasil *Maria Luiza Marcílio*	13
II - Evolução do conceito de *Exposto* em Portugal *Teodoro Afonso da Fonte*	39
III - Crianças abandonadas em áreas sem assistência institucional *Ana Silvia Volpi Scott e Carlos de Almeida Prado Bacellar*	59
IV - A propósito das origens dos enjeitados no período escravista *Sheila de Castro Faria*	81
V - Na roda da vida: os filhos de criação em São Paulo colonial *Alessandra Zorzetto Moreno*	99
VI - As Santas Casas da Misericórdia e a Roda dos Expostos *Andréa da Rocha Rodrigues*	123
VII - Assistência e abandono de recém-nascidos em Vila Rica colonial *Renato Franco*	147
VIII - Os frutos enjeitados: o abandono de crianças na Mariana Oitocentista *Cíntia Ferreira Araújo*	177

IX - Expostos, enjeitados e estratégias matrimoniais na Vila de Curitiba   203
colonial *André Luiz M. Cavazzani*

X - Os enjeitados da capitania do Rio Grande do Norte   233
Thiago do Nascimento Torres de Paula

XI - O "espetáculo" da morte de crianças e a Casa dos Expostos no Recife   253
colonial - *Alcileide Cabral do Nascimento*

XII - Expostos e ilegítimos em Cuiabá: sociabilidades, estratégias e parentesco   273
espiritual, século XIX - *Maria Adenir Peraro*

XIII - Sobrevivências e trajectórias de expostos emigrados para o Brasil   297
Henrique Rodrigues

XIV - De exposto a menor abandonado: uma trajetória jurídico-social   339
Silvia Maria Fávero Arend

Introdução

NAS ÚLTIMAS DÉCADAS, vários pesquisadores se dedicaram à história do abandono de crianças. No passado, isso quase sempre consistia no enjeitamento de recémnascidos, deixados em ruas, caminhos e terrenos baldios, assim como em soleiras de portas ou na *Roda dos Expostos* das Santas Casas de Misericórdia. Nesses últimos casos, os bebês eram acolhidos em tonéis giratórios que uniam a rua ao interior dos hospitais, sendo enviados aos cuidados de amas-de-leite externas à instituição. Noutras ocasiões, as Câmaras municipais assumiam a responsabilidade pelas crianças sem-família, mantendo-as em lares pagos para recebê-las.

Isso não ocorria somente no Brasil, ocorria também em várias sociedades europeias em períodos anteriores ao século XX. A extensão e profundidade do fenômeno do abandono infantil e as múltiplas soluções institucionais surgidas estão sendo redescobertas. Daí a ideia de se organizar este livro. Ele não só reúne algumas das melhores pesquisas desenvolvidas por historiadores brasileiros, como também apresenta estudos realizados em Portugal, sugerindo caminhos para se refletir a respeito da história comparada das duas sociedades.

Abrindo esta coletânea, Maria Luiza Marcílio, que pioneiramente demonstrou a importância do abandono infantil na sociedade colonial, apresenta um painel da trágica condição de vida dos expostos, marcados por vários tipos de privações e pela quase sempre morte precoce. Graças a um profundo conhecimento das fontes documentais e da bibliografia especializada, a historiadora traça um detalhado quadro de história institucional do abandono, revelando como os meninos e meninas enjeitados eram acolhidos e mantidos pelos estabelecimentos luso-brasileiros destinados a esse fim.

Teodoro Afonso da Fonte volta-se para a análise dos conceitos referentes à infância abandonada. Seu texto revela que, desde meados do século XIX, houve um genuíno esforço das autoridades portuguesas no sentido de implementar uma política de auxílio familiar, condenando as Rodas dos Expostos e estimulando a criação de creches gratuitas e de formas de apoio econômico a mulheres grávidas solteiras – procedimentos que demoraram um século a ser implementados no Brasil.

Ana Silvia Volpi Scott e Carlos de Almeida Prado Bacellar, em pesquisa inovadora e baseada em fontes primárias, comparam comunidades rurais de Portugal e do Brasil, do século XVIII, no que diz respeito às formas de acolhimento de crianças que não contavam com subsídios nem das Santas Casas nem das Câmaras. Aparentemente, no Império português, o acolhimento gratuito familiar foi a forma mais difundida de socorro às crianças abandonadas, daí decorrendo a importância da análise em questão.

O texto seguinte, de autoria de Sheila de Castro Faria, explora os complexos vínculos entre a escravatura e o abandono. Os filhos de escravas eram abandonados? A compra e venda de bebês cativos sugerem que isso não devia ser frequente. Uma vez livres, os forros e forras enjeitavam os filhos? Quanto a isso, a cor atribuída aos enjeitados é um dado revelador: quase todos enjeitados eram registrados como brancos.

Em sua investigação, a historiadora não se contenta com explicações unilaterais e fornece alternativas. Revela convincentemente que *"branco" teria significado de "livre"*. Dessa forma, é possível supor que muitos enjeitados, filhos de afrodescendentes livres e pobres, fossem classificados como "brancos" em virtude de os párocos (nas atas de batismos) e/ou os funcionários de hospitais e câmaras (nos livros de matrículas de expostos) estarem preocupados em salvaguardar a liberdade dessas crianças.

Alessandra Zorzetto Moreno avança noutra direção, ao mostrar, para o caso de São Paulo colonial, que o enjeitamento era uma forma de circulação de crianças, dentre várias que existiam: como no caso de crianças moradoras *de favor* (ou seja, *agregadas*), assim como de crianças que viviam em lares alheios, na condição de *aprendizes* ou então como *órfãs, sobrinhos e afilhados*. Essa análise leva a uma importante indagação: seria o enjeitamento da um sinal de crise nos padrões tradicionais de circulação, uma indicação de ausência de chances de inserção direta da criança em outro domicílio?

No capítulo assinado por Andréa Rocha Rodrigues é apresentada a evolução da Roda dos Expostos de Salvador, Bahia. Trata-se da instituição desse tipo mais antiga do Brasil. Estabelecida em 1726, a Roda baiana funcionou durante mais de dois séculos, acolhendo milhares de meninos e meninas. Esse texto traz importantes contribuições ao tema, principalmente nos tempos atuais, em que muitos países, como Itália, Alemanha e Japão, estabeleceram versões modernas das antigas Rodas.

Renato Júnio Franco apresenta uma minuciosa pesquisa a propósito do auxílio aos enjeitados mantidos pela Câmara de Vila Rica colonial, atual Ouro Preto. A criação do socorro camarário destinava-se a evitar a macabra situação de abandono de crianças em ruas e terrenos baldios durante a noite, sendo as mesmas eventualmente encontradas nos dias seguintes, mortas, com marcas no corpo evidenciando terem sido atacadas por cães e porcos que perambulavam pelas ruas. Tal auxílio, porém, gerava uma situação paradoxal: uma vez estabelecido, mais e mais meninos e meninas eram abandonados, num quadro em que vários segmentos da população procuravam usufruir dos recursos públicos, buscando criar filhos em domicílios alheios. Eis uma importante lição desse estudo, válida mais do que nunca: políticas públicas, focadas na criança e não na família, acabam condicionando a proteção à infância à fragmentação dos laços familiares.

Também explorando material camarário, Cíntia Ferreira Araújo indica os destinos possíveis comuns às crianças abandonadas do século XIX. Como em todos os lugares até agora estudados, a mortalidade infantil e infanto-juvenil dos expostos da cidade de Mariana, Minas Gerais, era extraordinária. A morte precoce era o destino mais comum dos enjeitados, sendo muitos acometidos por moléstias respiratórias, febres, varíola, sarnas e diversas outras doenças. Os raros sobreviventes começavam a trabalhar ainda na infância, tornando-se *mão-de-obra suplementar dos domicílios*, como semi-escravos da lavoura ou como ajudantes de artífices. Inúmeras meninas, por sua vez, se tornavam criadas domésticas, fiandeiras ou costureiras – havendo também aquelas que conseguiam fugir do circuito do abandono através do casamento.

Esse último tema é central no texto de André Luiz M. Cavazzani. Através dos livros paroquiais de casamento é analisada, em detalhes, a formação de famílias envolvendo cônjuges que haviam sido abandonados em tenra infância. Trata-se de pesquisa pioneira e que sugere a interiorização do modelo oficial da família, mesmo entre segmentos da população pobre que nem sempre podiam efetivá-lo na prática.

10 Uma história social do abandono de crianças

Preocupações semelhantes, mas a partir de área geográfica distinta, orientam a pesquisa de Thiago do Nascimento Torres de Paula, que se debruça sobre a intricada rede de parentesco gerada a partir do compadrio entre enjeitados da cidade de Natal, Rio Grande do Norte. Paralelamente a isso, o pesquisador releva a importância do fenômeno da *substituição*, ou seja, casos em que o abandono ocorria em domicílios em que recém-nascidos teriam acabado de falecer, possibilitando aos enjeitados maiores chances de serem amamentados.

Essa situação nem sempre impedia a morte precoce da criança abandonada. Aliás, esse risco era onipresente. É o que mostra a pesquisa de Alcileide Cabral do Nascimento. O "espetáculo" da morte relacionava-se a um aspecto crucial da assistência colonial à infância: o objetivo da mesma era garantir o sacramento do batismo a todos enjeitados. Nesse sentido, a Roda "civilizava" o abandono, sendo seu estabelecimento e manutenção um compromisso assumido não só por fazendeiros e grandes comerciantes – querendo salvaguardar o destino da alma através de obras pias –, como também por governadores e demais autoridades das capitanias.

Ao longo do século XIX tal perspectiva sofre concorrência de uma outra: desde os Setecentos estava sendo gestada uma crítica à assistência cristã aos expostos, que a reduzia à preocupação com a universalização do batismo. Paralelamente à aplicação do sacramento, percebe-se a importância de se combater os altíssimos índices de mortalidade comuns aos enjeitados. A morte prematura era algo a ser evitado, pois privaria a sociedade de mão-de-obra para a agricultura, assim como de soldados para guerras e de marinheiros para atividades comerciais. Surgem, então, projetos que fazem da proteção aos sem-família uma forma de estímulo ao crescimento populacional.

Não por acaso, a partir da segunda metade do século XVIII, reinos bastante distintos, tais como Portugal, França e Rússia tentam generalizar a implantação da Roda dos Expostos. No Brasil, isso é intensificado após a Independência. Entre 1822 e 1840, o número de Rodas aumenta de quatro para 16, sendo implantadas em quase todas capitais provinciais. Maria Adenir Peraro revela uma das consequências dessa perspectiva filantrópica: em Cuiabá, a Roda do Expostos, criada em 1834, chegou a ficar 16 anos sem receber criança alguma. Como explicar, então, a sobrevivência dessa instituição? Ora, em grande parte ela decorria da sensibilidade filantrópica de governadores de província, que acreditam daí poder sair uma multidão de trabalhadores e soldados.

Se os projetos filantrópicos fracassavam, o mesmo não podemos afirmar em relação aos mecanismos tradicionais de inserção dos enjeitados no mundo do trabalho. Uma dessas alternativas relacionava-se à emigração. A partir dos registros de passaportes portugueses, Henrique Rodrigues refaz a micro-história de meninos portugueses, enviados ao Brasil, ao longo do século XIX. Essas crianças eram exploradas como trabalhadores, principalmente como caixeiros (balconistas) nas lojas de comércio varejista das capitais brasileiras. A travessia atlântica representava o ingresso em uma sociedade escravocrata, em que formas de trabalho manuais representavam uma aproximação à condição de cativo – eis a sina de muitos enjeitados portugueses em terras brasileiras.

No último capítulo, Silvia Arend apresenta a transição do conceito de "exposto" para o de "menor abandonado". Tal mudança teve sérias implicações, pois significou o reconhecimento do fracasso de boa parte dos projetos filantrópicos, que previam a inserção social produtiva dos abandonados, como trabalhadores, soldados etc. A noção de "menor" também surge – é importante frisar – no período pré-abolição, quando então se multiplicam as instituições correcionais e punitivas, em substituição à ordem privada senhorial.

Embora conste no título deste livro o recorte cronológico compreendido entre os séculos XVIII e XX, optou-se por encerrar a análise na década de 1930 – quando então começam a ser desativadas as Rodas dos Expostos brasileiras. A partir desse período, *história* e *memória* tendem a se confundir, pois daí em diante se multiplicam os casos de crianças em situação de risco, semelhantes às atuais, vistas como *menores de rua, pedintes, pivetes, trombadinhas...*

Contribuir, através da reflexão histórica, para que essa triste situação seja ultrapassada, deixando de ser *nossa contemporânea*, é o principal objetivo deste livro. Ele nasceu de uma parceria com Maria Luíza Marcílio, com quem mantenho, há décadas, um constante aprendizado e diálogo a respeito da história social da família. Agradeço também ao CNPq que, através do programa de Bolsa Produtividade de Pesquisa, viabilizou esta pesquisa e à Fundação de Amparo à Pesquisa do Estado de Minas Gerais (Fapemig) que, por meio do Programa Pesquisador Mineiro (PPM), financiou sua publicação.

1. A criança abandonada na história de Portugal e do Brasil

Maria Luiza Marcílio *

> Aos dezesseis dias do mês de agosto do ano de 1722 foi exposta na porta do Convento de Santo Antonio desta Vila, sem sinal algum, uma menina, e no mesmo dia a batizei e lhe pus o nome de Maria, e os santos óleos, sendo padrinhos.... Paróquia de Ponte de Lima, Minho, Portugal.

> Aos 8 de abril de 1798 batizei e pus os santos óleos a Maria, exposta na Casa da Santa Misericórdia e dada a criar a Thereza de Araújo, mulher parda desta freguesia. Foram padrinhos.... Freguesia da Sé, Salvador, Bahia, Brasil.[1]

Os documentos em epígrafe mostram, a um tempo, uma realidade social, um princípio moral e uma norma canônica. Esta foi codificada pela Igreja, desde o Concílio de Trento (1545-1563) e uniformizada para toda a catolicidade, não apenas a da Europa.

---

* Professora da Universidade de São Paulo (USP)

14   Uma história social do abandono de crianças

A prática de registrar os momentos vitais de cada indivíduo deve-se à Igreja católica, depois de longo processo para normalizar esse procedimento, que tinha por finalidades assinalar e conservar arquivados os atos sacramentais dos momentos vitais da vida de cada católico. O registro dos sacramentos do batismo, do matrimônio e da ordem tornou-se obrigatório com o Concílio de Trento; o registro do óbito foi incluído depois nas obrigações do vigário de cada paróquia da catolicidade. Segundo Roger Mols, os primeiros registros conhecidos do gênero datam do século xiv, de 1334, e são da aldeia francesa de Givry, na Bourgogne, que documentou então seus óbitos e batizados. No Brasil, o registro paroquial mais antigo que encontrei conservado data de 1588 é o de batismo da Freguesia de Paribe, na Bahia e, parece, ser o único conservado para o século xvi, em todo o país.

Foi a provocação da Reforma Luterana e Calvinista e de sua rápida disseminação pela Europa Ocidental, até então coesa em torno da Igreja de Roma, que desencadeou a necessidade de conhecer nominalmente e por escrito os fiéis de toda a grei católica. O Concílio de Trento, em sua 24ª sessão (11 de novembro de 1563), fixou, regulamentou e padronizou a prática dos registros de batismo e de casamento nas paróquias, tornando-a obrigatória para todo fiel da igreja, sem nenhuma distinção. Em 1614, Paulo v, em seu *Rituale Romanum,* reiterou a obrigatoriedade dos registros em cada paróquia e estendeu-a aos óbitos e ao crisma. A fiscalização dessa prática e as penalidades que a Igreja infringiu aos vigários relapsos ou omissos tornaram-se mais duras no século xviii, resultando em melhores e mais completos e cuidados registros, particularmente em paróquias ultramarinas.

Em Portugal, apesar da existência de uma prática fragmentária medieval de registrar batismos e casamentos, somente com o Concílio de Trento oficializou-se e universalizou-se o seu uso. As Constituições de Coimbra (1591) determinaram que em cada paróquia houvesse livros separados para assentar batismos, casamentos e óbitos. Outras constituições sinodais sucederam-se, como a do Arcebispado de Braga, de 1697, onde se reiterou as mesmas práticas. As séries completas de registros paroquiais em Portugal, foram bem conservadas e frequentemente remontam os anos finais do século xvi.

Estas ordens foram estendidas aos domínios lusitanos ultramarinos, desde o século xvi. No entanto, acervos de registros paroquiais do Brasil colonial só foram relativamente melhor guardados pela Igreja depois dos meados do século xviii; mesmo assim, a Igreja do Brasil não cuida bem de seus arquivos até hoje. Em 1707, realizou-se o primeiro sínodo brasileiro, de onde saíram das mãos de seu arcebispo

Monsenhor Da Vide, as *Primeiras Constituições do Arcebispado da Bahia.* Toda montada em torno das resoluções do Concílio de Trento, nelas foram confirmadas a obrigatoriedade do registro em cada paróquia dos atos de batismo, casamento e óbito de todos os seus habitantes, incluindo os escravos.

São, pois, esses documentos, essas *masses dormantes,* como as denominou Pierre Chaunu, as bases sólidas de estudos de Demografia Histórica, e que revolucionaram nossos conhecimentos sobre as sociedades e as culturas do Antigo Regime europeu e as de colonização católica europeia. Os estudos sobre a família, a mulher, a criança, a natalidade, a mortalidade, a morbidade, a sociedade em geral alcançaram extraordinário avanço e sofisticação com essa ciência nova. Basta lembrar aqui e para ilustrar que os dois estudos seminais de Philippe Ariès[2], sobre a morte e a criança nasceram com as descobertas reveladas pelos primeiros estudos da Demografia Histórica em França, baseados em registros paroquiais. Ariès foi um dos fundadores da *Sociète de Démographie Historique.*

Por suas características de padronização, de cobertura de toda a população católica sem qualquer distinção, de gênero, de raça ou de condição social, de registro estabelecido à medida que os eventos iam ocorrendo, os registros paroquiais tornaram possível a criação de procedimentos metodológicos de análises de ricas e inusitadas descobertas históricas. Essas séries permitiram estabelecer análises com diferenciações sociais, bem como comparações internacionais, como vem sendo feito para o caso dos expostos e desde os anos de 1970.

O método de "reconstituição de famílias", invenção genial de Louis Henry (o pai da Demografia Histórica), reelaborado e adaptado às particularidades do caso português por Maria Norberta Amorim, possibilitou conhecimentos sobre as sociedades (do Antigo Regime ao século XIX), antes impossíveis de serem alcançados, com tão elevado grau de sofisticação, pelos procedimentos tradicionais, e, com os documentos históricos, então usuais.

Dentro da doutrina e da preocupação da Igreja católica em propagar e defender a família formalmente constituída pelo sacramento do matrimônio, desde seus primeiros concílios, foram debatidas e transformadas em leis canônicas as regras para o casamento.

Por sua vez, com a disseminação da prática, ao longo da Alta Idade Média, de padres e monges e até bispos, de gerarem e de criarem seus filhos e mesmo de incluí-los em suas heranças, a Igreja estabeleceu as bases legislativas definitivas do sacramento da ordem (entre os séculos XI e XIII), incluindo nele, o celibato irrevogável do sacerdote.

Matrimônio e sacerdócio regulamentados em minúcias, pelo Direito Canônico, estabeleceu-se a doutrina da moral familiar e da sexualidade, com suas regras, interditos e penalidades. Foi estabelecida a família monogâmica e indissolúvel. Aborto e infanticídio foram rigorosamente proibidos. Os filhos de padres deixaram de ser reconhecidos e foram proibidos de herdar. O concubinato foi proscrito. O patrimônio da família só poderia ser transmitido por herança, aos filhos legítimos, gerados dentro do casamento perante a Igreja. A adoção legal de crianças sem família foi extinta; em seu lugar foi criado o parentesco espiritual (pelos padrinhos de batismo), norma que, segundo Goody veio para favorecer a Igreja, na medida em que os casais sem filhos eram estimulados a legar seus bens para ela. A sodomia foi tida como pecado grave a ser combatido e erradicado. O Tribunal da Inquisição, fórum criado para combater as heresias, incluiu em seus processos os casos de moral desviante; o Santo Ofício zelaria pelo rigor da doutrina e dos mores.

Em Portugal e seu império, o Santo Ofício exerceu implacável controle da moral estabelecida e os casos de desvios, perseguidos e penalizados. Esse rigor foi particularmente severo nos dois séculos que se sucederam ao Concílio de Trento. As garras do Tribunal da Inquisição estenderam-se até o Brasil, pelas Visitações do Santo Ofício, com denúncias e perseguições, particularmente atentas sobre os desvios da moral conjugal e da sexualidade.

Dessa moral católica emergiu a chamada "família de tipo europeu", legitimamente estabelecida pelo sacramento do matrimônio e perante a Igreja. Como sua resultante, a legião de filhos ilegítimos e de expostos, estes, em grande parte abandonados, a fim de salvar a moral e a honra da mãe e de sua família.

No registro de batismo, mas igualmente no de casamento e de óbito, tornou-se norma obrigatória a distinção e a marca da origem familiar de cada criança: legítima, ilegítima, exposta ou escrava.

São, pois, os registros paroquiais a fonte segura e universal que nos permitem conhecer os movimentos demográfico-sociais vitais e de estabelecer as taxas de ilegitimidade e de abandono de bebês ao longo da Idade Moderna e do século XIX. O mundo da infância, com tão poucos testemunhos escritos deixados e guardados, encontra nas séries de registros paroquiais uma das mais preciosas fontes para seu resgate histórico.

As descobertas reveladas pelas análises dos registros paroquiais, através dos procedimentos da demografia histórica, foram inovadoras e tornaram possíveis comparações internacionais, entre realidades históricas distintas. O mundo da infância, na história, repetimos, só então começou a ser melhor desvendado e tornou-se tema de investigação de historiadores e de congressos internacionais.

No caso do Brasil, chegou-se ao conhecimento de realidades e de fenômenos sociais, pouco ou nada vislumbrados até então. A título de exemplo, no primeiro trabalho de Demografia Histórica do Brasil, ficou-se sabendo que, dentre as crianças livres que nasceram na cidade de São Paulo, em fins do século XVIII e inícios do XIX, cerca de 25% eram ilegítimas e de 15% foram abandonadas ao nascer. Foram, pois, cerca de 40% de crianças, só no segmento dos livres, que nasceram fora do casamento[3]. Esse resultado foi discutido em inúmeros congressos internacionais e desencadeou trabalhos sobre ilegitimidade e abandono de crianças, e sobre concubinato e família, no Brasil. Na América hispânica, trabalhos similares foram se multiplicando. Passamos a conhecer o grau elevado da ilegitimidade no continente e em todas as épocas. O papel da mulher, como chefe de família incompleta, a extensão do concubinato e da exposição de bebes, foram corolários daquela descoberta.

Passemos agora a mostrar outras fontes escritas que possibilitam o resgate da infância abandonada, na história de aquém e de além-mar.

É importante que se lembre, desde o inicio, que a historia da criança, de forma geral é das mais difíceis. As fontes são raras. As existentes foram escritas pelo adulto letrado, do sexo masculino e em posição privilegiada como: médico, político, clero ou professor. A criança foi considerada, até perto de nossos dias, como incapaz, juridicamente dependente e submissa ao Pátrio Poder. Só se tornou sujeito de direitos e prioridade absoluta da nação depois dos anos de 1950, e em particular com consequência da Declaração Universal dos Direitos da Criança, ONU(1959).[4]

Paradoxalmente, o estudo da criança abandonada é, de todos os setores da infância, aquele que dispõe de documentação individualizada e coletiva, ou seja, a mais rica. Esses pequenos seres desvalidos despertaram sempre sentimentos de caridade, de assistencialismo, não apenas de setores da sociedade e da Igreja, mas igualmente do Estado. Daí a busca, desde tempos bem antigos, de formas e de meios de sua proteção. Leis, instituições, sistemas estiveram sempre presentes para assistir esses pequenos sem família; todos produzindo farta documentação, escrita e em alguns casos iconográfica.

Um desses registros individualizados e em série é a coleção de *livros de registros da Roda de Expostos da Santa Casa de Misericórdia*. Neles, de forma geral, eram assinalados a hora, dia, mês e ano em que a criança foi depositada na Roda; as circunstâncias do abandono; as características físicas; seu estado aparente de saúde;

o eventual enxoval que deixaram junto a ela; eventuais sinais encontrados junto ao bebê, como objetos, santinhos, medalhas, joias, roupas, bilhetes. Nos bilhetes, muitas vezes eram informados eventuais nomes e sobrenomes já dados, se já previamente batizada, com a data e freguesia do batismo, até mesmo a cor, causas que levaram a seu abandono, brechas sobre sua mãe ou família.

Nesses livros de registros, cada exposto era inscrito em uma página, e nela iam sendo anotados todos os possíveis destinos ocorridos na vida dessa criança, enquanto protegidos pela instituição: data da morte; nome e endereço da ama de leite; data da ida à casa da ama e de sua devolução à instituição; possíveis devoluções à família quando voltava para reaver a criança; contratos de locação de serviços, datas de casamento do exposto com o nome do cônjuge, dotes eventualmente designados às moças que se casavam etc. Eram aí transcritos o teor dos bilhetes que os acompanharam na Roda, os enxovais e as roupas que portavam nesse momento, as condições físicas e de saúde, e outras mais. Vê-se por aí os ricos mananciais para análises sofisticadas da história da infância abandonada.

Não havendo Roda de Expostos das Santas Casas, o Conselho Municipal deveria acolher, encaminhar e manter a criação dos bebês encontrados expostos em seu território. Em alguns casos foram feitos registros em livros especiais. Os *livros de registro dos expostos dos conselhos municipais* são, pois, outra das importantes fontes de informações. Foram relativamente poucos os municípios que instituíram Casa de Expostos, ou mesmo sem ela, que mantiveram uma escrituração sobre os expostos, sob sua responsabilidade. Em muitos casos, apenas sabemos que a municipalidade cuidava da criação de seus expostos, através dos livros de receita e despesa, onde aparece o item: "pagamento de amas dos expostos".

Outra documentação preciosa, embora restrita a períodos curtos, e conservada apenas para territórios limitados, é constituída pela coleção das *listas anuais e nominativas de habitantes*. Estes riquíssimos censos começaram a ser levantados por ordem do Marques de Pombal. A coleção mais portentosa conservada é a da capitania de São Paulo[5,] cobrindo o período de 1765 a 1836. São censos nominais que cobrem a população toda, ano a ano e domicilio a domicílio de cada município. Por eles pode-se acompanhar o ciclo de vida de cada exposto, desde sua chegada ao domicílio, sua criação, suas ocupações, seu eventual casamento, e eventual circulação entre famílias.

No caso brasileiro, os períodos do Império e o da primeira República dispõem de duas coleções anuais de relatórios que trazem ricas e variadas informações sobre instituições e assistência aos expostos (estatísticas, custos, instituições de caridade e filantrópicas etc.). São os *Relatórios de Presidentes de Província* (1834-1889) e as *Mensagens dos Presidentes de Estado* (1889-1930).[6]

Não podem ser deixadas de lado obras de época, *tratados, compilações de leis* etc. escritas por médicos, juristas, eclesiásticos ou outros responsáveis por instituições de guarda de expostos. Elas são mais frequentes em Portugal (onde estavam as universidades e a imprensa até o século xix) e multiplicaram-se no século xix, momento em que se toma maior consciência da devastadora mortalidade infantil de expostos e das condições precárias das Casas da Roda e se propagam as normas elementares da higiene na criação dessas crianças. Nesse momento, a validade das Rodas de Expostos, com sua obsessiva preocupação em preservar o anonimato do expositor, foi posta em debate em todos os países da Europa, neles incluindo Portugal e mesmo o Brasil. Denúncias sobre as tristes condições de guarda e criação dos expostos surgem nos parlamentos, na imprensa e em tratados de juristas e de médicos. Cito aqui, a título de ilustração, alguns deles publicados no século xix: Antonio Joaquim Gouveia Pinto. *Compilação das providencias que a bem da criação e educação dos expostos ou enjeitados que se tem publicado e acham espalhados em diferentes artigos de legislação pátria, a que acrescem outras, que respeitando o bom regime, e economia de sua administração, e sendo com tudo filhas das mesmas leis, tem a experiência provado a sua utilidade. Ordenada em resumo, pelo bacharel Antonio Joaquim de Gouveia Pinto, para benefício dos mesmos expostos, utilidade do Estado, e auxílio dos administradores e magistrados, a quem está entregue semelhante administração.* (Lisboa, Impressão Regia, 1820). Manoel Velloso Paranhos Pederneira. *Que regime será mais conveniente para a criação dos expostos da Santa Casa de Misericórdia, atentas nossas circunstancias especiais?*(Rio de Janeiro, Typ. Dous de Dezembro, 1855); J.P.P. Soares. *Memória sobre a preferência do leite de cabra para o sustento das crianças, principalmente nas grandes casas de expostos.* (Lisboa, Academia Real de Ciências, 1812); Francisco de Assiz e Sousa. *Os expostos. Hospício dos Expostos* (1848).

Para a fase do Antigo Regime podem ser encontradas algumas obras e tratados que permitem conhecer a existência e cuidados com os expostos. Lembro uma das mais prestigiosas, elaborada pelo jesuíta brasileiro Alexandre de Gusmão. *A arte de criar bem os filhos na idade da puerícia, dedicada ao menino de Belém, Jesus Nazareno* (1685)[7]. Nela o padre Gusmão não omitiu os meninos expostos. Dedica a eles diretamente dois capítulos: o 12º "Dos pais que enjeitam os filhos pelo não criar" e o 123º "Da boa criação dos meninos enjeitados".

20 Uma história social do abandono de crianças

Por sua vez, as Faculdades de Medicina de Portugal, bem como as duas criadas por D. João no Brasil, em 1808, introduziram a obrigação de se elaborar uma **tese** impressa, no final do curso, como requisito para a obtenção do diploma de médico. Alguns formandos elegeram como tema aspectos do tratamento dos expostos em instituições de caridade, como a higiene dos hospitais, a mortalidade dessas crianças, as condições físicas, de saúde e de higiene das amas de leite e outros, os melhores tipos de leite animal para amamentar os bebês. Uma dessas teses da Faculdade de Medicina do Rio de Janeiro, defendida em 1873, por Antonio de Terra Pinto, teve como sujeito e título o *Aleitamento natural, artificial e mixto em geral e particularmente do mercenário.*

Em 1867, Portugal decreta o fechamento das Rodas de Expostos. Permaneceram as Casas de Expostos, agora com a extinção do anonimato do expositor. No Brasil, a última Roda de Exposto parou de rodar em 1950!

Dos dois lados do Atlântico surgiram instituições novas, depois da segunda metade do oitocentos, para dar conta do aumento que se deu no abandono de crianças. Esse aumento se deveu ao aumento da população, ao empobrecimento de alguns setores, à urbanização que crescia. A documentação que se salvou desses novos abrigos da infância desvalida é outra fonte rica de informações sobre sua vida e seu destino. No Brasil, desde a Independência, apareceram instituições com essa finalidade. São exemplos delas os Seminários de Educandos e o Seminário de Educandas que foram criados em São Paulo em 1825. Em Salvador e no Rio de Janeiro houve igualmente instituições congêneres denominados ambos de São Joaquim. Em sua maioria, essas instituições recebiam crianças a partir de sete anos e procuravam dar-lhes alguma instrução elementar: o ler, escrever e contar, ao lado de rudimentaríssima doutrina católica (normalmente limitadas à decoração das orações). Surgem igualmente as escolas de *Aprendizes dos Arsenais da Guerra e da Marinha*, e mais adiante, as *Colônias agrícolas* e *Colônias industriais* para receber meninos pobres e abandonados e dar-lhe um rudimentar treinamento profissional. Todas essas instituições guardaram alguma documentação de seus meninos e meninas. O problema do historiador é descobri-las em acervos dispersos e variados.

Ordenações do Reino, compilação de leis de Portugal ou do Brasil, códigos de menores, documentação oficial da Igreja são bases necessárias para se compreender a historia social da criança abandonada. Algumas delas já se encontram disponíveis na internet.

Não se pode deixar de considerar a literatura de *romances*, a de *cordel*, a de peças de *teatro popular* como preciosos auxiliares do historiador da tarefa de recuperar a história da criança exposta. Desde que se tornaram um sucesso universal, as novelas inglesas de Charles Dickens passaram a estimular temas sobre a criança desvalida, num século de forte aumento da exposição de crianças na Europa, e da multiplicação de meninos e meninas de rua, no Ocidente em início de industrialização e de crescimento da urbanização. Em Portugal, Eça de Queiroz segue essa linha de preocupação social, denunciando em seu *O crime do Padre Amaro* a sorte trágica de uma criança filha de padre e abandonada ao nascer. O tema é recorrente nos folhetins romanescos vendidos pelas ruas de Lisboa, ou nas peças de teatro popular que não cessavam de denunciar o drama da criança abandonada. No Brasil, Joaquim José de Macedo introduz o tema em sua obra *A luneta mágica*, de fins do século.

Para concluir esta parte (que não se pretende e nem poderia ser exaustiva na enumeração de fontes), há uma documentação em Portugal que tem possibilitado o conhecimento da existência de expostos que partiam para o Brasil na ilusão de se verem livres do estigma de filhos sem família. Os *passaportes* traziam, ao lado da identificação pessoal, com a eventual menção de exposto, a declaração do destino manifesto do emigrante.

O trabalho investigativo do historiador, por certo, irá descobrir novos mananciais de informações escritas e de ilustrações que iluminarão melhor a história da criança desvalida.

Um pouco da história da criança abandonada em Portugal e no Brasil

A Igreja católica sempre tolerou o abandono de crianças. Por isso mesmo, buscou meios para sua guarda, proteção e salvação. Como o Estado, na maioria dos paises católicos do Antigo Regime (e mesmo em vários deles, até o século XIX), esteve ligado à Igreja, a proteção ao pequeno desvalido foi também apoiada pelo Estado, o que ocorreu em Portugal e no Brasil independente. Este apoio se traduziu na criação de leis de proteção social, na fundação e manutenção de instituições de amparo, na construção de doutrinas de assistência, no pagamento de amas de leite.

Se a Igreja católica nunca condenou o ato de abandonar os filhos, sua constante obsessão foi a condenação taxativa e intransigente e em todas as épocas do aborto e do infanticídio. Entre os séculos X e XIII, quando a Igreja baixava normas canônicas, com grande minúcia, sobre a moral, a família e o casamento, o abandono de filhos manteve-se aceitável, em todas as suas formas. No século XIII, foram introduzidas algumas distinções em alguns códigos civis e eclesiásticos para tornar os pais responsáveis no caso de uma criança morrer,

22 Uma história social do abandono de crianças

como resultado de seu abandono. Mas essa preocupação, segundo afirma o grande conhecedor do tema John Boswell,[8] estava relacionada ao batismo e ao medo, largamente disseminado pela teologia escolástica, de que a criança morresse sem ser batizada, o que a excluiria do paraíso.

Não há que se concluir que o abandono de crianças foi fenômeno exclusivo das áreas católicas da Europa e restrito ao Antigo Regime. O fenômeno sempre existiu, desde a mais remota Antiguidade, na Grécia, em Roma, na Idade Média. Não é outra a história de Édipo, de Moisés, de Rômulo e Remo, por todos conhecida. O fenômeno perpassa a Idade Moderna, Contemporânea e infelizmente chega aos nossos dias. No entanto, em países de tradição e maioria protestante, o abandono de crianças foi fenômeno condenado e por isso mesmo raro. A moral protestante obrigava cada indivíduo a ser responsável perante Deus e a sociedade por seus próprios atos. Assim, o ato de gerar uma criança em qualquer circunstância, obrigava seus pais a criarem-na e educarem-na. Nada justificaria abandoná-la; nem mesmo a doença ou a miséria. Em áreas de populações primitivas, como a de nossos índios antes da chegada dos europeus e em tribos asiáticas e africanas, o abandono de crianças é fenômeno praticamente inexistente. Quando existente, limitou-se aos bebês nascidos com deformações: nesses casos trata-se mais de abandono para a morte, um infanticídio de fato.

Pais abandonavam seus próprios filhos em todas as latitudes quando não eram capazes de mantê-los, justificando pobreza ou outro grave problema; por vergonha (devido à ancestralidade ilegítima ou incestuosa da criança); por impossibilidades físicas ou de doenças para criá-los; no interesse de outro filho, quando a integridade do patrimônio ou os recursos domésticos poderiam ser prejudicados por mais um herdeiro; na esperança de vê-los melhor criados, em melhores circunstâncias; por resignação, quando a criança veio de gênero ou com deficiências físicas ou mentais não desejados; ou por insensibilidade, com pais não preparados ou preocupados com a paternidade/maternidade.

Em Portugal do Antigo Regime – e por consequência, em sua colônia brasileira – o Estado estabeleceu doutrina, normas e criou instituições para a proteção da infância abandonada.

Desde as Ordenações Manuelinas (1521),[9] determinou-se que as Câmaras Municipais seriam, em última instância, as responsáveis pela proteção e criação de seus próprios expostos. Quando nem os pais, nem parentes pudessem se responsabilizar por sua criança, a comunidade deveria fazê-lo, mandando-as para hospitais ou casas de enjeitados Na falta destes, as crianças deveriam ser criadas sob a supervisão municipal e através de fundos dos seus conselhos. Estes tinham autorização para criarem um imposto especial – a finta dos expostos – para arcar com esse encargo. Esta lei passou para as Ordenações Filipinas.[10] A responsabilidade dos conselhos municipais pelos expostos cessava quando os menores atingiam os sete anos de idade. A partir de então, os juízes de órfãos passavam a ser seus responsáveis, até os expostos atingirem a maioridade, aos 20 anos (cinco antes das demais crianças). Os juízes deveriam colocar as crianças em famílias que pudessem acolhê-las ou empregá-las. As Ordenações do reino, verdadeiros códigos dos costumes, regeram o Brasil até a aprovação de seu primeiro Código Civil, em 1917.

Pelas Ordenações, a adoção legal de crianças estava excluída; os expostos não poderiam herdar (nem os ilegítimos), exceto por vontade escrita dos pais, através de ato volitivo expresso em testamento, e mesmo assim, apenas na terça parte da herança, onde os testadores tinham poder de manifestar sua vontade. Não conhecemos nenhum caso de exposto presente na divisão dos bens das famílias que os criaram. Buscava-se proteger a família e o interesse dos filhos legítimos.

Em 1783, o chefe da Intendência Geral da Polícia, Pina Manique, promulgou a lei mais importante em Portugal sobre os expostos. Ela permaneceu essencialmente inalterada em boa parte do século XIX. A lei ordenava a fundação de Casas da Roda para acolher expostos em todas as vilas e cidades do reino. A multiplicação das rodas vinha dentro da nova mentalidade liberal- populacionista. Considerava-se que o Estado português – subpovoado – vinha sendo privado de cidadãos úteis, com o infanticídio e a morte precoce de suas crianças enjeitadas, como dizia expressamente a lei.[11] Em decorrência da lei de 1783, desencadeou-se a criação de Rodas e Casas de Expostos por todo o país, embora não no número esperado pelo governo.

A instituição da Roda dos Expostos vem da Idade Média, precisamente de Roma. Foi criada pelo Papa Inocêncio III, em 1203.[12] Logo em seguida disseminou-se por inúmeras cidades italianas. Transpôs os Alpes e espalhou-se pela França, Espanha, Bélgica e outros países. Chegou a Portugal, no século XVI.

A Roda, esse cilindro rotatório, instalado num dos muros do hospital para recolher discretamente a criança que se abandonava tinha como finalidades: l. garantir o batismo ao inocente abandonado; 2. preservar o anonimato do expositor, para que assim estimulado, não deixasse a criança em qualquer lugar, com risco de morrer sem batismo.

O batismo é o sacramento da iniciação na Igreja, na vida de cristão; sem ele não haverá salvação, não se entra no paraíso, prega a Igreja. Mas como ficariam os bebês que morriam precocemente, sem serem batizados (e mesmo os povos pagãos que não conheceram o cristianismo)? Longos debates sobre essas situações ambivalentes se desenrolaram em vários concílios da Idade Média. Basta ler Boswell para se inteirar das dificuldades que a Igreja encontrou, para conciliar o impasse de defender, de um lado, apenas a prole nascida de casamentos sacramentados, de outro, conceder o batismo aos inocentes gerados fora do casamento.

Não seria justo, decidiu finalmente a Igreja, dos séculos XII ao XIII que inocentes não batizados e adultos de regiões onde a Igreja católica não chegara, morressem e fossem condenados ao inferno. Estava fora de cogitação a ida para o Purgatório, lugar de pagamento de pecados cometidos pelo indivíduo. Daí a criação do *Limbo*— nem Paraíso, nem Inferno— para onde iriam os não batizados. A diferença do Paraíso é que os destinados ao Limbo jamais teriam a visão de Deus.

Ao criar a *Roda dos expostos*, Inocêncio III teve expressamente a intenção de impedir que a criança abandonada morresse sem receber o sacramento do batismo e fosse votada eternamente ao enfadonho Limbo.

Daí que a primeira missão da rodeira era a de fazer batizar o bebê, imediatamente depois de entrar pela roda. Ela mesma deveria batizá-lo, sem esperar pelo sacerdote, em casos de doença grave e morte iminente, *in extremis*.

A primeira grande instituição de Portugal a incluir o cuidado com os expostos em seu regulamento foi o Hospital de Todos os Santos, de Lisboa, criado em 1492, por D. João II, no bojo do processo de centralização e padronização da assistência social no país. Nesse mesmo processo, de melhoria da assistência caritativa, foi instituída a Confraria da Santa Casa de Misericórdia (1492), que acabou por se tornar a instituição beneficente a serviço do Estado, isentando desse serviço a Coroa. Com seu surgimento, no cenário português, algumas municipalidades transferiram para as Santas Casas a assistência (gerência e tutela) dos pequenos enjeitados, por meio de convênios. No entanto, a responsabilidade pelo suporte financeiro, em ultima instância, continuava com a Câmara Municipal.

A primeira *Roda e Casa dos Expostos* de Portugal foi criada junto à Santa Casa de Misericórdia de Lisboa. Ficaram, pois, cuidando dos expostos duas instituições na capital lusa: o Hospital de Todos os Santos e a Santa Casa, até 1595, quando foi unificada a assistência apenas na Misericórdia.

As Santas Casas acabaram formando uma verdadeira "rede hospitalar" de amparo aos enjeitados, com padronização dos regulamentos e das regras de funcionamento, nos seus estabelecimentos que manteve uma Roda de Expostos.

Não foram muitas as Misericórdias que mantiveram uma Roda e Casa de Expostos em Portugal. Sabemos da existência da Roda de Lisboa (1498), do Porto (1686), estudada por Isabel dos Guimarães de Sá; de Évora (1567), estudada por Laurinda de Abreu; de Coimbra, estudada por Maria Antonia Lopes (1706).[13]

No Brasil, as únicas Rodas de Expostos de Santas Casas que tiveram permissão de serem abertas na época colonial foram três: a de Salvador (Bahia-1716), estudada por M.L.Marcilio e por Renato Pinto Venancio; a do Rio de Janeiro (1726), estudada por Renato Pinto Venancio; e a do Recife (1789), estudada por João Alfredo dos Anjos.[14]

De um modo geral, durante o Antigo Regime, generalizou-se o entendimento de que ao Estado caberia a administração dos negócios públicos, e à piedade particular ou às confrarias ou associações religiosas ou leigas, a assistência pública. Daí resultarem convênios, autorizados pela Coroa, de delegação de serviços de assistência à criança exposta a outras instituições, em especial à Santa Casa de Misericórdia e às Casas Pias.

As Câmaras agiram por vários meios para responder (ou para fugir) ao incômodo e pesado encargo de proteção à criança abandonada. Algumas municipalidades, como foi dito, fizeram acordos com as Misericórdias; outras criaram suas Rodas e Casas de Expostos; muitas fugiram de suas responsabilidades, pagando o transporte clandestino de suas crianças expostas para Rodas de municípios vizinhos. Um clamor geral vem expresso em inúmeros documentos das cidades denunciando a injusta situação de suportar o ônus da criação dos expostos de seus vizinhos.

Houve cidades que logo no século XVII criaram sua Roda e Casa de Expostos, como foi o caso da Roda de Viana do Castelo, no Minho. Na realidade, Viana foi pressionada a abrir sua Roda a pedido direto do rei D. Pedro II, para que nela se fundasse uma Casa da Roda (1698). O mesmo rei ordenou a criação de outras Rodas na região do Alto Minho, pela mesma ordem, o alvará de 20 de setembro de 1698, em Vila de Ponte de Lima, Monção, Vila Nova de Cerveira, Arcos e Barca. Nestas últimas vilas, sem a aprovação dos respectivos conselhos, a ordem do rei não foi cumprida, como mostram as pesquisas de Teodoro Afonso da Fonte.[15] Com certeza o mesmo fenômeno deve ter ocorrido em outras regiões de Portugal do Antigo Regime e cujo conhecimento está a espera de seus estudiosos.

Há que lembrar ainda, e como já assinalei em estudo anterior,[16] que em fins do Antigo Regime europeu, houve mudanças nas formas de assistência e na mentalidade em relação aos pobres. Com efeito, em todas as línguas da Europa, o vocábulo

26   Uma história social do abandono de crianças

"pobre" passa a revestir-se de uma qualidade pejorativa, com nuanças maldosas, reprovadoras, sinônimo agora de turba de vagabundos, preguiçosos, de criminosos em potencial, de portadores de doenças contagiosas, de acordo com os estudos de Michel Mollat.[17] A política tornou-se repressiva contra os pobres, com castigos de galeras, prisão, trabalhos forçados, descriminação. O culto ao trabalho, meio de se alcançar o progresso, tornou-se generalizado.

Paralelamente, a partir da segunda metade do século XVIII surgiam teorias que enfatizavam as vantagens do aprendizado profissional para as crianças abandonadas. O fisiocratismo, por exemplo, propunha que elas deveriam ser preparadas para se tornarem bons agricultores. As teorias ilustradas julgavam que os expostos deveriam tornar-se bons soldados. A Pátria os nutriria, pois os expostos pertencem a ela, são os filhos do Estado. Em contrapartida, eles deveriam prestar-lhes serviços, serem "úteis à si e à nação", como enfatizavam documentos oficiais de Portugal e do Brasil, do século XIX. Por sua vez, o utilitarismo do século XVIII vê com horror a alta mortalidade dos expostos: cidadãos úteis que a pátria estaria perdendo. Poderiam servir nos exércitos, nos trabalhos pesados, ou nas colônias que a Europa conquistara em terras da América, África e Ásia.

Tomava-se consciência da importância da população para a nação do século XIX. Toda perda humana começou a ser considerada uma perda para o Estado. Por todo lado, passou-se a exigir medidas higiênicas mais racionais para o cuidado e preservação e o bem-estar das crianças. No caso das abandonadas, multiplicaram-se leis, medidas e instituições para sua instrução, profissionalização e proteção. O higienismo, por exemplo, considerava que as crianças institucionalizadas deveriam ser bem nutridas e bem vestidas. Surge então o uniforme nas Casas de Expostos, para sua melhor apresentação e melhor higiene.

A dramática mortalidade infantil que destruía precocemente a vida da maioria dos expostos, quer nas instituições da Roda, quer nas casas das amas de leite, deveria ser combatida. A vacinação contra a varíola (a única então conhecida) vai se tornando obrigatória nas Casas de Expostos, através do século XIX.

Os adolescentes institucionalizados deveriam passar por programas de capacitação profissional para serem úteis a si e à nação. Daí o aparecimento de instituições com oficinas artesanais ou de práticas agrícolas.

As práticas do assistencialismo e dos serviços sociais foram se tornando as do utilitarismo e do higienismo no século XIX. Para os expostos emergiam duas vertentes: 1. a dos que se identificavam com as práticas tradicionais do passado, de assistencialismo caritativo de orientação religiosa; 2. a dos que olhavam para o frente e se associavam às ideias do Iluminismo. Para os primeiros, havia uma conexão entre a família patriarcal e o Estado paternalista ligado à Igreja. A função das Rodas de Expostos seria a de garantir a honra da mãe e da família e a salvação da alma da criança exposta, pelo batismo. Para os segundos, a assistência à criança abandonada, além de utilitarista, deveria deixar de ser um problema espiritual, de obrigação cristã, de simples caridade, para ser considerar um problema material, uma questão social e econômica do Estado.

A palavra "filantropia", filha do Iluminismo, do Higienismo, da Revolução Industrial incorpora-se no vocabulário europeu, para designar a oposição às fundações religiosas, e considerar-se como obra pluralista, neutra ou interconfessional.[18]

Enfim, as descobertas científicas, particularmente as de Louis Pasteur (1822-1895) de fermentação do leite de vaca e no campo da microbiologia revolucionam as práticas tradicionais das Casas de Expostos. A fervedura do leite tornou-se prática generalizada no campo da nutrição infantil, diminuindo consideravelmente a primeira causa de sua morte precoce, as infecto-contagiosas. O aleitamento artificial tornou-se uma saída para os bebês dos asilos de expostos e acabou por provocar a industrialização do leite (condensado e em pó), permitindo sua conservação (numa era pré refrigeração). A industrialização, provocando a vulcanização da borracha, permitiu a manufatura em série da mamadeira de vidro, com bico de borracha.

Com esses avanços da ciência e da técnica foi possível dispensar as amas de leite mercenárias determinando o fim das Rodas de Expostos no sistema tradicional. Com o surgimento da *Puericultura* (1863) e da *Pediatria* (1872) completava-se o circulo virtuoso em favor da criação da criança abandonada.

Associava-se aos filantropos, aos médicos e moralistas uma nova frente ampla da sociedade em favor da busca de leis, de organismos, de instituições mais favoráveis à infância desvalida do que as velhas Rodas de Expostos. Desses debates generalizados que incluíam princípios e métodos para a proteção da infância, foi-se esboçando a formulação dos direitos primitivos da infância, já nos primeiros anos do século xx.

Já se considerava a possibilidade de integração dos expostos em famílias, não como criados, mas como filho, como adotivos. As primeiras leis de adoção foram cautelosas, muito restritivas, a fim de salvaguardar o direito de herança dos filhos legítimos. Em 1904, por exemplo, a França cria sua primeira lei de adoção, onde o adotante só poderia ser maior de 50 anos e não ter filhos. Esse modelo foi o copiado por vários países, inclusive o Brasil, nas primeiras décadas que introduziram a adoção, no inicio do século xx.

28 Uma história social do abandono de crianças

Em Portugal, a passagem da assistência caritativa para a filantrópica deu-se lentamente. O primeiro passo desse processo foi a criação da Casa Pia (1780) e a oficialização da Roda dos Expostos (1783), mantendo ainda o anonimato do expositor. De fato, com a circular do Intendente Geral de Polícia de 10 de maio de 1783, explodem a criação de Rodas e de Casas de Expostos pelos Conselhos Municipais, de norte a sul de Portugal.

No entanto, como disse o professor Francisco de Sousa, as Rodas municipais "nem se estabeleceram em todos os conselhos nem resolveram de modo minimamente satisfatório a assistência aos enjeitados, uma vez que, o pequeno número de casas fundadas, a carência ou má administração dos fundos destinados às mesmas, o desleixo e até desprezo das autoridades locais para tais institutos de caridade, não impediram que se continuasse a fazer sentir uma violentíssima mortalidade entre as crianças abandonadas... E as exposições, tanto quanto sabemos, aumentaram consideravelmente a partir das ultimas décadas do século XVIII, aumento estreitamente ligado ao crescimento demográfico, à difícil conjuntura econômica de então, e a uma maior liberdade de costumes que se foi acentuando, aqui, como por toda a Europa, ao longo de Setecentos e de Oitocentos".[19]

O Alvará de 18 de outubro de 1806 ordenava aos magistrados da polícia que obrigassem as mulheres solteiras, suspeitas de mau comportamento, a declarar sua gravidez e se possível criarem seus próprios filhos. A medida visava dificultar o abandono que crescia em todo o reino. Pela Constituição liberal de Portugal de 1822, a criança exposta ganhou o status de "cidadã portuguesa", deixando de ser considerada ser inferior. Em 1836, as Rodas das Misericórdias foram extintas, passando para a órbita do Estado – foram secularizadas. E por fim, o decreto de 21 de novembro de 1867 extinguiu a instituição da Roda de Expostos de todo Portugal. Em seu lugar foram criados os Hospícios de expostos de admissão aberta. Essa medida, associada à introdução de subsidio à mãe pobre para lactar seu próprio filho até quatro anos de idade provocou imediatamente a queda vertical da exposição de crianças e da mortalidade dos expostos.

Conhecemos hoje um pouco mais da criança abandonada em Portugal e no Brasil, graças à multiplicação de estudos dos últimos dois decênios. Vejamos alguns deles, um estado da arte que não se pretende exaustivo.

Isabel dos Guimarães Sá brindou-nos com um exaustivo estudo sobre a Roda da Santa Casa do Porto.[20] Além de uma história do abandono de crianças desde a Idade Média na Europa e particularmente em Portugal, a autora mostra um século na vida da Casa da Roda, seu funcionamento, seu cotidiano, as crianças, suas amas e o destino das sobreviventes.

Sebastião de Matos,[21] em seu mestrado apresentado na Universidade do Porto estudou a Roda de Barcelos, criada imediatamente no ano da circular de 1783. No termo dessa vila descobriu o autor a existência de duas Casas da Roda, uma na vila Nova de Famalicão, freguesia desse conselho, e outra na freguesia de Barcelos, sede da administração de ambas. Com base na documentação preservada, Matos resgata o funcionamento dessas duas instituições, estuda a origem das amas de leite, tanto as internas (cujo trabalho era o de amamentar os expostos desde o momento em que aí chegavam, até o momento em que eram enviados para as casas das amas externas) e estuda também as amas de fora. Toda a engrenagem das instituições (albergueiros, recursos, receitas e despesas etc.) são analisadas.

Estudo abrangendo vasta região e muitas Rodas foi a empreitada realizada por Teodoro Afonso da Fonte,[22] para todo o território do Alto Minho. O pesquisador, em vários anos de trabalho junto aos arquivos das várias localidades que mantiveram Rodas e Casas de Expostos, analisou, na longa duração o fenômeno da exposição, em sua globalidade. Só na região do Alto Minho, além das Rodas criadas desde fins do século XVII, com a lei de 1783 surgiram nada menos do que 42 Rodas. Com o cruzamento de informações colhidas em todas elas deu-nos a conhecer não apenas os aspectos internos de cada instituição, mas o inter-relacionamento do fenômeno da exposição e de sua assistência em todas as vilas da área, além da problemática da circulação de crianças expostas dentro e fora da região do Alto Minho, envolvendo até mesmo para além da fronteira portuguesa, a Galiza da Espanha. Ficamos conhecendo o destino dos expostos sobreviventes da alta mortalidade: alguns foram reintegrados às suas famílias biológicas e perfilhados, outros "criados" em outras famílias, alguns partiram para instituições que foram sendo criadas, ao lado de muitos que conheceram dificuldades de sua inserção social.

No Algarve, extremo sul do país, Nuno Osório Cortes nos brinda com o conhecimento das 18 Rodas de Expostos que foram criadas, depois da lei de 1783, em 16 conselhos da região. Desce à análise cuidadosa de um caso particular, o da Roda de Expostos de Loulé. Aí a mortalidade infantil foi das mais elevadas das conhecidas; só nos primeiros seis meses de vida das crianças da Roda, morreram 71,2% entre 1820 e 1885, um verdadeiro massacre de inocentes.[23]

A Roda de Expostos de Coimbra mereceu as pesquisas e a publicação de Maria Antonia Lopes,[24] (que já havia estudado a Roda do Conselho de Meda, igualmente criada pelo decreto de 1783). Um estudo detido sobre os expostos e suas amas, a Casa da Roda e seu funcionamento sem deixar de mostrar a realidade trágica das amas de leite externas, Lopes procurou descobrir a origem dos expostos e perseguiu o destino das crianças dessa Roda. A pequena Roda criada pelo mesmo Alvará, em Guimarães, Minho, foi pesquisada por Manuela Cunha.[25]

Laurinda de Abreu vem se dedicando com afinco ao estudo da criança exposta na Santa Casa de Misericórdia de Évora desde o século XVI ao XIX.[26]

Alguns portugueses, abandonados ao nascer, procuraram na emigração para o Brasil uma saída para fugir do estigma de seu nascimento e iniciar uma vida nova, em terras novas. Essa miragem de um futuro menos marcado pela descriminação e dificuldades de inserção social foi buscado por muitos, particularmente na fase da grande imigração em massa de europeus para o Brasil. Essa realidade foi possível de ser conhecida através das acuradas pesquisas de Henrique Rodrigues.[27]

No século XIX, a prática de exposição cresceu enormemente em Portugal. Em 1869, chegou a assombrosa proporção de um exposto para cada 2,2 nascimentos; em Évora, por essa época, a proporção era similar: um para cada 2,3 nascimentos. Norberta Amorim, com os registros paroquiais de batismo de Guimarães pode acompanhar o crescimento do fenômeno na longa duração. Entre 1620 e 1709, apenas 2% dos nascidos eram enjeitados. Entre 1710 a 1739, a porcentagem sobe para 6,3%. Continua em ascensão: de 1740 a 1789, já atinge 20,3%; sobe ainda mais entre 1790 e 1809, chegando a proporção de 36,9%. Não é tudo. Entre 1810 e 1819 (ano onde param os estudos da autora), mais da metade dos nascimentos de Guimarães (54,8%) tiveram suas crianças abandonadas.[28]

A partir dos anos de 1860, o fechamento sucessivo das Rodas de Expostos de Portugal determinou queda vertical no abandono de crianças. As novas instituições criadas para acolher as crianças abandonadas, os Hospícios de Expostos aboliram o anonimato do expositor. Criou-se paralelamente subsídios às mães pobres, durante o período de amamentação até os quatro anos de idade da criança, como meio de se evitar o abandono dos filhos. Essas medidas determinaram a queda em flecha do fenômeno do abandono.

No Brasil, como afirmara em estudo anterior, "o sistema informal ou privado de criação dos expostos em casas de famílias foi o sistema de proteção à infância abandonada mais amplo e presente em toda a história do Brasil".[29] Na cidade de Mariana, em Minas Gerais, em 57 anos (de 1779 a 1833) foram expostas em casas de família 983 crianças e destas, apenas 36 não ficaram com essas famílias. Todos encaravam como dever intransferível o acolhimento do bebê encontrado em sua porta.

Nesse ato, certamente o componente religioso estaria presente, no momento de decisão de acolher o bebê desvalido na família e o dever de fazê-lo batizar imediatamente. Mas é preciso entender outras motivações. Os expostos incorporados em uma família poderiam representar um complemento ideal de mão-de-obra gratuita. Isso ficou claro em algumas evidências que conseguimos reunir em estudo anterior, particularmente nos lares mais pobres, sem ou com um ou poucos escravos. Foi ainda o que demonstrou Carlos Bacellar com o estudo demográfico que realizou, com base nas listas anuais de habitantes da vila de Sorocaba.[30] Dos 251 domicílios dessa vila paulista que tinham expostos, 222, ou seja, 88,4%, não possuíam nenhum escravo, outros 17 (mais 6,8%) só tinham um único escravo. Esses chefes de família pobres, em uma sociedade onde o trabalho era do escravo, incorporavam expostos em sua casa, como meio de obter trabalho gratuito para complementar os serviços domésticos e das roças, ao mesmo tempo que apareciam aos olhos da comunidade como modelos de caridade virtude cristã.

Como em Portugal, o Brasil conseguiu a aprovação tardia da Coroa para abrir Rodas e Casas de Expostos junto às Santas Casas de Misericórdia. Como dissemos, essas permissões só foram concedidas a três das principais cidades durante o período colonial: a de Salvador, do Rio de Janeiro e do Recife. Com a independência, o Brasil pôde criar algumas mais Rodas junto às Misericórdias. Uma das primeiras Rodas criadas após 1822 foi a de São Paulo (1824). Em Porto Alegre, apesar da relutância da Misericórdia local em aceitar o encargo de criar uma Roda de Expostos, esta foi instalada em 1830.[31] No sul ainda, surge a Roda da Santa Casa de Misericórdia na cidade do Rio Grande, em 1839, e de Pelotas, em 1849. Descobrimos em nossas pesquisas a existência de outras Rodas de Expostos, todas funcionando precariamente ao longo do século XIX. Ao todo localizamos quinze Rodas de enjeitados contando com as três coloniais.

Algumas Câmaras Municipais responderam às suas obrigações impostas pelas Ordenações do Reino e mantiveram a proteção de crianças expostas em seus territórios. Algumas delas chegaram a criar a finta dos expostos ou loterias para manter esse serviço. Mas dificilmente esse serviço se estendeu a todos os expostos. Em Ouro Preto, por exemplo, essa assistência não atingiu 30% dos expostos no século XVIII, segundo cálculos de Renato Pinto Venâncio. A Câmara pagava então 24 oitavas de ouro por ano à ama, nos três primeiros anos de vida da criança, baixando para 16 oitavas, até completar sete anos de idade. Em Salvador, antes da instalação da Roda da Santa Casa, em 136 anos, a Câmara só manteve 50 enjeitados. Os demais foram criados em casas de família e sem ônus para a municipalidade.[32]

De acordo com as sólidas pesquisas de Renato J. Franco sobre os enjeitados e a Câmara de Ouro Preto, a primeira referência encontrada sobre a responsabilidade da Câmara de tutelar um enjeitado data de 1745. Mas só a partir de 1750, essa Câmara

32 Uma história social do abandono de crianças

instituiu financiamento sistemática para criação dos expostos. E "muito a contragosto os homens bons da Vila optaram por pagarem quantia fixa para alimentação e vestuário da infância abandonada até completarem sete anos de idade".[33]

Algumas câmaras mantiveram livro de registro de seus expostos. Há documentação sobre livros de expostos de muitas das vilas de Minas Gerais (região sempre muito mais urbana que rural, em função da atividade mineradora), de vilas do Rio Grande do Sul e do Mato Grosso, já mostradas por pesquisas realizadas.

Pela Lei dos Municípios de 1828 deveria ser regulamentada a obrigação das Câmaras de assistência a seus expostos. Ficou estabelecido que as Câmaras cuidariam do estabelecimento e da conservação das casas de caridade, para que se criem expostos; nas vilas onde não haviam casas de misericórdia para a criação dos expostos, as câmaras deveriam assumir esse encargo. Algumas vilas, com essa lei, trataram logo de estimular a Santa Casa local para abrir uma Roda de Expostos, liberando a Câmara dessa obrigação.

Mas na realidade, as Câmaras Municipais em sua quase toda totalidade, foram omissas ou parciais nessa sua obrigação, alem de oferecer uma precarissima assistência às crianças.

A partir dos anos de 1870 já se notam mudanças no caráter das Rodas e da assistência à infância desvalida do Brasil.

O sistema de amas mercenárias – acusado então de ser o maior responsável pela alta mortalidade dos expostos – foi sendo abolido. Apesar de sérias resistências, foram sendo introduzidos os sistemas de escritórios de admissão aberta (que permitiria conhecer os pais da criança). A partir dessas mudanças, embora continuassem funcionando algumas Rodas de Expostos, houve queda vertical no numero de crianças abandonadas. Os Asilos de Expostos que surgem acabaram tendo um caráter mais de creche do que de asilo. Além disso, as crianças deixadas nessas instituições eram agora predominantemente legítimas, filhas de mães trabalhadoras.

No tempo das Rodas, as crianças do sexo feminino, desde que atingiam a "idade da razão", aos sete anos, deveriam deixar a Casa da Roda. Autoridades e membros da Junta da Misericórdia preocupavam-se com seus destinos. As menos desafortunadas encontravam guarida em casas de família, tornando-se suas "criadas", ou domésticas. As demais podiam terminar na rua, mendicantes ou até mesmo prostitutas.

Para proteger as meninas foi então pensada uma casa de abrigo para sua proteção, onde poderiam permanecer pelo menos até encontrarem um casamento, ou uma casa de família que as acolhesse. Foram assim criados os chamados Recolhimentos, termo para identificar instituições de reclusão, erguidas com fins devocionais, para abrigar e para resguardar a honra e a virtude de meninas desvalidas.

No Brasil, o primeiro deles foi criado junto à Santa Casa de Misericórdia de Salvador no ano de 1716. Constituía-se numa continuação da instituição da Roda dos Expostos para o sexo feminino. Outro Recolhimento foi criado no Rio de Janeiro, ainda na época colonial, em 1739, junto à Casa dos Expostos da Misericórdia. Ambos seguiam os mesmos estatutos do Recolhimento congênere da Misericórdia de Lisboa. Em meados do século XIX, outras instituições congêneres foram sendo fundadas em várias localidades do Brasil: São Luiz do Maranhão, Belém do Pará, São João del Rei, na cidade de Amparo, capital de Santa Catarina, em Porto Alegre. Nelas, as educandas recebiam educação elementar, aprendiam um pouco das artes domésticas, de bordado e costura. Em meados do século XIX, tentou-se inclusive a criação nesses Recolhimentos de uma Escola Normal elementar. No chamado Seminário de Educandas da cidade de São Paulo, algumas de suas moças se tornaram professoras das escolas rurais de primeiras letras.

Já o caso dos meninos expostos, que voltavam das casas das amas de leite com sete anos, era mais problemático. Em Salvador, foi criada a Casa Pia e Seminário de São Joaquim, em fins do século XVIII para "cuidar da sustentação e do ensino dos meninos órfãos e desvalidos, a fim de que, convenientemente educados e com profissões honestas venham depois a ser úteis a si e à nação, que muito lucra com seus bons costumes e trabalho".[34] Em 1825, em São Paulo foi fundado o Seminário de meninos órfãos e desvalidos, no bairro de Santana, onde seria aplicado o método de ensino mútuo de Lancaster.[35] Em Salvador, foi criada a Casa dos Expostos em educação, junto à Roda de Expostos, para meninos maiores de sete anos. No Rio de Janeiro houve também um Seminário para meninos desvalidos chamado de São Joaquim

No final do século XVIII, por ordem de D. Maria I, e inspirada nos Colégios da Intendência de Portugal, foram criadas instituições, junto às forças militares, para abrigo, capacitação e instrução dos meninos desvalidos. Foi criado um setor de aprendizagem nos trens de guerra e nas instalações da Marinha. Surgiram assim as Companhias de Aprendizes Marinheiros e depois, as Companhias de Aprendizes do Arsenal da Guerra, onde os meninos permaneciam até sua maioridade. Um Alvará Régio de 1779 regulamentou a admissão desses meninos desvalidos. Os meninos nada recebiam até seus catorze anos, fase considerada de aprendizagem. A partir daí recebiam um salário restrito, alem de fardeta, chapéu, camisas e calções e alguns alqueires de farinha e alimentação diária. Recebiam uma instrução elementar e um ofício artesanal e cumpriam pequenas tarefas. O

34 Uma história social do abandono de crianças

regime era duro, onde a chibata era aplicada com frequência. Com alimentação pobre e insuficiente as doenças eram graves. Grassavam as sarnas, o hábito de comer terra, as parasitas intestinais. O menino aí tornava-se triste, melancólico, amarelado pelas condições de higiene, a alimentação pobre e os maus-tratos, de acordo com testemunhos de época. As fugas não eram raras. Com o tempo as condições passaram por algumas melhoras.

O casamento seria o futuro mais desejado para os menores expostos, meninos e meninas. Para estas, vez por outra, legados permitiam a distribuição de dotes, o que facilitava o encontro de pretendentes e o casamento. Mas este destino não era tão fácil. O mais frequente era meninos e meninas tornarem-se criados em casas de família por toda a vida, praticamente em regime de servidão, e isso ocorreu até muito recentemente no Brasil, pelo menos até a promulgação do Estatuto da Criança e do Adolescente (1990).

Até essa data, houve iniciativas pontuais em favor da criança abandonada brasileira. Em 1927 foi decretado no Brasil o primeiro Código do Menor exclusivamente para o controle da infância e da juventude abandonada e delinquente. Com a Declaração Universal dos Direitos da Criança (1959) pela ONU, a situação de proteção à infância desvalida começou a sofrer as mudanças importantes. Criou-se a FUNABEM (Fundação do Bem-Estar do Menor), em 1964, no Brasil, com o objetivo de implantar uma política nacional para a criança desvalida e delinquente. Esse organismo, de acordo com seus estatutos, deveria contribuir para o bem- estar do menor através de estudos, planejamentos das soluções e fiscalização das entidades existentes. Em 1979, decretou-se o Estatuto do Menor: o Estado tornava-se o grande responsável pela guarda e proteção da criança desvalida. Enfim, em 1990 foi aprovado o Estatuto da Criança e do Adolescente – o ECA –, agora para todas as crianças, sem distinção, garantindo-lhes seus direitos e instituindo-as como prioridade absoluta da nação. O ECA foi euforicamente recebido por entidades e por todos ligados à proteção da infância. O Estatuto manteve-se fiel à Convenção Internacional dos Direitos da Criança e à nova Constituição do Brasil (1988). A criança tornava-se sujeito de direitos. É difícil até hoje colocar em prática os belos artigos desse estatuto.

Notas:

1. O registro de batismo de Ponte de Lima está guardado na Paróquia de Ponte de Lima, Livro de registro de Batismos, fl 190vº e nos foi enviado por Teodoro Afonso Pais, a quem

muito agradecemos. O de Salvador, Bahia, está conservado no Arquivo Arquidiocesano de Salvador.

2. Philippe, Ariès. *Essais sur l´histoire de la mort en Occidente du moyen age à nos jours.* Paris: Seuil, 1975, mesmo autor. *L´enfant et la vie familiale sous l´Ancien Regime.* Paris: Seuil, 1963 (este com versão em português).

3. Maria Luiza Marcilio. *A cidade de São Paulo. Povoamento e População. 1750-1850.* São Paulo: EDUSP, Pioneira, 1973 (tradução do francês: *La Ville e São Paulo: peuplement et population.* Rouen: Editions de l´Université de Rouen, 1968)

4. Os documentos da ONU, em português e integrais, encontram-se na Biblioteca Virtual de Direitos Humanos da USP- www.direitoshumanos.usp.br (acesso: 01/10/2006).

5. Uma descrição e histórico dessas listas, que cobrem todos os municípios da então capitania de São Paulo, está em Maria Luiza Marcilio. *Crescimento demográfico e evolução agrária paulista. 1700-1836.* São Paulo: EDUSP-HUCITEC, 2000.

6. Essas coleções integrais estão disponíveis, graças à excelente iniciativa e serviço prestado à história do Brasil, pela University of Chicago, em wwwcrl.uchicago.edu/info/brazil , no setor coleções sobre o Brasil.

7. Graças à feliz iniciativa dos professores Renato Pinto Venâncio e Jania Martins Ramos, dispomos hoje de uma bela edição comentada desse raro tratado do século XVII. Alexandre de Gusmão. *Arte de criar bem os filhos na idade da puerícia.* São Paulo: Martins Fontes, 2004.

8. John Boswell,. *The kindness of strangers. The abandonment of children in Western Europe from Late Antiquity to the Renaissance.* London: Peguin Press, 1988. Esta obra clássica é fundamental para todos os que pretendem analisar o fenômeno da exposição de crianças na história.

9. *Ordenações Afonsinas,* Livro IV, tit.92 (1 e 2).

10. *Ordenações Filipinas,* Livro I, tit. 66(41).

11. A Ordem Circular de Pina Manique, de 1783, Livro 1º, fl 150, dizia textualmente: "o aumento da População como um dos objetos mais interessantes e próprios de uma bem regulada polícia, por consistirem as forças e riquezas de um Estado na multidão dos habitantes..."

12. Para informações mais detalhadas ver. Marcilio, *op. cit.*

13. Pela ordem: Isabel dos Guimarães Sá. *A circulação de crianças na Europa do Sul:* o caso dos expostos do Porto no século XVIII. Lisboa: Fund. C. Gulbenkian, JNICT, 1995; Laurinda Abreu. "The Évora foundlings between the 16th and the 19th century: The Portuguese public welfare system under analysis". *Dynamis. Acta Hispanica ad Medicinae Scientiarumque Historian Illustranda.* 2003, 23, 37-60; Maria Antonia

36 Uma história social do abandono de crianças

Lopes. *Pobreza, Assistência e Controlo Social. Coimbra (1750-1850).* vol. I.Viseu: Palimage Editores, 2000; Teodoro Afonso da Fonte. *No limiar da honra e da pobreza. A infância desvalida e abandonada no Alto Minho (1698-1924).* Vila Praia de Ancora: Ancorensis Cooperativa de Ensino-NEPS, 2005.

14. Maria Luiza Marcilio. *História social da infância abandonada.* São Paulo: HUCITEC, 1998; Renato Pinto Venancio. *Famílias abandonadas. Assistência à criança de camadas populares no Rio de Janeiro e em Salvador. Séculos XVIII e XIX.* Campinas: Papirus, 1999; João Alfredo dos Anjos. *A Roda dos Enjeitados. Enjeitados e órfãos em Pernambuco no século XIX.* Recife, 1997, Dissertação de Mestrado daUniversidade Federal de Pernambuco.

15. Fonte. *Op. cit.,* e do mesmo Autor. *O abandono de crianças em Ponte de Lima (1625-1910).* Viana di Castelo: Câmara Municipal de Ponte de Lima, 1996.

16. Maria Luiza Marcilio. *A Historia Social da Criança Abandonada.* São Paulo: HUCITEC, 1998.

17. Michel Mollat. *Les pauvres du Moyen Age. Étude Sociale.*Paris: Hachette, 1978, p.26.

18. Catherine Duprat (ed). *Philanthropies et politiques sociales em Europe. XVIIIe et XIXe siècles.* Paris: Anthropos, 1995, p. V-VI.

19. Francisco de Sousa. No Prefácio do livro de Sebastião Matos. *Os expostos da Roda de Barcelos (1783-1835).* Barcelos: ACRAV, 1995.

20. I. dos Guimarães Sá. *A circulação de crianças na Europa do Sul: o caso dos expostos do Porto no século XVIII.* Lisboa, FCG, 1995

21. Sebastião Matos. *Os expostos da Roda de Barcelos (1783-1835).* Barcelos: ACRAV, 1995.

22. Ver suas duas obras. Teodoro Afonso da Fonte. *O abandono de crianças em Ponte de Lima. 1625-1910.* Viana do Castelo: Câmara Municipal de Ponte de Lima, 1996 e Teodoro Afonso da Fonte. *Op.cit.,* 2005

23. Nuno Osório Cortes.Abandono de crianças no Algarve. "O caso dos expostos de Loulé (1820-1884)". In: *Revista do Arquivo Histórico Municipal de Loulé,* 3, 1994: 9-224.

24. M. Antonia Lopes. *Pobreza, assistência e controlo social. Coimbra: 1750-1850.* vol I, Viseu: Palimage Editores, 2000.

25. Manuela Cunha. *L´abandon d´enfants au Portugal. Une vision diachronique de l´evolution des institutions et de la legislation, survie d´une étude de cas de la ville de Guimarães.* Paris: Université de Paris, Sorbonne IV, 1986. Memoire de DEA.

26. Laurinda Abreu. The Évora foundlings between the 16th and the 19th century: the Portuguese public welface system under analysis. *Dynamis. Acta Hisopanico ad Medicinae Scientianrumque Historian Ilustrandam.,* 23, 2003: 37-60. Da mesma autora

deve ser consultado sua obra :*Memórias da Alma e do Corpo. A Misericórdia de Setúbal na Modernidade*. Viseu: Palimage, 1999.

27. Henrique Rodrigues. *Expostos no Alto-Minho no século XIX e contextos migratórios.*Porto: OFLIO-Areosa, 2005 e do mesmo autor. *Emigração e alfabetização. O Alto-Minho e a Miragem do Brasil.* Viana do Castelo: Governo Civil de Viana do Castelo, 1995. Neste, de âmbito mais geral, possui capítulos especiais dedicados aos expostos que migraram.

28. Maria Norberta Amorim. *Guimarães 1580-1819. Estudo demográfico.* Lisboa: INIC, 1987, p. 138-139.

29. Teodoro Afonso Marcilio. *Op.cit.*, p.136.

30. Carlos de A. P. Bacellar. *Viver e sobreviver em uma vila colonial, Sorocaba, séculos XVIII e XIX.* São Paulo: Annablume/Fapesp, 1996; do mesmo autor. "Abandonadas nas soleiras das portas: a exposição de crianças nos domicílios de Sorocaba, séculos XVIII e XIX". *Cativeiro e Liberdade*, 4, Rio de Janeiro, 1996.

31. Ver Moacyr Flores. "A Casa dos Expostos". *Estudos ibero-americanos.* Porto Alegre, XI (2): 49-59, 1985.

32. Antonio Joaquim Damazio. *Tombamento dos bens immoveis da Santa Casa de Misericórdia da Bahia em 1862.* Bahia: Typographia de Camillo, 1865.

33. Renato Júnio Franco. *Desassistidas Minas – a exposição de crianças em Vila Rica, século XVIII.* Niterói, Dissertação de Mestrado, UFF, 2006, p. 94.

34. Coleção das Leis do Império. 1831. Actos do Poder Executivo, p. 61

35. Maria Luiza Marcilio. *História da Escola em São Paulo e no Brasil.* São Paulo: Imprensa Oficial do Estado e Instituto F. Braudel, 2005.

II. *Evolução do conceito de* Exposto *em Portugal*

Teodoro Afonso da Fonte *

São muito abundantes as fontes (manuscritas e impressas) que nos possibilitam o estudo e o enquadramento jurídico-institucional dos expostos em Portugal, desde os finais da Idade Média até o século xx. Entre o extenso rol de fontes impressas, de âmbito nacional, poderemos destacar as *Ordenações do Reino* (Afonsinas, Manuelinas e Filipinas),[1] alguma legislação avulsa, bem como os Códigos Administrativo,[2] Penal[3] e Civil.[4] A nível regional e local, é possível encontrar um conjunto alargado de regulamentos manuscritos e impressos, estes últimos sobretudo a partir das reformas do período liberal.

As *Ordenações do Reino* constituem o suporte jurídico em que se estruturou a assistência às crianças órfãs no nosso país, às quais apareciam associadas as crianças que haviam sido enjeitadas pelos seus progenitores ou cujos familiares se desconheciam. Como tal, são a primeira fonte que possibilita o estudo e enquadramento da problemática dos expostos, desde a data da sua publicação até a segunda metade do século xviii, período a partir do qual vai surgir nova legislação, nem sempre coerente com a anterior, apesar de não a revogar.

---

* Doutor em História pela Universidade do Minho

40 Uma história social do abandono de crianças

Depois de algum vazio legislativo, é nas Ordenações Manuelinas e Filipinas que encontramos as primeiras referências específicas à criação dos enjeitados. A terminologia usada permite autonomizar e diferenciar as crianças enjeitadas das crianças órfãs, o que não acontecia nas Ordenações Afonsinas, em que as primeiras estavam associadas às crianças órfãs. O progressivo aumento de crianças enjeitadas poderá ter pressionado os legisladores a estabelecerem a necessária diferenciação, de acordo com o seu estatuto familiar ou social.

As Ordenações Manuelinas regulamentaram a assistência à infância desvalida e abandonada, passando a determinar, de forma perfeitamente hierarquizada,[5] todo o processo de criação das crianças desamparadas, quer fossem órfãs, ilegítimas ou enjeitadas. Assim, na ausência, inexistência ou impossibilidade de os pais e respectivos familiares cumprirem as suas obrigações naturais, caberia às instituições de assistência, como os hospitais, substituir as famílias nessa obrigação. Não estando reunidos estes pressupostos assistenciais, seriam os concelhos, em última instância, responsabilizados por essa criação, à custa dos seus próprios rendimentos. Era o preencher de um vazio legal, o qual estaria a deixar muitas crianças sem o amparo necessário, bem como o culminar de uma transferência da responsabilidade familiar para o domínio público, sempre que a mesma se considerasse subtraída ou negligenciada.

A legislação publicada não deixa dúvidas sobre o papel da sociedade para com as crianças vítimas de abandono, sem que isso representasse uma efectiva desresponsabilização parental. Na verdade, não obstante a criação das crianças (legítimas ou ilegítimas) continuar a ser uma incumbência familiar, tornava-se muito difícil, nalguns casos mesmo impossível, identificar os progenitores e familiares das crianças enjeitadas, impelindo-os ao cumprimento das suas obrigações naturais e parentais. Por outro lado, como muitas terras não possuíam instituições de assistência (hospitais ou albergarias), dotadas dos necessários rendimentos para que pudessem assumir esta nova valência assistencial, os encargos com a criação dessas crianças desvalidas acabaria por recair sobre os concelhos, como responsáveis últimos da cadeia hierárquica estabelecida nas Ordenações.[6]

A partir de meados do século XVIII, foi produzida nova legislação como reflexo das preocupações do poder central com a assistência a um número cada vez mais significativo de crianças que apareciam expostas por todo o território nacional. A designação de crianças "expostas" começou a alternar com a de crianças "enjeitadas", embora a primeira tivesse começado a prevalecer sobre a segunda, num conceito nem sempre sinónimo de rejeitar e com uma amplitude etimológica bem mais alargada.

Depois da publicação de legislação avulsa e da difusão de ordens-circulares, sobretudo a que legalizou as Rodas e obrigou à criação de uma ampla rede institucional em 1783,[7] as grandes alterações jurídico-administrativas apenas apareceram no período liberal, altura em que foram publicados novos diplomas legislativos e os Códigos Administrativo, Penal e Civil, como reflexo duma nova concepção de assistência e duma nova visão da sociedade em relação às populações vítimas de exclusão familiar e social. Na prática, a nova legislação liberal não mais pretendia do que reorganizar o serviço de beneficência e assistência pública às crianças expostas, abandonadas e indigentes, mantendo inalterados os seus princípios e objectivos fundamentais.

Coincidindo com esta proliferação legislativa, e correspondendo a uma necessidade formal de sistematizar, interpretar e divulgar essas fontes, foram elaboradas algumas colectâneas contendo a legislação, entretanto publicada, as quais constituem fontes importantes para o enquadramento jurídico de toda a assistência à infância desvalida e abandonada.[8]

A nova conjuntura política e económica, bem como os problemas sociais emergentes, registados na primeira metade de Oitocentos, pressionaram um conjunto de reformas estruturais que se repercutiram directamente na sociedade portuguesa, nomeadamente ao nível do sistema de assistência pública aos grupos mais carenciados.

Com a publicação do decreto de 19 de Setembro de 1836[9], o governo liberal do período setembrista pretendeu harmonizar a gestão e administração dos expostos, integrando-a no movimento de reorganização de toda a administração pública, cuja reforma havia sido empreendida por Mouzinho da Silveira. Todas as reformas se inseriam no âmbito duma vaga reformista liberal, com reflexos ao nível da concepção e implementação de um novo sistema de assistência pública. Esta deveria passar para a esfera do Estado, cada vez mais atento e preocupado com os sectores marginalizados da sociedade. Ao criar o Conselho Geral de Beneficência, por decreto de 6 de Abril de 1835, D. Maria II já havia dado um passo importante nesse sentido, mas a sua implementação e generalização acabaria por ser proporcional à afectação de verbas que lhe conferissem o estatuto de verdadeiro serviço público.

A anterior legislação havia-se revelado desadequada e completamente desenquadrada do modelo que havia sido idealizado para a Assistência Pública, cujas alterações mais significativas apareceram sistematizadas no Código Administrativo de 1836. De acordo com as linhas orientadoras do período liberal, que preconizavam uma maior responsabilização e intervenção do Estado, o

42 Uma história social do abandono de crianças

poder central não poderia deixar de interferir no domínio da assistência aos mais desprotegidos, onde se incluíam os expostos.

O primeiro *Código Administrativo*, por decreto de 31 de Dezembro de 1836, emergiu como reflexo de um *«movimento pendular de centralização e descentralização que caracterizou a nossa monarquia liberal»*. Assim se explica que este código, do período setembrista, viesse a ser substituído por um outro, promulgado em 1842,[10] como reflexo de uma visão mais centralizadora que passou a caracterizar o período cartista.

A política liberal passou por uma importante fase reformadora, sob o impulso das cortes do reino. Estas, em 1845, nomearam uma comissão que foi incumbida de elaborar o Código Civil e o Código Penal, como resposta à necessidade de actualizar e harmonizar a legislação nacional, condição fundamental para a modernização política, administrativa e judicial do país.

O *Código Penal* foi o primeiro a ser publicado, por decreto de 10 de Dezembro de 1852, passando a representar o suporte de toda a legislação judicial do nosso país, ao longo de muitos anos. O problema dos expostos não poderia ser ignorado, como o provam os diversos artigos que, directa ou indirectamente, com eles estavam relacionados, como os partos supostos,[11] a subtracção e ocultação dos menores, assim como a exposição e abandono de infantes.

Em relação à exposição de crianças, o Código Penal determinava que *«aquelle que expozer e abandonar, ou fizer expor ou abandonar algum menor de sete annos em qualquer logar que não seja o estabelecimento publico destinado á recepção dos expostos, será condennado a prisão de um mez e tres annos, e multa correspondente»*. Todavia, se a exposição ou abandono fosse realizada em local ermo, a pena seria agravada para prisão maior temporária. A esta pena se acrescentaria, ainda, a multa máxima, se o crime de exposição fosse cometido pelo pai ou mãe legítimos ou pelos seus tutores.

Num dos artigos subsequentes, o mesmo Código Penal estipulava que *«os paes legitimos que, tendo meios de sustentar os filhos, os expozerem fraudulentamente no estabelecimento publico destinado à recepção dos expostos, serão condemnados na multa de um mez a um anno.*[12]

O facto de se condenar expressamente a exposição de crianças legítimas, filhas de pais com meios para as sustentar, parece conferir uma certa legalidade ou carácter excepcional à exposição de crianças que não se enquadrassem nesses pressupostos familiares, como aconteceria com as crianças ilegítimas ou filhas de casais muito pobres ou indigentes. A condição fundamental imposta era a de que essas exposições se efectuassem directamente nas Rodas, as únicas instituições vocacionadas para o acolhimento e apoio à infância desvalida e abandonada. Os pais legítimos, com meios de sustentação, que expusessem fraudulentamente os filhos nas Rodas, seriam condenados com uma multa de um mês a um ano.[13]

Com algum atraso em relação ao que havia sido previsto, o *Código Civil* foi sancionado por carta de lei, de 1 de Julho de 1867, após ter sido votado e aprovado pelas Cortes do Reino. Nele se encontram várias referências ao poder paternal e ao problema da legitimação e tutela dos filhos perfilhados, assim como à investigação da paternidade ilegítima, à situação dos filhos espúrios e aos direitos e deveres do poder paternal na constância do matrimónio.

Ao tornar obrigatório e regular o registo civil do nascimento das crianças, o Código Civil esteve na origem de uma nova forma de diferenciar as crianças expostas das abandonadas. A declaração da existência dos expostos e dos recém-nascidos abandonados seria feita, quanto às primeiras, pelo administrador do estabelecimento onde a exposição se tivesse efectuado, enquanto que, em relação às segundas, essa declaração deveria ser realizada pelas pessoas que as haviam achado. Estas seriam obrigadas a apresentar essas crianças ao oficial do registo civil, acompanhadas pelo enxoval ou quaisquer outros sinais com que fossem encontradas.[14] A designação de exposto seria apenas destinada às crianças que entravam directamente nas Rodas (muitas delas já abolidas) ou nos Hospícios que as substituíram.

A tutela dos menores abandonados também integrava uma das secções do Código Civil. Assim, os expostos e os menores abandonados, cujos pais não fossem conhecidos, deveriam ficar sob a tutela e administração das respectivas câmaras municipais ou das pessoas que, voluntária ou gratuitamente, se tivessem encarregado da sua criação, até completarem os sete anos de idade. Quando atingissem esta idade, essas crianças deveriam ser colocadas à disposição do "conselho de beneficência pupilar", ou de qualquer outra magistratura, a quem a lei administrativa havia incumbido desse mister.[15]

A nova regulamentação nacional

Em 1867, a direcção geral da administração civil publicou o "*Regulamento nacional para o serviço dos expostos*", por decreto de 21 de Novembro.[16] Este novo regulamento nacional surgiu na sequência da entrada em vigor do Código Civil, por Carta de Lei de 1 de Julho de 1867. Com a nova regulamentação, pretendia-se reformar a beneficência pública, em favor das crianças expostas, abandonadas e indigentes, a qual teria de passar pela reorganização dos serviços e pela substituição do *«defeituoso sistema das rodas»*. O que se pretendia era

44 Uma história social do abandono de crianças

acabar com o sistema das "rodas francas" e adoptar um sistema alternativo de admissão condicionada de crianças.

Às juntas gerais de distrito caberia a incumbência de designar as localidades onde seriam estabelecidos os Hospícios, como novas instituições de assistência, subdividindo-os em quatro secções, sendo uma delas destinada à criação das crianças expostas, abandonadas e indigentes. Uma outra compreenderia uma secção onde funcionaria a enfermaria da maternidade e as restantes destinar-se-iam ao acolhimento de crianças não abandonadas, passando a assumir a função de creches.

Eram medidas com um profundo alcance social, a reflectir uma preocupação governativa com a falta de infraestruturas sociais de apoio à maternidade e à primeira infância. Além de regular o processo de acolhimento de crianças expostas, abandonadas e indigentes nos Hospícios, esse regulamento formalizava as condições de admissão de crianças nas creches, até completarem os três anos de idade, subdividindo-as em três classes, em função das condições económicas dos familiares. As crianças, comprovadamente pobres, seriam admitidas gratuitamente.

Nos Hospícios deveria existir uma enfermaria de maternidade, destinada a parturientes que, salvo os casos de absoluta impossibilidade, seriam obrigadas a criar os filhos recém-nascidos e a pagar a quota previamente estabelecida. Nos casos em que as grávidas fossem mulheres desamparadas e absolutamente pobres, estas poderiam beneficiar do sistema de pensão interna ou de meia pensão, enquanto durasse a gravidez, embora fosse possível prolongar essa pensão durante a lactação e, excepcionalmente, até que as crianças completassem os quatro anos.

Ao determinar que os pais e as mães seriam obrigados a criar e educar os seus filhos legítimos ou ilegítimos, a nova legislação pretendia dar cumprimento à legislação precedente, nomeadamente ao estipulado no novo Código Civil. O Hospício seria apenas destinado à recepção das crianças que se encontrassem nalguma das seguintes situações:

> 1-Encontradas expostas em algum lugar e enviadas pela autoridade administrativa;
> 2-Em situação de abandono, desde que fosse provado que os seus pais haviam desaparecido;
> 3-Caso fossem filhas de pessoas miseráveis que estivessem presas, condenadas a prisão, degredo, sofressem de moléstia grave ou tivessem idade avançada, desde que não tivessem recursos para sustentarem os seus filhos, nem tivessem parentes com obrigação de os alimentar e com

recursos suficientes para o fazerem, nos termos das disposições do artigo 294.º do Código Civil;

4-Sendo órfãs desamparadas;

5-Quando tivessem nascido de mães que, pela sua vida desregrada ou portadoras de moléstia transmissível, fossem reconhecidas incapazes de as criar;

6-No caso de serem fruto de parto duplo gémeo ou múltiplo de mãe indigente, criando esta um ou dois irmãos, somente durante o tempo da lactação.[17]

Com este novo regulamento pretendia-se alterar profundamente o sistema assistencial vigente, o qual se havia subvertido ao longo do tempo, tornando-o completamente ineficaz e desumano, quando confrontado com os objectivos iniciais. Contudo, por se tratar de um projecto muito ambicioso, com uma tal amplitude e abrangência, dificilmente poderia ser viabilizado num contexto de carências generalizadas e num país onde as prioridades económicas, nomeadamente a criação de infraestruturas, se sobrepunham claramente às necessidades sociais.

Neste contexto tratou-se de uma reforma efémera, inviabilizada por razões financeiras, mas também porque o novo quadro normativo nem sempre coincidia ou se enquadrava naquilo que estava determinado na legislação administrativa e penal do país. O resultado foi a sua revogação, por decreto de 20 de Março de 1868.[18]

Alguns anos mais tarde, a Direcção Geral de Administração Política e Civil do Ministério dos Negócios do Reino, pretendendo regular os serviços a cargo das juntas gerais de distrito, aprovou e publicou, em 5 de Janeiro de 1888, o "*Regulamento para o serviço dos expostos e menores desvalidos ou abandonados*",[19] em conformidade com o artigo 404.º do Código Administrativo.

Segundo este novo regulamento nacional, a administração dos expostos e das crianças desvalidas ou abandonadas estaria a cargo das câmaras municipais até aos sete anos, idade a partir da qual passariam para as juntas gerais de distrito até completarem os 18 anos. Nestes termos, seriam admitidas a socorro:

1-As crianças nascidas de pais incógnitos que as desampararam;

2-Os filhos de pais conhecidos que desapareceram, não tendo deixado quem por eles velasse;

3-As crianças que, por morte, prisão, degredo, avançada idade ou moléstia grave de seus pais, não pudessem ser alimentadas por eles ou não tivessem parentes com possibilidade de o fazerem.

O socorro prestado a cada um destes três grupos de crianças - expostos, abandonados e desvalidos - estaria a cargo dos Hospícios de cada um dos concelhos, uma assistência que cessaria logo que se verificasse alguma das seguintes circunstâncias:

1-Quando os pais, parentes ou pessoas idóneas tomassem os socorridos a seu cargo;
2-Quando estes completassem as idades estipuladas;
3-Quando os expostos fossem emancipados, nos termos legais;
4-Quando se registasse uma mudança das condições dos pais dos socorridos ou destes, deixando de se justificar os socorros prestados.

Sempre que alguém encontrasse uma criança exposta ou abandonada deveria conduzi-la ou fazê-la conduzir à autoridade concelhia administrativa ou policial mais próxima. Seguidamente, deveria ser enviada, acompanhada de uma guia-modelo, à ama provisória mais vizinha ou ao Hospício, nos termos do novo regulamento, devendo proceder-se sempre às diligências necessárias para tentar reconhecer a identidade da criança exposta ou abandonada, assim como a sua proveniência. No caso de virem a ser descobertos e identificados os seus pais, as crianças deveriam ser-lhes entregues, desde que estivessem em condições de as receber, sem prejuízo da sua responsabilização criminal.[20]

Conhecendo-se o papel desempenhado pelas juntas gerais, câmaras municipais e juntas de paróquia no contexto da descentralização administrativa, o serviço público que estavam a prestar, em prol das crianças desvalidas ou abandonadas, foi objecto de fortes críticas. Estes órgãos de poder regional e local estariam a rivalizar com o poder central no excesso de despesas, nos abusos do crédito e em toda a espécie de imprevidências governativas.

Perante este cenário, foi proposta a extinção das juntas gerais de distrito, transferindo para o Estado e para as câmaras municipais as respectivas atribuições. Assim, por decreto de 6 de Agosto de 1892, foram extintas as juntas gerais de distrito e substituídas pelas comissões distritais. Estas eram compostas por cinco vogais efectivos e cinco substitutos, assumindo as atribuições que pertenciam às juntas gerais na execução dos serviços de interesse geral do Estado, em todos os casos previstos na lei.[21]

Um novo decreto, publicado em 24 de Dezembro de 1892, passou a regular a execução de alguns artigos previstos no decreto de 6 de Agosto de 1892. Nele se determinava que as crianças expostas, desvalidas ou abandonadas, maiores de sete anos, cuja administração estava a cargo das extintas juntas gerais ou que por estas tivessem sido colocadas em estabelecimentos de beneficência, passariam novamente para a tutela municipal. Com efeito, as câmaras municipais voltaram a reassumir integralmente o processo de criação das crianças expostas, abandonadas e desvalidas, passando a receber um subsídio do Estado, proporcional ao número de menores que para elas fossem transferidos.[22] Era o culminar de um processo que devolvia aos municípios todas as competências de gestão e administração da assistência às crianças expostas, desvalidas e abandonadas, a cargo de quem já estavam, durante os primeiros sete anos de criação.

Atingida esta idade, as câmaras continuariam a subsidiar a criação destas crianças, até ao momento em que passassem a desempenhar uma actividade remunerada ou quando completassem os 18 anos de idade, desde que estivessem em condições físicas e mentais para obter os meios de subsistência. Os subsídios seriam atribuídos às amas após a elaboração de um auto de inspecção e pagamento, na presença do presidente, do tesoureiro da câmara e do facultativo do partido, competindo a este último inspeccionar o tratamento dos menores subsidiados.

A viabilidade financeira deste sistema de apoio à infância desvalida, no período compreendido entre os sete e os 18 anos de idade, só poderia ser uma realidade porque o número de expostos estava a registar uma tendência acentuadamente decrescente e a mortalidade ainda exercia uma função bastante selectiva. Por outro lado, muitos expostos eram integrados no mundo do trabalho, ainda antes de atingirem a maioridade. Só os mais debilitados e os deficientes continuariam a receber os subsídios até completarem os 18 anos de idade, podendo prolongar-se por toda a vida, quando se tratava de deficientes profundos, uma forma de evitar a sua exclusão social, como veremos.

Não obstante toda a importância das fontes impressas nacionais, por se revelarem indispensáveis para o conhecimento do contexto jurídico-institucional da assistência aos expostos, estas deverão ser cruzadas e complementadas com as fontes manuscritas, por constituírem o suporte fundamental em que se deverão estruturar os estudos de âmbito local e regional. Através de abordagens microanalíticas, será possível penetrar profundamente no complexo fenómeno da exposição de crianças

48 Uma história social do abandono de crianças

nos séculos que nos precederam, além de proporcionar o confronto do corpo legislativo nacional com as verdadeiras práticas institucionais.

As crianças expostas, abandonadas e desvalidas

Numa altura em que o sistema público de assistência à infância desvalida e abandonada se revelava bastante ambíguo quanto à sua verdadeira abrangência social, foi o jurista Gouveia Pinto, em 1828, que, no século XIX, procurou estabelecer uma clara diferenciação entre as crianças expostas, abandonadas e desvalidas. Embora aparentemente possa parecer tratar-se da mesma realidade, o que distinguia as crianças expostas das abandonadas era o facto das primeiras serem filhas de pais incógnitos, que as tinham enjeitado, enquanto as segundas eram filhas de pessoas conhecidas, mas que as haviam deixado ao desamparo.[23] Por seu lado, as crianças desvalidas, não tendo sido abandonadas, encontravam-se em situação de risco por serem órfãs e não terem familiares que delas pudessem cuidar, ou por terem nascido em ambientes familiares muito precários.

Foi na transição do século XVII para o século XVIII que se registou uma evolução semântica da palavra "exposto", a substituir progressivamente a primitiva palavra "enjeitado", utilizada no sentido literal de se rejeitar uma criança. De facto, se inicialmente os escrivães registavam as crianças que apareciam abandonadas como "enjeitadas", a partir do século XVIII esta designação começou a alternar com a de "expostas" para se impor durante grande parte do século XIX. Na região do Alto Minho, nomeadamente a partir de meados do século XVIII, as crianças expostas também passaram a ser registadas e identificadas como "postiças", um provincianismo que designava as crianças que haviam sido enjeitadas pelos seus progenitores ou que foram abandonadas temporariamente, sendo criadas por amas externas, em famílias de acolhimento, e não pela família biológica.[24]

A diferenciação jurídica entre crianças expostas e abandonadas não assume qualquer relevância estatística, na medida em que só em casos muito excepcionais se conhecia oficialmente a origem familiar da maioria das crianças que aparecia exposta. Talvez fosse essa a principal razão que levou os escrivães das câmaras a elaborar os registos sem qualquer preocupação de diferenciar as crianças expostas das abandonadas, excepto na nomenclatura utilizada. De facto, até à publicação do regulamento nacional de 1888[25] muitas crianças que estavam a cargo de diversas instituições eram identificadas como expostas, independentemente de se tratar de crianças efectivamente abandonadas ou desvalidas (subsidiadas), numa medida que mais não representava do que a prevalência de critérios contabilísticos e financeiros sobre qualquer estatuto jurídico.

Quadro 1 Movimento e existência dos Expostos (e subsidiados?) em Portugal (1849-1853)

Anos	Existentes	Admitidos	Total	Faleceram	Entregues
1849-1850	17 426	14 625	32 051	9 507	4 106
1850-1851	18 900	14 935	33 835	8 246	4 754
1851-1852	19 069	14 957	34 026	9 468	4 473
1852-1853	19 563	15 358	34 921	9 899	4 370

Fonte: *Almanach de 1855*, p. 64 e 653

Numa breve análise do movimento e existência dos expostos,[26] em meados do século XIX, os indicadores estatísticos permitem-nos concluir que se estava perante um importante sector da sociedade portuguesa que beneficiava de cobertura assistencial do sistema público, nalguns casos em parceria com as Misericórdias, através de uma das suas importantes valências sociais. Na realidade, ascendia a cerca de 15 mil o número de "expostos" que, anualmente, davam entrada nas Rodas do nosso país, a acrescentar a um número equivalente de outras crianças expostas que também estavam a cargo destas instituições, por terem menos de sete anos de idade. No seu conjunto, o seu número chegou a ultrapassar as três dezenas de milhar, só não sendo muito superior porque se registava uma elevadíssima mortalidade entre as crianças expostas (*quadro 1*).[27]

Quadro 2. Estatística do movimento dos "expostos" nos distritos de Portugal (1863-1864)

DISTRITOS	Existentes Junho/1863	Entrados	TOTAL	Falecidos	Entregues	Existentes Junho/1864
Angra	313	173	486	133	55	298
Aveiro	427	111	538	61	54	423
Beja	702	463	1 165	392	145	628
Braga	2 450	967	3 417	498	498	2 421
Bragança	1 208	673	1 881	445	180	1 256
C. Branco	1 107	651	1 758	420	180	1 158
Coimbra	1 029	507	1 536	312	111	1 113
Évora	822	602	1 424	488	56	880
Faro	1 334	731	2 065	564	138	1 363
Funchal	556	138	694	86	61	547
Guarda	1 540	800	2 340	423	279	1 638
Horta	216	103	319	81	58	180
Leiria	793	278	1 071	142	92	837
Lisboa	14 048	3 067	17 115	2 116	816	14 183
P. Delgada	833	528	1 361	320	198	843
Portalegre	398	355	753	238	52	463
Porto	3 027	1 621	4 648	1 051	393	3 204
Santarém	1 145	591	1 736	367	182	1 187
Viana	1 126	519	1 645	280	340	1 025
Vila Real	1 818	1 152	2 970	790	357	1 823
Viseu	1 862	1 387	3 249	920	385	1 944
TOTAL	36 754	15 417	52171	10 127	4630	37 414

Fonte: Mapa anexo ao Relatório da Comissão, de 16 de Julho de 1867[28]

Numa outra perspectiva não deixa de ser digno de registo o número significativo de crianças que foram entregues aos seus familiares, deixando de estar sob a alçada e os encargos das instituições de acolhimento, embora não saibamos se essas crianças foram reclamadas pelos familiares, entregues compulsivamente ou se atingiram o final do período de criação. Todavia, tudo indica que esse volume de crianças terá de ser explicado pelo facto de nele poderem estar incluídas as crianças subsidiadas, estas entregues ao fim de alguns meses ou após completarem o período de aleitação. Aliás, a própria mortalidade registada, inferior a 30%, fica bastante aquém dos valores apontados por vários estudos empíricos, provavelmente porque terão sido as crianças subsidiadas a atenuar essa percentagem, muitas delas criadas pelas próprias mães e a receberem outros cuidados que não seriam extensíveis a muitas das crianças verdadeiramente expostas.

Se os números relativos a meados do século XIX são bem reveladores da cobertura assistencial das Rodas existentes em Portugal, a partir dessa altura, a tendência ascendente dos beneficiários continuou a verificar-se, como se pode comprovar pela observação do *quadro 2*. Esta tendência só se atenuou e reduziu substancialmente, a partir da sua substituição pelos Hospícios de admissão justificada. De acordo com esse dados estatísticos, os distritos do Porto (9%) e os de Lisboa (33%) eram aqueles que mais expostos tinham a criar nas suas Rodas, em ambos os casos a cargo das respectivas Misericórdias, um número que se ajustará à sua dimensão territorial e populacional. Por seu lado, as crianças beneficiárias do distrito de Viana (incluindo as expostas e subsidiadas) representariam cerca de 3% do total nacional, enquanto que as do distrito de Braga representariam cerca de 7%, o que equivale a dizer que as crianças expostas e subsidiadas da região do Minho corresponderiam a 10% do total nacional, aproximadamente.

Quando da aprovação do novo regulamento para o serviço dos expostos, por decreto de 21 de Novembro de 1867, a Secretaria de Estado dos Negócios do Reino procurou fundamentar e justificar todo um conjunto de alterações institucionais com a apresentação e comparação de alguns dados estatísticos de âmbito nacional e internacional. Com esses dados pretendia demonstrar a dimensão que este fenómeno demográfico havia alcançado, muitas vezes através da prática de inúmeras irregularidades, escondidas sob o mecanismo sigiloso das rodas. Utilizando essas estatísticas como parte duma estratégia que visava combater a legitimidade e funcionalidade dessas instituições, é muito provável que as mesmas pudessem aparecer tendencialmente inflacionadas, nem sempre havendo a preocupação de separar as crianças expostas e abandonadas das subsidiadas.

Esta prática contrariava a posição oficial de diferenciar as crianças expostas das abandonadas, ambas enjeitadas ou deixadas ao abandono pelos seus progenitores, uns conhecidos, outros desconhecidos. Com o decorrer dos tempos, a Roda alargou progressivamente a sua cobertura social, ao dar assistência às crianças órfãs pobres ou filhas de pais indigentes.[29] A mesma assistência foi assegurada às crianças impossibilitadas de serem amamentadas pelas mães, por falta de leite ou por partos duplos, bem como noutras situações excepcionais.

Ao assumir uma funcionalidade preventiva, prestando assistência às crianças em risco de abandono, a Roda passou a funcionar como uma instituição de apoio à infância desvalida e abandonada, acolhendo e criando as crianças expostas, mas também aquelas que estavam privadas de uma estrutura familiar que lhes assegurasse a sua sobrevivência. Esta cobertura social realizava-se através do financiamento directo ou indirecto da amamentação, podendo, em casos excepcionais, prolongar-se por vários anos, numa situação de paridade com as crianças verdadeiramente expostas.

Neste contexto, poderemos afirmar que, a partir do século XIX, a exposição de uma criança deixou de estar exclusivamente conotada com o seu enjeitamento pela família, embora tal se verificasse com um número indeterminado de casos. Expor uma criança passou a ter um sentido bem mais abrangente, querendo significar que uma criança havia sido sigilosamente entregue à caridade pública, deixando de ser criada no seu próprio ambiente familiar, por razões de preservação da honra ou por absoluta incapacidade da mãe ou da família em assegurar a sua sobrevivência. Só no último quartel do século XIX, as crianças começaram a ser claramente diferenciadas, de acordo com o seu verdadeiro estatuto, passando a ser designadas por expostas, abandonadas e desvalidas.

Apesar de ter uma ampla conotação assistencial, a designação de "*exposto*" só foi juridicamente abolida com a publicação do Código do Registo Civil, em 1958. Em seu lugar, as crianças que estivessem nessas circunstâncias foram integradas no grupo dos "menores abandonados". Consideravam-se abandonados os recém-nascidos de pais incógnitos que fossem encontrados ao abandono em qualquer lugar, bem como os indivíduos menores, com idade inferior a catorze anos, cujos pais, conhecidos ou desconhecidos, se houvessem ausentado para parte incerta, deixando-os ao desamparo. Todos os menores abandonados passaram a ser considerados em perigo moral.

Após a implantação da República, os primeiros governos produziram muita legislação de apoio e protecção à infância desvalida, abandonada e indigente, bem enquadrada nos novos ideais republicanos. Partindo do pressuposto de que competiria ao governo central estudar e procurar atacar, com medidas preventivas, as causas ou actos que pudessem perturbar o bom funcionamento da sociedade, a acção governativa deveria começar por incidir sobre as crianças que estavam prestes a ser envolvidas na complexa engrenagem da luta pela vida e pela inserção social.

Apesar de muito profícuos em termos legislativos, os programas republicanos não foram contemplados com medidas concretas que pudessem alterar substancialmente o quadro normativo e institucional, que haviam herdado do anterior regime monárquico. A implementação do seu programa assistencial estava bloqueado pela falta de meios financeiros, uma consequência natural das dificuldades estruturais que tendiam a agravar-se com a instabilidade política e a emergência de novos problemas sociais.

Para evitar ou remediar alguns dos males que se revelavam tão perniciosos à sociedade, o governo começou por centralizar a sua intervenção na cidade de Lisboa, ao criar uma comissão de protecção dos menores, em perigo moral, pervertidos ou delinquentes, com menos de 16 anos, encontrados na via pública da sua área urbana[30]. Como corriam o perigo de se transformarem em potenciais delinquentes, o governo considerava urgente a sua reintegração na sociedade, através de um processo educativo idóneo. Para isso, legislou no sentido de proteger esses menores indigentes, sem família ou tutores, no pressuposto de que *«é na criança, prestes a ser envolvida na engrenagem da luta pela vida, que convem actuar de modo a evitar ou emendar por uma educação idonea tão perniciosos effeitos».*[31]

Por decreto de 25 de Maio de 1911, o governo provisório procurou reorganizar os serviços de assistência pública, colocando-a sob a imediata autoridade e superintendência do Ministério do Interior. Os órgãos de intervenção seriam os serviços centrais do ministério competente e os serviços distritais, municipais e paroquiais, sem esquecer a indispensável participação e colaboração da assistência privada.

Esta nova legislação social emerge como reflexo das preocupações com os grupos mais marginalizados da sociedade, com particular relevância para os menores desvalidos, acompanhando o movimento de diminuição significativa do abandono de crianças. Efectivamente, esta inversão de uma tendência secular, que se havia iniciado no século XVIII e se acentuara na primeira metade do século XIX, coincidiu com o encerramento das rodas dos expostos, a admissão condicionada de crianças e a adopção de medidas de apoio às famílias mais carenciadas, nomeadamente através da concessão de subsídios de lactação. Mais tarde, a extensão das políticas sociais, uma consequência do Estado Providência, transforma o abandono de crianças, a negligência e os maus-tratos em actos repugnantes, social e juridicamente condenáveis

Notas

1. *Ordenações Afonsinas.* Lisboa: Fundação Calouste Gulbenkian, 1984; *Ordenações Manuelinas.* Lisboa: Fundação Calouste Gulbenkian, 1984; *Ordenações Filipinas.* Lisboa: Fundação Calouste Gulbenkian, 1985. Estas últimas poderão ser consultadas na obra original *Ordenações do Reino de Portugal, recopiladas por mandado de El-Rey, D. Filipe de Portugal.* Lisboa: edição do Mosteiro de S. Vicente de Fora, 1747.

2. *Código Administrativo Português*, por decreto de 31 de Dezembro de 1836, 2 edição. Coimbra: Imprensa da Universidade, 1838.

54   Uma história social do abandono de crianças

3. *Código Penal*, por decreto de 10 de Dezembro de 1852, Coimbra: Imprensa da Universidade, 1854.

4. *Código Civil Portuguez*, por carta de lei de 1 de Julho de 1867, quinta edição official, Lisboa: Imprensa Nacional, 1879.

5. Segundo as *Ordenações Manuelinas* (Liv. 1, t. 67 § 10) «*(...) se alguns orfãos que nom forem de legitimo matrimonio forem filhos d'alguns homens casados, ou de solteiros, em tal caso primeiramente seram constrangidos seus pays, que os criem; e nom tendo elles por onde os criar, se criaram aacusta das mãys; e nom tendo huns nem outros por onde os criar, sejam requeridos seus parentes que os mandem criar; e nom o querendo fazer, ou sendo filhos de Religiosos, ou Frades, ou Freiras, ou de molheres casadas, por tal que as crianças nom mouram por minguoa de criaçam, os mandaram criar aacusta dos bens dos Ospitaes, ou Alberguarias, se os ouver na Cidade, Villa, ou Lugar ordenados pera criaçam dos engeitados, se criaram aacusta das rendas do Concelho; e nom tendo o Concelho rendas por onde se possam criar, se lançará finta por aquellas pessoas que nas fintas, e encarreguos do Concelho ham de paguar, a qual lançaram os Officiaes da Camara*» (Ordenaçoens do Senhor Rey D. Manuel, Livro 1, Coimbra, Na Real Imprensa da Universidade, Anno de MDCCLXXXXVII).

6. Esta determinação manteve-se nas Ordenações Filipinas (tit. 88, § 11), ao mandar que as crianças enjeitadas fossem criadas «*á custa dos Hospitaes, ou Albergarias, que houver na cidade, villa ou lugar, se tiver bens ordenados para a criação dos engeitados: de modo que as crianças não morram por falta de criação. E não havendo hi taes Hospitaes ou Albergarias, se criarão á custa dos bens do Concelho*».

7. A intervenção do poder central não se fez esperar, até porque a situação contrariava claramente os objectivos duma política populacionista, com muitas crianças a perecerem por falta de instituições de acolhimento. Como reflexo da mentalidade então reinante, Diogo Inácio de Pina Manique enviou a todos os provedores das comarcas uma ordem-circular, datada de 10 de Maio de 1783, cujo principal objectivo era alargar a rede assistencial de acolhimento das crianças expostas e regulamentar a sua criação.

A finalidade da intervenção do Estado seria a de salvar a vida de muitas crianças que continuavam a ser sacrificadas «*como inocentes victimas da indolensia com que os Povos vem perecer tantos cidadoens que poderião ser uteis ao Estado e glória para a Nação*». *De acordo com o que estava determinado na citada ordem-circular, cada provedor «hirá pessoalmente a todas as terras da sua Comarca e em cada hua das villas della estabelecerá hua casa em q' haja hum lugar onde se possão expor as crianças sem que se conheça quem as leva*» (...). Era a legalização e a generalização das Rodas como instituições de assistência à infância abandonada, dotadas de um instrumento que garantisse todo o sigilo à exposição de crianças.

8. Poderemos citar o caso de António Delgado da Silva que publicou a *"Collecção da legislação portuguesa, desde a última compilação das Ordenações"*, Lisboa: Tipografia Maygrense, 5 volumes, 1826-1830; e a *"Colecção de decretos e regulamentos publicados durante o governo de regência do reino estabelecida na Ilha da Terceira"*, *1829-1832*, Lisboa: Imprensa Nacional, 1836, e *"Colecção oficial da legislação portuguesa"*, Lisboa: Imprensa Nacional, 1842-1849.

    O mesmo se verificou com António Joaquim de Gouveia Pinto, que elaborou uma *"Compilação das providências que a bem da criação e educação dos expostos ou engeitados se tem publicado e achão espalhadas em diferentes artigos da legislação pátria (...)"*, Lisboa: Impressão Régia, 1820, e o *"Exame crítico e histórico sobre os direitos estabelecidos pela legislação antiga e moderna, tanto pátria como subsidiária, e das nações mais vizinhas e cultas, relativamente aos expostos ou engeitados"*, Lisboa: Typografia da Academia Real das Ciências, 1828.

9. Decreto de 19 de Setembro de 1836, *Collecção de Leis e de Decretos, e outras Providencias Regulamentares, desde 16 até 30 de Setembro*, Imprensa Nacional, 1836.

10. Código Administrativo Portuguez, por Decreto de 31 de Dezembro de 1836, e Código Administrativo Portuguez, por Decreto de 18 de Março de 1842, Coimbra: Imprensa da Universidade, 1845.

11. Em relação aos partos supostos, o Código Penal determinava que «*a mulher que, sem ter parido, der o parto alheio por seu, ou que tendo parido filho vivo ou morto o substituir por outro, será condemnada em degredo temporário*». Igual pena seria imposta ao marido, caso fosse sabedor e desse o seu consentimento (art.º 340.)

12. Art.º 345.º do Código Penal, por Decreto de 10 de Dezembro de 1852, *Op., cit.*

13. *Idem*, art.º 348.º

14. Código Civil Portuguez, aprovado por Carta de Lei de 1 de Julho de 1867, quinta edição official, Lisboa: Imprensa Nacional, 1879.

15. *Idem*, art.º 284.º e art.º 285.º.

16. Decreto de 21 de Novembro de 1867, Collecção Official de Legislação Portugueza – Anno de 1867, Lisboa: Imprensa Nacional, 1868.

17. *Idem*, art.os 11.º e 16.º.

18. Publicado no D. L., n.º 71, de 28 de Março de 1868. Este decreto da Direcção Geral da Administração Civil determinava o seguinte: «*Tendo o decreto de 21 de Novembro de 1867, regulado por um modo uniforme em rodo o reino o serviço dos expostos, substituindo o systema das rodas pelo de hospícios de admissão restricta, fundando-se as disposições d'aquelle decreto nas faculdades que ao governo conferia a lei de 26 de Junho do mesmo*

anno; e havendo sido declarada sem effeito esta lei pelo decreto de 14 de Janeiro último, não podendo por isso subsistir aquelle regulamanto, até porque estão as suas prescripções em desaccordo com a legislação administrativa e penal vigente: hei por bem revogar o supradito decreto de 21 de Novembro de 1867. O presidente do conselho de ministros e secretário d'estado interino dos negócios do reino, assim o tenha entendido e faça executar. Paço, em 20 de Março de 1968».

19. *Regulamento para o serviço dos expostos e menores desvalidos e abandonados*, D. G., n.º 15, de 19 de Janeiro de 1888, Collecção official de Legislação Portugueza, anno de 1888, Lisboa: Imprensa Nacional, 1889.

20. *Idem*, art.ᵒˢ 1.º, 2.º, 3.º,7.º e 15.º.

21. Art.ᵒˢ 1.º, 2.º e 8.º do *Decreto de 6 de Agosto de 1982*, D. G. n.º 178, 10 de Agosto de 1892.

22. Art.ᵒˢ 11.º e 12.º do *Decreto de 24 de Dezembro de 1892*, D. G. , n.º 295, 28 de Dezembro de 1982.

23. Por exemplo, em 1895, a câmara de Viana admitiu, como abandonada, uma filha ilegítima de Maria de Sousa, de 30 anos de idade, costureira, natural da freguesia de Darque, que se ausentara para o Brasil, deixando-a em poder da avó, casada, jornaleira, com 60 anos de idade, cujo marido também havia emigrado para o Brasil e de quem não tinha notícia, há mais de 17 anos (A.M.V.C., Livro de Registo dos Expostos e Desvalidos de Viana, 1888-1903, fl. 101).

24. No princípio do século XIX, o escrivão da câmara de Caminha registava como "postiças" todas as crianças que estavam a ser criadas através das verbas concelhias, independentemente de serem expostas, abandonadas ou desvalidas. Só a partir da segunda metade deste século começa a haver a preocupação em diferenciar as crianças expostas das desvalidas, uma consequência do novo quadro legislativo e dos novos regulamentos distritais e nacionais.

25. Nos finais do século XIX ainda prevalecia esta forma de diferenciar as crianças beneficiárias do sistema de assistência, sob a alçada das câmaras municipais (até aos sete anos) e das juntas gerais (dos sete aos 18 anos). A partir de 1892, toda a assistência passou a ser tutelada pelas câmaras municipais. Segundo o regulamento de 1888, seriam admitidas a socorro as crianças expostas (nascidas de pais incógnitos que as haviam desamparado), as crianças abandonadas (filhas de pais conhecidos que desapareceram sem deixar quem delas tratasse) e as crianças desvalidas (aquelas que por morte, prisão, degredo, avançada idade ou moléstia grave de seus pais não pudessem ser alimentadas por eles ou não tivessem parentes para o fazer). Estes socorros terminariam quando essas crianças atingissem uma determinada idade ou quando deixassem de se verificar as circunstâncias que haviam justificado a sua

admissão (art.os 2.º e 3.º do *Regulamento para o serviço dos expostos e menores desvalidos ou abandonados*, Collecção Official de Legislação Portuguesa, anno de 1888, Lisboa: Imprensa Nacional, 1889).

26. Teodoro Afonso da Fonte. *No Limiar da Honra e da Pobreza. A Infância Desvalida e Abandonada no Alto Minho (1698-1924)*.Vila Praia de Âncora: Ancorensis e Neps, 2005, p.134-139.

27. Alguns anos antes, em 1828, Gouveia Pinto chegou a afirmar que «*não seremos excessivos se calcularmos a entrada annual dos expostos em todas as casas da roda e Hospitaes do Reino de Portugal, e Algarve, em 10:000, e o número de existentes até aos 7 anos de idade em 30:000*». Este último número deveria incluir as crianças que entravam em cada ano e, muito provavelmente, não apenas as expostas, mas também as subsidiadas.

28. *Estatística da existência e movimento dos expostos (...)*, publicada pela Secretaria de Estado dos Negócios do Reino, em 16 de Julho de 1867, em anexo ao regulamento para serviço dos expostos, por decreto de 21 de Novembro de 1867.

29. Depois da Ordenações Afonsinas terem associado os expostos aos órfãos, a prevalência daqueles acabou por centralizar neles todo o processo assistencial, com as crianças órfãs a poderem beneficiar desse sistema público na qualidade de desvalidas.

30. As prioridades viraram-se naturalmente para a capital, uma cidade onde proliferavam os problemas sociais e onde abundavam as crianças em risco moral ou que se encontravam em situações de abandono.

31. Decreto, com força de Lei, de 1 de Janeiro de 1911, A Legislação: Coimbra, Imprensa Académica.

III. *Crianças abandonadas em áreas sem assistência institucional*

Ana Silvia Volpi Scott *

Carlos de Almeida Prado Bacellar **

O ESTUDO DO ABANDONO DE CRIANÇAS no mundo luso-brasileiro, como de resto em praticamente todos os trabalhos vindos a público, vem privilegiando a abordagem institucional da exposição.

Tem sido comparativamente mais simples acompanhar o fenômeno do abandono através da análise das instituições que eram responsabilizadas pela assistência às criancinhas que não eram desejadas pelos seus pais. Toda a documentação produzida por estas instituições fornece aos estudiosos elementos importantes para recuperar o drama dos recém-nascidos deixados sem os cuidados de suas famílias biológicas.

Bastante mais complexo é o estudo do abandono em áreas onde a assistência institucional era difícil, escassa ou inexistente. Impõe-se nestes casos a busca de outras fontes e outras metodologias para tentarmos uma aproximação mais efetiva ao universo do abandono. Assim, as questões que surgem logo apontam para as perguntas relativas ao processo do abandono, se haveria uma preferência pelo abandono de crianças do sexo feminino ou masculino, quais seriam os

---

* Professora da Universidade do Vale do Rio dos Sinos-UNISINOS

** Professor da Universidade de São Paulo-USP

60 Uma história social do abandono de crianças

lugares e os horários mais comuns para efetuar o enjeitamento e, sobretudo, qual seria o destino destas crianças. Em suma, a grande questão seria: conseguiriam estes inocentes sobreviver ao ato do abandono? Em caso positivo, qual seria o grau de integração entre as famílias e nas próprias comunidades de acolhimento? Estas interrogações são as que mais desafiam os historiadores: a sobrevivência e a integração dos expostos.

Os altos índices de mortalidade registrados entre as crianças abandonadas, à partida, já colocam dificuldades para o estudo da inserção destas crianças nos lares adotivos. Assim, uma amostra das taxas de mortalidade alcançadas entre os expostos revela que entre 60% e 95% das crianças que davam entrada nos hospitais não sobreviviam, como nos informa Sá. Para a autora, os expostos eram crianças de alto risco, pois além das causas normais da mortalidade infantil, tinham que enfrentar um conjunto adicional de situações que colocavam em perigo a sua vida. Estas situações "adicionais de perigo" poderiam estar vinculadas ao período da gravidez e parto – necessidade de esconder a gravidez, tentativas de aborto, as condições precárias que poderiam enfrentar no momento do parto; a necessidade de se transportar a criança até o local do abandono; a precariedade das instalações dos próprios hospitais, riscos de contágio, má alimentação; mesmo depois de serem encaminhadas a amas, os perigos não cessavam. A somatória destas condições explica, portanto os altos índices de mortalidade.[1]

A outra questão vincula-se ao destino dos enjeitados que teriam sobrevivido ao ato do abandono em si. Neste caso, temos aquelas crianças abandonadas que eram encaminhadas para as instituições, assim como temos aquelas que eram enjeitadas em áreas onde não se disporia de uma infraestrutura institucional de recolhimento dessas crianças, e que, assim, ficariam dependentes da caridade dos homens e mulheres que os encontravam abandonados, seja nas suas portas, seja em outros locais das comunidades que viviam. Mais do que nunca, estes seriam os filhos da piedade, aqueles que seriam acolhidos por almas caridosas, que se compadeceriam do abandono destas criancinhas.

Nossa intenção é analisar a exposição de crianças em duas áreas do mundo luso-brasileiro: a freguesia minhota de São Tiago de Ronfe, localizada no concelho de Guimarães (distrito de Braga, Portugal) e a vila de Sorocaba, no interior da capitania de São Paulo, Brasil.

A análise e a comparação das experiências de abandono domiciliar aqui apresentadas pretendem avaliar o papel e a importância deste fenômeno no contexto bastante diferenciado das áreas selecionadas.

A região minhota, densamente povoada, considerada o "vespeiro do país", era composta por uma população quase cem por cento branca e católica, dispersa por um território intensamente explorado, com recursos limitados, especialmente a terra, estruturalmente marcada pela emigração diferencial masculina. A região paulista, ao contrário, caracterizada pela rarefação do seu povoamento, disperso por amplos territórios, que reunia uma população profundamente heterogênea, composta por livres e escravos, brancos e não brancos, e por grande diversidade cultural.

O viés que procurará dar sentido à comparação destas duas áreas tão distintas está vinculado ao fato de que em ambas não havia a instituição da roda durante a maior parte do período estudado. Assim poderemos analisar as estratégias utilizadas pelas distintas populações para enfrentar o problema do abandono de crianças no período que antecedeu a institucionalização da assistência aos expostos.

O caso português: a freguesia de São Tiago de Ronfe

As crianças expostas que viveram na freguesia de São Tiago de Ronfe, durante os anos setecentos, foram arroladas em investigação anterior, que se preocupou em analisar as diferentes formas de organização familiar no noroeste de Portugal. Os registros paroquiais (entre os anos de 1700 a 1900) e uma coleção de róis de confessados (que cobrem o período entre 1740 e 1900) forneceram informações sobre indivíduos que foram abandonados ao nascer, mas que, ao conseguir sobreviver aos difíceis anos iniciais, puderam chegar à idade adulta e muitas vezes constituir família.

A região de Guimarães foi uma área que contou com a instituição de uma roda de expostos apenas em 1783, ano em que estas instituições foram oficializadas. Contudo, no caso vimaranense, a preocupação mais estrita da Câmara com relação aos pequenos abandonados parece começar a se efetivar já na década de 1740, quando tem início a organização dos processos referentes àquelas crianças em livros camarários[2]. Isto significa que durante o século XVIII as crianças abandonadas não contavam com uma efetiva assistência institucional, sendo deixadas, na maioria das vezes, sob a responsabilidade da própria comunidade onde haviam sido enjeitadas

Desta maneira, o estudo do abandono numa freguesia rural desta área do Baixo Minho permite lançar algumas luzes sobre o destino das crianças expostas, eventualmente caracterizando o grau de integração das mesmas aos agregados familiares que as recebiam.

62 Uma história social do abandono de crianças

Porém, antes de entramos na discussão sobre a inserção dos expostos nas casas que os acolhiam, é importante fazer um apanhado sobre o universo característico da ilegitimidade e do abandono no norte de Portugal, especialmente na região do Minho, para entendermos o contexto em que estas crianças viveram.

Fundamental para a compreensão da realidade minhota do abandono é sua relação com a ilegitimidade, que a distingue de outras zonas portuguesas. Maria Norberta Amorim, ao fazer um balanço dos estudos sobre a história da família em Portugal, destacou que o fenômeno de ilegitimidade adquiria contornos muito particulares em território português e que a geografia deste comportamento estava longe de ser definida para o período do Antigo Regime.[3]

Os estudos neste campo indicam que Portugal *não se adequaria ao modelo demográfico europeu de baixa ilegitimidade*. Especificamente no norte de Portugal, encontramos taxas muito elevadas de ilegitimidade, chegando a cifras em torno de 20% em diversas localidades durante o século XVIII. Mesmo durante o século XIX, essas percentagens continuaram a atingir 20% ou ainda mais[4]. Convém ainda salientar que aqui não se trata de uma diferença que se estabeleça com base em áreas mais urbanizadas ou rurais, pois este não parece ser o fator decisivo para o aumento ou queda da ilegitimidade no norte de Portugal, como foi demonstrado numa série de estudos.

Nos últimos anos a região minhota tem atraído a atenção de diversos pesquisadores que lograram analisar tanto o fenômeno do abandono com o da ilegitimidade. No que diz respeito especificamente ao abandono de recém-nascidos, os resultados revelaram que a proporção de crianças expostas era irrelevante no conjunto daquelas dadas como ilegítimas.

Os resultados obtidos por Maria Norberta Amorim, no seu clássico estudo sobre Guimarães, para o período entre os finais do século XVI e as primeiras décadas do XIX, evidenciam esta tendência. A análise dos dados por décadas mostrou que, na zona mista e na zona rural, o índice se concentraria, normalmente, abaixo de 1%, e raramente ultrapassava os 2%. A situação já se mostra diferente quando os dados dizem respeito à zona urbana. Ali os efetivos de crianças expostas são mais elevados, embora não ultrapassem os 3,5% até a primeira década do século XVIII. Efetivamente, a partir da década de 1710 registra-se um incremento no número dos expostos, que se tornará cada vez mais importante até as primeiras décadas do século XIX. A grande virada se dá entre as décadas de 1730 e 1740, quando os índices de expostos na zona urbana de Guimarães passam de 6,9% para 18,4%, atingindo a marca de 54,8% na década de 1810. Amorim interpreta esta mudança radical, com base numa hipótese ligada ao aumento da exposição na zona urbana:

> (...) ao início dos processos dos expostos em livros camarários, essa centralização deve ter alargado o seu raio de influência às zonas mais exteriores do termo de Guimarães. Reparemos que, ao passar da década de 1730 para a seguinte, a percentagem de enjeitados 'pula' de 6,9% para 18,4%. A institucionalização da roda em 1783 fez orientar decisivamente para a cidade o movimento, que atinge sua máxima expressão na última década em estudo (...)[5]

Destacamos ainda o estudo sobre um conjunto de dez freguesias na região norte do mesmo Concelho de Guimarães, nas quais se repete a situação de altos índices de ilegitimidade, acompanhados por valores baixos no que respeita ao abandono de crianças.

Os resultados recolhidos por Antonio Augusto Amaro das Neves indicam altas taxas de crianças naturais batizadas, enquanto que a proporção de enjeitados raramente se afastava de zero, apenas ultrapassando o valor de um por cento nas décadas de 1760 e 1770 (respectivamente 1,1% e 1,2%). A conclusão é que ao longo de todo o período que antecede o século XIX, em média, foi abandonada uma criança a cada 250 nascimentos, chegando-se a estabelecer uma periodização da exposição de crianças nas paróquias daquela zona que ficaria entre 0,16% para os anos entre 1560 e 1719, e 0,70% entre 1720 e 1799. Tais valores foram encontrados a partir de um total de 9.149 batizados para o primeiro período (sendo apenas quinze o número dos batizados de enjeitados) e 7.292 para o segundo (perfazendo 51 batizados de crianças enjeitadas)[6] (Neves, 2001):165.

O estudo desenvolvido por Antonio Amaro das Neves aponta a mesma tendência de uma evolução da prática de exposição de crianças na zona rural, em comparação com aquela encontrada para a zona urbana de Guimarães, no estudo efetuado por Amorim, indicando que após 1783 as crianças eram encaminhadas para a vila de Guimarães, a fim de serem integradas à estrutura de acolhimento já institucionalizada.

Ainda para a zona noroeste de Portugal temos dados para a freguesia de Barcelinhos. Os dados reunidos indicam uma situação em que a média de crianças ilegítimas e expostas estaria situada entre os 12% (8,6% de ilegítimos e 3,4% de expostos), entre 1606 e 1910. A autora relaciona os ritmos da exposição à abertura

64 Uma história social do abandono de crianças

e encerramento da Casa da Roda em Barcelos. O início de seu funcionamento, em 1784, teria contribuído para a elevação do número de crianças expostas, dirigidas diretamente para a roda, assim como seu encerramento, na década de 1860, marca a queda nos índices de abandono (Faria, 1998).

Outros dois estudos ilustram o cenário do abandono de bebês no século XVIII na região minhota, que analisam os exemplos das freguesias de Avidos e Meadela.

A freguesia de São Martinho de Avidos foi estudada por Odete Paiva. A autora encontrou um índice de apenas 1.4% de crianças expostas para um total de batizados de 834 registros. Na região de São Martinho de Ávidos (Concelho de Vila Nova de Famalicão - distrito de Braga) a roda já existia desde 11 de maio de 1786 (Paiva, 2001). Além do baixo percentual de enjeitamento, Paiva sublinha ainda que, antes da instalação da roda, o local preferencial de exposição era sempre junto à casa de alguém, e não em áreas ermas (Paiva, 2001):172.

Por último cabe uma menção à região de Viana do Castelo, especificamente à freguesia de Meadela, uma comunidade rural do Alto Minho estudada por Maria da Glória Solé. Esse estudo é importante pois os dados apresentados fogem à situação de escassa relevância de crianças abandonadas ao longo do século XVIII. Esta freguesia, contrariamente ao padrão estabelecido até o momento, indica que, para a primeira metade do século XVIII, uma proporção surpreendentemente alta de crianças expostas, que atingiu 16,9% (Solé, 2001):192. No mesmo período, os batizados de bebês ilegítimos foram apenas 6,9%. Na segunda metade do XVIII, a situação inverteu-se com a queda dos batizados de crianças expostas, que despencou para 3,9%, enquanto as crianças naturais batizadas somavam 7,1%. A autora não aventou hipóteses explicativas para tal fato, afirmando apenas que a exposição estava enraizada nesta comunidade, embora na primeira metade do XIX o abandono estivesse concentrado agora na roda de Viana (Solé, 2001):192-193. Este indicador que está completamente fora dos padrões encontrados até agora deveria ser alvo de uma análise mais aprofundada, inclusive para afastar qualquer distorção que possa estar vinculada à qualidade das fontes utilizadas.

Em suma, podemos especular que numa área onde a ilegitimidade era muito elevada, se comparada a outras regiões da Europa, a opção pela exposição das crianças não apareceria como preferencial entre os habitantes da região. Tudo indica que o nascimento de crianças naturais, filhas de mulheres solteiras em sua maioria, não seria alvo de uma excessiva pressão da comunidade, embora a Igreja, através de suas visitas pastorais, procurasse controlar e coibir as relações ilícitas entre homens e mulheres que poderiam resultar na geração dessas crianças.

De todo modo, os elementos quantitativos disponíveis até o presente mostram que, efetivamente, estamos diante de uma época e uma região privilegiadas para se analisar o abandono de crianças nas casas de particulares, uma vez que em Portugal e no Minho, a instalação das casas da roda se intensifica apenas nas décadas finais dos setecentos. Isso nos dá a possibilidade de refletir sobre a experiência do enjeitamento de criancinhas, e talvez possa lançar algumas luzes sobre as trajetórias de vida destes indivíduos, a partir do estudo de uma comunidade minhota em particular.

A freguesia de São Tiago de Ronfe era caracterizada por população que estava dispersa por um território intensamente ocupado, com poucas possibilidades de sustentar o ritmo de crescimento que lhe era característico. Se a terra era pouca, também parcos eram os recursos tradicionalmente empregues na sua exploração. A maioria dos indivíduos não tinha acesso a mais que um pequeno pedaço de terra no qual plantar o mínimo que garantiria a sua subsistência e a dos seus. O recurso de que se valiam era, em alguns casos, complementar os reduzidos produtos que extraíam da exploração da minúscula horta, onde plantavam couves, milho e pouca coisa mais, através da fiação e tecelagem caseira do linho, e depois do algodão, o que lhes permitia que um equilíbrio, ainda que precário, fosse mantido.

Uma terra que não provia o sustento de todos levava a uma busca de equilíbrio entre a população e os recursos disponíveis. Era necessário encontrar meios capazes de travar o seu excessivo crescimento.

As estratégias para atingir este objetivo fundamental estavam integradas ao princípio da restrição do acesso ao casamento daqueles indivíduos que permaneciam na comunidade e na constante evasão de contingentes populacionais excedentários, especialmente do sexo masculino. Os distritos do Norte de Portugal são aqueles tradicionalmente marcados por uma forte emigração diferencial masculina, pelo menos desde o século XVI, e a comunidade de São Tiago de Ronfe não foi exceção. Portanto o mercado matrimonial se via seriamente afetado pela desigualdade na razão entre os sexos. Naquela comunidade a razão entre os sexos em 1740 era de 66,7 homens para cada cem mulheres, e no final dos setecentos (1790) estava na proporção de 76,5.[7]

Assim, aquelas comunidades sofriam com o permanente desequilíbrio entre os sexos. Sobravam muitas mulheres, de todas as categorias sociais e todas encontravam dificuldades para encontrar um parceiro matrimonial. Muitas estavam condenadas a uma vida de *celibatária*, e como tal tiveram que encontrar o seu lugar na sociedade.

Naquelas condições, foi possível que as mulheres achassem espaço não só para gerar uma prole ilegítima, para chefiar o agregado doméstico, para assumir a gestão dos bens e da casa, tornando-se, portanto, uma peça essencial na reprodução biológica e social da comunidade. A partir dessas constatações, detectamos uma série de mecanismos que lhes facultavam o acesso a uma vida familiar, embora, muitas vezes, esta não estivesse subordinada aos modelos impostos pela Igreja, pelo Estado, ou pela tradição cultural minhota, lançando mão do concubinato, das uniões não legitimadas pela igreja, através da geração de filhos naturais.

Foi possível contabilizar o montante de fogos chefiados por mulheres, a quantidade delas que, recorrentemente, geraram filhos naturais, que estabeleceram ligações ilícitas não só com indivíduos solteiros e viúvos, mas com homens casados, procurando de alguma forma superar a imposição de um celibato, que além do casamento, também lhes negaria a possibilidade de ter uma prole, ainda que bastarda.

Embora estas formas de relacionamento alternativo não fossem exclusivas das mulheres das camadas sociais menos privilegiadas, percebemos uma nítida afinidade entre a ilegitimidade, o concubinato e algumas parcelas mais pobres e sem terra da população.

São Tiago de Ronfe também apresentou altos índices de ilegitimidade, a par de uma fraca intensidade no fenômeno do abandono de crianças. Os batizados de crianças naturais atingiram uma média de 15,5% para os primeiros 50 anos do século XVIII e este índice caiu um pouco na segunda metade dos anos setecentos, ficando em torno dos 12%. Se desagregarmos os índices por décadas, vemos que a marca mais elevada ficou na década de 1720, atingindo 19,5%. De sublinhar ainda, a queda acentuada na década de 1740, quando se atinge o índice mais baixo, com apenas 6,6% de crianças ilegítimas registradas na igreja de São Tiago de Ronfe. Para a década de 1780, quando se institui a roda de expostos de Guimarães, encontramos um aumento dos ilegítimos (12,7%). São Tiago de Ronfe encontra-se a pouco mais de dez quilômetros da vila de Guimarães, e a cerca de 20 quilômetros da cidade de Braga. Ao contrário, no que diz respeito à exposição, os indicadores se mantém baixos ao longo do período, não superando os dois pontos percentuais.

Maria Norberta Amorim nos informa alguns dados interessantes sobre as condições e o local do abandono. No que diz respeito aos locais de abandono, esta indicação só começa a ser mencionada sistematicamente, a partir de 1680. Antes disso, as raras referências ligam-se aos adros das igrejas ou capelas, "*como que a pedir aos santos por estas crianças*", arrisca a citada autora. Ao longo do XVIII, quando as indicações sobre os locais começam a aparecer de maneira mais substantiva, encontramos a alusão às portas de particulares, escolhidas para o enjeitamento. No caso da área estudada de Guimarães, cerca de 1770, muitas vezes as portas escolhidas são a do Procurador do Concelho, ou a porta da "ama das passagens", isto é, a mulher que, à responsabilidade da Câmara, cuidava dos enjeitados antes de serem entregues às suas próprias amas, prefigurando a institucionalização da "roda", que entraria em funcionamento a partir de 21 de outubro de 1783.[8]

Amorim observa ainda que não podemos saber pelos registros paroquiais até que ponto o "chamamento" à caridade de uma família pela exposição à sua porta de um recém-nascido encontraria uma resposta positiva. Entretanto, outros indícios sugerem certa aceitação dessas crianças desprotegidas por parte de particulares de boa vontade. Para ela haveria certa assimilação local, pelo menos até 1740, que teria sido mais intensa antes de 1710.

Apesar da escassez dos registros de batizados relativos aos enjeitados, as informações arroladas para São Tiago de Ronfe nos dão algumas pistas sugestivas. O primeiro registro de uma criança ali abandonada, para o século XVIII, foi feito à porta de Ana da Silva, mulher solteira residente no lugar do Soutinho, onde se recolheu a enjeitada Luiza. Curiosamente, mais de três décadas depois, a mesma Ana da Silva recebia em sua porta outra criança, de nome Custódia, deixada no ano de 1734, no mesmo lugar do Soutinho, aonde Ana continuava a viver. Será que Ana da Silva cumpria o papel de uma "ama de passagem"? Ou apenas seria sensível ao infortúnio destas crianças e, tocada pela situação delas, as acolheria de boa vontade? Não podemos ter a certeza, uma vez que os dados não permitem ir além nas nossas conjecturas, e apontar a tendência preferencial de abandonar as crianças à porta das casas.

Quanto aos casamentos, também poucos foram os expostos que tiveram suas bodas realizadas na igreja paroquial de São Tiago de Ronfe. Destes poucos casos, encontramos tanto homens como mulheres, referidos como "expostos" que contraíram matrimônio na freguesia. Esse foi o caso de Serafim Álvares, que se casou com a exposta Luisa da Silva, em 1724, ou Luis da Silva, exposto que recebeu Custódia de Oliveira como sua mulher, no ano de 1745.

Por outro lado, temos a oportunidade de vislumbrar a inserção dos enjeitados nos agregados familiares através da utilização dos róis de confessados. Diferentemente das fontes utilizadas para o caso sorocabano (as listas nominativas de habitantes), os róis de confessados não apresentam informações de caráter socioeconômico. Acrescente-se ainda que esta fonte ocupava-se apenas das pessoas de "confissão e comunhão", não arrolando para o período aqui analisado as crianças menores de sete anos. Além disso, as idades dos indivíduos também não aparecem neste período[9], o que nos impede, por exemplo, de fazer a correlação entre abandono e a idade dos indivíduos que chefiavam os domicílios onde as crianças eram introduzidas. Estas limitações inviabilizam, da mesma forma, o rastreamento destas crianças no exato momento que segue a exposição, pois mesmo que a criança permanecesse na casa onde foi abandonada, esta situação não apareceria, de imediato, expressa nas fontes consultadas.

Entretanto, apesar disso, podemos procurar adentrar no mundo familiar em que os enjeitados eram acolhidos e examinar as características dos domicílios em questão, analisados em intervalos quinquenais entre 1740 e 1800.

A primeira constatação importante é a pouca expressividade da presença de expostos maiores de sete anos entre os residentes na freguesia, entre 1740 e 1780, mantendo-se, em geral, em torno de 0,5%. Entretanto, nos intervalos quinquenais entre as décadas de 1780 e 1800, vemos que sua presença quase triplica, ficando em torno de 1,5% da população total. Será que este crescimento tem relação com a instalação da Roda de Expostos em Guimarães? Haveria uma "oferta" maior de crianças abandonadas na roda, e por isso mesmo a necessidade de distribuí-las pelas freguesias circunvizinhas? Ou haveria um interesse maior das mulheres residentes nas freguesias próximas em prestar serviços à Roda e receber para cuidar destas crianças?

Acompanhando a mesma tendência de crescimento do número de expostos entre a população maior de sete anos a partir da década de 1780, verificou-se, concomitantemente, o aumento de fogos que apresentam enjeitados em sua composição. Para o ano de 1780, apenas 1,8% dos fogos registrou a presença de expostos. Nos intervalos quinquenais seguintes, esta proporção triplicou.

Uma outra característica que deve ser considerada sobre os fogos ou domicílios que incluem indivíduos classificados como expostos é a análise de sua estrutura. Aplicando-se a tipologia proposta pelo Grupo de Cambridge, procuramos conhecer o tipo de estrutura familiar/ domiciliar que, predominantemente, acolheu os expostos. Cabe lembrar, no que diz respeito às limitações impostas pelas fontes utilizadas, que a ausência das crianças menores de sete anos pode levar a uma distorção de alguns resultados, especialmente elevando os percentuais dos agregados domésticos de tipo 1 (solitários), assim como pode subestimar algumas das categorias de domicílios (os compostos por famílias nucleares, com ou sem filhos). De todo modo, conscientes destas limitações, podemos constatar que os expostos estavam concentrados, majoritariamente, em domicílios compostos por famílias nucleares, seguidos por aqueles domicílios sem estrutura familiar.

Será que a concentração dos expostos, tanto em domicílios sem estrutura familiar, quanto naqueles compostos por famílias nucleares, poderia significar a necessidade de uma complementação de mão-de-obra? Famílias nucleares com filhos pequenos precisariam agregar a presença de expostos para manter a força de trabalho estável? É uma hipótese a ser discutida, para a qual não temos resposta.

Em que pese a dificuldade de se identificar os expostos ao longo dos anos, os dados recolhidos nos róis de confessados parecem indicar que o tempo de permanência deles nos domicílios não era muito alargado, sugerindo uma relativa instabilidade deste grupo de indivíduos. Os poucos expostos arrolados nas listas de confissão e comunhão analisadas mostraram que era muito comum o desaparecimento destes indivíduos entre os intervalos quinquenais estabelecidos.

A exceção ficou por conta da enjeitada Maria Josefa, que permaneceu durante 27 anos junto da família de Bento Francisco e de sua mulher Josefa Peixota. Maria Josefa apareceu pela primeira vez junto desta família em 1739, primeiro ano que temos os róis de confessados para São Tiago de Ronfe, e com eles partilhou a vida familiar até o ano de 1766.

Bento Francisco e Josefa Peixota, que tiveram dois filhos legítimos, acolheram Maria Josefa, e tudo leva a crer que ela teria sido enjeitada fora de Ronfe, uma vez que, em alguns oportunidades ela foi identificada como "Maria da Vila, exposta". Parece lícito supor que ela tenha sido exposta na vila de Guimarães, distante poucos quilômetros de São Tiago de Ronfe.

Ao longo destas quase três décadas não encontramos registro nos fontes relativas a São Tiago de Ronfe, de que a exposta Maria Josefa tenha se casado, ou tido filhos ilegítimos. O que resta de mais significativo, entretanto, é que durante todo este período, o padre, ao fazer o rol da desobriga de cada ano, sempre teve o cuidado de identificá-la como "exposta" ou "enjeitada". Este atributo parece ter sempre acompanhado a pequena Maria Josefa, desde sua exposição até a vida adulta. Quanto aos filhos legítimos do casal Bento e Josefa, casaram-se em Ronfe, mas a exposta Maria Josefa permaneceu na companhia daqueles que a acolheram.

Em suma, acompanhar a trajetória de vida dos pequenos enjeitados e enjeitadas que ficaram à mercê da caridade particular é tarefa difícil e não conseguimos reunir mais do que poucos indícios e fragmentos da vida destes filhos da piedade. Além disso, uma pergunta fundamental permanece sem resposta, e diz respeito ao grau de integração destas crianças nos domicílios receptores.

A tendência de permanecer por períodos curtos poderia desestimular a constituição de vínculos afetivos mais profundos. Mas qual seria a relação construída nos anos de convivência entre a enjeitada Maria Josefa e a família que a acolheu? Seria uma espécie de criada? Teria se transformado numa "filha de criação" que

70 Uma história social do abandono de crianças

escolheu permanecer solteira na casa, e continuar próxima dos pais adotivos? Teria o mesmo "reconhecimento" que os dois filhos de Bento e Josefa? Estas são questões que, inevitavelmente, continuarão a desafiar a imaginação dos historiadores.

O caso brasileiro: A Vila de Sorocaba

No Brasil, a maior parte dos estudos sobre o abandono voltou-se para a análise das ações institucionais, evitando, inclusive pelas dificuldades documentais, focar o abandono mais corriqueiro junto aos domicílios.[10] Não seria exagero afirmar, no entanto, que o grosso das crianças enjeitadas entre os séculos XVI e XIX o foram sem recurso às Misericórdias e Câmaras Municipais, contando tão-somente com a caridade dos lares onde eram acolhidas.

A investigação do abandono domiciliar na vila de Sorocaba, capitania de São Paulo, visou justamente desvendar este lado desconhecido de uma prática largamente difundida na América Portuguesa. Era, desde princípios do século XVIII, uma vila fortemente marcada por seu intenso envolvimento na comercialização do gado muar, essencial para atividades de carga e transporte em todo o sudeste da colônia. Paralelamente, ali se produzia grande volume de gêneros da terra, o que fazia de Sorocaba um importante celeiro para tropas e tropeiros que por ali transitavam incessantemente. Ponto nevrálgico de uma grande e extensa rede de abastecimento interno, a vila tinha no grande afluxo de homens e animais sua principal característica.

Apesar de seu papel de destaque, Sorocaba não contou, até meados do século XIX, com uma Misericórdia ativa,[11] que se dispusesse a acolher enjeitados. Também não há quaisquer notícias de intervenção da Câmara nesse assunto. Assim, não restava alternativa aos interessados em abandonar seus filhos, senão deixá-los diante de porta alheia. Felizmente, os registros de batismo, casamento e óbito, somados às listas nominativas anuais de habitantes, puderam, através da reconstituição de famílias, iluminar diversos aspectos dessa complexa e ampla realidade.

Entre 1679 e 1845, 1052 crianças foram expostas em domicílios sorocabanos. Inicialmente, a frequência de tais abandonos era insignificante (0,24%), mas cresceu ao longo do século XVIII até alcançar o patamar dos 10,38% no final do século, para, a seguir, ingressar num movimento de retração contínua até a data final de investigação, 1845, voltando a meros 0,18%. No âmbito brasileiro, essa tendência é semelhante à detectada para certas localidades e, ao mesmo tempo, inversa ao movimento de crescimento dos abandonos verificado em outras vilas. Não de dispõe, até o momento, de maiores explicações para essas curvas discrepantes, mas diversos autores buscaram relacionar o aumento dos abandonos à criação de mecanismos institucionais de acolhimento de crianças, que facilitariam o processo. Para Sorocaba, no entanto, tal possibilidade resta descartada, e seria preciso detectar outros mecanismos a frear a prática de expor recém-nascidos em portas alheias a partir de princípios do século XIX.

De qualquer maneira, o movimento de ascensão e posterior queda dos abandonos em Sorocaba parece estar nitidamente relacionado a uma tendência idêntica nas taxas de ilegitimidade, uma evidência igualmente constatada por outros autores, como a indicar que os nascimentos indesejados resultassem na exposição infantil.

Apesar de recorrentes, no entanto, tais práticas restam difíceis de explicar, principalmente pelo caráter lacônico das fontes. Os registros de batismo, primeiros a documentar a ocorrência de um enjeitamento, tão somente relatam o acolhimento domiciliar da criança e seu consequente batismo, aos cuidados dos moradores de dado domicílio, e nada mais. Cabe ao historiador a tentativa de rastrear essas frágeis histórias de vida, quase anônimas, num esforço de melhor compreender o fenômeno.

A primeira constatação inesperada diz respeito à localização geográfica dos domicílios que acolheram os bebês. Apenas cerca de 20% dos mesmos localizavam-se na área urbana, contra 80% no ambiente rural. Nenhum autor brasileiro jamais sugeriu, de modo explícito, que a exposição poderia ser um fenômeno passível de ocorrer preferencialmente no meio rural. Pelo contrário, graças às pesquisas direcionadas para o viés institucional do fenômeno, houve uma forte descrição de sua ocorrência nos núcleos urbanos, que atrairiam as crianças a serem enjeitadas.

No caso sorocabano, as exposições se concentravam especificamente em dois bairros rurais, Iperó e Piragibu, com 42,1% do total de casos. Eram duas áreas cortadas pela estrada que, vindo da Sul, passava pelo município e alcançava São Paulo. Duas áreas que reuniam excelentes condições para o abandono de crianças: grande afluxo de pessoas ao longo do caminho, dificultando a identificação de quem expunha o filho, e povoamento rarefeito, dado o caráter rural das terras atravessadas pela estrada.

Fundamental, também, é a caracterização do domicílio acolhedor propriamente dito. Dentre 979 batismos de expostos que puderam ser trabalhados, 644 crianças (65,8%) foram deixadas em domicílio chefiado por homens, contra 335 (34,2%) naqueles chefiados por mulheres. Uma realidade significativa, uma vez que, nas listas nominativas sorocabanas encontra-se, no máximo, 24,7% de domicílios matrifocais. Uma análise pontual, para o intervalo 1808-1812, mostra que havia um exposto para cada 17,3 domicílios chefiados por homens, contra um exposto para cada 9,9 chefiados por mulheres.

O predomínio de domicílios encabeçados por homens sugere a intenção de escolher casais constituídos. Não há um único homem solteiro recebendo um enjeitado, e apenas cinco viúvos foram escolhidos como receptores. A regra era a procura dos casais, numa provável tentativa de oferecer ao filho abandonado as melhores condições de sobrevivência num domicílio teoricamente mais estável. Para os lares sob chefia feminina, havia uma tendência pela escolha daqueles em que essa mulher fosse viúva. Isto indica uma preferência por mulheres mais velhas, talvez mais atenciosas por já haverem criados seus filhos.

A reconstituição da história dos domicílios em questão permite conhecer as idades médias dos chefes de família quando da chegada do exposto. Em outras palavras, é possível identificar o momento, dentro de ciclo de vida familiar, em que era mais provável receber uma criança abandonada. Sobre uma amostra de 267 crianças deixadas em domicílios chefiados por homens, e 44 deixadas naqueles chefiados por mulheres, chega-se a uma idade média quando do abandono de 47,8 anos para os homens e 44,5 para as mulheres[12]. Tais dados são, sem dúvida, notáveis, a indicar que a exposição era um fenômeno marcantemente voltado para o mundo dos homens e mulheres maduros, próximos de seus 50 anos de idade, e que haviam passado em cerca de 24 anos a idade média ao casar.[13]

Fator determinante para a análise dos domicílios com expostos é a cor declarada de seus chefes. Independentemente do sexo, havia uma propensão pelos brancos, ou ao menos pelos declarados brancos, que, em tese, tendiam a estar mais bem colocados no espectro social. Não obstante, é digno de nota que alguns dos pardos eram forros, extremamente pobres, sugerindo que nem sempre se visava famílias de melhor condição social.

Esta constatação pode ser reforçada pela observação das atividades econômicas predominantes nesses mesmos domicílios. Do senhor de engenho ao roceiro sem posses, do negociante ao indivíduo que vivia a favor, há uma vasta gama de ocupações representadas, do mais humilde ao mais poderoso. Também entre as mulheres, a prostituta está presente ao lado de costureiras e fiandeiras. No geral, a maciça presença dos lavradores (62,0%) vem confirmar o que já se havia constatado na distribuição geográfica dos abandonos: a predominância do rural, do roceiro distante da vila, em oposição aos poucos artesãos instalados no exíguo núcleo urbano.

A maioria absoluta das crianças foi exposta em domicílios sem escravos (88,4%) e cujos chefes quase nunca dispunham de patentes das milícias (87,1%), sugerindo que os segmentos mais humildes da população, que dependiam exclusivamente da mão-de-obra familiar para subsistir, eram os que mais recebiam os enjeitados sorocabanos.

Portanto, as indicações são claras no sentido de confirmar que o abandono não visava necessariamente colocar uma criança em uma família de posses, que garantisse um futuro promissor. Pelo contrário, buscava-se lares que simplesmente pudessem criar aquela criança, dar-lhe condições de sobrevivência que, provavelmente, ela não disporia junto aos pais biológicos. Senão, como explicar expostos junto a forros pobres, último escalão dentre os livres?

Mas é preciso ir ainda mais além na tentativa de compreender o ato de expor uma criança às portas de uma casa. Seria preciso voltar a análise para um ponto-de-vista diametralmente oposto ao usual, e ensaiar uma explicação para o fenômeno sob o viés do domicílio receptor. Essa tentativa pode, e deve, ser promovida tomando como base as famílias reconstituídas e identificadas como acolhedoras de um pequeno enjeitado, buscando detectar o quão passivamente se encontravam envolvidas nesse acontecimento.

Embora as histórias de vida de cada família sejam de muito difícil recuperação, principalmente em se tratando de humildes lavradores e outros estratos despossuídos, são perceptíveis certos momentos específicos no ciclo de vida familiar que, aparentemente, poderiam estar interferindo nas chances de se receber um exposto. Tais eventos parecem resultar em tomadas de decisão no seio da família, na expectativa de rearranjar suas estratégias frente aos imprevistos da vida. Esses rearranjos poderiam incluir a recepção de expostos, favorecida ou explicitamente promovida pelo casal, que buscava, deste modo, recompor alguma lacuna doméstica. Isto significa, em outras palavras, que a recepção de expostos não necessariamente deveria ser um acontecimento passivo por parte do domicílio receptor, mas também, sob certas condições, um ato consciente de acolhimento de uma criança. Observando-se o conjunto dos domicílios receptores, foi possível estabelecer minimamente algumas tendências relativamente claras.

A primeira dessas tendências diz respeito à ausência de filhos. Casais estéreis, ou com muito poucos filhos, podiam ser receptivos ao acolhimento de um exposto, que substituiria um filho não conseguido. Mas não sabemos ao certo se estes casais se esforçavam em receber tais crianças, ou se, pelo contrário, o fato de não terem filhos constituía um sinal alentador para os pais que desejavam abandonar seus recém-nascidos. A equação, obviamente, não era tão simples assim. A presença de uma mulher no domicílio era condição de considerável importância: abandonar uma criança em casa sem mulher seria, no mínimo, um risco. Mas a presença de uma mulher não era garantia de aleitamento, e aí deveria residir uma marca diferenciadora.

Em uma segunda situação de recepção de enjeitados, encontramos casais já maduros, cujos filhos já haviam trilhado seus caminhos, e que portanto poderiam acolher pequenos abandonados, seja por um ato de "desprendimento cristão",[14] seja para dispor de eventuais auxílios domésticos. Nessa segunda hipótese, a aceitação de um exposto poderia ser interessante para suprir o domicílio de novos braços, necessários aos já muitas vezes alquebrados ou adoentados chefes da casa. Todavia, os enjeitados chegavam recém-nascidos, e a expectativa de sua participação corriqueira nos afazeres do domicílio seria alcançada somente após alguns anos, e caso sobrevivesse à dura mortalidade.

Estas situações poderiam também apontar para uma outra tendência, de recebimento dos frutos ilegítimos ou naturais dos filhos já saídos de casa, ou até mesmo de um dos cônjuges do casal em questão. Seria a exposição, neste caso, simples estratagema familiar para ocultar ou ao menos disfarçar a situação incômoda, recolhendo-se os netos à casa dos avós. Entre as famílias mais pobres, sem posses, mas numericamente dominantes, não havia necessidade de reconhecer a paternidade de eventuais expostos, pois isso em nada alteraria suas oportunidades de vida.

Outra situação propícia à aceitação de expostos estaria relacionada ao desejo, tanto dos chefes de um domicílio, quanto dos pais da criança a ser abandonada, de aproveitar uma lacuna advinda do óbito de um bebê. Assim, era bastante usual surgir um exposto às portas de um casal que acabara de perder um recém-nascido, e cuja mãe, obviamente, dispunha de leite para amamentar. O que não sabemos, porém, é a inspiração do ato do abandono. Viria da parte dos pais do futuro abandonado, a cujos ouvidos chegaria a notícia da ocorrência de um domicílio onde o leite estaria disponível, devido a um óbito recente? Ou viria da parte do casal que acabara de perder um filho, e que, talvez por "caridade cristã", manifestava à vizinhança o interesse em acolher uma criança?

A resposta a esta questão é ainda impossível. O mecanismo, no entanto, funcionaria exatamente no sentido proposto por Louise Tilly, para quem a exposição seria um "mecanismo social para redistribuir as crianças *excedentes*",[15] embora não saibamos exatamente se estas crianças eram incorporadas enquanto filhos, mesmo que adotivos, ou apenas como agregados.

O que fica nítido é que havia uma espécie de sincronia entre as partes, sem que fique claro qual delas tomava a iniciativa. Tradicionalmente se tem dado ênfase ao abandono como um evento em que o domicílio receptor tomava parte de modo inteiramente passivo, como se nada pudesse fazer. Mas, diante da constatação de que aceitavam aquela criança, e em se considerando, conforme já apontamos, o fato de que a grande maioria das famílias receptoras ser de extrato social bastante humilde, é preciso lembrar que uma criança a mais era uma boca a mais para alimentar. A decisão de se manter uma criança exposta, a concorrer no sustento dos demais integrantes do domicílio, deveria ser consciente, seja pela "caridade cristã", seja por um dos motivos acima apontados.

Assim, o interesse de ambas as partes deve ser sempre considerado quando se discute o abandono em domicílios. Embora a oferta de lares aptos a sustentar uma criança, contando com uma mulher e seu leite, fosse ampla, somente alguns deles eram alvos efetivos de um abandono. Sua localização geográfica podia facilitar o ato de enjeitamento anônimo, na calada da noite, e aqui temos um primeiro fator delimitador. Mas, para além disso, nem sempre o óbvio era a regra. Escolhia-se famílias humildes, em detrimento de outras de posses. Escolhia-se até mesmo forros, socialmente desclassificados, mas que aos olhos dos pais que abandonavam estariam suficientemente qualificados para receber seus filhos.

E, o que mais nos surpreende, escolhia-se, até mesmo, lares onde não havia uma mulher disponível para amamentar. Tal constatação não somente confirma o desprendimento dos pais que abandonavam, a total falta de perspectiva ou mesmo interesse em reaver essa criança, mas também o aceno de uma família que se mostrava propensa a abrir as portas para essa infeliz pequena criatura, mesmo sob o grave risco de não poder lhe oferecer condições mínimas de sobrevivência.

Admitidos portas adentro, esses bebês penetravam no ambiente mais restrito da vida doméstica. A grande dúvida consiste em identificar com que qualificação se dava essa inserção. Através das listas nominativas é possível perceber situações em que eram tratados enquanto verdadeiros filhos, ao passo que outros podiam ser considerados meros agregados.

De qualquer maneira, e a despeito das dificuldades de rastreamento, é possível acompanhar muitos dos expostos até a idade adulta. Assim, a condição do enjeitado dentro do núcleo doméstico pode transparecer até mesmo pela observação de que havia uma efetiva transmissão de sobrenomes entre a família receptora e os expostos. Além disso, pelo menos 58% dos padrinhos dessas crianças eram integrantes da família que o acolhera, mas quase nunca se escolhiam agregados e jamais escravos.

Também podemos tentar examinar o status de um enjeitado através de seus registros paroquiais de casamento. Para efeito de análise, foram identificados, para

76 Uma história social do abandono de crianças

o período entre 1679 e 1830, 273 assentos de casamento em que pelo menos um dos cônjuges era declarado exposto. Doze dessas uniões foram celebradas com os dois cônjuges nessa condição, o que eleva o total de casos para 285. Dentre estes, havia uma nítida predominância de noivas expostas, 181 (63,5%), sobre os noivos expostos, 104 (36,5%). Esta proporção contradiz a igualdade entre os sexos identificada quando do abandono (razão de sexo de 101,9), mostrando que, por ocasião do matrimônio, as moças abandonadas tinham maiores possibilidades de casar. Ou, pelo menos, maiores chances de alcançar uma união conjugal diante do altar, já que não é possível medir as uniões informais. Eram, aparentemente, mais valorizadas enquanto cônjuges, por razões desconhecidas.

A reconstituição de famílias permitiu entrever situações díspares entre os enjeitados que alcançaram a idade adulta e lograram contrair matrimônio. O jovem Apolinário foi abandonado na casa do capitão Jacinto José de Abreu, proprietário que chegou a possuir mais de 20 escravos, mas que jamais teve filhos. Não obstante esta situação familiar, Apolinário, ao se casar com Maria Gertrudes, filha do alferes Bernardo Antunes de Moura, humilde lavrador, nada herdou de substancial, e viveu sua vida como lavrador sem posses e, principalmente, sem qualquer escravo.

A exposta Gertrudes, deixada na casa do guarda-mor Antônio João Ordonho, grande agricultor, possuidor de mais de 40 escravos, sempre foi claramente descrita como agregada. Sua cor, parda, a diferenciava da família branca que a abrigara. Casou-se, em 1804, com Custódio Pereira, jovem filho de agricultores pobres, e constituíram um lar extremamente simples. Após enviuvar, Gertrudes casou-se novamente, em 1818, com José Pedroso, igualmente pequeno lavrador. A ligação da jovem com a rica e poderosa família do guarda-mor parece pouco ter colaborado para seu conforto: era, na verdade, uma simples agregada, pessoa de nível social inferior, exposta, que não fora incorporada à família, mas sim ao domicílio.

Em contraposição, podemos citar o caso de Escolástica Maria da Silva, exposta em casa de dona Maria de Almeida Leite. Recolhida em 1751, sempre foi tratada enquanto agregada dentro de um domicílio de razoáveis posses, incluindo cerca de meia dúzia de escravos. Ao casar, contudo, em 1778, com Domingos de Oliveira, "o moço", filho de Domingos de Oliveira Falcão, proprietário de sesmaria e também de cerca de meia dúzia de escravos, Escolástica conseguiu constituir uma família com alguma posse. Inicialmente, logo após o matrimônio, surgiram como agregados do velho Domingos, seu sogro, plantando em suas terras, a favor. Com o passar dos anos, o casal chegou a possuir cinco escravos, o que caracterizava um lavrador acima da grande massa de roceiros desprovidos de cativos. A boa situação econômica, contudo, não foi suficiente para que merecessem ser citados na *Genealogia Paulistana*, que se limitou a relatar que Domingos de Oliveira havia se casado, mas sem informar com quem. Um provável caso de censura *a posteriori* de uma condição malvista pelo autor.[16]

Essas posições de bons casamentos não eram, em absoluto, a regra. No universo dos expostos masculinos, a realidade aparentemente era ainda mais amarga. Elias de Camargo, exposto na casa do todo-poderoso tenente-coronel Paulino Aires de Aguirra, negociante de fazenda seca e rico senhor de engenho, parece não ter recebido qualquer apoio material ao casar. Abandonado por volta de 1765, Elias nem ao menos é citado uma única vez como integrante do domicílio em questão. É bastante provável que, tratado enquanto mero agregado, tenha sido instalado na extensa fazenda de criar gado que o tenente-coronel possuía em Itapetininga, ficando, desta forma, ausente dos recenseamentos de Sorocaba. Certo é que, em 1786, ao se casar com Ana Maria Soares, filha do alcaide José Nardi, Elias transforma-se em pequeno lavrador, sem escravos, que também produz telhas para sobreviver.

Com a morte súbita dessa sua esposa, ao que tudo indica sem deixar filhos, Elias se casa novamente, em 1788, com Dometila Maria Soares, filha de lavrador sem recursos. Mas sua situação permanece a mesma, obrigando-o a agregar diversos indivíduos a seu fogo, de modo a ampliar a força de trabalho, pois os filhos dessa segunda união eram ainda bebês. Jamais parece ter herdado algo do tenente-coronel, e o fato de também não ser mencionado na *Genealogia Paulistana* fortalece a convicção de que nunca passou de um agregado qualquer, ao qual o tenente-coronel não tinha qualquer obrigação de auxiliar. Por fim, constituindo o único caso em que foi possível localizar um testamento de um chefe-de-família acolhedor de um exposto, Elias também é ignorado quando o velho tenente-coronel expressou suas últimas vontades, como se não houvesse existido, isto é, não estando incluído nem entre os herdeiros legais e nem entre os beneficiados com a terça.[17]

Estas pequenas histórias nos dizem, em suma, que abandonar uma criança em domicílio de posses não necessariamente garantia para ela um futuro melhor. Embora o exposto fosse aceito no domicílio, muitas vezes era integrado na categoria de agregado. E, como tal, não passava de mais um que, sem vínculos de consanguinidade, se punha sob as asas de um grande proprietário.

Contudo, a maioria esmagadora das famílias envolvidas na recepção de abandonados era notoriamente pobre. Ali abandonadas, as crianças, mesmo sendo aceitas como filhos adotivos, não tinham nada para herdar. As fichas de famílias dos expostos que se casaram e que eram oriundos de domicílios humildes atestam que é extremamente difícil discernir alguma diferença de tratamento entre filhos legítimos e crianças abandonadas. Ambos podem ser observados constituindo domicílios sob as mesmas duras e despojadas condições, que não nos permitem perceber diferenças de oportunidades.

De uma maneira geral, portanto, a condição de pobreza da grande maioria das famílias que recebia estas crianças torna infrutífera qualquer tentativa de indagar, com base nas condições materiais de vida, quão comum era a incorporação do exposto enquanto membro integrante da família. Fossem ou não expostos, a vida de casado seria exatamente a mesma: sem bens, sem terras próprias, vivendo da pequena lavoura ou do artesanato. A identificação da possível aceitação do pequeno enjeitado na família permanece no campo dos eventuais sentimentos afetivos, na equiparação de tratamento entre eles e os filhos legítimos.

Quer fosse considerado um agregado ou um filho adotivo, o exposto permanecia, quase sempre, no mesmo patamar generalizado de pobreza que dominava a paisagem da Sorocaba colonial e de qualquer outra vila da imensa América Portuguesa. A miséria que obrigava os pais a abandonar uma criança em muito pouco se diferenciava das condições de vida de um roceiro ou de um pequeno artesão. Bastava um ano de más colheitas, e o tênue limite entre o roceiro e a mendicância podia ser facilmente ultrapassado.

Este jogo complexo de redistribuição informal de crianças era certamente muito mais volumoso, no mundo colonial, do que aquele praticado pela via das instituições. A presença incômoda do primeiro, domiciliar, principalmente nos grandes núcleos urbanos, levou à estruturação das formas organizadas de amparo. Mas a ocorrência do abandono em casas de Sorocaba mostrou-se fortemente marcada por uma brutal queda ao longo da primeira metade do século XIX, num comportamento oposto ao ocorrido nas rodas de expostos em geral, onde o volume de crianças sempre cresceu durante o mesmo período. As interrelações entre essas tendências opostas permanecem à espera de novas análises, que também procurem desvendar ainda mais esse quase totalmente desconhecido universo do abandono domiciliar.

Palavras Finais

Em ambas as margens do Atlântico, as crianças informalmente expostas constituem um fenômeno ainda por desvendar. Cada vez mais se percebe o potencial de fontes que, de maneira mais ou menos explícita, permitem ao historiador revelar aspectos e nuances das trajetórias de vida dessas crianças, com base em metodologias desenvolvidas com criatividade, para superar todos os obstáculos que nos impedem de desvendar os detalhes de uma prática de enjeitamento difundida entre as populações do passado. Algumas pistas sobre esta temática foram levantadas através da análise de duas áreas que compunham o mundo luso-brasileiro setecentista, São Tiago de Ronfe (Portugal) e Sorocaba (Brasil) e revelaram que boa parte das crianças abandonadas às portas das casas teve uma vida marcada pela pobreza e pela dificuldade em superar as agruras de um cotidiano instável, mesmo nos casos em que o abandono se dava em domicílios mais privilegiados economicamente.

Os elementos fragmentários das vivências das crianças expostas aqui recolhidos ilustram os desafios que aguardam os pesquisadores que quiserem enveredar pela temática do abandono em áreas que não contam com a assistência institucional. Que lhes sirva de estímulo, para buscar caminhos alternativos e imaginativos de investigação.

Notas

1. Isabel dos Guimarães Sá. "Abandono de crianças, ilegitimidade, e concepções pré-nupciais em Portugal: estudos recentes e perspectivas". In: Vicente V. Pérez-Moreda(Ed.). *Expostos e ilegítimos na realidade ibérica do século xvi ao presente*. Actas do iii Congresso da ADEH. Porto: Afrontamento, vol. 3, 1996, p. 37-58. (Biblioteca das Ciências do Homem)

2. Maria Norberta Amorim. "História da Família em Portugal". *Ler História*, vol. 29, 1995, p. 5-17.

3. Maria Norberta Amorim. "História da Família em Portugal". *Ler História*, vol. 29, 1995, p. 5-17. Outros trabalhos também apontam esta mesma situação: António Augusto Amaro Neves. *Filhos das Ervas. A ilegitimidade no norte de Guimarães - séculos xvi-xviii*. Guimarães: NEPS / Universidade do Minho. 2001; António Augusto Amaro Neves. "Um enigma demográfico: a ilegitimidade no Minho do Antigo Regime". *Boletín de la Asociación de Demografía Histórica* xvi (1), 1998, p. 137-173; António Augusto Almeida Amaro Neves. "A ilegitimidade no Minho e o 'modelo' do antigo regime demográfico". *Neps Boletim Informativo* 1 (Maio), 1998, p. 3-5; Neves, 2001; Isabel dos Guimarães Sá. Abandono de crianças, ilegitimidade e concepções pré-nupciais em Portugal: estudos recentes e perspectivas. In: V. Pérez- Moreda (ed.). *Expostos e Ilegítimos na Realidade Ibérica do século xvi ao presente. Actas do iii Congresso da ADEH. Porto: Afrontamento, vol. 3, 1996, p. 37-58. (Biblioteca das Ciências do Homem).*

4. Sobre a questão da ilegitimidade em Portugal, veja-se Ana Silvia V. Scott. "O pecado na margem de lá: a fecundidade ilegítima na metrópole portuguesa (séculos xvii-xix)". *População e família*, vol. 3, 2000, p.41-70.

5. Maria Norberta Amorim. *Guimarães de 1580-1819:* estudo demográfico. Lisboa: Instituto Nacional de Investigações Científicas, 1987, p. 238.

6. António Augusto Neves. *Filhos das Ervas. A ilegitimidade no Norte de Guimarães – séculos XVI-XVIII.* Guimarães: NEPS/ Universidade do Minho, 2001, p. 165.

7. Ana Silvia V. Scott. *Famílias, formas de união e reprodução social no noroeste português (séculos XVIII e XIX).* Guimarães: NEPS/Instituto de Ciências Sociais-Universidade do Minho, vol. 6, 1999 (Colecção Monografias)

8. Maria Norberta Amorim. *Guimarães de 1580-1819: Estudo Demográfico.* Lisboa: Instituto Nacional de Investigações Científicas, 1987, p. 263.

9. No caso de São Tiago de Ronfe, as idades passam a ser registradas, assim como toda a população, independentemente de suas idades, a partir do último quartel do século XIX, especificamente para o ano de 1877 em diante.

10. Vide, entre diversos autores, Laima Mesgravis. "A assistência à criança desamparada e a Santa Casa de São Paulo: a roda dos expostos no século XIX". *Revista de História*, vol. 103, n.2, 1975, p.401-423; Maria Beatriz Nizza Silva. "O problema dos expostos na Capitania de São Paulo". *Anais do Museu Paulista*, n.30, 1980-1981, p.147-158; Renato Pinto Venâncio. *Famílias abandonadas. Assistência à criança de camadas populares no Rio de Janeiro e em Salvador - séculos XVIII e XIX.* Campinas (SP): Papirus. 1999, Carlos de Almeida P. Bacellar. *Viver e sobreviver em uma vila colonial:* Sorocaba, séculos XVIII e XIX. São Paulo: Annablume/ Fapesp, 2001; Silvia M. J. Brügger. "Crianças expostas: um estudo da prática do enjeitamento em São João del Rei (séculos XVIII e XIX)". *Topoi - Revista de História do Programa de Pós-Graduação em História Social da UFRJ*, vol. 12, 2006, p.10-30.

11. Fundada em 1808, a Misericórdia praticamente não funcionou até 1845, data em que finalmente inaugurou seu hospital. A mais antiga notícia de recolhimento de um exposto data de outubro de 1847, sem mencionar, contudo, a existência de uma Roda.

12. Com medianas de, respectivamente, 47 e 46 anos, salientando o pequeno desvio das séries de idades em relação às médias.

13. Para os casais de livres em Sorocaba, a idade média ao casar foi calculada em 24,7 para os homens e 19,9 para as mulheres. Carlos de Almeida P. Bacellar, *Viver e sobreviver em uma vila colonial:* Sorocaba, séculos XVIII e XIX. São Paulo: Annablume/ Fapesp, 2001,p. 101.

14. Renato Pinto Venancio. *Famílias abandonadas. Assistência à criança de camadas populares no Rio de Janeiro e em Salvador - séculos XVIII e XIX.* Campinas (SP): Papirus. 1999.

15. Louise A. Tilly; Rachel G. Fuchs. "Child abandonment in European history: a symposium". *Journal of Familiy History*, vol. 17, n.1, 1992, p.1-13.

16. Luiz Gonzaga da Silva Leme. *Genealogia Paulistana.* São Paulo: Duprat & Cia. 1903-1905, vol. 8, p. 542

17 Inventário e testamento do tenente-coronel Paulino Aires de Aguirre, AESP, Inventários e Testamentos, nº de ordem 570.

IV. *A propósito das origens dos enjeitados no período escravista*

Sheila de Castro Faria *

NADA MAIS DIFÍCIL DO QUE ESTUDAR a infância em tempos passados. A falta de discursos sobre a criança reflete seu significado nessas sociedades. Não que fossem pouco importantes, mas sua sobrevivência é que se tornava realmente significativa, posto que assegurava a descendência. Na sociedade colonial brasileira, morrer ainda muito jovem, desde que com o batismo, significava aumentar a quantidade de anjinhos. Era o caminho da salvação. Deus proporcionou seu nascimento, fazendo o mesmo com sua morte. Depois dos sete, oito anos, e em alguns lugares até um pouco mais tarde, já era diferente. A criança deixava de ser inocente. Tornava-se já pecador.

Há alguns indícios de mudanças na sensibilidade em relação à morte infantil, embora quase nada sobre isso tenha sido estudado no Brasil. Em várias freguesias do Rio de Janeiro, cujos livros de registros ainda podem ser consultados, somente a partir da terceira década do século XVIII crianças passaram a ser registradas em assentos de óbito.[1] Em 1732, na freguesia de São Gonçalo do Recôncavo da Guanabara, apareceu pela primeira vez o assento de uma criança, de seis meses de idade. Daí em diante, elas foram sistematicamente

---

* Professora da Universidade Federal Fluminese - UFF

82 Uma história social do abandono de crianças

registradas. Pouco provável ser um erro do pároco, embora em 1729 a paróquia tenha sido alvo de uma visita eclesiástica, que deixou nas páginas do livro uma áspera reprimenda aos responsáveis: "Os Reverendos Párocos (...) facilmente se esquecem do que se lhes manda fazendo os termos sem as circunstâncias que manda a constituição".[2] Quero crer que houve uma mudança paulatina na forma como a sociedade percebia a criança.

Nas Constituições Primeiras do Arcebispado da Bahia, publicada em 1707, não há referência explícita à necessidade de assento em livro de registro de crianças mortas, e há somente duas idades referidas em outros assuntos: sete e catorze anos. Aos menores sem ainda o uso da razão não se deveria dar a Extrema Unção. Com sete anos poderia receber a crisma (confirmação do batismo, realizada só por um bispo). As idades da razão eram em torno dos doze para as mulheres, e catorze para os homens. Determinava-se, no título XXIV, parágrafo 86, que "os fiéis de um e outro sexo, *tanto que chegarem aos anos da discrição,* que nos homens regularmente são aos quatorze, e nas mulheres os doze, e se tiverem juízo para entender o que fazem (...)" [grifo meu] poderiam passar a receber a eucaristia pelo menos uma vez por ano, na Páscoa. Eram também essas as idades mínimas para o casamento, embora pudesse ocorrer mais cedo, com o consentimento da Igreja. Aos falecidos maiores de 14 anos, ainda sob o pátrio poder (até os 25, maioridade legal na época), administrar-se-ia somente uma missa de corpo presente. As mulheres menores de doze e os homens menores de catorze não precisariam se confessar. Outra referência à criança é a de que não se deveria dar sepultura em campo santo (dentro das igrejas ou paróquias e em seus adros) às que não foram batizadas, mesmo sendo seus pais católicos.

Está claro que a Igreja separava por idades a possibilidade de administração dos variados sacramentos, e o uso da razão ou da discrição parece ser a questão central a indicar a entrada plena nos ritos católicos. Os que tinham menos de doze (mulheres) ou catorze (homens) anos não se poderiam confessar, fazer a comunhão, receber a extrema-unção ou mesmo ditar um testamento. Então, não haveria motivo registrar sua morte. Quero crer que essas determinações da Igreja colonial e a opção dos párocos em registrar ou não suas mortes representavam, de certa forma, uma percepção mais ampla da sociedade da época para as diferentes idades da vida.

Não quero, aqui, determinar os sentimentos ou procedimentos em relação à criança para a sociedade colonial. Pretendo somente alertar para o fato de que certamente eram muito diferentes dos de hoje. O sentimento sobre abandonar crianças era, então, muito diferente do que o de hoje. O historiador francês Jean-Louis Flandrin alerta para a mudança desse sentimento na sociedade ocidental. Na Antiguidade, deixava-se a criança na natureza, para que os deuses dela se encarregassem – a possibilidade dela morrer era quase certa; depois, abandonavam-na em lugares habitados, de modo que pudessem ter alguma chance de sobrevivência, indicando uma mudança na sensibilidade sobre o enjeitamento. Os que as abandonavam atribuíam a outros, deuses ou terceiros, a consciência de deixar morrer ou de cuidar, ou seja, de não "sujar as mãos com o sangue de seu filho e a entrega de sua sorte nas mãos de Deus, já responsável pelo nascimento."[3] Em seguida, a caridade pública começou a aparecer como responsável pelas crianças expostas. A assistência à criança abandonada foi iniciativa religiosa e, depois, das municipalidades.

O primeiro recolhimento de crianças abandonadas, no ocidente europeu, foi criado em Milão, em 787, e foi imitado por outras cidades europeias até o século XIX. O asilo de Milão, em especial, e o de Florença, fundado no século XVI, foram criados especialmente para recolher os "filhos do pecado", de modo que se evitassem infanticídios aos frutos de relações ilícitas ou indesejadas. Os demais destinavam-se a acolher filhos cujos pais estavam impossibilitados de os criar. Para Flandrin, "toda sorte de indícios nos deixa pensar que é esse aumento da capacidade de acolhimento das instituições especializadas que explica o aumento dos abandonos registrados."[4] E os abandonos, nas cidades europeias que contavam com esses instituições, eram realmente em número significativo para algumas épocas e lugares.

No Brasil, englobado na legislação do reino português, teoricamente a responsabilidade deveria estar a cargo das câmaras, mas poucas foram as que destinaram verbas para tal assistência. Depois a responsabilidade foi transferida paulatinamente para a Santa Casa de Misericórdia, embora, por lei, fossem os conselhos municipais os responsáveis. A primeira Misericórdia a atender crianças abandonadas foi a de Salvador, mas somente em 1726 que se criou a Roda dos Expostos. No Rio de Janeiro, a Roda foi instituída em 1738. O comum, para o resto do Brasil, foi a exposição de crianças em casas particulares ou, em alguns casos, em logradouros públicos, como ruas, becos, praias etc.

Em relação às crianças, como um todo, foram as enjeitadas as que mais registros escritos provocaram, sejam eles nos livros de batismo, nos testamentos, nos registros das câmaras municipais que contavam com assistência à criança abandonada, nos arquivos das Santas Casas de Misericórdia que possuíam a Roda dos expostos ou asilos etc. Foram elas, também, objeto de inúmeras teses de medicina, no Brasil do século XIX. Algumas, poucas, é verdade, viraram personagens de romances desse

84 Uma história social do abandono de crianças

mesmo século. São esses, basicamente, os documentos que estudiosos utilizam para analisar o fenômeno da exposição de crianças.

O quanto de importância numérica os expostos representavam no conjunto das crianças nascidas variava bastante. Muito mais nas áreas urbanizadas, menos nas rurais[5]; mais no século XIX do que no XVIII e, independente de época ou região, muito mais em locais que contavam com a Roda dos expostos.[6] Na verdade, o mais comum, no extenso e pouco povoado Brasil rural dos séculos XVIII e XIX (séculos contemplados com estudos desse tipo), era a criança ser exposta em casas particulares. Assim, através dos assentos de batismo é que podemos ter uma ideia da exposição de crianças em áreas que não contavam com a Casa da Roda.

No Brasil, os números foram bem mais modestos do que os da Europa, mas, mesmo assim, proporcionalmente representativos. No Rio de Janeiro, entre 1738 e 1870, a variação de entrada variou em escala ascendente de 38 crianças, em média, ao ano, ao expressivo número de 595 por ano. Em Salvador os números foram mais tímidos e com oscilações maiores, tendo o menor deles justamente na década de 1860, com 24 entradas, em média, por ano, e o maior de 108, nos primeiros anos do século XIX[7]. No século XVIII, apesar da ausência de registros em várias décadas, ficou entre 51 e 90 entradas por ano, em média.

Essas realidades eram totalmente diferentes de outras áreas que não contavam com a Roda. Em São João Del Rei (MG), cuja Roda foi criada somente em 1832, eram abandonadas entre cinco e 45 crianças, em média, por ano,[8] entre 1736 e 1850. Em Sorocaba (SP), eram cerca de 8 por ano.[9] Em Ubatuba (SP), entre 1786 e 1830, eles também eram poucos.[10] Em Campos dos Goitacases (RJ), no século XVIII, a média anual variou entre cinco a 18 crianças.[11] Em suma, áreas menos urbanizadas e sem Roda dos expostos tinham bem menos enjeitados.

Algumas conclusões de pesquisas sobre o tema nos trazem informações bastante confiáveis. A primeira delas é que a exposição não privilegiava um ou outro sexo. Em praticamente todos os estudos, sejam eles em municípios com Roda ou sem ela, o número de meninas e meninos era praticamente o mesmo. Portanto, pode-se considerar que o fenômeno do abandono nada tem a ver com o sexo da criança, no sentido de se privilegiar um ou outro para os projetos de vida familiar. Tem a ver com a situação dos pais no momento do nascimento dos filhos ou um pouco depois.

Tanto nas Casas da Roda de Salvador quanto na do Rio de Janeiro, o predomínio, no século XVIII até a primeira metade do século seguinte, foi a exposição de crianças indicadas como *brancas*. Elas foram mais da metade dos expostos (em algumas décadas chegando a mais de 60%) até 1850. Esse dado é muito significativo, pois induziu a um tipo de resposta à pergunta mais procurada pelos que se dedicaram ao estudo da criança abandonada: qual o motivo mais frequente do enjeitamento de crianças? Parecia óbvio se concluir que, se eram majoritariamente brancas as crianças abandonadas por um extenso período de tempo, o motivo primordial seriam os amores pecaminosos ou proibidos: filhos de clérigos, adulterinos ou de relações desiguais, mesmo entre pessoas desimpedidas (solteiras ou viúvas). Presumia-se, então, ser a elite (social, econômica ou política) composta majoritariamente de brancos.

Eu mesma, em trabalho anterior,[12] avaliei que eram filhos de relações indesejadas (relacionamentos envolvendo membros da elite, mulheres ou homens) os que mais frequentemente seriam expostos, visto que para os filhos de famílias pobres essa seria uma possibilidade de melhoria das condições de vida. Presumi que, em áreas rurais, muitos filhos tornavam-se um benefício, embora tenha de se levar em conta o ciclo de vida familiar. Enquanto ainda consumidores, eram um fardo; mais velhos, como produtores, aumentavam os rendimentos familiares com o seu trabalho, só deixando de o fazer quando fossem montar nova unidade doméstica. Mas, mesmo tendo-se afastado do lar original, velhos e inválidos só poderiam contar com eles, pois inexistia assistência pública. Nas cidades, entretanto, a situação pode ter sido outra e os filhos seriam menos desejados do que nas casas rurais, embora também não contassem com qualquer tipo de assistência, mas os documentos, na verdade, não comprovam tal conclusão.

Renato Pinto Venancio discorda inteiramente dessa interpretação. Para ele, "o enjeitamento envolvia bebês ou recém-nascidos cujos pais não possuíam recursos para criá-los e que, portanto, abandonavam-nos na esperança de que os mesmos fossem amparados pelo auxílio público ou particular."[13] O autor demonstra, e creio que com razão, que o abandono não representava um pouco caso das famílias em relação ao enjeitado. Os bilhetes deixados junto às crianças evidenciam preocupação com seu futuro. Também enfatiza que não era só a pobreza a ser considerada, mas as condições físicas dos pais. Para ele, era a conjugação da pobreza com a morte ou a doença dos que da criança poderiam cuidar que explicam a maioria dos abandonos.[14]

É pouco provável que venhamos a saber com certeza o que movia mães, pais, avós e demais parentes a enjeitarem crianças, seja na Roda, em casas particulares ou em lugares públicos. A Roda, em especial, foi utilizada para preservar o anonimato dos que cometiam a ação, mesmo que, no Brasil, o abandono tenha sido muito bem tolerado. Embora muitos pudessem ter os pais conhecidos, o mais comum foi o desconhecimento da ascendência. O que podemos fazer são conjecturas, somente.

Os dados parecem comprovar, com poucas exceções, que nas áreas mais urbanizadas havia maior quantidade de abandono. Como nelas o acesso aos alimentos se dava majoritariamente pelo mercado, poder-se-ia imaginar que a pobreza, em épocas de aumento dos preços dos alimentos, induzia a um aumento do abandono. Venancio relacionou as duas curvas – abandono e preço dos alimentos –, mas comprovou diferenças expressivas entre o Rio de Janeiro e Salvador. Enquanto no primeiro os dados permitiam perceber curvas semelhantes, no segundo se dava justamente o contrário, com exceção de um curto período de tempo. Em Salvador, portanto, quanto mais os preços caíam, mais crianças eram abandonadas. Não consta que, no Brasil, tenha havido carestia de gêneros ou crises de fome, como ocorria na Europa.[15] O Brasil, no período escravista, era muito pouco povoado, com cidades pequenas e com forte relação com sua hinterlândia rural. Rios, matas e mares permitiam a caça e a pesca de residentes urbanos. Em quintais do Rio de Janeiro ou de Salvador, as cidades mais populosas, cultivavam-se inúmeros tipos de alimentos. O mercado, portanto, não era a única fonte de acesso à comida. Mas podemos imaginar que nem todos seriam caçadores ou pescadores em potencial. Certamente havia os que só consumiam artigos adquiridos no mercado, ou seja, os mais enriquecidos.

Uma conclusão é inevitável: não era o valor dos alimentos uma variável a ser considerada para o fenômeno da exposição de crianças. Seria, então, a exposição de crianças mais frequente pela pobreza dos envolvidos?

Os dados trazidos pelos poucos estudiosos do assunto, decisivamente, não permitem conclusões exatas. Assim como em outros fenômenos do passado, a única certeza que se tem é de que não havia um padrão único. É bastante claro que os documentos existentes de variadas fontes não fornecem subsídios para que se constate em ter sido a pobreza o móvel principal. Eles, os documentos, ao contrário, indicam ser a exposição muito mais ligada a filhos indesejáveis num certo momento da vida que mães, pais e afins estivessem do que a uma alta ou baixa do preço dos alimentos de primeira necessidade. Assim, concordo inteiramente com Venancio sobre a articulação entre pobreza e doença/morte de pais ou parentes da criança como um dos motivos a justificar o abandono. Mas não pode ser esse o motivo mais frequente. Chego, agora, a me questionar se haveria realmente um motivo mais frequente que pudesse explicar o abandono em todas as regiões e épocas da história do Brasil. Só podemos ter certeza, como alude Renato Júnio Franco, numa bela e recente dissertação de mestrado, que o abandono era comum e aceito na sociedade de então, e sob esse prisma deve ser considerado.[16]

Acho que Flandrin tem razão quando sugere ter sido a existência de uma instituição de auxílio à criança um estimulador do abandono.[17] Assim também deve ter ocorrido no Brasil. O número infinitamente maior de crianças abandonadas nas cidades que contavam com a Roda do que em municípios que não a tinham é indício de que muitos para lá se dirigiam, às vezes de lugares bem distantes, para se desembaraçar de crianças indesejáveis.

Na verdade, as informações que temos sobre as origens de alguns enjeitados são muito similares: invariavelmente eram casos de filhos de relações ilícitas. As teses da Faculdade de Medicina do Rio de Janeiro, estudadas por Margareth de Almeida Gonçalves,[18] são unânimes em apontar o pecado, a devassidão e a libertinagem como as causas primordiais do abandono de crianças. Para esses médicos, a Roda representava a civilização, já que poupava os frutos inocentes do erro dos pais a uma morte certa. A sociedade teria o dever de garantir sua sobrevivência.

Há centenas de casos, em documentos variados, em que os pais reconheciam filhos anteriormente enjeitados. É assim em testamentos dos séculos XVIII e XIX, em que a mãe ou o pai indicam filhos que foram expostos, alguns deles até tendo convivência próxima com eles.[19] Só fazia testamento quem tinha bens a deixar. Então, os filhos dos testadores não podem ser considerados como pobres. As perfilhações em livros de notas cartorárias ou ao lado dos registros de batismo de filhos de casais indicam que a exposição foi motivada para encobrir relações tidas antes do matrimônio[20]. Os próprios membros da mesa das Casas de Misericórdia de Salvador e do Rio de Janeiro alegam as relações imorais como um dos mais fortes motivos para o abandono, conforme informa Venancio. Os romances do século XIX pouco se referem aos enjeitados, mas há casos, inclusive, de gestações indesejadas de filhas de famílias importantes.[21] E há a indicação de serem brancas a esmagadora maioria das crianças expostas nas Misericórdias de Salvador e do Rio de Janeiro.

Para este fato – o predomínio de crianças brancas – Venancio argumenta, acertadamente, que só por serem brancas não significa que sejam ricas. Realmente, não deveriam ser. Pergunto, então: será que brancos pobres enjeitavam mais seus filhos do que pretos e pardos pobres? Não seria um contrassenso? Mas o termo *branco* também não significa que fossem de *cor* branca. Significa, provavelmente, que eram livres, como assim entendia a legislação sobre as crianças abandonadas: enjeitados estariam automaticamente na liberdade. Branco e livre eram sinônimos. Caso fossem realmente brancas as crianças recebidas nas Casas da Roda, poderíamos pensar que a instituição só aceitava tratar de filhos de brancos e que os pretos e pardos sabiam disso. Também não me parece uma boa explicação.

A cor dos enjeitados é uma questão complicada e requer considerações mais consistentes. Primeiro, cabe esclarecer que, nos assentos paroquiais, onde estão registrados os batismos de crianças expostas, a cor delas quase nunca é informada. É comum se interpretar como *branca* a pessoa com ausência de referência à "cor". Teoricamente, portanto, os enjeitados seriam *brancos*, posto que legalmente todos eles eram considerados livres. A denominação *branco* podia, em muitos casos, ser sinônimo de livre. Já nas matrículas dos enjeitados na Roda dos Expostos, há a referência a essas qualidades, que os historiadores chamam de "cor", além de outras informações, como idade e possíveis origens sociais.[22] Era comum a criança ser deixada com um bilhete, sistematicamente transcrito nos registros das atas da Misericórdia. Era assim nas Casas da Roda de Salvador e do Rio de Janeiro, estudadas por Russel-Wood e Renato Pinto Venancio.[23] Assim, só podemos saber como indicavam essas crianças nessas instituições e não nas centenas de outros municípios que não contavam com a Roda.

É comum a transposição de termos com os significados atuais para períodos anteriores, assim como o é considerar que um mesmo termo representa a mesma coisa para regiões diferentes. É um grande risco. O termo mais perigoso é o *pardo*, hoje vinculado a uma mestiçagem em que a cor branca necessariamente está presente. Apesar de ressaltar que o critério de classificação das cores variara, Renato Pinto Venancio assim se manifesta sobre o assunto:

> Os termos mulato, cabra e crioulo eram utilizados para designar mestiços de predominância negra e negros nascidos no Brasil. Já a categoria pardo indicava que o mestiço tinha ascendência branca. Quem está familiarizado com as tipologias raciais brasileiras não encontra dificuldade em desvendar o significado das mudanças registradas no Quadro III.[24]

Os termos *negro, preto, pardo, mulato* e *cabra*, entre outros menos correntes, foram utilizados no período escravista brasileiro com sentidos diferenciados, dependendo da época e da região analisadas. Um bom exemplo é o termo *mulato*. Sérgio Buarque de Holanda assim se refere a ele:

> De passagem, convém notar que a palavra 'mulato' se aplicava em São Paulo a mestiços de índios tanto como de negros, e àqueles naturalmente mais do que a estes por ser então diminuta ali a escravidão africana: mesmo durante a primeira metade do século

XVIII, os registros de batizados de carijós falam em "molatos" com tal acepção, e só raramente aludem a 'mamelucos'.[25]

Obviamente, eles também são bem diferentes do sentido com que hoje os entendemos. Na atualidade, pode-se considerar que se classificam as pessoas pela aparência ou *cor* da pele. Oracy Nogueira afirma que os critérios de cor, no Brasil do século XX, são baseados na cor da pele e nas marcas externas e não nos ascendentes, como ocorre nos Estados Unidos, por exemplo.[26] Os mestiços, portanto, podem ser transportados, dependendo de quem os avalie (inclusive eles próprios), para a categoria *branco*.

Durante a vigência do regime escravista, outras precisavam ser as denominações para organizar um mundo que tinha como referência básica a distinção entre escravos e livres. Mais do que a cor da pele, portanto, o que primeiro tinha de se distinguir num vocabulário classificatório era a condição jurídica.

As denominações *preto*, *pardo*, *mulato* ou *cabra* poderiam designar tanto escravos quanto libertos e seus descendentes. Somente os *brancos* tinham sua condição jurídica evidente. Por outro lado, parece ter sido comum, em todo Brasil, desde o início da colonização, que a denominação *negro* se referia essencialmente ao escravo, de qualquer cor, nunca ao livre. Assim, havia os *negros da guiné* e os *negros da terra*, os primeiros, oriundos da África; os segundos, índios do Brasil (também denominados *negros brasis* ou simplesmente *brasis*).

Crioulo também era sempre referido ao escravo. Era o nascido no Brasil, mas também estava englobado como *negro*. Para todos os lugares em que há pesquisas sobre a temática, o termo *preto* era sinônimo de escravo nascido na África. Os africanos, no Brasil, eram ou foram, salvo raríssimas exceções, escravos. Estas denominações eram gerais para todo o Brasil. As demais, analisadas a seguir, referem-se ao Sudeste. Não conheço estudos do mesmo teor para o Nordeste e o Sul, mas imagino que as denominações devessem variar.

Filhos de *pretos*, ou seja, de nascidos na África, quando ainda escravos, eram *crioulos*. Já os filhos de *crioulos* eram *pardos*, não importando a cor da pele. Estas categorias, portanto, designam as diferenças de origem de nascimento mais do que as nuances da cor da pele dos indivíduos. Resumindo: índios, pretos, crioulos, mulatos, pardos e cabras, quando escravos, eram todos *negros*.

As referências mudam, quando se trata de libertos e livres. Era impossível, então, haver um *negro livre* e, assim como o *negro*, também era impossível haver *crioulo livre*, pois *crioulo* era termo só para escravos nascidos no Brasil. Se fosse filho de africano, nascido no Brasil, já como liberto, ou seja, filho de mãe liberta, sua indicação era

90   Uma história social do abandono de crianças

de *pardo*. Deste modo, as denominações para libertos eram: *preto forro, pardo forro, cabra forro*. Não foi comum encontrar *mulato forro*, para o Sudeste dos século XVIII e XIX. Quase sempre o *mulato* indicava um indivíduo já livre e esta, talvez, tenha sido a denominação que mais se referia à mestiçagem.

Já o termo *cabra*, mais comum, é bastante difícil de ser identificado. Segundo o francês Jean-Baptiste Debret, *cabra* era uma *crioula, filha de mulato e negra, cor mais escura do que o mulato*[27]. O dicionário de Moraes e Silva, publicado em 1789, traz, como significado de *cabra*, o *filho, ou filha de pai mulato e mãe preta, ou às avessas*.

Para *mulato*, Silva indica que era *filho, ou filha de preto com branca, ou às avessas*. *Pardo*, para o dicionarista, também significava mestiçagem: *de cor entre branco, e preto, como a do pardal. Homem pardo; mulato*.[28] O termo *pardo*, para o dicionarista, já se incorporava à mestiçagem, embora eu considere que não era assim entendido pela população. Sendo possível considerar que *mulato* e *cabra* realmente indicavam uma mestiçagem, *pardo* poderia significá-la ou não.

Vários filhos de casais africanos escravos, em registros de batismo de áreas do Sudeste que pesquisei[29], foram indicados como *pardos*. Não poderiam, portanto, ser mestiços. O mesmo acontecia quando libertos: filhos de africanos forros eram *pardos forros*. Imagino que o termo *pardo* fosse uma espécie de curinga, pois qual outra denominação deveria ser dada aos filhos, já nascidos livres, de africanos libertos, por exemplo? Pretos não podiam ser, porque não nasceram na África. Mulato e cabra também não, porque não eram mestiços. Restava o *pardo*, amplamente utilizado para se referirem aos que não eram africanos ou crioulos, na escravidão, e aos filhos de alforriados, na liberdade. Hebe Mattos sugere que *pardo* seria sinônimo de *não-branco*, de *não-livre*, independente da cor da pele, e *branco* teria significado de *livre*, ou seja, pessoa comprovadamente livre.[30] Daí serem *livres*, ou *brancos*, muitos de cor negra ou mestiça.

Peter Eisenberg foi talvez o primeiro estudioso a notar que os termos *mulato* e *pardo* não diziam respeito necessariamente à cor dos indivíduos no século XIX. Devo dizer que, quando comecei a observar as denominações de cor ou condição social, nos registros paroquiais que analisei, não conhecia o artigo de Peter Eisenberg. Por outros caminhos, portanto, acabei chegando ao mesmo ponto, para uma época anterior. Eisenberg refere-se ao século XIX, em Campinas, província de São Paulo. Trabalhei com Campos dos Goitacases do século XVIII. Afirmou o autor que

> (...) achamos que os termos "pardo", "mulato" e outras palavras indicando uma cor mais clara ou um fisiotipo mais parecido

com o dos portugueses tendiam a significar também uma condição legal de livre. Por estar livre, uma pessoa de cor 'parecia' mais clara, da mesma forma que se diz no século XX que o dinheiro embranquece uma pessoa de cor. Se essa hipótese for correta, então as transformações nas proporções de pardos e mulatos entre a população de cor tem menos a ver com mudanças nos fisiotipos do que com mudanças nas maneiras pelas quais esses grupos foram percebidos.[31]

Concordo inteiramente com esta impressão, mas vou além. Pude confirmar empiricamente que o que pensamos que fosse *cor* mudava conforme a condição das pessoas. Por isto, mais um dado deve, agora, ser acrescentado. A propriedade de escravos, nitidamente, também "embranquecia" uma pessoa. Analisei mapeamentos populacionais da freguesia de Areias, de São Paulo, na primeira metade do século XIX, e do município de Piraí, no Rio de Janeiro, do ano de 1842. Pude observar que os indicados como *brancos* eram os que mais tinham escravos. Os "pretos" ou "negros", tanto nos diversos anos de mapeamentos de Areias quanto no único que possuo de Piraí, praticamente não tinham escravos. Esse dado é, no mínimo, estranho. É muito suspeito que nem sequer um indivíduo designado como "preto" ou "negro" tenha mais do que um escravo em todos os mapeamentos populacionais que pesquisei e, mesmo esses, que fossem proporcionalmente tão poucos. Certamente eram nascidos na África alguns dos proprietários de mais de um escravo arrolados como pardos. Tendo uma quantidade significativa de escravos, não poderiam ser considerados "pretos" nem muito menos "negros", sinônimo claro de escravos. Tornavam-se pardos e assim eram computados.

Os mapeamentos populacionais, portanto, refletem certamente uma diferenciação social em que a cor da pele, o passado como escravo ou sua ascendência e a propriedade de escravos tiveram de se organizar para fazer uma pessoa *branca*, *negra* ou *parda*. É uma hierarquia rígida, mas que nada tinha de estática, em se tratando das pessoas individualmente, pois elas poderiam mudar de lugar nesta hierarquia. A cor da pele era uma entre outras variáveis que classificavam um indivíduo.

Numa sociedade escravista, a pior condição era, sem dúvida, a do escravo. Homens ou mulheres livres ou libertos serem equiparados a um negro, por mais negra que fosse sua pele, poderia ser ofensivo. O termo *negro* manteve o significado de escravo até o final do século XIX[32]. *Negro* se opunha a cidadão. Se o termo manteve o significado de escravo por muitos séculos, os demais mudaram muito no decorrer do tempo, em particular depois da abolição do tráfico de escravos, em 1850.

92   Uma história social do abandono de crianças

Durante a segunda metade do século XIX, mudanças significativas aconteceram na sociedade escravista brasileira. Na primeira metade do século, o acesso ao escravo estava facilitado a todos os homens livres e libertos pela expressiva entrada de africanos no Brasil e por seu baixo preço. A abolição do tráfico atlântico, em 1850, e a consequente diminuição do número de pessoas que eram potencialmente capazes de comprar escravos (devido ao aumento de seu preço no mercado) ou que tiveram que se desfazer deles, provocaram um processo de perda de legitimidade da escravidão.

Enquanto, antes, os contingentes de negros e mestiços livres e libertos eram *exceções controladas*, para usar uma conceituação de Hebe Mattos,[33] e se colocavam como possíveis senhores de escravos – identificando-se como proprietários de escravos – o aumento de seu quantitativo, através da ampliação progressiva no número de alforrias e da impossibilidade de se tornarem donos de escravos, fazia com que formassem um grupo de difícil classificação. O reflexo da nova conjuntura fez com que desaparecesse progressivamente a qualificação por cor/condição de envolvidos e testemunhas em processos cíveis ou criminais, os mais necessários para conter este tipo de informação numa sociedade escravista, pois são processos de caráter repressivo.[34]

Tudo leva a crer, portanto, que as designações de cor/condição tinham, ainda no período de vigência do tráfico, muito mais relação com a proximidade de um passado ou antepassado escravo do que com a pigmentação da pele. Por outro lado, sua identidade, enquanto homens livres, passava pela oposição à situação do escravo – possibilidade de movimento – e pela condição de se transformarem em senhores de escravos.

Uma expressão de um testamento de 1780, da *preta crioula forra*, como ela própria se autodenominava, Apolônia Maria Ferreira, me fez perceber claramente como poderiam ser interpretadas essas designações. Dizia ela que, sendo filha de Joana, *escrava preta da nação mina e hoje forra e de pai incógnito*, declarava que *tenho quatro filhos a saber: Francisco, Maria, Joana, Germano, todos de* qualidade *parda* [grifo meu].[35]

Os filhos *pardos* de Apolônia eram a primeira geração nascida totalmente na liberdade. Ela foi capaz de captar muito bem a forma com que as hierarquias eram percebidas no período colonial, em que homens e mulheres tinham direitos e deveres de acordo com suas diferentes *qualidades*, relacionadas, em primeira instância, em oposição à escravidão. Ela, a primeira geração, já se distanciava dos antepassados nascidos na África e, com seus filhos, de seu passado como escrava. *Pardo*, como *negro*, *preto* etc., eram pessoas que não tinham *cores* diferentes, mas diferentes *qualidades*.

É bastante sintomático o fato de que, na segunda metade do século XIX, as crianças *brancas* tenham diminuído abruptamente da Casa da Roda da cidade do Salvador: de 51%, entre 1801 e 1850, passaram para míseros 17% entre 1851 e 1870. é uma diferença grande demais. No Rio de Janeiro, no espaço de quatro anos, a predominância mudou: entre 1864 e 1870 eram quase 58% os registros de *brancos*; na década seguinte os *brancos* diminuíram para 36%. Seriam possíveis mudanças tão significativas? Acho que podemos especular duas situações: a primeira, que mudou o grupo que, durante décadas, enjeitava seus filhos, o que considero absurdo; a segunda, que foi a percepção dos que registravam a "cor" da criança que mudou.

Os termos do problema assim colocados permitem que se pressuponha que os motivos mais frequentes da exposição de crianças não tenham mudado, mas sim a identificação das crianças abandonadas. Pressupõe, também, que não eram só os filhos de brancos pobres que mais tinham necessidade de abandonar seus filhos, e sim uma variada gama de grupos, inclusive o de brancos, pardos e negros ricos.

Relacionando-se todos os dados, vamos a algumas conclusões, todas na base da suposição. Claro que a pobreza e o grau de saúde das famílias podem ter levado à exposição de crianças e creio que Venancio tenha toda razão em apontar esse como um dos motivos frequentes para o abandono. Mas os dados qualitativos e as avaliações de contemporâneos, sejam eles os escrivões das mesas das Casas dos Expostos, doutores em medicina ou testadores com posses, indicam que era o aspecto da inadequação social do nascimento o motivo maior para o enjeitamento. As cidades do Salvador e do Rio de Janeiro eram portos de grande movimento e com uma população flutuante significativa. Não é para menos que a ilegitimidade, em cidades portuárias, era muito alta.

Em pesquisa que realizei recentemente,[36] supus que uma das atividades de mulheres alforriadas que enriqueceram era, além do comércio a retalho, a prostituição, muito comum em cidades desse tipo. Sintomático foi o fato de que a esmagadora maioria delas não tinha filhos declarados em seus testamentos. Sugeri que elas detinham conhecimentos anticoncepcionais adequados ou que praticavam o infanticídio. Uma das possibilidades que agora avento, incluindo as duas anteriores, é a de que muitas deveriam expor o resultado de seu trabalho – o filho – na Roda. Não seria, portanto, um enjeitamento pela pobreza, pois inúmeras tinham escravas em número significativo para dessas crianças cuidar. Também não era um enjeitamento por questões morais, posto que vinham de culturas que não condenavam relacionamentos sexuais extramaritais. Quero dizer com isso que as crianças pretas e pardas, mesmo que em número menor do que as brancas, que foram assim indicadas, não teriam, necessariamente, de ter a pobreza como explicação para o enjeitamento. Mas os brancos, ou tidos como tal, tinham.

E as crianças indicadas como *brancas*, mesmo que fossem de outras cores, de onde vinham? O que significava ser um filho indesejado? Não necessariamente seria de um relacionamento de um *homem bom* (ou seja, da elite) com uma mulher pobre, embora eu presuma que tal relacionamento tenha sido muito comum. Podia ser fruto de uma relação incestuosa, de estupro, de relacionamento com eclesiásticos (também muito comum) etc., mas nem todas as mulheres que estivessem nessa situação enjeitavam seus filhos.

Aí chegamos na ilegitimidade das crianças batizadas nessas áreas. De novo vou me ater aos dados de Renato Pinto Venancio. Para contestar a hipótese de que a exposição de crianças serviria para encobrir os nascimentos ilegítimos, analisa as curvas de ilegitimidade e de exposição de crianças, no tempo. Elas deveriam ser invertidas, ou seja, quanto mais exposição, menor a ilegitimidade, e vice-versa. O autor constatou, no entanto, que tanto em Salvador quanto no Rio de Janeiro elas não estão relacionadas, ou seja, são autônomas. Ora uma acompanha a outra, ora se distanciam. Estamos em face de um dilema: as fontes discursivas apontam para uma explicação: o filho indesejado, independente da moral. Os números, para outro: o aumento da exposição não diminui os índices de ilegitimidade, portanto, a moral não tem razão para ser apontada como um dos fatores predominantes. Podemos apenas concluir que os motivos (e são vários) que fazem mães batizarem filhos ilegítimos nada tem a ver com os motivos (também vários) que as levam ou a terceiros a enjeitarem crianças. São, presumo, situações específicas de problemas familiares e projetos diferentes.

GRÁFICO 1 - Ilegitimidade e crianças expostas em livros de batismos da freguesia de São Salvador dos Campos dos Goitacases (1748-1797)

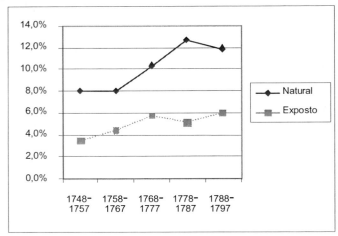

Fonte: Sheila de Castro Faria. *A colônia em movimento*: fortuna e família no cotidiano colonial. Rio de Janeiro: Nova Fronteira, 1998.

Vejamos esses mesmos dados para uma área que não contava com a Roda dos Expostos, a cidade de Campos dos Goitacases, no século XVIII. Também lá as curvas são autônomas, conforme se vê no gráfico 1, indicando que o abandono não se relaciona com moral, mas com projetos de vida.

Pressuponho que grande parte das crianças indicadas como *brancas* expostas em número significativo em Salvador e no Rio de Janeiro não eram necessariamente brancas, mas assim consideradas pelos que registravam sua matrícula na Roda. A percepção da sociedade da época sobre os mais ricos ou que ocupavam o topo da hierarquia social era de que seriam brancos, mesmo que não o fossem claramente em sua cor. Mas devemos ter em mente que uma mulher tida como branca, mesmo que filha de família pobre, tivesse bastante chance de fazer um casamento vantajoso, principalmente no século XVIII. Isso seria inviabilizado caso tivesse um filho ilegítimo. Seria ainda pior se fosse filha das famílias principais. Reforço o argumento que usei em trabalho anterior: eram as filhas dos mais poderosos as que mais tinham chances de encobrir nascimentos ilegítimos, pois não precisariam, necessariamente, aparecer em público. Para ter a criança, bastava ficar em lugar distante e expor seu filho. Tenho convicção, tendo por base a quantidade relevante de perfilhações depois de casamentos e em testamentos, que um filho indesejado que colocasse em risco os projetos familiares da elite tinha como destino certo seu ocultamento. O infanticídio era um deles, mas presumo que não deva ter sido o mais comum. A exposição tornava-se a opção mais recorrente.

Finalizo estas considerações com a certeza de que, salvo a descoberta de novos dados, nunca saberemos ao certo os motivos que levavam tantas pessoas a abandonarem seus filhos e nem mesmo se havia um motivo mais frequente. Pobreza, tragédia, moral, projetos ou uma combinação de vários deles podem ser imaginados. Não temos a história dos expostos em suas duas pontas: os motivos do abandono e o destino que tomaram. Eles somem no emaranhado social, adquirindo outras qualidades, independente da cor de sua pele.

Notas:

1. No século XVII, na freguesia de São Gonçalo do Recôncavo da Guanabara, nem mesmo uma criança foi registrada em assentos de óbito. Cf. Livros de óbitos da Freguesia de São Gonçalo (Recôncavo da Guanabara), 1671/1708 e 1710/1737. Arquivo da Mitra Arquidiocesana de Niterói (RJ).

96 Uma história social do abandono de crianças

2. Livro de Registro de Óbito da freguesia de São Gonçalo do Recôncavo da Guanabara. Arquivo da Mitra Arquidiocesana de Niterói.

3. Jean-Louis Flandrin. *O Sexo e o Ocidente*. Trad. Jean Progin, São Paulo: Editora Brasiliense, 1988, p. 199.

4. Jean-Louis Flandrin. *O Sexo e o Ocidente*. Trad. Jean Progin, São Paulo: Editora Brasiliense, 1988, p. 199.

5. Carlos de Almeida Prado Bacellar analisou a cidade de Sorocaba (SP) e constatou que 80% dos enjeitados foram expostos em domicílios rurais. Cf. Carlos de Almeida Prado Bacellar. *Viver e sobreviver em uma vila colonial: Sorocaba,* séculos XVIII e XIX. São Paulo: Annablume/Fapesp, 2001.

6. Até 1790, havia somente três Casas da Roda, nas cidades do Salvador (BA), do Rio de Janeiro (RJ) e de Recife (PE). Até 1850, mais nove foram criadas. Cf. Renato Pinto Venancio. Famílias abandonadas: assistência à criança de camadas populares no Rio de Janeiro e em Salvador: *séculos XVIII e XIX*. Campinas: Papirus, 1999, p. 165.

7. Renato Pinto Venancio. Famílias abandonadas: assistência à criança de camadas populares no Rio de Janeiro e em Salvador: *séculos XVIII e XIX*. Campinas: Papirus, 1999, p. 42.

8. Silvia Maria Jardim Brügger. *Minas patriarcal - família e sociedade (São João Del Rei, séculos XVIII e XIX)*. Niterói, UFF, 2002, Tese de doutorado.

9. Carlos Almeida Prado Bacellar. *Viver e sobreviver em uma vila colonial:* Sorocaba, séculos XVIII-XIX. São Paulo: Annablume/ Fapesp, 2001.

10. Maria Luiza Marcílio. *Caiçara. Terra e População*. São Paulo: Paulinas, CEDHAL, 1986.

11. Sheila de Castro Faria. *A colônia em movimento:* fortuna e família no cotidiano colonial. Rio de Janeiro: Nova Fronteira, 1998.

12. Sheila de Castro Faria. *A colônia em movimento:* fortuna e família no cotidiano colonial. Rio de Janeiro: Nova Fronteira, 1998, cap. I.

13. Renato Pinto Venancio. "Os expostos de Catas Altas – Minas Gerais, 1775-1875". In: Irene Rizzini (org.). *Olhares sobre a criança no Brasil – séculos XIX e XX*. Rio de Janeiro: Petrobras-BR, Ministério da Cultura, Ed. Universitária Santa Úrsula, Amais, 1997.

14. Venancio afirma que: "no Brasil antigo, o abandono de crianças dizia respeito aos pobres, mas não a todos os *pobres* indiscriminadamente. A maioria das famílias humildes resistia a enviar o filho à Roda. Contudo, por ocasião da morte dos parentes próximos, essa decisão não podia ser protelada. A morte lançava os frágeis núcleos domésticos em uma crise na qual o recurso à instituição de caridade aparecia como única solução possível". Renato Pinto Venancio,. Famílias Abandonadas: assistência à criança de camadas populares no Rio de Janeiro e em Salvador: *séculos XVIII e XIX*. Campinas: Papirus, 1999. p. 94.

15. Francisco Carlos Teixeira Silva. *A morfologia da escassez:* política econômica e crises de fome no Brasil. Niterói: UFF, 1991, Tese de doutorado.

16. Renato Júnio Franco. *Desassistidas Minas – a exposição de crianças em Vila Rica, século XVIII.* Niterói, UFF, 2006, Dissertação de Mestrado. O autor argumenta que a exposição se relaciona com a circulação de crianças pelos domicílios.

17. Jean- Louis Flandrin. *O Sexo e o Ocidente.* Jean Progin (trad.), São Paulo: Brasiliense, 1998.

18. Margareth de Almeida Gonçalves. "Expostos, Roda e Mulheres: a lógica da ambiguidade médico-higienista". In: Ângela Mendes de Almeida *et. al. Pensando a família no Brasil. Da colônia à modernidade.* Rio de Janeiro: Espaço e Tempo: UFRRJ, 1987.

19. Sheila de Castro Faria. *A colônia em movimento:* fortuna e família no cotidiano colonial. Rio de Janeiro: Nova Fronteira, 1998, cap. I.

20. Sheila de Castro Faria. *A colônia em movimento:* fortuna e família no cotidiano colonial. Rio de Janeiro: Nova Fronteira, 1998, cap. I; Carlso de Almeida Bacellar, *Viver e Sobreviver em uma vila colonial:* Sorocaba, séculos XVIII e XIX. São Paulo: Annablume/Fapesp, 2001; Renato Pinto Venancio, *Famílias Abandonadas: assistência à criança de camadas populares no Rio de Janeiro e em Salvador:* séculos XVIII e XIX. Campinas: Papirus, 1999; Júnio Renato Franco, *Desassistidas Minas – a exposição de crianças em Vila Rica, século XVIII.* Dissertação de Mestrado, Niterói: UFF, 2006.

21. Joaquim Manoel de Macedo. *O moço loiro.* São Paulo: Ática, 1979 (1ª. ed. 1845).

22. A.J.R. Russel-Wood. *Fidalgos e filantropos. A Santa Casa da Misericórdia da Bahia, 1550-1775,* trad. Sérgio Duarte. Brasília: EDUNB, 1981, cap. 12.

23. A.J.R. Russel-Wood. *Fidalgos e filantropos. A Santa Casa da Misericórdia da Bahia, 1550-1775,* trad. Sérgio Duarte. Brasília: EDUNB, 1981, cap. 12., Venancio (1999)

24. Renato Pinto Venancio. *Famílias Abandonadas: assistência à criança de camadas populares no Rio de Janeiro e em Salvador:* séculos XVIII e XIX. Campinas: Papirus, 1999 p. 48.

25. Sérgio Buarque de Holanda (1956). *Caminhos e fronteiras.* São Paulo: Companhia das Letras, 1977, p. 264.

26. Oracy Nogueira (1983). *Tanto preto quanto branco.* São Paulo: T.A. Queiroz, 1983.

27. Jean Baptiste Debret (1989). *Viagem pitoresca e histórica ao Brasil.* 1 ed. entre 1834 e 1839, Tradução de Sérgio Milliet. Belo Horizonte: Itatiaia; São Paulo: Martins, 4 vols, 1984, t. 2, p. 103.

28. Antônio de Moraes Silva. *Dicionário da língua portuguesa.* [1789]. Lisboa: Typografia Lacerdina., 1813.

29. Sheila Castro Faria. *A Colônia em movimento: fortuna e família no cotidiano colonial*. Rio de Janeiro: Nova Fronteira, 1998.

30. Hebe Maria Mattos. *Das cores do silêncio. Os significados da liberdade no Sudeste escravista*. 2 ed, Rio de Janeiro, Nova Fronteira, 1998, p. 97.

31. Peter L. Eisenberg. Homens esquecidos: escravos e trabalhadores livres no Brasil – séculos. XVIII e XIX. Campinas: Editora da Unicamp, 1989.

32. Hebe Maria Mattos. *Das cores do silêncio. Os significados da liberdade no Sudeste Escravista*. 2 ed., Rio de Janeiro: Nova Fronteira, 1998.

33. Hebe Maria Mattos. *Das cores do silêncio. Os significados da liberdade no Sudeste Escravista*. 2 ed., Rio de Janeiro: Nova Fronteira, 1998.

34. Hebe Mattos foi quem percebeu o "sumiço" da cor em documentos da segunda metade do século XIX). Hebe Maria Mattos. *Das cores do silêncio. Os significados da liberdade no Sudeste Escravista*. 2 ed., Rio de Janeiro: Nova Fronteira, 1998.

35. Livro de Registro de Testamentos n. 3. Arquivo do Museu Histórico de São João Del Rei, testamento de Apolônia Maria Ferreira, 1780.

36. Sheila de Castro Faria. *Sinhás pretas, damas mercadoras. As pretas minas nas cidades do Rio de Janeiro e de São João Del Rey (1700-1850)*. Niterói, UFF, 2004 ,Tese de titular. .

v. Na roda da vida: os filhos de criação em São Paulo colonial

Alessandra Zorzetto Moreno*

> Não valia mais para estas crianças o entrarem em famílias, aonde fossem recebidas, e tratadas com afeição? E que fazem a favor delas os nossos estabelecimentos atuais, senão colocá-las também em famílias, mediante alguma pensão? Felizes os tempos em que os hospícios públicos não eram ainda necessários!
>
> Barão de Gerando, Algumas considerações sobre os expostos – fragmentos da obra, 1843.

NO IMPÉRIO LUSO-BRASILEIRO, as Câmaras Municipais ou a Irmandade da Santa Casa de Misericórdia foram responsáveis pelo estabelecimento de um sistema da criação mercenária voltado aos expostos e órfãos pobres. Contudo, na América Portuguesa, apenas algumas Câmaras financiaram a contratação de amas-de-leite, sendo que as *Rodas dos Expostos* da Misericórdia se expandiram somente a partir do século XIX. Na maior

---

* Doutora em História pela Universidade Estadual de Campinas – UNICAMP

100 Uma história social do abandono de crianças

parte das localidades a assistência foi exercida por particulares que, gratuitamente, acolheram, criaram e educaram órfãos pobres e crianças abandonadas.[1]

Foi assim na cidade de São Paulo, onde a Câmara eximiu-se de qualquer responsabilidade e a Santa Casa de Misericórdia instalou uma *Roda dos Expostos* somente no ano de 1825. Até então, eram os particulares que prestavam assistência aos enjeitados, os quais foram identificados nos registros de batismos da cidade desde os anos de 1740, apresentando um crescimento constante que só declinou a partir de 1840. Ao longo do século XVIII, os expostos na paróquia da Sé paulistana atingiram 8,1% de todos os registros de batismos (livres e escravos). Ao restringirmo-nos somente ao universo das crianças livres, uma vez que a legislação portuguesa garantia a liberdade dos enjeitados, os índices totalizam 15% (1756-1770), atingindo 21,9% (1771-1785) e declinando para 10,7% (1786-1800). Nas duas primeiras décadas do XIX, houve um aumento nos registros batismais que oscilaram entre 17% e 24% (1800-1824). Nessas mesmas duas primeiras décadas, o percentual de expostos nas paróquias dos bairros de Nossa Senhora do Ó e da Penha nunca alcançou 10%, sendo que na Penha foi identificado um número relativamente maior de bebês enjeitados revelando uma das características do abandono infantil que era a concentração em regiões mais urbanizadas.[2]

Apesar dos índices elevados de exposição, poucos dentre os bebês expostos tinham chances de chegar à vida adulta ou mesmo completar um ano de idade. A mortalidade infantil era extremamente alta entre as crianças de maneira geral, havendo 239 falecimentos antes do primeiro ano de vida para cada 1.000 nascimentos de livres registrados na paróquia da Sé, entre os anos 1796 e 1809. Em Santo Amaro, 38,3% dos expostos batizados faleceram no primeiro ano de vida, entre 1780 e 1890.[3]

Para uma parte dos expostos, a luta pela sobrevivência começava logo após o abandono, que podia ser feito em lugares ermos ou em terrenos baldios, onde eles faleciam de fome e frio ou eram devorados por animais. Segundo pesquisas feitas por Renato Venancio, esse tipo de exposição era mais comum nas localidades onde inexistia o auxílio institucional. Nessa condição estava a paróquia da Sé em São Paulo, onde 39 expostos (11,5%) foram "achados" nas ruas, entre 1760 e 1810, embora na vizinha paróquia rural de Santo Amaro tenham sido registrados apenas quatro casos (1,0%), no mesmo período. Em contraposição, na cidade do Rio de Janeiro que contava com a assistência da Misericórdia, entre 1763 e 1771, não houve nenhum registro desse tipo.[4]

Além das condições do abandono, os enjeitados às portas de particulares podiam falecer devido a complicações decorrentes de gravidezes de risco – muitas vezes resultados de abortos incompletos –, febres, infecções no umbigo, desnutrição, alimentação inadequada, diarreias, parasitas intestinais, sarnas, sífilis, ou mesmo males advindos de maus tratos e negligência. Situações que colaboravam para a morte e a diminuição no número de enjeitados sobreviventes em São Paulo, em outras localidades da América e mesmo da Europa. A mortalidade era tão comum entre essas crianças que uma acolhedora paulista declarou em seu testamento: "(...) deixo a um enjeitadinho que tenho uma dobla e morrendo esse a Nossa Senhora do Carmo." De fato, o legado do menino foi transferido devido ao seu falecimento tempos depois.[5]

Mesmo diante dos percalços, uma parcela dos bebês enjeitados conseguia sobreviver. Na cidade de São Paulo, de fins do século XVIII e início do XIX, os expostos estavam entre os filhos alheios que foram acolhidos, criados e educados pelos moradores da cidade. E não foram os únicos. Outros grupos de crianças e jovens menores de 25 anos foram incorporados aos domicílios sob diferentes denominações, de acordo com as relações estabelecidas entre eles e seus acolhedores: havia *órfãos, sobrinhos, afilhados, agregados* e *aprendizes* que se transformavam em filhos de criação diversificando a composição dos arranjos domésticos existentes em São Paulo no período.[6] Por meio da tabela abaixo, observamos a distribuição temporal e numérica de cada um desses grupos.

Percebemos, então, a existência de uma prática de incorporação doméstica de filhos alheios na cidade de São Paulo em fins do período colonial. A assistência particular oferecida aos enjeitados pode ser vista como uma das faces dessa prática. Prática que fazia parte de um sistema sociocultural mais amplo, o qual pressupunha a circulação de crianças e jovens entre diferentes arranjos familiares.

Tabela 1 Número de órfãos, aprendizes, afilhados, sobrinhos, expostos e agregados menores de 25 anos da cidade de São Paulo, 1765-1822[7]

	1765[A]	1775[B]	1782[C]	1795[D]	1804	1814[F]	1822[G]	Total Abs.	Total %
órfãos	8	0	0	0	0	0	0	8	0,5
aprendizes	7	2	2	0	0	0	0	11	0,7
afilhados	1	2	13	1	9	9	4	39	2,6
sobrinhos	24	10	24	11	11	16	6	102	6,9
expostos	96	81	145	39	37	33	13	444	30,0
agregados	35	82	84	176	196	154	155	882	59,3
Totais parciais	171	177	268	227	253	212	178	1486	100,0

Fonte: Aesp, Maços de População, Capital e bairros de Nossa Senhora do Ó, Santana, Penha e São Miguel.

Legenda:

[A] os dados referentes aos bairros de Nossa Senhora do Ó e Santana foram retirados da lista de 1768, conforme dissemos na nota 7.

[B] os dados referentes aos bairros da Penha e São Miguel foram retirados da lista de 1776.

[C] os dados referentes à capital foram retirados da lista de 1783.

[D] os dados referentes aos bairros da Penha e São Miguel foram retirados da lista de 1796.

[F] os dados referentes à 3ª cia da capital foram retirados da lista de 1817.

[G] os dados referentes às 3ª e 6ª cias da capital e do bairro de Santana foram retirados da lista de 1823.

Segundo a antropóloga Claudia Fonseca, a presença de filhos de criação foi bastante comum entre as camadas populares de Porto Alegre do início do século XX. Por meio da prática de "dar a criar", tinha início a "circulação de crianças" definida como: "toda transação pela qual a responsabilidade de uma criança é transferida de um adulto para outro", sendo considerada "uma estrutura básica da organização de parentesco em grupos brasileiros de baixa renda". Para Fonseca, a "circulação" pode ser vista como um indício cultural da importância da família extensa – enquanto relacionamentos sociais e não estrutura doméstica – na criação ou manutenção de redes de sociabilidade comunitária. Baseadas em laços de parentesco sanguíneo, essas redes eram acionadas em situações de instabilidade familiar (migração, trabalho, separação, falecimento dos pais ou da mãe). As crianças e jovens em "circulação" não perdiam suas identidades sociais originais podendo voltar a viver com os pais biológicos ao atingirem a adolescência.[8]

Atualmente, a circulação infanto-juvenil e a presença de filhos de criação continuam sendo elementos estruturais importantes entre as camadas populares de nosso país. De acordo com os dados do IBGE para o ano de 1996, quase cinco milhões de crianças e adolescentes (o a quinze anos) passava a maior parte da infância ou juventude longe de seus genitores, vivenciando durante parte de suas vidas, ou mesmo durante toda a sua existência, a experiência de viver em diferentes lares ou instituições. Essa parcela da população englobava filhos de criação, adotivos, crianças e jovens de rua, na rua e aqueles que viviam em instituições de assistência pública. Apesar disso, estar em circulação para essa camada da população não significa ter sido abandonada. Como os estudos mais recentes têm demonstrado, durante muito tempo as autoridades e especialistas na assistência à infância e juventude no Brasil se equivocaram ao desmerecer a importância dos laços familiares nas camadas populares, pois: "(...) grande parte dessas crianças aparentemente soltas no mundo possuem famílias, mantêm laços com elas e contribuem para seu sustento."[9]

Devido à visibilidade do abandono infantil, alguns estudiosos chegaram a caracterizar os filhos de criação como, eminentemente, crianças oriundas do abandono. Segundo a historiadora Maria Luiza Marcílio, a criação de filhos alheios foi o costume:

> ... mais universal e o mais abrangente, aquele que se estendeu por toda a história do Brasil, do século XVI aos nossos dias. Famílias ou indivíduos recolhiam recém-nascidos deixados nas portas de suas casas ou de igrejas, ou em outros locais e, por diversas razões, decidiam criá-los. Havia pessoas que iam às "rodas de expostos" tomar uma criança para criar e até mesmo perfilhar ou "adotar". São os chamados "filhos de criação".[10]

Para Antonio Candido, a prática da criação de filhos alheios no Brasil colonial fazia parte de um sistema social mais amplo baseado no patriarcalismo, o qual procurava agregar os indivíduos em torno de redes de parentesco sanguíneo. Essas redes eram monitoradas por relacionamentos de dependência e interesses mútuos, onde os avós criavam os netos, os tios criavam os sobrinhos ou parentes em geral recebiam crianças alheias, particularmente as órfãs. Demonstrando a amplitude dos relacionamentos, a prática não se restringia à orfandade, pois existiam outras modalidades, inclusive a troca de filhos entre as famílias que reforçava os laços de

104 Uma história social do abandono de crianças

parentesco. Havia ainda a possibilidade de inserção de filhos ilegítimos - próprios ou de parentes - nesse processo de criação de filhos alheios que favorecia a permanência e expansão social da bastardia.[11]

De fato, a prática da criação de filhos alheios era bastante comum em sociedades nas quais os pais biológicos não monopolizavam o sistema de criação e educação infanto-juvenil. Um dos primeiros indícios desse sistema era a prática do aleitamento por amas mercenárias utilizado pelas mães abastadas por questões de *status* e pelas trabalhadoras devido à necessidade de continuar no mercado de trabalho. Após o desmame e tão logo dominassem os primeiros passos, os pequenos iniciavam um processo de educação baseado na aprendizagem por meio do convívio com os adultos. Processo que se aprofundava por volta dos sete anos quando as crianças podiam ser enviadas para as casas de parentes, amigos ou vizinhos onde, de acordo com suas origens sociais, aprendiam a ler e escrever, o comportamento e as boas maneiras ou eram empregadas nos mais diversos trabalhos domésticos. Esse processo de aprendizagem acabava definindo papéis sociais e contribuindo para que o "viver em lares alheios" fosse uma experiência comum entre a população infanto-juvenil europeia até fins do século XVII, quando a família nuclear passou a ser vista como responsável direta pela criação, educação e encaminhamento social da criança.[12]

Na cidade de São Paulo de fins do período colonial, como vimos pela tabela acima, as relações de agregação, de assistência e de parentesco formavam os vértices que mantiveram a prática da criação de filhos alheios ao longo do século XVIII e início do XIX. Vértices que se relacionavam dialogando em imbricadas redes de sociabilidade, onde essas relações podiam se entrecruzar. O "dar a criar" e o acolhimento domiciliar, por vezes, dependiam da existência de relacionamentos anteriores entre acolhedores e pais biológicos que acabavam incorporando, ou procurando incorporar, uma segunda geração formada pelas crianças e jovens acolhidos. A existência de laços de parentesco entre acolhedores e acolhidos fica evidente no caso dos afilhados e sobrinhos que totalizaram 141 (9,5%) dentre os filhos alheios presentes nos domicílios. O amparo e a assistência oferecidos pelos moradores foram importantes para os expostos que representavam 30,0% (444) das crianças e jovens enquanto os relacionamentos genéricos de agregação englobavam 59,3% (882) dos acolhidos. Crianças e jovens que circulavam entre diferentes arranjos familiares.

Entre a população infantil paulistana, o período de aleitamento podia contribuir para o início do processo de circulação. Embora fosse comum a existência de escravas que serviam como amas-de-leite no domicílio do bebê, também havia mulheres livres e pobres que viviam da amamentação mercenária recebendo as crianças em suas casas. Maria Francisca era uma dessas mulheres. Por volta de 1811, ela morava no bairro de São Bernardo quando recebeu um recém-nascido, neto de uma mulher residente na cidade de São Paulo. Segundo o acordo estabelecido entre elas, o menino foi amamentado durante um ano e meio. Ao fim desse período, Maria levou o garoto para a cidade a fim de entregá-lo para a avó dele e receber o pagamento pela amamentação. Como a avó não tinha condições financeiras de quitar a dívida, Maria tornou a levar o menino para São Bernardo, onde ele permaneceu até que faleceu aos cinco anos de idade.[13]

O caso de Maria Francisca ilustra a prática da entrega de bebês para serem criados por mulheres livres fazendo com que parte das crianças na fase da amamentação participasse de um processo de circulação infantil. Circulação que foi mais evidente no caso dos enjeitados. Entre as 148 crianças menores de três anos acolhidas na cidade de São Paulo, os expostos totalizaram 66,9% (99) dos casos enquanto os agregados englobavam 31,1% (46), ficando apenas 1,3% de sobrinhos (2) e 0,7% de afilhados (1), nessa faixa etária.[14]

Em localidades onde inexistia um sistema mercenário institucional de aleitamento de expostos, o recebimento de bebês enjeitados podia indicar a existência de uma prática social de aproveitamento de leite disponível nos domicílios. Na vila de Sorocaba, Carlos Bacellar constatou que os expostos apareciam no intervalo das gestações das esposas dos chefes dos domicílios pobres ou após o falecimento de filhos recém-nascidos. Nesses casos, as acolhedoras puderam oferecer aos enjeitados tanto o leite quanto os cuidados que dispensariam aos próprios filhos. Prática semelhante ocorria em algumas cidades de Portugal, como em Santarém, onde as amas-de-leite mercenárias buscavam os expostos na Santa Casa de Misericórdia após o nascimento ou o falecimento de seus bebês. Contudo, tal estratégia não foi comprovada em outras localidades, como Lisboa, onde inexistiu uma relação direta entre o falecimento de filhos de amas da Misericórdia e o recebimento de enjeitados.[15]

Na prática do acolhimento domiciliar de expostos na cidade de São Paulo, também identificamos casos de incorporação de bebês expostos nos intervalos das gestações ou simultaneamente ao nascimento de uma criança no domicílio. Prática que ocorreu tanto entre os acolhedores mais pobres quanto entre os mais abastados. No bairro de Santana, em 1782, o casal de índios carijós, Salvador Lopes (58) e Agostinha Dias (41), tinha seis filhos e entre eles Francisco (7), Felisberto (4) e Ignácio (2), além de acolher a enjeitada Apolônia (5). Situação semelhante ocorreu com a parda pobre Gertrudes Maria (20), mãe do bebê Francisco (1) que acolheu o exposto Joaquim (1), no ano de 1783. Esse mesmo procedimento pode ser percebido no domicílio do casal

Caetano Dias Teixeira (43) e Agueda Alvarez (32) que possuía 150.000 réis no ano de 1765. Nessa data, eles tinham seis filhos, entre os quais Anna (2) e Leandro (1), além do exposto Salvador (2). Entre os acolhedores mais abastados, o aleitamento podia ser feito pelas escravas, como parece ter ocorrido com a menina Maria (3) que foi recebida por Antonio Pereira de Araújo, capitão, branco, casado, sem filhos. Entre os nove escravos de Antonio, havia dois meninos de quatro anos e um de dois. Nesses e em outros casos, a atitude de receber um enjeitado significou a divisão do leite materno entre a criança do domicílio e um bebê externo mostrando-nos não só o aproveitamento de leite, mas um ato de extrema caridade dos acolhedores e, particularmente, das mulheres que exerceram o aleitamento. Mesmo no caso das escravas, deve ter existido uma certa disponibilidade pessoal para o recebimento de bebês externos, uma vez que elas podiam, veladamente, se recusar a amamentar a criança, se desejassem: desde a negligência pura nos casos de não vigilância senhorial até a alimentação sólida precoce passando pelos casos extremos de "contribuição" para o falecimento do exposto.[16]

Uma outra etapa importante no processo de circulação ocorria com as crianças maiores de sete anos que aprofundavam um processo de aprendizagem e inserção social. Entre as crianças e jovens acolhidos pelos moradores de São Paulo colonial, as relações de compadrio e parentesco sanguíneo foram acionadas particularmente entre os maiores de sete anos: 94,1% dos sobrinhos (96) e 74,4% (29) dos afilhados foram acolhidos por seus tios, tias, padrinhos e madrinhas nessa faixa etária.[17]

Segundo os códigos eclesiásticos, os padrinhos e madrinhas compartilhavam com os pais biológicos a responsabilidade pelo futuro espiritual e também material do afilhado. As atitudes e preocupações dos moradores de São Paulo que acolheram seus afilhados foram bastante semelhantes às que os pais sanguíneos deviam ter com seus filhos: criação, educação e encaminhamento social por meio do trabalho, do casamento, dos estudos ou da carreira militar. Aspectos que observamos em um documento enviado pela viúva Gertrudes Maria da Silva ao governador da capitania paulista. Em 1819, ela requereu a soltura de Agostinho Lourenço – filho do falecido capitão Agostinho Lourenço da Silva – pois estava tudo pronto para que ele se casasse com sua afilhada. Segundo Gertrudes, ela:

> ... criou e educou a uma menina Margarida não só no santo temor de Deus, como por ser sua filha espiritual com aquela honra e gravidade. Acontece que... auxiliada por ele [Agostinho] se ausentou em horas noturnas da companhia da suplicante ficando deste modo difamada a honra da criação...[18]

Pelas palavras e atitudes de Gertrudes, percebemos que o compadrio gerava algumas obrigações, inclusive em relação à criação: entre os 39 afilhados acolhidos pelos moradores de São Paulo, dez (25,6%) eram menores de sete anos. Apesar disso, foi mais comum a incorporação de afilhados com idade superior: um total de 29 (74,4%) indivíduos. Meninos acolhidos em diversas idades, como Antonio (4) que vivia somente ao lado de sua madrinha, Maria da Assunção (28), a qual possuía 15 escravos no ano de 1783. Ou ainda, como Antonio (12) e Ignácio (11), ambos brancos e afilhados do cônego Joaquim Marianno (38), também branco e proprietário de dois escravos no ano de 1804. Os garotos permaneceram com ele até 1818, quando o cônego se tornou responsável pela Sé paulistana e já tinha providenciado o ingresso de Ignácio na carreira eclesiástica e empregado Antonio no coro da matriz.[19]

A concentração de indivíduos maiores de sete anos foi muito mais expressiva entre os sobrinhos acolhidos pelos moradores de São Paulo totalizando 94,1% (96). Crianças e jovens incorporados por seus tios e tias em um momento do ciclo de vida em que aperfeiçoavam um processo de aprendizagem de seus papéis sociais. Em 1804, o casal Manoel Vidal Gonçalvez Neves e D. Rosa Maria Carvalho, com três filhos, receberam o sobrinho João Nepoceno (17) que foi classificado como estudante. Para os mais pobres, os ofícios eram bem vistos pela sociedade e a aprendizagem podia ocorrer no círculo de parentesco, como foi o caso do órfão José (17) que no ano de 1787: "(....) achava-se com boa educação e sabia ler e escrever e contar e se achava em companhia de um tio, oficial de carpintaria, aprendendo o dito ofício...". Em 1790, o aprendizado também foi o destino do exposto Ignácio Costa (16) que pretendia: "(...) aplicar-se ao ofício de sapateiro...".[20]

Assim como José e Ignácio, outros garotos foram acolhidos pelos moradores de São Paulo para que aprendessem um ofício. Entre os onze jovens identificados na condição de aprendiz, todos eram moradores das ruas, becos e travessas situadas na área mais urbanizada da cidade. Dentre eles, dez tinham entre 17 e 25 anos e apenas um tinha entre sete e doze anos, revelando que o aprendizado de um ofício parece ter sido reservado para os indivíduos de maior idade.[21]

A pouca expressividade no número de aprendizes pode ter ocorrido pela dispersão deles entre os agregados, da mesma forma que ocorreu com outras categorias. Casos como o que identificamos em 1807, quando o alfaiate Ângelo Custódio (32), pardo, alferes, casado, agregou Maximiano (9), pardo, o qual bem podia ser seu aprendiz. Ou ainda, Ângelo Alvarez (28), solteiro, negro, oficial de latoeiro que agregou José (9) e Luciano (11), ambos negros. Caso semelhante ocorreu com o menino João (11), negro, que foi incorporado na condição de agregado pelo

108 Uma história social do abandono de crianças

carpinteiro Mariano Alvarez (39), casado e também negro. Percebemos, então, que a falta de indicação da condição de aprendiz podia ocorrer pela dispersão dessa categoria entre os agregados.[22]

No Rio de Janeiro e em Salvador, a Misericórdia buscou cumprir as regulamentações prescritas na legislação em torno da obrigatoriedade do envio dos enjeitados maiores de sete anos para o aprendizado de ofícios. Respeitando contratos semelhantes aos que eram feitos pelos empregadores de serviçais domésticos, os mestres deviam oferecer ensino, alimentação e vestuário até que os expostos estivessem aptos ao exercício da profissão. No entanto, foi somente no século xix que houve uma ampliação do sistema de aprendizagem por meio do envio dos garotos aos arsenais da marinha.[23]

Na cidade de São Paulo, não conseguimos identificar qualquer ligação entre os aprendizes e a infância exposta. Porém, o predomínio de mestres entre a população negra ou mestiça – destacado pela historiografia – e indícios encontrados em vários tipos de fontes sugerem que a aprendizagem de ofícios estava reservada às camadas mais populares, com uma certa preferência para os mestiços e os filhos ilegítimos. Em 1786, Antonio da Silva, em requerimento ao governador de São Paulo, argumentou que: "(...) como filho de homem branco puxando pelo sangue paterno, se não pode adjetivar ao grosseiro trabalho da dita aldeia | Itapecerica | por isso saiu há 18 anos e veio para esta cidade aprender a arte de pintor,....". Essa ligação entre os ofícios e os mestiços também pode ser vista na lista de ordenanças dos pardos da cidade de São Paulo, em 1772. Nela, todos os participantes identificados exerciam algum tipo de ofício: pintor, alfaiate, carpinteiro, tecelão, sapateiro, ferreiro ou marceneiro.[24]

Apesar desta ligação entre aprendizagem de ofícios e mestiçagem, ela não pode ser vista apenas como estigma social dos grupos menos privilegiados socialmente. Ao contrário, a preocupação dos pais em iniciar os filhos ilegítimos na aprendizagem de ofícios pode ser vista como uma demonstração de cuidados com o encaminhamento social dos mesmos. A aprendizagem exigia gastos e efetuá-los para a prole ilegítima era uma obrigação social dos pais demonstrando que não deixavam os filhos "ao desamparo". Obrigação que também podia ser traduzida na alforria dos filhos tidos com escravas, como fez Domingos Teixeira da Cruz, que decidiu em seu testamento: "(...) por em liberdade para evitar tantos ditos que me perturbaram...". Anos depois, em um codicilo, recomendou que uma doação de 50$000 ao menino fosse investida para que ele "(...) aprenda o ofício de alfaiate em que o pus assistindo-lhe ao mestre o necessário para o vestuário e sustento conforme o ajuste que ele comigo fez..." Assim, a aprendizagem também podia ser vista como uma forma de demonstração de apreço aos filhos ilegítimos, garantindo-lhes a inserção social por meio de um ofício e aumentando suas chances de mobilidade.[25]

De maneira semelhante ao que ocorria com os aprendizes vinculados à Misericórdia, o acolhimento, a alimentação, o vestuário e o ensinamento oferecidos pelo mestre eram pagos com o trabalho exercido pelos meninos. Situação que pode ser observada na prestação de contas de um tutor de São Paulo informando que o órfão José (19): "(...) se achava em companhia de um tio, oficial de carpintaria, aprendendo o dito ofício e que já ganhava de seu salário 160 réis por dia, não sabia da destituição desse dinheiro, porque o mesmo tio vestia e sustentava o referido menor...". Ou seja, o acolhimento do aprendiz, em nome das relações de parentesco existentes entre ele e seu mestre, não impedia que o rapaz trabalhasse em troca de alimentação e vestuário.[26]

Além de ofícios mecânicos, as crianças e jovens podiam ser acolhidos para aprenderem a arte da música, como ocorreu com Pedro (16), no ano de 1772. "Aprendiz de solfa", ele foi incorporado pelo mestre Antonio Manso (44), solteiro, branco, que abrigava outros dois rapazes: Francisco (16) e Jacinto (13), embora para estes não tenha sido indicada qualquer condição de aprendizagem. O ensino da música continuou fornecendo sustento para o mestre Antonio nos anos de 1804 e 1807, embora nenhum menino morasse em seu domicílio. Em 1810, o mestre voltou-se para o público feminino declarando viver de "ensinar meninas", provavelmente a arte da música.[27]

A aprendizagem feminina também envolvia o ensino de atividades domésticas, tais como costuras, fiação, bordados e podia ser regulamentada por contratos semelhantes aos que eram feitos para os meninos. Entre as garotas atendidas pela Misericórdia de Lisboa, a aprendizagem da tecelagem foi um dos destinos, como ocorreu com a menina Maria, em 1777. Assinando um contrato de aprendizagem, uma mulher casada levou a exposta: "(...) por três anos para sustentar, educar, vestir e ensinar o ofício de tecedeira..."[28]

Na cidade de São Paulo, também existiu um sistema de aprendizagem feminina. Havia mulheres como Maria de Freitas (82), parda, casada com marido ausente, proprietária de quatro escravos que "ensina meninas, renda e costuras", em 1804. No recenseamento de 1814, Maria (91), viúva, continuou sendo classificada como "mestra de meninas", acolhendo em seu domicílio uma agregada de dois anos. Esse tipo de ensinamento também foi transmitido por Ana Maria Oliveira (41), branca e solteira, em 1807. Ao lado da irmã e três escravos, Ana "vivia de rendas e costuras e de ensinar meninas". O ensino da costura podia favorecer a convivência com as discípulas, pois Ana agregava duas garotas de doze anos e uma de onze. Sendo a costura "tudo o que uma mulher deve saber", conforme as declarações de inúmeros tutores em suas prestações de contas, os ensinamentos de Maria, Ana e outras mestras, deviam ser bem requisitados por mães, pais ou responsáveis pelo futuro das meninas paulistanas.[29]

Portanto, a aprendizagem de ofícios também favoreceu a circulação de crianças e jovens na cidade de São Paulo contribuindo para a continuidade da prática da incorporação de filhos alheios. O caso acima da mestra Ana Maria Oliveira nos mostra que a condição de aprendiz podia ser ofuscada pela classificação de agregada ou agregado.

De fato, entre as 1.130 crianças e jovens maiores de sete anos acolhidos pelos moradores de São Paulo, entre 1765 e 1822, a maior parte foi incorporada na condição de agregado: 67,5% (763). A categoria de agregado adquiriu um caráter extremamente genérico e podia contemplar todos os outros grupos de crianças e jovens identificados nas listas nominativas. Ser identificado como agregado podia significar a existência de relações econômicas, parentais ou de assistência entre o acolhido e o acolhedor, as quais podiam ser reveladas dependendo da maneira como a lista nominativa era elaborada: em alguns anos com maiores detalhes em outras menos. A menina branca Ana Rosa (6), por exemplo, foi identificada pela primeira vez, em 1804, na condição de agregada ao domicílio da Maria Angélica Silva. Classificação que se repetiu em 1807 e 1810. Quatro anos depois, Anna Rosa (16) foi identificada como exposta no mesmo domicílio permanecendo nessa categoria em 1816 e 1818. Em 1822, aos 21 anos, ela foi declarada afilhada de Maria Angélica. Além de indicar que as crianças e jovens circulavam não somente entre os domicílios mas entre diferentes classificações, o caso de Ana Rosa nos mostra que a condição de agregado era bastante genérica e facilmente encobria relações de parentesco, compadrio ou assistência.[30]

Entre os estudiosos brasileiros, o "agregado" foi analisado, sobretudo, relacionado ao trabalho e à subordinação política. Simbolizando uma reserva de mão-de-obra aos grandes proprietários de terra ou engrossando os grupos de "desclassificados sociais", ele foi considerado: "(...) em geral pobre e, em troca de serviços, recebia alimento, vestuário e casa com uma certa indulgência." Destacando-se o viés econômico, foram enfatizados os laços de dependência que uniam os agregados aos agregadores em detrimento de quaisquer outros relacionamentos existentes. Apesar disso, em alguns estudos mais detalhados, demonstrou-se a diversidade da agregação que também foi urbana e envolveu parentes ou estranhos, às vezes com o mesmo nível social que os agregadores.[31]

Os aspectos econômicos da agregação guardavam semelhanças à prática da criadagem e da soldada que se encontrava regulamentada na legislação do período. Existindo diferenças de tratamento e pagamento de acordo com o tipo de criadagem, as leis estabeleciam que: "(...) aos moços, ou moças pequenos, menores de sete anos não se julgará soldada alguma; porque a criação, que se neles faz, lhes deve ficar por satisfação de qualquer serviço que façam". Embora as crianças maiores de sete anos devessem receber pagamentos pelas atividades desempenhadas de acordo com suas capacidades físicas, os órfãos acabavam tendo disposições legislativas específicas, sendo que os expostos recebiam o mesmo tratamento oferecido a eles. Nos casos em que eles tivessem sido criados gratuitamente até aos sete anos, os acolhedores podiam comutar as soldadas em alimentação, vestuário e educação por um período equivalente ao da criação gratuita. Em 1814, um alvará régio postergou os pagamentos até que os órfãos e expostos criados gratuitamente atingissem os dezesseis anos, caso os acolhedores os tivessem ensinado a ler e escrever. Portanto, ainda que a servidão tivesse sido legalmente abolida desde o século XIII, havia uma camada social formada por crianças e jovens provenientes do abandono, da orfandade e da pobreza que eram passíveis de se adequar aos relacionamentos característicos da troca de mão-de-obra por moradia, alimentação e vestuário.[32]

Entre os estudiosos da família europeia, a existência de "criados" ou "hóspedes" nos domicílios foi identificada em diferentes sociedades, particularmente nas áreas urbanas e no período anterior ao século XIX. Segundo Peter Laslett, a percentagem desse tipo de domicílio na Inglaterra pré-industrial nunca foi inferior a 29%, chegando a 50% em outras regiões da Europa e da América do Norte. Entre os hóspedes, e sobretudo entre os criados, havia uma proporcionalidade entre homens e mulheres, sendo predominantemente jovens abaixo de 25 anos. Especificamente em relação aos criados, a maior parte começava a trabalhar aos dez ou doze anos e servia até o casamento, ou mesmo após ele, sendo comum a presença de jovens casais entre os serviçais urbanos.[33]

Na América Portuguesa, os agregados podiam receber alimentação e moradia em troca de trabalho ocupando, também, o lugar de criados ou hóspedes. Na cidade de São Paulo, os agregados se tornaram comuns a partir do século XVIII. Em 1765, eles estavam presentes em 22,8% dos domicílios. Em 1802, esse tipo de domicilio representou 24,9% no total dos fogos da cidade. Demonstrando a diversidade do sistema de agregação e o predomínio de menores, 50,4% dos agregados, incorporados entre 1765 e 1813, eram crianças e jovens menores de 20 anos.[34]

112 Uma história social do abandono de crianças

A incorporação de filhos alheios para serem empregados como auxiliares domésticos – com pagamentos a jornal ou em troca de alimentação e moradia – foi válido para uma parcela das crianças e jovens que participou da prática do acolhimento domiciliar na cidade de São Paulo. Entre eles, havia casos de acolhimento na condição de "agregado forro", embora totalizassem apenas 24 acolhidos (2,7%) em um universo de 882 indivíduos. A proximidade com a escravidão pode ter favorecido a incorporação de algumas crianças e jovens em troca de trabalho. Em 1796, por exemplo, Catarina Francisca (76) acolheu o forro Antonio (12). Provavelmente, o menino auxiliava essa mulher em idade avançada e sem nenhum outro morador em seu lar, situado no bairro de Santana.[35]

Tal acolhimento de filhos alheios visando à obtenção de trabalho podia ser feita mediante acordos entre acolhedores e pais biológicos. No ano de 1818, o capitão José Fonseca Carvão era dono de uma loja de fazendas secas quando agregou o menino Joaquim (10) que exercia diversas tarefas, como "ir ao açougue a comprar o que era necessário". Em 1820, Joaquim se ausentou do domicílio de José que alegou ter feito um contrato verbal com a mãe do garoto. Segundo ele:

> ... alugou a Francisca Maria, preta forra, um seu filho, Joaquim o qual se achava na casa do suplicante a perto de três anos... mãe se achava paga adiantada e [José] se ausentou sem motivo algum e sem autoridade do suplicante a quem está ligado pelo ajuste e pagamento...[36]

A mãe não negou o fato de ter "alugado" o filho, mas garantiu que ele não estava em seu poder. Provavelmente, o menino foi viver em outro domicílio, auxiliado ou não por sua mãe, continuando sua experiência de circulação entre diferentes lares. Experiência que podia aproximar essas crianças e jovens de um cotidiano de escravidão, como o que foi vivido por Joaquim e por outras crianças e jovens, como foi o caso do índio Armênio de 14 anos. Em 1821, sua mãe requereu ao governador a entrega do filho que exercia a atividade de ajudante de ordens de um sargento-mor na cidade de São Paulo. Segundo ela, o sargento "(...) o conserva em seu poder só com o título de o educar, alimentar e vestir como se fora seu escravo...". Situação semelhante era vivida pela garota Rosa, de 12 anos, cuja mãe também solicitou ao governador a entrega da filha "(...) para pô-la em uma casa capaz, onde esteja com mais estimação e aprenda meios de trabalhar e granjear a sua vida honesta e decentemente e não seja reduzida a escravidão."[37]

Os atritos no processo de circulação e acolhimento das crianças e jovens provenientes das camadas mais empobrecidas ou ligadas à escravidão surgiam quando as intenções dos pais esbarravam nas atitudes dos acolhedores. Enquanto a colocação dos filhos em lares alheios era vista pelos pais como um caminho legítimo para o início da aprendizagem social, entendida como o início do trabalho e a obtenção de ganhos financeiros, uma parte dos moradores de São Paulo via no acolhimento a oportunidade de obtenção de mão-de-obra gratuita.

Apesar disso, a criação de filhos alheios na condição de agregado evidenciou situações variáveis em São Paulo colonial. Às vezes, as relações de riqueza e dependência econômica não foram, necessariamente, de acolhedor para agregado. Em 1765, Josefa Godoy (65), viúva e sem pecúlio a declarar, acolheu a agregada Joaquina Francisca (15). Apesar da pobreza de Josefa, sua agregada possuía 250.000 réis que lhe garantia uma situação econômica privilegiada em relação à acolhedora. Em outras ocasiões, o agregado foi incorporado ao domicílio para realizar seus estudos. Em 1795, Marta Camargo (60), viúva com filhos e proprietária de 29 escravos, recebeu o agregado Diogo Antonio (11), estudante e listado logo depois de seus filhos. Percebemos, então, que a incorporação dos agregados encobriu diversas situações.[38]

Na cidade de São Paulo colonial, a prática sociocultural da criação de filhos alheios foi caracterizada por uma multiplicidade de relacionamentos entre acolhedores e acolhidos. A existência e a continuidade dessa prática foi garantida, sobretudo, pela existência de redes de parentesco sanguíneo, de compadrio e de solidariedade social que forneceram apoio aos pais e mães na criação e/ou educação de seus filhos. Esse apoio se materializava na prática do "dar a criar" e do acolhimento de filhos alheios que pode ter servido como alternativa ao abandono. Sobretudo, tal prática se mostrou fundamental para a sobrevivência das crianças e jovens em localidades onde inexistia o auxílio institucional da câmara municipal ou da Roda da Misericórdia. Nem por isso, as crianças e jovens abandonados deixavam de "rodar" de casa em casa até que algum morador decidisse acolhê-los. Em São Paulo, eles dividiram essa experiência com outros grupos da população infanto-juvenil que também foram criados ou educados longe de seus pais, circulando de lar em lar. A "roda" da vida girava para todos.

114 Uma história social do abandono de crianças

Notas

1. Para a Europa, cf., especialmente, *Annales de Démographie Historique - Enfance et société*, Paris, Mouton, 1973; e *Société de Démographie Historique - Sur la population française au xviii et xix siècles*, Paris, 1973; Jean Bardet, (org.), *Enfance abandonnée et société en Europe. xive-xxe siècle, Actes du colloque.* Roma: École Française de Rome, 1991; Bronislaw Geremek, *A piedade e a forca – história da miséria e da caridade na Europa*, Lisboa: Terramar, s/d; John Boswell, *La misericórdia Ajena* (1988), Barcelona: Muchnick Ed., 1999. Para a América Portuguesa, cf.: Laura de Mello e Souza, "O senado da Câmara e as crianças expostas". In: Mary Del Priore (org.). *História da criança no Brasil.* São Paulo: Editora Contexto, 1991, p. 28-43; Renato P. Venancio, "Maternidade negada". In Mary Del Priore (org.). *História das mulheres no Brasil.* São Paulo: Ed. Contexto, 2ª ed., 1997, p. 189-222.

2. Eliane Lopes. *O revelar do pecado:* os filhos ilegítimos na São Paulo do século xviii. São Paulo, Annablume: Fapesp, 1998, p.204; Laima Mesgravis, *A Santa Casa de Misericórdia de São Paulo, 1599?-1884:* contribuição ao estudo da assistência social no Brasil. São Paulo: Conselho Estadual de Cultura, 1976, p. 112, 172; Renato P. Venancio."Crianças sem amor": o abandono de recém-nascidos na cidade de São Paulo (1760-1860), mimeo., gráfico viii, Seminário Permanente de Estudo da Família e da População no Passado Brasileiro. Baseada no direito romano, a liberdade dos enjeitados foi garantida pela legislação portuguesa. Cf. Renato P. Venancio, *Famílias abandonadas, a assistência à criança de camadas populares no Rio de Janeiro e em Salvador – séculos xviii e xix*, Campinas: Papirus, 1999, p. 35-7 e 83. Para uma comparação em torno das percentagens de batismo de enjeitados no Brasil dos séculos xviii e xix, cf.: Maria L. Marcílio. *História social da criança abandonada.* São Paulo: Hucitec, 1998, p. 232-3.

3. Cf.: Maria L. Marcílio, *A cidade de São Paulo – povoamento e população, 1750-1850*, São Paulo, Ed. Pioneira, p. 174; Renato Pinto Venâncio, *Crianças sem Amor: o abandono de recém-nascidos na cidade de São Paulo (1760-1860), mimeo.*, In: Seminário Permanente de Estudos da família e da população no passado brasileiro, p. 8. Na região norte-fluminense de Campos dos Goitacases, as taxas de mortalidade entre as crianças enjeitadas eram semelhantes às de São Paulo atingindo 38,0% dos batizados (1766-1768). Cf. Sheila C. Faria. *A colônia em movimento:* fortuna e família no cotidiano colonial. Rio de Janeiro: Nova Fronteira, 1998, p. 84. Entre os expostos atendidos pela Roda de Salvador, as taxas de mortalidade também eram elevadas: entre 1781 e 1820, cerca de 330 em cada 1.000 crianças expostas chegavam aos sete anos de idade. Cf. Renato Pinto Venancio. *Famílias Abandonadas: a assistência à criança de camadas populares no Rio de Janeiro e em Salvador – séculos xviii e xix.* Campinas: Papirus, 1999, p. 108. Situação semelhante ocorria na

Europa. Em Portugal, a mortalidade na Roda do Porto atingiu seu pico em 1706, quando 60% das crianças entradas vivas faleceram no interior da Casa. Declinando a partir do ano de 1713, as percentagens conservaram-se abaixo de 15% até meados da década de 1760, quando voltaram a subir atingindo os 30,0% no ano de 1790. Cf. Isabel G. Sá. *A circulação de crianças na Europa do sul:* o caso dos expostos do Porto no século XVIII. Lisboa: Fundação Calouste Gulbenkian, 1995, p. 166-171. Embora fossem altíssimas entre os expostos, as taxas de mortalidade eram elevadas para todas as crianças, quiçá para a população em geral que apresentava expectativas de vida bastante baixas. No norte-fluminense, por exemplo, Sheila C. Faria, *A Colônia em Movimento: fortuna e família no cotidiano colonial.* Rio de Janeiro: Nova Fronteira, 1998, p. 84, identificou índices de óbitos semelhantes entre as crianças legítimas e as expostas: 36,4% e 38,0%, respectivamente, sendo que para as ilegítimas as percentagens eram menores: 24,0% (1766-8).

4. Renato P. Venancio. "Infância e pobreza no Rio de Janeiro, 1750-1808". In: *História, questões e debates,* Curitiba, nº 36, 2002, p. 139 e *"Crianças sem amor": o abandono de recém-nascidos na cidade de São Paulo (1760-1860), mimeo.*, p. 5.

5. Arquivo do Estado de São Paulo (a partir daqui: Aesp), Juízo de Órfãos, CO 550, Inventário de D. Maria Leite de Barros/1772.

6. As *Ordenações Filipinas* previam a emancipação jurídica pela idade (25 anos), pelo casamento (para rapazes maiores de catorze e moças maiores de doze) ou por meio de graça real, com exceção dos expostos que se emancipavam aos 20 anos. Cf. *Ordenações Filipinas,* Lisboa: Fundação C. Gulbenkian, 1985 (reimpressão fac-similiar de 1870), Livro 1, tit. 88, § 19-21 e 27; Alvará de 31/1/1775 in *Coleção da legislação portuguesa (1775-1790),* Available from World Wide Web:<http://www.iuslusitaniae.fcsh.unl.pt. Em nossa pesquisa, utilizamos as listas nominativas de São Paulo para identificar a presença de crianças e jovens menores de 25 anos que não eram filhos dos chefes dos domicílios, de condição social livre, solteiro e sem filhos resultando nas classificações citadas. Quando a categoria "agregado" vinha acompanhada de informações complementares, por exemplo: "agregado sobrinho", desconsideramos a condição de agregado. Além disso, descartamos os casos em que havia qualquer outro "agregado" maior de 25 anos, o qual podia ter relações de parentesco com o acolhido, não especificadas nas listas: mãe/pai/tios/avós. Por razões semelhantes, descartamos os domicílios em que os "sobrinhos" apareciam ao lado do pai ou da mãe. Por meio de tais procedimentos, procuramos enriquecer nossa análise e não descaracterizar a prática do acolhimento domiciliar e da criação de filhos alheios que estávamos tentando identificar, a qual pressupunha a separação entre pais biológicos e filhos.

7. Procuramos realizar um levantamento decenal nas listas nominativas existentes para o período. Contudo, nem sempre isso foi possível. Em primeiro lugar, nos deparamos

116   Uma história social do abandono de crianças

com lacunas decenais provocadas pela ausência de listas ou pelo péssimo estado de conservação. Em segundo lugar, devemos lembrar que os critérios de elaboração dessas fontes nem sempre eram objetivos e absolutos. Dependendo do maior ou menor rigor adotado pelo recenseados, as listas apresentavam dados mais completos ou, inversamente, sub-registros com sumárias declarações de nome e idade dos moradores de cada domicílio, sem qualquer especificação das relações existentes entre eles e o chefe do fogo. Portanto, foi necessária uma metodologia de aproximação decenal, conforme pode ser visto na legenda da tabela 1.

8. Claudia Fonseca "Valeur marchand, amour maternel et survie: Aspects de la circulation des enfants dans un bidonville brésilien". In: *Annales: economies, sociétés et civilisations*, ano 4, n. 5, 1985, p. 991-1022; *Caminhos da adoção,* São Paulo: Cortez, 1995, que reuniu artigos publicados ao longo dos anos 80. Jack Goody foi o primeiro antropólogo a diferenciar as formas de incorporação das crianças e jovens em circulação: a *fosterage* (informal e sem perda da identidade biológica original) e *adoption* (legalizada e, na maioria das sociedades, com desconhecimento da origem biológica). Cf. "Adoption in Cross-cultural perspective". In *Comparative studies in society and history*, vol. 11, 1969, p. 55-78. A antropóloga Suzanne Lallemand destacou a ligação entre circulação de crianças e relações contratuais entre adultos, particularmente o casamento que determinava a frequência e a forma como as crianças e jovens circulavam, atuando, inclusive, nas diferenciações entre "fosterage" e "adoption". Cf. "Adoption, fosterage et alliance". In: *Anthropologie et sociètès*, vol. 12, n. 2, 1988, p. 26, 28, 31-33 ; *La circulation des enfants en sociètè traditionnelle*: prêt, don, échange. Paris: Harmattan, 1993.

9. Marcia M. P. Serra. "O Brasil de muitas mães: aspectos demográficos da circulação de crianças". IFCH, Unicamp, 2003, p. 3 e 6. Tese de doutorado sob orientação da Profª Drª Maria Coleta F. Albino de Oliveira, IFCH, Unicamp, 2003, p.. 3 e 6. Os meninos "de rua" são os que moram nas ruas indefinidamente enquanto que os meninos "na rua" são aqueles que trabalham nas ruas e retornam às famílias ao final do dia. Cf. M.M.M. Campos. "Infância abandonada: o piedoso disfarce do trabalho precoce". In: José S. Martins (coord.). *O massacre dos inocentes:* a criança sem infância no Brasil. São Paulo: Hucitec, 1991; Maria F. Gregori. *Viração:* experiências de meninos nas ruas. São Paulo: Cia Letras, 2000. Cf. também: Esmeralda B. B. Moura. "Meninos e meninas na rua: impasse e dissonância na construção da identidade da criança e do adolescente na República Velha". In: *Revista Brasileira de História*, vol. 19, n. 37, 1999, p. 85-102. Para a antropóloga Maria Motta-Maués, a circulação de crianças no Brasil atual não se restringe às camadas populares. Cf. "Na casa da mãe/na casa do pai: Anotações (de uma antropóloga e avó) em torno da circulação de crianças". In: *Rev. Antropol.* [online]. July/Dec. 2004, vol. 47, n. 2, p. 427-452. Available from World Wide Web:<http://www.scielo.br/scielo.

10. Maria L. Marcílio. *História Social da Criança Abandonada*, São Paulo: Hucitec, 1998, p. 135-6.
11. Antonio Candido, (1951). "The Brazilian Family". In: T. Lynn Smith; Alexander Marchant (org.). *Portrait of half a continent*. Connecticut: GreenWood Press Publishers, 1972, p. 301.
12. Philippe Ariès. *História social da criança e da família*, 2ª ed., trad. Dora Flaksman. Rio de Janeiro: Editora LTC, 1981, prefácio, capítulos 1 e 2 (parte 1) e capítulos 4 (parte 2). No capítulo 1, parte 1, Ariès discorre sobre o conceito de infância nas sociedades do Antigo Regime, o qual não era delimitado apenas por critérios de idade, mas se complementava com o desempenho de funções sociais. Na América Portuguesa, a definição de infância perpassava critérios etários, sexuais e de origem social. Para Kátia Mattoso, "O filho da escrava". In: Mary Del Priore, *História da criança no Brasil*, São Paulo: Editora Contexto, 1991., p. 76-97, a infância dos escravos era dividida em duas etapas: do zero aos sete anos, quando desempenhavam pequenas atividades domésticas ou rurais, e dos oito aos doze anos quando aperfeiçoavam suas funções econômicas. A partir dessa idade, ingressavam no mundo do trabalho como qualquer outro cativo adulto. Para Renato Pinto Venancio, *Famílias Famílias Abandonadas, a Assistência à criança de camadas populares no Rio de Janeiro e em Salvador – séculos XVIII e XIX*, Campinas: Papirus, 1999, p. 22-3, a ambiguidade em torno do conceito de infância na sociedade luso-brasileira contribuía para que existissem diferentes limites etários para a criação mercenária mantida pelas instituições: um ano e meio, três ou sete anos. Essa mesma ambiguidade admitia diferenças sexuais quanto às permissões ao matrimônio (doze anos para as garotas e catorze para os rapazes), ao mesmo tempo em que não estabelecia qualquer distinção em relação à administração de bens (todos deviam ser maiores de 25 anos). Para Maria B. Nizza da Silva. *Sistema de casamento no Brasil colonial*.São Paulo: T. A. Queiroz, 1984, p 174; *História da família no Brasil colonial*. Rio de Janeiro: Nova Fronteira, 1998, p. 20-1, a vida infantil era dividida, genericamente, em duas fases: o período do aleitamento e da criação (0-3 anos) e o da educação (3-7 anos). Marcílio, *História Social da Criança Abandonada*, São Paulo: Hucitec, 1998, capítulos 2 e 3 (parte 3) e especialmente p 277, estende a fase da educação até aos doze anos.
13. Aesp, Requerimentos sobre dívidas, heranças, queixas, relaxações de prisões e licenças, ordem 342, caixa 93-A, Maço 93, Pasta 3, doc. 93-3-17, data 1816. (a partir daqui: Requerimentos...). Sobre as amas cativas, cf: E. K. C. Magalhães e S. M. Giacomini. "A escrava ama-de-leite: anjo ou demônio". In: C. Barroso e Adelina D. Costa (org). *Mulher, mulheres*, 1983. Nas instituições, as amas eram mulheres livres. Cf. A. J. R. Russel Wood. *Fidalgos e filantropos*. A Santa Casa de Misericórdia da Bahia, *1550-1755*, Brasília: UnB, 1981, p. 248-9; Renato P. Venancio, *Famílias Abandonadas, a Assistência à criança de camadas populares no Rio de Janeiro e em Salvador – séculos XVIII e XIX*, Campinas:

118 Uma história social do abandono de crianças

Papirus, 1999, p. 60-70. Até o século XIX, as técnicas de amamentação artificial eram pouco eficientes e se resumiam a utilização de bules, colheres, bonecas ou pedaços de pano embebidos em leite animal. Cf.: José Pinheiro de Freitas Soares, *Memórias sobre a preferência do leite de vacas ao leite de cabras para o sustento das crianças, principalmente nas grandes Casas de Expostos...*, Lisboa, Academia Real das Ciências, 1812. Em 1827, as crianças da Roda de São Paulo eram atendidas por amas-de-leite mercenárias, mas os administradores propunham a substituição pelo leite animal "tão logo fosse possível". Cf.: Arquivo Nacional do Rio de Janeiro, Correspondência dos governadores de São Paulo com o Ministro do Império/1828, doc. 10, caixa 364, "Regimento para a Casa dos Expostos da Imperial cidade de São Paulo", art. 9.

14. As *Ordenações Filipinas, op. cit.*, Livro 1, tit. 88, § 10 e Livro 4, tit. 99, § 1 e 3, previam a amamentação até os três anos de idade. Embora pudesse variar regionalmente, esse tempo foi seguido pela maior parte das instituições de auxílio aos expostos e órfãos pobres, pelo menos até 1775 quando um alvará régio estabeleceu o tempo limite de um ano e meio, de maneira semelhante ao que era praticado na cidade de São Paulo colonial. Cf. Alvará de 31/1/1775, *op. cit.*

15. Carlos A. P. Bacellar. "Família e sociedade em uma economia de abastecimento interno (Sorocaba, séculos XVIII e XIX)". São Paulo: Universidade de São Paulo. , 1994, p. 200, 338-41. Tese de doutorado sob orientação da Profª Drª Maria L. Marcílio, USP. Entre as páginas 344 e 347, o autor demonstra a existência de domicílios que receberam expostos recém-nascidos continuadamente, podendo indicar a presença de uma ama-de-leite profissional. Para Portugal, cf. Maria F. Reis. *Os expostos em Santarém – ação social da Misericórdia (1691-1710)*, Lisboa: Edição Cosmos, 2001, p. 111; Maria L. F. Gouveia. "O hospital real dos Expostos de Lisboa (1786-1790). Aspectos Sociais e Demográficos". Lisboa: Universidade de Lisboa, 2001, Dissertação de mestrado, p. 131.

16. AESP, Maços de População, Capital, 1765, nº 766; *idem*, Santana, 1782, nº 96; *ibidem*, Capital, 1783, nº 615; *ibidem*, Capital, 1804, 3ª cia, nº 18. O número entre parênteses indica a idade de cada pessoa. A incorporação de bebês externos também podia contribuir para a continuidade do período de aleitamento e, consequentemente, para a manutenção de métodos contraceptivos tradicionais, ainda que alguns autores enfatizem a pouca eficácia ou a inexistência dessas práticas nas sociedades antigas. Cf. Edward Shorter, *A formação da família moderna,*.Terramar: Lisboa, s/d., p. 92-6; "Female emancipation, birth control and fertility in European history". In: *American Historical Review,* vol. 78, nº 3, 1973, p. 605-40, Peter T. Marcy. "Factor affecting the fecundity and fertility of historical populations: review." In: *Journal of Family History*, vol. 6, 1981, p. 309-326.

17. Nas instituições de auxílio à infância desvalida, o pagamento terminava quando a criança atingia os sete anos. A partir de então, elas eram enviadas para diferentes lares onde

iniciavam o exercício de atividades diversas em troca de alimentação, vestuário e educação até que atingissem os doze anos quando passavam a receber soldadas. Cf. *Ordenações Filipinas, op. cit.*, Livro 1, tit. 38, § 10, 11 e nota; Alvará de 31/1/1775, *op. cit.*

18. AESP: Requerimentos..., ordem 342, caixa 93-A, Maço 93, Pasta 4, doc. 1, data 1819; *Constituições Primeiras do Arcebispado da Bahia*, (1719), Lisboa: Typographia Dois de Dezembro, 1853, tit. 15, § 60; tit. 18, § 64-65; tit. 20, § 73. Sobre as obrigações paternas e maternas, Cf. *Ordenações Filipinas, op. cit.*, Livro 1, tit. 88, § 10-1; *idem*, Livro 4, tit. 12; tit. 97; tit. 99, § 1-3. Sobre a importância social do compadrio, Cf. Stuart Schwartz; Stephen Gudeman. "Purgando o pecado original: compadrio e batismo de escravos na Bahia no século XVIII" In: João J. Reis (org.). *Escravidão e invenção da liberdade:* estudos sobre o negro no Brasil. São Paulo: Brasiliense, 1988; Stuart Schwartz, *Slaves, peasants and rebels:* reconsidering Brazilian slavery, Urbana: University Illinois Press, 1992, especialmente o capítulo 5.

19. AESP, Maços de População, Capital, 1783, nºs 225 e 550; *idem*, 1804, 1ª cia, nº 413; *ibidem*, 1807, 1ª cia, nº 118; *ibidem*, 1818, 5ª cia, nº 16.

20. AESP: Maços de População, Capital, 1804, 1ª cia, nº 335; Juízo de Órfãos, CO 548, caixa 71, Inventário de Gertrudes Maria do Espírito Santo/1771, fl. 15 v. e CO 558, caixa 81, Inventário de Tereza Maria de Mattos/1785.

21. Entre os expostos enviados pela Misericórdia de Lisboa para a aprendizagem de ofícios, a média de idade situou-se em 11,9 anos (1789-90). Cf. Maria L. F. Gouveia, "O hospital real dos Expostos de Lisboa", *op. cit.*, p. 80-81. No Rio de Janeiro e em Salvador, os enjeitados deviam ter entre sete e doze anos e eram enviados, sobretudo, para a aprendizagem de ofícios nos Arsenais da Marinha. Cf. Renato Pinto Venancio. *Famílias Abandonadas. Op. cit.*, p. 149-51.

22. AESP, Maços de População, Capital, 1807, 1ª cia, nºs 227, 307 e 470.

23. Renato Pinto Venâncio. *Famílias Famílias Abandonadas, a Assistência à criança de camadas populares no Rio de Janeiro e em Salvador – séculos XVIII e XIX*, Campinas: Papirus, 1999., p. 149-51. *Ordenações Filipinas. Op. cit.*, Livro 1, tit. 88, § 11-16; *idem*, Livro 4, p. 1067 (Alvará de 24/10/1814, § 6); Alvará de 31/1/1775, § 3 e 8, *op. cit.* Entre os expostos da Misericórdia de Lisboa enviados para a aprendizagem de ofícios, o setor de serviços (sapateiros, alfaiates, chapeleiros etc.) concentrou 42% dos meninos, predominantemente junto aos mestres de sapataria (31,5% do total). Cf. Maria L. F. Gouveia, "O hospital real dos Expostos de Lisboa (1786-1790). Aspectos Sociais e Demográficos", dissertação de mestrado, Universidade de Lisboa, 2001, p. 80-2.

24. AESP: Requerimentos..., CO 340, caixa 92-A, pasta 2, doc. 24, data 1786; "Lista da Companhia da ordenança desta cidade de São Paulo-1772". In: *Revista do IHGSP*, vol. XXXIV, São Paulo, edição do IHGSP, 1938, p. 505-26. Sobre os ofícios em São Paulo, cf.: Elisabeth Rabello. *As elites na sociedade paulista na segunda metade do século XVIII.* São Paulo: Ed. Safady, 1980; "Ofícios Mecânicos na São Paulo da segunda metade

do século XVIII". In: *Revista de História*, nº 55, vol. 112; Maria H. Flexor. "O trabalho livre em São Paulo – século XVIII". São Paulo: USP, 1984, vol II. Tese de doutorado sob orientação do Prof. Dr. Eduardo França.

25. AESP: Segundo Cartório de Notas da Capital, Livro de Registros de Testamentos nº 1, fl 18, Testamento e Codicilo de Domingos Teixeira da Cruz/1767 e 1769. Para o século XVII paulista, esse costume de enviar os filhos ilegítimos para o aprendizado de ofícios foi identificado por Deborah Leanza. "Entre a norma e o desejo: os filhos ilegítimos na sucessão patrimonial (Vilas de São Paulo e Santana de Parnaíba – séc. XVII)". Campinas: Unicamp, 2000, p. 167-8. Dissertação de mestrado sob orientação da Prof.ª Drª Leila M. Algranti.

26. AESP, Juízo de Órfãos, CO 548, caixa 71, Inventário de Gertrudes Maria do Espírito Santo/1771, fl. 15.

27. "Lista da Companhia", *Op.cit.*, p. 511-2; AESP, Maços de População, Capital, 1775, nº 141; *idem*, 1804, 1ª cia, nº 148; *ibidem*, 1810, 1ª cia, nº 128.

28. Arquivo da Santa Casa de Misericórdia de Lisboa, Obrigações sem Ordenado, Livro 5, fl. 30. Apesar da possibilidade do aprendizado de ofícios, o destino mais comum entre as órfãs e expostas maiores de sete anos era o serviço doméstico. Fosse em Lisboa, no Rio de Janeiro ou em Salvador as "criadas da Misericórdia" eram empregadas por membros das camadas medianas da população recebendo pagamentos anuais após os doze anos. Cf.: Maria L. F. Gouveia, "O hospital real dos Expostos de Lisboa (1786-1790). Aspectos Sociais e Demográficos", dissertação de mestrado, Universidade de Lisboa, 2001, p. 67-9 e 80-4; Renato P. Venancio, *Famílias Famílias Abandonadas, a Assistência à criança de camadas populares no Rio de Janeiro e em Salvador – séculos XVIII e XIX*, Campinas: Papirus, 1999, *op. cit.*, p. 143-4.

29. AESP, Maços de População, Capital, 1804, 1ª cia, nº 396; *idem*, 1814, 1ª cia, nº 3; *ibidem*, 1807, 2ª cia, nº 43. Sobre as expectativas em torno das atividades femininas, a título de exemplo, temos as declarações feitas pelo tutor da garota Anna de 14 anos, em 1797: "(...) ela sabe costurar e os mais precisos a uma mulher". Cf.: AESP, Juízo de Órfãos, CO 564, Inventário de João Lopes Rodrigues Padilha/1791.

30. AESP: Maços de População, Capital, 1804, 1ª cia, nº 57; *idem*, 1807, 2ª cia, nº 94; *ibidem*, 1810, 1ª cia, nº 59; *ibidem*, 1814, 1ª cia, nº 21; *ibidem*, 1816; *ibidem*, 1818; *ibidem*, 1822, 1ª cia, nº 36.

31. Cf., entre outros: Maria S. C. Franco, *Homens livres na ordem escravocrata*. 3ª ed. São Paulo: Kairós Ed., 1983; Laura M. Souza, *Desclassificados do ouro – a pobreza mineira no século XVIII*, 2ª ed. Rio de Janeiro: Graal, 1986; Eni Mesquita Samara "O papel do agregado na região de Itu de 1780 a 1830". São Paulo: USP, 1975. Dissertação de mestrado; Alzira L.A.

Campos, "Os agregados no tempo dos capitães-generais – o exemplo da cidade de São Paulo". São Paulo: USP, 1978. Dissertação de mestrado.

32. *Ordenações Filipinas*, *Op.cit.* Livro 4, tit. 31, § 8 e nota; *idem*, Livro 1, tit. 88, § 12 e nota, § 13; Alvará de 24/10/1814, § 6. In: *idem*, Livro 4, p. 1067. Sobre a inclusão dos expostos no tratamento oferecido aos órfãos pobres, Cf. Livro 1, tit. 88, § 11 nota.

33. Peter Laslett e Richard Wall (org.). *Household and family in past time*. Londres: Cambridge University Press, 1972. Sobre outras regiões, Cf. R. Wall. "The age at leaving Home". In: *Journal of Family History*, III, 1978; J. Modell e T. K. Hareven. "Urbanization and the malleable household: an examination of boarding and lodging in American families". In: *Journal of Marriage and the Family*, XXXV, 1973.

34. Cf. Alzira Campos, "Os agregados no tempo dos capitães-generais", *op. cit.*, p. 64; Elizabeth A. Kuznesof. *Household economy and urban development: São Paulo, 1765 to 1836*. Colorado: Westview Press, 1986, p. 155-6.

35. AESP, Maços de População, Santana, 1796, nº 52. A liberdade das crianças escravas podia ocorrer por ocasião do batismo ou nos primeiros anos de vida, conforme podemos observar nas escrituras públicas de alforria registradas nos livros do segundo cartório de notas de São Paulo. Sobre as crianças cativas e libertas, Cf. Maria R. F. Neves. "Infância de faces negras: a criança escrava brasileira no século XIX". São Paulo: USP, 1993. Dissertação de mestrado sob orientação da Prof.ª Drª Maria L. Marcílio; Anna G. G. Alaniz. *Ingênuos e libertos: estratégias de sobrevivência familiar em épocas de transição 1871-1895*.Campinas: CMU-Unicamp, 1997.

36. AESP: Requerimentos..., ordem 345, pasta 2, maço L, doc. 72, data 1820 e Maços de População, Capital, 1818, 3ª cia, nº 2.

37. AESP: Requerimentos..., ordem 345, pasta 1, maço A, doc. 72, data 1821; *idem*, ordem 343, caixa 94, pasta 2, doc. 98, data 1820.

38. AESP: Maços de População, Capital, 1765, nº 42; *idem*, 1795, 2ª cia, s/nº, pg 27.

VI. *As Santas Casas da Misericórdia e a Roda dos Expostos*

Andréa da Rocha Rodrigues *

As Santas Casas da Misericórdia tiveram papel decisivo na assistência à criança abandonada tanto na Europa como no Brasil, daí a importância de se saber um pouco mais sobre sua origem e sobre o tipo de assistência que fornecia. A Santa Casa da Misericórdia foi uma irmandade que surgiu, no século XIII, em Florença. De acordo com Russell-Wood, a irmandade surgiu por iniciativa de um homem conhecido por Piero Barsi que, indignado com os palavrões proferidos pelos carregadores que atuavam em uma feira comercial desta cidade, instituiu uma caixa de multas. Estas multas foram utilizadas para comprar macas para transportar doentes e mortos da cidade, surgindo, com isso, sua primeira atividade assistencial.[1]

Em Portugal, a irmandade foi criada em 15 de agosto de 1498 e tinha como objetivo principal "proporcionar auxílio espiritual e material aos necessitados". É importante ressaltar que uma irmandade, embora tivesse como base o universo religioso, era formada por leigos que desejavam prestar serviços de caridade. E, diferentemente das corporações de ofício, seus membros não provinham de um único setor da sociedade ou de um grupo profissional específico. Os membros de uma irmandade, inicialmente em número de 100 (cem), executavam diversos serviços de

---

* Professora da Universidade Estadual de Feira de Santana – UEFS

124 Uma história social do abandono de crianças

caridade sob a supervisão de uma junta administrativa, cujo mandato terminava após um ano. As irmandades, da mesma forma, ao contrário das corporações, não possuíam um regimento controlado pela Coroa. Detentoras apenas de um Estatuto, as irmandades tinham uma maior flexibilidade de atuação.

A Santa Casa da Misericórdia, portanto, não exerceu, pelo menos até o século XX, uma assistência filantrópica e sim caritativa. Era a piedade cristã e o temor a Deus que levavam as pessoas a darem assistência aos mais necessitados, não havendo, assim, uma consciência dos problemas sociais. Segundo Souza, uma "economia de caridade" ou uma prática filantrópica, só surgiu realmente, no final do século XIX. Souza denomina de:

> [...] economia de caridade ao conjunto de ideias e práticas assistenciais privadas e públicas que atuaram entre o último quartel do século XIX e o primeiro deste século, possuindo como objetivo comum, resolver o problema social e operário. A principal característica da economia de caridade é uma associação informal entre Estado e as instituições privadas de cunho assistencial, onde as instituições públicas e privadas se aproximam e participam de um esforço comum para tentarem resolver os problemas originados da questão social e operária.[2]

A Santa Casa da Misericórdia da Bahia – fundada entre abril de 1549 e agosto de 1552 – por exemplo, tinha suas atividades caritativas financiadas através de doações e legados da população baiana. E, apesar de a Misericórdia da Bahia ter recebido patrocínio real, seus privilégios nem sempre foram respeitados, entrando em conflito com a Câmara Municipal, com o clero local e com o setor judiciário. As atividades caritativas, portanto, "eram executadas a despeito das autoridades locais"[3]. Os supostos privilégios cedidos à Irmandade da Misericórdia da Bahia fizeram parte da política promovida pelo rei de Portugal, D. Manuel, de centralização dos serviços hospitalares em uma única instituição. Na verdade, era uma política administrativa que tinha como pressuposto a transferência da responsabilidade de fornecimento de assistência social do Estado para instituições privadas, como irmandades e ordens religiosas.

O papel das Misericórdias, no entanto, não se restringiu à caridade, pois realizava serviços bancários, especificamente, emprestando dinheiro a juros. Os juros, por sua vez, eram aplicados na obras sociais. Russell-Wood salienta, contudo, que as Misericórdias sempre encontraram dificuldades para receber os juros e, muitas vezes, perdiam o capital investido. Os legados cedidos à Misericórdia eram também usados na compra de imóveis destinados a aluguel, cujos rendimentos se aplicavam em obras assistenciais.

A Misericórdia da Bahia exercia a caridade mantendo um hospital, uma casa de retiro, uma roda dos expostos, além de dar assistência aos prisioneiros e distribuir esmolas aos pobres. Esta Irmandade era composta por 100 membros que se dividiam numericamente iguais em dois grupos: "os irmãos de maior condição" e os "irmãos de menor condição", sendo que, todos, em troca da filiação, recebiam assistência financeira, médica e acompanhamento durante o funeral. O acompanhamento do enterro e o serviço de missas para alma do defunto eram, sem sombra de dúvida, os serviços mais requisitados, pelo menos até o século XVIII, pelos seus membros quando chegava a hora derradeira. Afinal, o catolicismo barroco – expressão religiosa que se caracterizava pelas manifestações externas da religiosidade, predominava na população baiana, fazendo com que a sociedade se organizasse em Irmandades com intuito de operacionalizar o fervor religioso. A pompa e a ostentação mantida em um funeral não só garantia expiação dos pecados como indicava o status do indivíduo em sociedade.[4]

Russell-Wood afirma que a política assistencial mantida pela sociedade baiana começou, a partir do século XVIII, a mudar paulatinamente. Para o autor, o fortalecimento de uma burguesia urbana na Cidade de Salvador resultou "[...] em uma maior atenção ao bem-estar público".[5] A sociedade se secularizava e, com isso, dissociava-se, gradativamente, a assistência social do objetivo predominantemente religioso. Uma maior preocupação com o social pode ser percebida através da atenção dedicada à vida das crianças expostas, que passaram a contar com a ajuda da irmandade e da população. A partir do século XVIII, as doações feitas à Irmandade unicamente para a assistência aos expostos tornou-se comum. Até então, o costume das pessoas era distribuir sua herança por várias obras de caridade.

Os expostos e a Roda da Misericórdia

O processo de urbanização das cidades europeias, entre os séculos XVI e XVIII, de certa forma intensificou o aumento do abandono de crianças indesejadas, já que, nos grandes centros urbanos, os laços de solidariedade – muito comuns em pequenas comunidades –, tendem a se romper. E, com isso, o processo de socialização das crianças que era, em parte, compartilhado por diversos membros da comunidade, passa unicamente a ser função da família. Dessa forma, qualquer

126 Uma história social do abandono de crianças

conflito familiar, seja de ordem moral seja de ordem econômica, pode levar ao abandono da criança.

No século XVIII, as expressões "criança exposta" ou "criança enjeitada" eram utilizadas no vocabulário português, ao invés de criança abandonada, para aparentemente caracterizar o abandono de crianças na primeira infância. De acordo com Venancio:

> [...] a expressão abandonada seguiu um caminho tortuoso. No século XVIII, era considerada um extravagante galicismo. Na primeira metade do século XIX, começou a fazer tímidas aparições nos textos legais, até se generalizar por volta de 1890. Contudo, a nova terminologia dizia respeito fundamentalmente às crianças infratoras, aos delinquentes, contraventores ou vadios, sendo raramente empregada para designar enjeitados e expostos dos tempos coloniais.[6]

As expressões "exposto" ou "enjeitado" foram igualmente utilizadas, no Brasil colonial, para designar crianças abandonadas. Venancio argumenta, todavia, que os termos "exposto" e "enjeitado" foram, na verdade, utilizados para representar realidades sociais diferentes. A primeira expressão era utilizada quando um recém-nascido era deixado nas ruas sem nenhum tipo de proteção, exposto a morte. Já a segunda era utilizada para representar um "abandono civilizado", ou seja, quando uma mãe deixava o seu recém-nascido em hospitais ou residências, aumentando as chances de sobrevivência da criança. Mesmo não sendo muito precisas as diferenças entre as expressões "exposto" e "enjeitado", o fato é que ambas continuaram sendo usadas em nossa sociedade, até aproximadamente as quatro primeiras décadas do século XX. Neste século, as duas expressões já coexistiam com termo abandono.

A assistência aos expostos era inicialmente feita pelos hospitais ou, na falta destes, pelo senado da Câmara. Este último se encarregava de recolher a criança exposta, registrá-la no livro de matrícula de expostos e encaminhá-la a uma ama-de-leite por um período de três anos. Após esse período, a criança era enviada a uma ama-seca que a mantinha em sua casa até aproximadamente sete anos de idade; a partir daí a criança deveria ser enviada ao Juiz dos Órfãos. Todas as despesas deveriam ficar sob a responsabilidade da Câmara. Na prática, a Câmara exercia seu papel de forma ineficiente. Nas cidades do Rio de Janeiro e Salvador, por exemplo, "[...] apesar de os senados das Câmaras locais seguirem as regras metropolitanas, jamais foram contratados funcionários encarregados de recolher os enjeitados".[7] Esta situação levou, entre 1726 e 1738, à transferência da responsabilidade pelos expostos para as Santas Casas da Misericórdia destas duas cidades. Para dar conta de tamanha responsabilidade, as Santas Casas criaram a Roda dos Expostos.

A Roda de Salvador

De acordo com Russell-Wood, a Roda dos Expostos de Salvador foi fundada pela Irmandade da Misericórdia no ano de 1726, em resposta às solicitações do arcebispo e do vice-rei. Almejava-se solucionar o problema do "abandono selvagem" e assim evitar "manchas na reputação da colonização portuguesa", além de aliviar a situação financeira da Câmara Municipal que, até então, era a única responsável pela assistência aos expostos. Segundo Marcílio, "assistir às crianças abandonadas sempre fora um serviço aceito com relutância pelas câmaras. Conseguiram estas fazer passar a lei de 1828, chamada Lei dos Municípios, por onde se abria a brecha para eximir algumas câmaras dessa sua pesada e incômoda obrigação".[8]

Após esta lei, todas as cidades que possuíssem uma Misericórdia deveriam responsabilizar a instituição pela assistência aos expostos. A partir de então, a Irmandade não contou mais com o apoio financeiro da Câmara, passando a receber ajuda da Assembleia Legislativa Provincial. Por conta disso, segundo Marcílio, "[...] estava-se oficializando a roda de expostos nas Misericórdias e colocando esta a serviço do Estado. Perdia-se, assim, o caráter caritativo da assistência, para inaugurar-se sua fase filantrópica, associando-se o público e o particular". Todavia, acreditamos que a substituição de uma esfera governamental por outra, no auxílio à criança exposta, não torna esta assistência filantrópica. A Casa da Roda manteve-se durante muito tempo fundamentada nos ideais de caridade cristã, que via na assistência ao pobre uma obra de piedade cristã e nunca algo decorrente de uma política social racional. A concepção cristã de caridade pretendia amenizar e corrigir as desigualdades sociais, mas nunca suprimi-las. A caridade envolvia a salvação dos ricos e a santificação dos pobres. Já a filantropia pregava uma assistência científica e pedagógica, capaz de manter o controle e a ordem social.

O sistema de entrada e assistência às crianças, mantido pela Roda de Salvador, era semelhante ao existente em Roma, desde 1198, e em Portugal a partir de 1543. A entrada das crianças era garantida mediante "uma caixa cilíndrica de madeira, colocada dentro de um prédio. Girava num pino colocado sob seu eixo vertical, e era repartida ao meio"[9]; a criança era deixada na caixa e o seu peso fazia tocar uma sineta do lado interno do prédio avisando a chegada do exposto. Garantia-se, dessa forma,

128 Uma história social do abandono de crianças

a clandestinidade da mãe que recorria à instituição. As crianças admitidas pelo Asilo eram enviadas a famílias adotivas que cuidavam da sua criação até a idade de três anos, mediante um pequeno pecúlio pago pela Misericórdia.

Em 1857, entraram na administração, tanto da Casa da Roda como na de um recolhimento mantido pela Irmandade, as irmãs de caridade de São Vicente de Paula. O Asilo funcionou conjuntamente ao recolhimento para moças pobres até 1858, ano em que ocorreu uma revolta neste último estabelecimento. Esta revolta fez com que a Irmandade optasse pela sua extinção. O recolhimento havia sido fundado em 1716, mediante o apoio financeiro do capitão João de Mattos Aguiar.

Posteriormente, em 11 de fevereiro de 1862, efetuou-se a compra do prédio do Campo da Pólvora pela referida congregação, e "foi a Mesa administrativa autorisada a fazer a passagem dos Expostos e das recolhidas de menos de 16 annos à medida que se ião adquirindo móveis e roupas, instalando por fim o Asylo no dia 29 de junho do mesmo anno de 1862". As irmãs trataram logo de impor ordem ao estabelecimento, pondo em prática: "os acctos religiosos, o ensino, o trabalho, a ordem interior e a pari passu procuravam extirpar os abusos que mais envergonhavam, como fossem a freqüência das Janellas, etc".[10] A congregação de S. Vicente de Paula foi chamada para estabelecer, entre os expostos e as antigas recolhidas, uma educação rígida e disciplinar, através do ensino religioso e do trabalho. Em 1883, com o auxílio financeiro do Comendador Pereira Marinho, construiu-se, no fundo do Asilo, um prédio para a criação dos expostos ali abrigados, eliminando, em parte, a dependência de amas externas.

Desde 1863, o Asilo dos Expostos contava com um regulamento que vigorou até o ano de 1914, quando foi substituído. A maioria das determinações presentes no primeiro regulamento manteve-se no segundo. De acordo com esses regulamentos, a direção do Asilo competia ao Mordomo, enquanto a fiscalização e manutenção da ordem e da disciplina cabiam à Superiora. O cargo de Superiora, até 1914, foi sempre ocupado por uma irmã da Caridade. A partir daquele ano, denotando mudanças substanciais no caráter assistencial da instituição, a função passou a ser ocupada por educadores. Mas, apesar das mudanças, a admissão da criança permaneceu condicionada à Roda até o ano de 1934.

Em ata de 25 de julho de 1934, a Santa Casa da Misericórdia aprovou a instalação do "escritório aberto" ou "escritório de admissão" e, em seguida, o seu regulamento. De acordo com o regulamento estabelecido, o escritório deveria funcionar em conjunto com a Roda. Declarava o provedor: "Em cumprimento deliberado pela Junta da Santa

Casa da Misericórdia, será instalado no asylo dos Expostos, a título de Experiência, conjuntamente com a Roda, o Escritório de Admissão".[11]

Com a instalação do "escritório aberto" mudanças radicais ocorreram no sistema de admissão dos infantes. Estes, que antes entravam mediante o expediente da clandestinidade, passaram a ter o seu acolhimento condicionado à disposição que seus familiares e/ou acompanhantes tinham em informar sobre as causas do abandono, bem como o nome e registro de nascimento da criança. Tal peculiaridade, por si só, tornava a Roda inoperante. O artigo 7 do regulamento dava aos responsáveis pela criança o direito de manterem-se em silêncio. Entretanto, acreditamos que, uma vez em embate direto com os administradores, tornava-se muito difícil para essas pessoas sonegar informações.

A extinção da Roda sempre causou, entre os membros da Irmandade, o receio de que toda a população pobre encaminhasse suas crianças para o Asilo, sobrecarregando a instituição. Este temor levou à criação do artigo 9, que buscava regulamentar a idade permitida para o acesso da criança: "[...] será admittido a criança que tiver menos de seis mezes e, portanto, em condições de passar pela roda".[12]

Não sendo suficiente esta limitação, promulgaram o artigo 10, cujo objetivo era especificar as medidas de peso e altura permitidas: "Para que se torne realmente effetiva a parte final do art. anterior seja qual for a idade declarada, a encarregada só aceitará a criança se pela verificação biológica, tiver ella: Peso maximo- 7,100 grs. Tamanho maximo- 60 cm".

Em paralelo a isso, a aceitação das crianças estava condicionada à situação econômica do Asilo e à sua capacidade de lotação. Assim, se com o funcionamento exclusivo da Roda algumas crianças penetravam no asilo mesmo tendo mais de sete anos, idade limite usada para definir um exposto, com o novo sistema isto se tornou impraticável. A modernização do Asilo, efetuada através de modificações no sistema de admissão, possibilitou o oferecimento de uma assistência mais eficiente, porém, paralelamente, restringiu o alcance social. A filantropia e não a caridade guiava os passos dos administradores da instituição. A partir desta data, a assistência filantrópica da Misericórdia procurou selecionar os seus assistidos.

A Roda tornou-se inoperante a partir de 1934 e, em 1938, nenhuma criança era mais admitida por esse sistema.[13] Por conta disto, parece ser equivocada a afirmação de Maria Luíza Marcílio de que a Roda de Salvador, juntamente com a de São Paulo, sobreviveu até a década de 1950, "sendo as últimas do gênero existentes na época em todo o mundo ocidental".[14] A ata de 1934, expedida pela Mesa, o regulamento do escritório aberto, os livros de registro de entrada das crianças e as informações contidas nas gazetas médicas confirmam o ano de 1934 como a data de implantação do sistema de "escritório aberto" e da sua saída de operação.

Perfil e destinos das crianças expostas

Para que possamos ter um perfil social das crianças expostas na Roda, faz-se necessário investigar as motivações que levavam uma mãe a abandonar o filho e, consequentemente, avaliar a estrutura familiar desta criança. Estas informações são obtidas através dos registros de entrada dos expostos, que vinham geralmente acompanhados de pequenos bilhetes explicativos. Algumas crianças traziam também um pequeno enxoval e objetos que expressavam a religiosidade da família. Russell-Wood aponta, para o século XVIII, dois motivos para o abandono de crianças na Roda: um de ordem econômica e outro de ordem social. Segundo este autor:

> Grande parte da população da Bahia vivia em nível de subsistência. Muitos brancos preferiam viver na pobreza do que dedicar-se aos trabalhos manuais, que consideravam digno apenas de escravos. As pessoas de cor não tinham tais preocupações: era fácil encontrar emprego, mas os salários eram baixos. O acréscimo de uma criança colocava pressões impossíveis sobre os parcos recursos financeiros.[15]

Assim, a pobreza das famílias associada muitas vezes com o abandono do lar pelo marido, obrigava muitas mulheres, entre os séculos XVIII e XIX, a deixarem seus rebentos na Roda. De acordo ainda com este autor, as crianças expostas por motivos econômicos eram geralmente legítimas.

A ilegitimidade da criança e a honra da mulher eram as motivações sociais para o abandono. É importante ressaltar, porém, que uma criança ilegítima nem sempre era resultado de um lar pobre ou de uma mãe escrava. Afinal, "[...] a honra das moças brancas tinha de ser preservada a qualquer custo. O estigma de desonra ligado à mãe solteira era infinitamente mais forte do que o estigma de ilegitimidade que o filho teria de suportar".[16]

O historiador Renato Pinto Venancio, após salientar que é praticamente impossível estabelecer uma única origem aos expostos, concorda em parte com Russell-Wood sobre a ilegitimidade ter sido, entre os séculos XVIII e XIX, um fator importante no abandono. Afirma Venancio:

Com efeito, alguns bilhetes deixados com as crianças também sugerem que o abandono era uma maneira de encobrir nascimentos ilegítimos. Além disso, administradores, juristas, médicos ou simplesmente viajantes curiosos afirmaram que a instituição cumpria o papel: 'acreditava-se que o anonimato dos pais do enjeitado propiciava a licenciosidade e a irresponsabilidade pelo fruto dos seus prazeres'. Não há dúvida de que, no imaginário social, abandono e bastardia estivessem intimamente relacionados.[17]

Venancio acredita, todavia, que a pobreza era a causa mais plausível para o abandono e que, "o enjeitamento resultava da miséria e da indigência e não da condenação moral aos amores extramatrimoniais". Afinal, de acordo com este autor, a figura da mãe solteira era bem aceita na cidade de Salvador, representando, no ano de 1855, 11% da população e um terço destas mulheres eram brancas.

O início do século XX trouxe inúmeras transformações na forma assistencial mantida pelo Asilo de Nossa Senhora Misericórdia; apesar disso, não houve uma mudança significativa no padrão de abandono. Vejamos, então, mais detalhadamente o quadro de assistência do Asilo no início deste século.

Razões do abandono

Se fizéssemos um questionamento sobre as razões da exposição de crianças na Roda dos Expostos de Salvador, nas quatro primeiras décadas republicanas, que resposta teríamos? Para alguns provedores, a falta de sentimentos, o estado de pobreza dos envolvidos e a prática de infanticídio foram fatores que motivaram, profundamente, o abandono de crianças recém-nascidas na Roda. O provedor Theodoro Teixeira Gomes, por exemplo, acreditava ser sua missão "receber os infelizes desherdados da sorte, que a impiedade de uns, a miseria de outros, e quantas vezes o crime de alguns alli vae, tarde da noite, levar, sem o necessario conchego, e quando ainda são precisos aos innocentes os primeiros cuidados maternos".[18] Mas é preciso ultrapassar o estágio da mera suposição, do qual faziam parte as declarações dos provedores. Para tanto, selecionamos os motivos apresentados com mais

132 Uma história social do abandono de crianças

frequência pelas mães e/ou responsáveis pelas crianças, no momento do abandono. Tais informações foram encontradas em bilhetes, cartas e declarações verbais que acompanharam as crianças no momento da exposição, entre 1900 e 1940. Com a ressalva de que, como dissemos, a partir de 1934, com a instalação do "escritório de admissão", todas as crianças foram, obrigatoriamente, identificadas.

O costume de deixar cartas e bilhetes com as crianças expostas, possibilitando assim o mínimo de conhecimento sobre elas, aliado ao hábito da instituição de registrar fidedignamente tais dados, permaneceu até 29 de setembro de 1940, quando o Asilo adotou para todas as crianças um modelo único de registro de dados. Um exemplo deste último é o registro de entrada da menina Valdete de Almeida:

> Nome da creança : Valdete de Almeida
> Local de Nascimento - Matta de São João
> Data de Nascimento - 17 de julho de 1932
> Baptisou-se na Matta de S. João em 1º de Novembro de 1932 - Sendo seus padrinhos José Alexandre e Maria Alexandre sua esposa.
> Nome dos paes - João Baptista de Almeida (fal) e Ermita de Almeida
> Categoria - Lavadeira
> Residente - Avenida Formosa nº 5
> *Idade - 27 annos*[19]

Sobre o caso de Valdete, cabe salientar que esta só conseguiu ser assistida pela instituição devido a "ser sua mãe empregada da casa há muito tempo e de muito bom procedimento", haja vista que estava com idade superior à admitida (aceitava-se, segundo o regulamento do escritório, crianças até seis meses de vida). Vê-se aqui a instituição burlando o seu regulamento. Rompendo, igualmente, suas próprias regras, o Asilo aceitou uma menina de 8 anos, Raymunda Rosa da Cruz, egressa do Hospital Santa Isabel, porque encontrava-se desamparada[20]. Dulcinéia e Dulcelina também entraram no Asilo após a idade permitida, ambas com nove anos e seis meses. Para cumprir uma regra, a permanência dos asilados somente até a maioridade, a instituição realizou uma permuta com o Asilo de Mendicidade, enviando para lá oito pessoas cuja idade não permitia permanecer no Asilo, recebendo em troca estas duas meninas.[21]

Na tabela e gráfico abaixo podemos verificar que 79,8% das crianças expostas tinham entre 0 a um ano de idade quando admitidas, sendo que, destas, 29,0% tinham menos de um mês de vida. De fato, 99% das crianças entraram quando ainda estavam na primeira infância, ou seja, entre 0 a sete anos. A maior parte era separada das mães numa idade tão tenra que não tinha condições de guardar qualquer tipo de lembrança. Isto, no entanto, não impedia que as mães se sentissem no direito de resgatá-las.

Tabela 1 - Idade de entrada de expostos na Santa Casa da Misericórdia de Salvador (1900-1940)

Idade de entrada	Nº	%
0 a 12 meses	3.009	79,8
13 a 24 meses	368	9,8
25 a 36 meses	137	3,6
37 a 48 meses	70	1,9
49 a 60 meses	56	1,5
61 a 72 meses	63	1,7
73 a 84 meses	29	0,8
85 a 96 meses	29	0,8
97 a 108 meses	6	0,2
109 a 125 meses	6	0,2
Total	3.773	100

FONTE: Livro de registro de entrada de expostos do asilo de Nossa Senhora da Misericórdia 1900 a 1940

O reencontro entre mães e filhos foi facilitado depois que o Asilo impôs, para aceitação da criança, a passagem desta pelo "escritório de admissão". O estabelecimento de um padrão único de registro de dados possibilitou um mínimo de informações sobre as crianças admitidas. Mas, se a uniformização do registro serviu para facilitar o contato entre crianças e parentes, para o historiador ficou mais difícil resgatar a trajetória de vida dessas crianças. Os dados supostamente objetivos suprimiram a fala dos envolvidos, uma via importante para se tentar compreender os sentimentos, as crenças e as ideias destas pessoas. Por este motivo, resolvemos considerar Valdete de Almeida, cujo registro foi reproduzido acima, a primeira criança a ser identificada de forma não espontânea e, com ela, interrompemos o período de estudo do Asilo da Misericórdia.

Entre 1900 a 1940, entraram no Asilo 3773 crianças. Destas, 3269 foram identificadas por cartas e bilhetes, o que equivale a 86,64 % do total de crianças expostas[22]. Todavia, somente 725 crianças tiveram seus abandonos justificados, ou seja, 19,21% dos expostos. O silêncio das mães e/ou familiares teve, por certo, motivações que desconhecemos. Inúmeras crianças abandonadas na Roda carregaram consigo um passado enigmático, jamais sabendo algo de concreto sobre seus familiares.

Para Ferreira Filho, que analisou a exposição de crianças no período de 1900 a 1926, o grande número de informações encontradas em cartas e bilhetes acerca da criança era um sinal de que as mães desejavam "burlar as proibições regulamentares da instituição, no tocante ao contato entre exposto e os parentes".[23] Mas não existia nada no regulamento republicano que proibisse o resgate das crianças recolhidas, e o regulamento anterior até previa visitas quando devidamente autorizadas pelo provedor. Desta maneira, concordamos com Venancio quando este, estudando a Roda, afirma que "no dia-a-dia, administradores e vereadores tinham atitudes flexíveis em relação à questão: quem quisesse recuperar o filho, sendo pobre, ficaria isento de pagamento".[24]

Identificar a criança mediante cartas e bilhetes não foi um meio adotado pelas mães para romper com as regras, e sim uma forma de garantir o reconhecimento futuro de seus rebentos. Conhecedoras das regras, estas mulheres sabiam que podiam registrar, por escrito, elementos que facilitariam a identificação dos filhos no futuro. A mãe do menino Armando, um mês de vida, deixou bem claro que conhecia as normas [...] quando asseverou: "[...]eu fui ahi e contei o meu estado de pobreza a irman superiora então ella me disse q mandasse o menino...quando chegar tempo eu então retiro porque sei q não pode ficar ahi".[25]

Se a existência de informações básicas sobre as crianças pode ser explicada pelo desejo de reconhecê-las e resgatá-las no futuro, a ausência de justificativas para a exposição não pode ser compreendida através de uma explicação única e objetiva. Podemos, no entanto, levantar algumas hipóteses. É possível que as mães, conscientes de que estavam fazendo algo condenável para si mesmas e para a sociedade, não procurassem justificar seus atos, preocupando-se, apenas, em deixar sinais através dos quais pudessem identificar os filhos. Em alguns casos fica evidente que a mãe, ou a pessoa responsável pela exposição da criança, não desejava justificar-se nem muito menos saber sobre o destino do bebê, indicando, talvez, serem essas exposições tentativas de infanticídio. Estão incluídas neste grupo todas as crianças sem identificação que foram encontradas fora do Asilo e enviadas para a instituição por pessoas estranhas ao universo familiar.

Para aqueles que se preocuparam em justificar, as razões mais apontadas foram: pobreza da mãe, doença da mãe, morte da mãe, morte do pai, morte de ambos, razões morais, padrinhos ausentes, o trabalho da mãe, separação dos pais, cujas frequências estão indicadas na tabela e gráfico que seguem:

Tabela 2 - Motivos do abandono de crianças na Santa Casa da Misericórdia de Salvador, 1900-1940

Motivos do abandono	Nº	%
Ignorados	3.043	80,7
Pobreza da mãe	273	7,2
Doença da mãe	113	3,0
Morte da mãe	129	3,4
Morte do pai	120	3,2
Morte de ambos	53	1,4
Razões morais	8	0,2
Padrinhos ausentes	1	0,0
Mãe trabalha fora	24	0,6
Separação dos pais	9	0,2
TOTAL	3.773	100

FONTE: Livro de registro de entrada de expostos do asilo de Nossa Senhora da Misericórdia, 1900 a 1940.

A grande maioria, 3037 (80,7%), foi abandonada sem nenhum tipo de justificativa. Sem explicação para o abandono estavam as crianças que foram deixadas na Roda praticamente sem nenhum tipo de informação, e também aquelas encontradas nas ruas da cidade, no abrigo maternal do Asilo e em casas de particulares. Pedro Chaves Mattos, oito dias de nascido, por exemplo, "foi abandonado na sala de espera da Liga, nos braços de uma nutriz, a quem pediram para carregal-o".[26] Igualmente, uma menina de aproximadamente um dia de nascida, "foi enviada pelo Inrº Dr. Delegado de policia, por ter sido encontrada molhada de chuva na ladeira de S. Francisco, chamada do monturo" (ASCMB. Livro de registro de entrada de expostos, nº 15, 27 maio 1916). Uma outra, também recém-nascida, foi "encontrada pelo Dr. Vieira Lima, médico da Assistencia, às 8 e 5 minutos, por chamada de um guarda civil, na volta do Campo Grande, ao entrar no Corredor da Victoria, em baixo de uma palmeira" (ASCMB. Livro de registro de entrada de expostos, nº 15, 30 nov. 1917).

Excluindo-se estas, o estado de pobreza da mãe foi a explicação mais utilizada (207 crianças, 7,2%), o que fortalece a nossa hipótese de que o Asilo, na República, tornou-se uma instituição importante no atendimento a uma parcela da população infantil e pobre da cidade. Por pobreza entendemos um estado decorrente das relações sócioeconômicas de uma sociedade, manifestando-se em situações de intensa privação material para uma determinada parcela da população[27]. Em

136 Uma história social do abandono de crianças

Salvador, inúmeras famílias, sustentadas, na maioria das vezes, pelo trabalho informal de mulheres, viviam no limite da pobreza[28]. Uma criança a mais – ou uma única não esperada – podia significar um abalo substancial na economia doméstica. Todavia, como não fizemos um estudo dos preços dos alimentos, não podemos afirmar que, em época de elevação dos preços dos gêneros de subsistência, aumentasse, igualmente, a incidência do abandono.

Não apenas dados quantitativos podem nos fornecer informações sobre o estado de pobreza das mães. Indicações sobre o local da moradia são também muito úteis neste caso. Quando a criança era natural de Salvador, normalmente seus familiares residiam em distritos destinados à população de baixa renda; tais como Brotas – semi-rural e ocupada por pequenos proprietários –, ou distritos onde havia grande concentração populacional, como Santana, Santo Antonio, Penha, Nazaré e São Pedro.[29]

A criança Aracy, posta na Roda em 9 de fevereiro de 1911, veio acompanhada de um bilhete que declarava ter esta menina "residência em Brotas nesta cidade".[30] Da mesma forma, o garoto Christovão do Rosário, um ano e dois meses de idade, nasceu:

> [...] na Freguesia N.S. de Brotas no dia 25 de julho de 1904, segunda-feira. Baptisado na mesma Freguesia de Brotas, no dia 15 de novembro de 1904. A mãe é muito pobre, por isto faz a entrega a N. Senhora das Victorias e as boas filhas de S. Vicente de Paulo. Vive empregada, e confessou-se pela Santa Missão de Brotas.[31]

O estado de pobreza da mãe de Miguel pode ser também comprovado pela ocupação que esta desenvolvia: *serviço doméstico*, profissão parcamente remunerada e muitas vezes nem remunerada. Esta mãe não deixou dúvidas de que a pobreza foi o que a motivou abandonar o garoto. A entrega do filho era feita às forças sobrenaturais e humanas, numa total comunhão entre os dois universos simbólicos. Entregava-o à Santa de sua devoção e, paralelamente, às irmãs responsáveis pelo Asilo.

Muitas mães recorreram a uma linguagem religiosa para pedir proteção aos filhos, indicando, com isso, uma influência considerável dos valores e das crenças católicas entre as mulheres pobres da cidade. Por este motivo, sustentamos a hipótese de que o sentimento de culpa, ao abandonar o filho, encontrado em bilhetes e cartas, era fruto de um processo de incorporação e reinterpretação da ideologia dominante de valorização da posição materna na criação dos filhos. Uma ideologia cristã e não higienista, em que pese esta última ter reforçado a valorização do papel da mãe.

Josepha, uma mãe pobre, mas alfabetizada, justificou o abandono alegando pobreza e, para isso, recorreu a um discurso que transmitia uma idéia de dor e pesar:

> Exmº Inrº ou Snrº
>
> Peço pelo amor de Deus tenha pena deste innocente que eu como mãe deito na roda porque não tenho meios para crial-o, tive elle no dia 4 deste na Maternidade às 9 horas do dia não está baptisado. A mãe delle é Josepha dos Santos, eu mesmo escrevi com o coração esperançoso que em breve verei meu filho criado bom e forte.[32]

Infelizmente as expectativas de Josepha não foram correspondidas, morrendo o menino de causa ignorada.

Um outro exemplo de abandono gerado pela pobreza foi o do menino Rubens Pereira, com apenas 17 dias de nascido. Sua mãe fundamentou o abandono da seguinte forma:

> Eu Maria da Luz Pereira sendo uma mulher do povo e tendo este filho sem casa nem alimento para sustentar, recorro a Santa Casa da Misericordia para que crie e eduque até o tempo determinado. Elle chama-se Rubens Pereira ainda não está baptisado, rogo a caridade de fazel-o christão. Nascido à 29 de julho de 1927 na Maternidade Climerio de Oliveira. Bahia 15/08/27. A indigente Maria Luz Pereira.[33]

Algumas mães pobres, como foi o caso de Maria Emilia Portella, mesmo enfrentando inúmeras dificuldades, ficavam com os filhos até uma certa idade. Maria Emília não tinha condições de garantir uma formação escolar e profissional ao filho e temia a sua marginalização. Por conta disso, colocou-o no Asilo. Para ela, o Asilo de N. S. da Misericórdia encontrava-se em condições de encaminhar as crianças pobres a uma vida honesta. Maria declara:

> Meu filho Wandenkok da Silva, nasceu no ano de 1920 a 4 de fevereiro na Freguesia de Santo Antonio, baptisou-se na Freguesia de Sant'Anna, sendo padrinhos Cecilia do Amparo Figueredo e Athanazio Bispo, filho natural deste Estado, sua mãe Maria Emilia Portella. Os expectadores talvez me

138 Uma história social do abandono de crianças

> julguem uma mãe cação como dizem, criei até a idade de 5 annos com o suor do meu rosto, me vejo sem recursos agora procurei a caridade para que não seja meu filho amanhã um batedor de carteiras, os mesmos que falam agora mais tarde não soube educar. Em todo caso me consolo com a vontade de Deus. Maria Emilia. E ainda. Vae meu filho seja humilde para todos para amanhã eu ter um filho, e se eu não morrer tu ser bem creado para quem te acabar de educar.[34]

Temendo, portanto, um futuro de ilegalidade para o filho, Maria Emília depositou-o na Roda e retirou-o três anos depois, ou seja, quando este tinha oito anos de idade.

Algumas vezes a pobreza associava-se à marginalidade dos pais, provocando o abandono da criança. Foi o que ocorreu com a menina Maria, colocada no Asilo em 28 de junho de 1934. Esta veio acompanhada por um bilhete que informava ser seu pai o bandido Luiz Pedro e sua mãe uma nordestina desconhecida.[35] Da mesma forma, a marginalidade do pai foi a razão do abandono de uma outra criança que tinha apenas dezesseis dias de nascida. Informava o bilhete:

> Creança filha de Ymidio Ribeiro da Silva e Veronica Maria de Jesus, nascida em 4 de abril de 1934, em Caldeiras Grande. O referido pai pertence ao grupo do bandido Arvorêdo. A referida menina foi deixada na estação de Jurema, entregue ao comandante do destacamento daquela localidade.[36]

Afora a pobreza, a doença e morte da mãe foram motivos bastante alegados. As crianças abandonadas, por terem se tornado órfãs de mãe (3,4%), podem ser agrupadas com aquelas cujo abandono foi explicado pela morte do pai (3,2%) e pela morte de ambos (1,4%). Perdendo a mãe, o pai ou ambos, a criança via-se desprotegida e só lhe sobrava como destino o Asilo dos Expostos. Este, portanto, apesar de não ter sido criado para funcionar como orfanato, assumiu esta função para a população. Somando as três causas citadas acima, constatamos que 8% da população dos expostos eram órfãos, proporção ligeiramente superior à apresentada pelas crianças expostas por causa da pobreza. As péssimas condições sanitárias da cidade de Salvador favoreciam a propagação de doenças epidêmicas. Além do mais, a pobreza e, consequentemente, a fome, pairavam sob a maior parte da população, ceifando a vida de homens e mulheres. Havia também a sífilis, doença sexualmente transmissível que acometia parte da população masculina e feminina da cidade e que causava não só a morte da população adulta como também infantil[37]. Essa doença foi largamente combatida pelos higienistas. A tuberculose, por sua vez, alastrou-se em grande proporção entre a população pobre, fazendo inúmeras vítimas.[38]

A doença da mãe como causa do abandono correspondeu a 3,0% das crianças expostas e, se levarmos em conta o fato de que muitas dessas mulheres não sobreviviam, teremos uma proporção ainda maior de órfãos. O menino Djalma Santos teve, por exemplo, seu abandono assim justificado:

> Djalma Santos, filho natural de Margarida dos Santos e Pedro Alexandrino de Anunciação. Nasceu na Maternidade em 2 ou 3 de abril de 1940. O pae reside fora da Bahia, não se sabe aonde e está muito doente. A mãe, com quem mora o pequeno, está tuberculosa, com embolia, desenganada pelos médicos. A avó que já esteve louca toma conta da doente e da creança e de outro neto de 8 annos filho tambem de Margarida.[39]

Era mesmo muita infelicidade e sofrimento para uma família só. Felizmente a criança sobreviveu e foi retirada por sua tia Candida Pereira, em 1953, aos treze anos de idade.

A alegação da perda da mãe por doença ou morte como motivo da entrega da criança aos cuidados do Asilo demonstra o papel fundamental da figura materna na criação e formação das crianças. Esta constatação não invalida, entretanto, a importância atribuída à família nuclear pelos segmentos populares. As mulheres que recorriam ao Asilo enfatizavam a figura paterna ou a falta que esta figura fazia. Olga de Souza, um bebê de três meses, foi deixada na roda por sua mãe Áurea Vitalina. Esta explicava:"Deito porque não posso ter em meu poder, já tenho 4 filhos sem pae, já é morto, o pae me deixou com elles".[40]

Está claro que, neste caso, como em outros que encontramos, a morte do pai provocou um desequilíbrio no orçamento já tradicionalmente reduzido. O sumiço temporário ou definitivo do pai induzia ao abandono das crianças menores que, por serem muito pequenas, não podiam desenvolver atividades produtivas nem, muito menos, acompanhar suas mães na luta cotidiana pela sobrevivência.

Acreditamos que mesmo as mulheres que se sustentavam praticamente sozinhas deviam manter relações consensuais e instáveis com parceiros que, de uma forma ou de outra, contribuíam com o orçamento doméstico. Não é de se

140 Uma história social do abandono de crianças

estranhar, portanto, que a menina Luíza, um ano e meio de idade, órfã de pai e mãe, tenha sido depositada na Roda pelo único parente vivo que poderia criá-la, o tio.[41] Nem que uma mãe chorosa e desesperada, ao colocar o filho na Roda, deixe claro o quanto podia fazer falta o apoio paterno na criação dos filhos. Foi o que ocorreu com Anna Maria da Conceição, quando colocou na Roda seu filho Armando, com um mês de vida. Anna confessa:

> [...] se achando sem recursos para criar cheguei a elle fiz toda combinação para ver se cedia elle de forma nenhuma elle cedeu eu vendo a creança chorando com sêde eu sem leite para dar e sem ter recurso para comprar eu fui ahi e contei meu estado de pobreza a irmam superiora então ella me disse q mandasse o menino.[42]

Anna Maria não conseguiu sozinha garantir a sobrevivência da criança, recorrendo por esse motivo ao pai que, por sua vez, rejeitou a ideia de assumir qualquer tipo de responsabilidade. A atitude de desprezo do pai foi fatal para o abandono de Armando e para sua subsequente morte.

Mesmo quando o pai não rejeitava a criança as dificuldades econômicas em que este normalmente encontrava-se podiam provocar o abandono. O menino Abelardo, órfão de mãe, foi deixado pelo seu pai na Roda com a seguinte alegação: "eu por motivo de força maior não podendo tratar da creança porque sou solteiro e vivo atrazado em meus vencimentos eis os motivos que cedo desta forma".[43]

Outras razões para o abandono foram encontradas, mas em proporção mínima. O trabalho feminino fora do espaço da casa foi uma dessas razões. Devemos salientar que, se assim agiam, é porque eram, obviamente, pobres e não por causa de ideias feministas de liberação da mulher de atividades exclusivamente domésticas. Segundo Marina Maluf e Maria Lúcia Mott, boa parte das mulheres brasileiras viviam consensualmente com companheiros que não tinham um trabalho regular. "Juntamente com os serviços domésticos realizados da maneira mais dura e tradicional, cuidavam dos filhos e exerciam várias atividades ao mesmo tempo, para prover a própria subsistência e da família".[44]

A moral duvidosa da mãe podia fazer com que um pai abandonasse o filho no Asilo. Ironicamente, o pai que tomava essa decisão acreditava estar zelando pelo bem-estar da criança. Por exemplo, Zerbini, um italiano que teve uma filha ilegítima com uma baiana de Santo Amaro, assevera:

> [...] Zerbini, residente na Itália vem apellar para os sentimentos caridosos e instintos desta Pia Instituição para o fim de receber e abrigar entre os demais asilados a menor Justina das Virgens Zerbini de quatro anos de idade, mestiça natural da freguesia de Rio Fundo em Santo Amaro e filha de Maria de S. Pedro que pelas suas exigues condições materiaes e moraes não lhe proveu a subsistência e educação.[45]

Zerbini explicou o abandono da criança que levava seu nome mediante a condenação da vida da mãe. Ela, e não a figura paterna, foi considerada incapaz moral e financeiramente de criar Justina. Apesar da situação de abandono, Justina conseguiu sobreviver e, ao casar-se aos 18 anos de idade com Felippe Santiago da Silva, levou uma caderneta de poupança doada por Zerbini no valor de cem contos de réis.

A separação dos pais e a ausência temporária ou definitiva dos padrinhos, como se pode ver na tabela anteriormente apresentada (tabela 2), não foram justificativas muito usadas para o abandono. Ao que tudo indica, a separação de casais só se tornava um problema quando vinha acompanhada do desinteresse paterno pelos filhos. Por outro lado, o número pequeno de padrinhos preocupados em prestar contas acerca do abandono fortalece a nossa ideia de que as relações de compadrio nem sempre correspondiam ao esperado, ou seja, um compromisso social entre padrinhos e afilhados. Mas não há dúvidas de que essas relações tinham uma forte conotação simbólica dentro do universo religioso e cristão da população pobre da cidade.

A cerimônia do batismo tinha, de fato, uma grande importância religiosa para os familiares da criança exposta. Quase todos preocupavam-se em informar se a criança era batizada e quem eram os padrinhos. Informes sobre o batismo dos expostos evitavam que novos assentamentos fossem feitos, caso o exposto já fosse batizado, e garantia a cerimônia para a criança pagã, preparando-a, no caso de sua morte, para a vida eterna.

Estas foram, em resumo, as principais motivações para a exposição de crianças na Roda dos Expostos nas quatro primeiras décadas republicanas. Confirmam, dessa forma, a permanência de um padrão de abandono, entre os séculos XVIII e XX, em que a pobreza da família constituía o principal agente motivador. Mas é perceptível, igualmente, um declínio na importância social dessa instituição, uma vez que, entre 1900 e 1940, o Asilo foi responsável apenas por 0,4% do total de crianças do estado da Bahia que estavam entre 0 a nove anos e, aproximadamente, 4,92% das crianças dessas idades de Salvador.

142   Uma história social do abandono de crianças

Notas

1. A. J. R. Russel-Wood. *Fidalgos e filantropos:* a Santa Casa de Misericórdia da Bahia, 1550-1735. Brasília: Editora Universidade de Brasília, 1981, p. 1-9.
2. Marco Antônio de Souza. "A Santa Casa de Misericórdia da Bahia e seu assistencialismo na formação de Belo Horizonte, 1897-1930". *Varia História*, Revista do Depto. de História da Fafich da UFMG, Belo Horizonte, n.16, set. 1996, p.103-129.
3. A. J. R. Russel-Wood. *Fidalgos e filantropos:* a Santa Casa de Misericórdia da Bahia, 1550-1735. Brasília: Editora Universidade de Brasília, 1981, p. 77-82.
4. João José Reis. *A morte é uma festa:* ritos fúnebres e revolta popular no Brasil do século XIX. São Paulo: Companhia das Letras, 1991.
5. A. J. R. Russel-Wood. *Fidalgos e filantropos:* a Santa Casa de Misericórdia da Bahia, 1550-1735. Brasília: Editora Universidade de Brasília, 1981, p. 128.
6. Renato Pinto Venancio. *Famílias Abandonadas:* assistência à criança de camadas populares no Rio de Janeiro e em Salvador – séculos XVIII e XIX. Campinas: Papirus, 1999, p. 20.
7. Renato Pinto Venancio. *Famílias Abandonadas:* assistência à criança de camadas populares no Rio de Janeiro e em Salvador – séculos XVIII e XIX. Campinas: Papirus, 1999, p. 27-28.
8. Maria Luiza Marcílio. "A roda dos expostos e a criança abandonada na História do Brasil 1796 – 1950". In: Marcos Cezar de Freitas (org.). *História social da infância no Brasil.* São Paulo: Cortez, 1997, p. 60.
9. A. J. R. Russel-Wood. *Fidalgos e filantropos: A Santa Casa de Misericórdia da Bahia, 1550-1735.* Brasília: Editora Universidade de Brasília, 1981, p. 233.
10. Relatório apresentado à Junta da Santa Casa da Misericórdia da Capital do Estado da Bahia pelo seu provedor, Comendador Theodoro Teixeira Gomes, *Arquivo da Santa Casa da Misericórdia de Salvador,* 1911, p. 187-188.
11. Ata de sessão da Mesa. 25 jul. 1934. *Arquivo da Santa Casa da Misericórdia de Salvador.*
12. Ata de sessão da Mesa. 25 jul. 1934. *Arquivo da Santa Casa da Misericórdia de Salvador.*
13. Depoimento da Dra. Maria de Lourdes Barreto, pediatra, que trabalhou como estagiária no Asilo no ano de 1938, em entrevista que nos foi concedida.
14. Maria Luiza Marcílio. "A roda dos expostos e a criança abandonada na História do Brasil 1796 – 1950". In: Marcos Cezar de Freitas (org.). *História social da infância no Brasil.* São Paulo: Cortez, 1997, p. 60.

15. A. J. R. Russel-Wood. *Fidalgos e filantropos:* a Santa Casa de Misericórdia da Bahia, 1550-1735. Brasília: Editora Universidade de Brasília, 1981, p. 243.

16. A. J. R. Russel-Wood. *Fidalgos e filantropos:* a Santa Casa de Misericórdia da Bahia, 1550-1735. Brasília: Editora Universidade de Brasília, 1981, p. 245.

17. Renato Pinto Venancio. *Famílias Abandonadas:* assistência à criança de camadas populares no Rio de Janeiro e em Salvador – séculos XVIII e XIX. Campinas: Papirus, 1999, p. 89-90.

18. Relatório apresentado à Junta da Santa Casa da Misericórdia da capital do Estado da Bahia pelo seu provedor comendador Theodoro Teixeira Gomes, 1911, p. 185

19. Livro de registro de entrada dos expostos, n.º 30, 1940. *Arquivo da Santa Casa da Misericórdia de Salvador.*

20. Livro de registro de entrada de expostos, n.º 19, 24 abr. 1925. *Arquivo da Santa Casa da Misericórdia de Salvador.*

21. Livro de registro de entrada de expostos, n.º 29, 26 jan. 1937. *Arquivo da Santa Casa da Misericórdia de Salvador.*

22. O censo de 1940 informa o número de pessoas por idade existente no estado da Bahia nos anos de 1900, 1920 e 1940. Existiam, nos respectivos anos, os seguintes números de crianças entre o a 9 anos: 624.220, 983.803, 1.158.611. A média de crianças para este período é de 922.211,33. Comparando este dado com o número de crianças assistidas pelo Asilo, constatamos que a instituição foi responsável por 0,4% do total de crianças do estado que estavam entre o a nove anos. Infelizmente, o censo não nos fornece dados sobre a população infantil de Salvador no período. Se o percentual de crianças de Salvador acompanhasse o percentual de crianças do estado da Bahia como um todo (29,52%), a instituição seria responsável por 4,92% das crianças de o a nove anos de Salvador.

23. Alberto Heráclito Ferreira Filho. "Salvador das Mulheres. Condição feminina e popular na *belle époque* imperfeita". Universidade Federal da Bahia, Salvador, 1994, p. 168. Dissertação (Mestrado em História).

24. Renato Pinto Venancio. *Famílias Abandonadas:* assistência à criança de camadas populares no Rio de Janeiro e em Salvador – séculos XVIII e XIX. Campinas: Papirus, 1999, p. 217.

25. Livro de registro de entrada de expostos, n.º 15, 2 jul. 1911. *Arquivo da Santa Casa da Misericórdia de Salvador.*

26. Livro de registro de entrada de expostos, n.º 29, 18 set. 1936. *Arquivo da Santa Casa da Misericórdia de Salvador.*

27. Uma discussão mais detalhada sobre os diversos conceitos de pobreza pode ser encontrada em Paulo César Garcez Marins. "Habitações e vizinhança: limite da privacidade no surgimento das metrópoles brasileiras". In: Fernando A. Novais (coord.). *História da vida*

144   Uma história social do abandono de crianças

privada no Brasil república: da belle époque á era do rádio. São Paulo: Companhia das Letras, 1998. vol.3. p. 198.

28. De acordo com Ferreira Filho: "Além do comércio de rua, muitas mulheres locatárias de boxes nos mercados e feiras armavam barracas nas festas de largo ou abriam pequenos estabelecimentos na própria residência".

29. David, discorrendo sobre as paróquias menos atingidas pela epidemia do cólera em 1855, afirma que "Brotas era majoritariamente habitada por pessoas pobres e de cor". Onildo Reis David. *O inimigo invisível:* epidemia na Bahia no século XIX. Salvador: EDUFBA/ Sarah Letras, 1996, p. 133.

30. Livro de registro de entrada de expostos, n.º 15, 09 nov. 1911. *Arquivo da Santa Casa da Misericórdia de Salvador.*

31. Livro de registro de entrada de expostos, n.º 13, 1905. *Arquivo da Santa Casa da Misericórdia de Salvador.*

32. Livro de registro de entrada dos expostos, n.º 24, 13 ago.1930. *Arquivo da Santa Casa da Misericórdia de Salvador.*

33. Livro de registro de entrada dos expostos, n.º 22, 15 ago.1927. *Arquivo da Santa Casa da Misericórdia de Salvador.*

34. Livro de registro de entrada de expostos, n.º 20, 12 jun. 1925. *Arquivo da Santa Casa da Misericórdia de Salvador.*

35. Livro de registro de entrada de expostos, n.º 28, 28 maio 1934. *Arquivo da Santa Casa da Misericórdia de Salvador.*

36. Livro de registro de entrada de expostos, n.º 27, 20 abr. 1934. *Arquivo da Santa Casa da Misericórdia de Salvador.*

37. Sobre a sífilis e suas consequências sobre a população pobre de Salvador, ver Nélia de. Santana. A prostituição feminina em Salvador (1900-1940). 1966. Salvador: Universidade Federal da Bahia, 1996. Dissertação (Mestrado em História).

38. Mário Augusto Silva Santos. "Habitações em Salvador: fatos e mitos". *Rua. Revista de Urbanismo e Arquitetura*, Salvador, vol. 3, n. 415, 1990, p. 145.

39 Livro de registro de entrada dos expostos, n.º 30, 04 set. 1940. *Arquivo da Santa Casa da Misericórdia de Salvador.*

40. Livro de registro de entrada dos expostos, n.º 22, 24 maio 1928. *Arquivo da Santa Casa da Misericórdia de Salvador.*

41. Livro de registro de entrada dos expostos, n.º 14, 20 fev. 1910. *Arquivo da Santa Casa da Misericórdia de Salvador.*

42. Livro de registro de entrada dos expostos, n.º 15, 02 jul. 1911. *Arquivo da Santa Casa da Misericórdia de Salvador.*

43. Livro de registro de entrada de expostos, n.º 15, 16 jul. 1914. *Arquivo da Santa Casa da Misericórdia de Salvador.*

44. Marina Maluf; Maria Lúcia Mott. "Recônditos do mundo feminino". In: Nicolau Sevcenko (org.). *História da vida privada no Brasil república:* da belle époque à era do rádio. São Paulo: Companhia das Letras,1998, vol.3, p. 400.

45. Livro de registro de entrada de expostos, n.º 15, 1912. *Arquivo da Santa Casa da Misericórdia de Salvador.*

VII. *Assistência e abandono de recém-nascidos em Vila Rica colonial*

Renato Franco *

DURANTE TODA A ÉPOCA MODERNA, o enjeitamento de recém-nascidos foi prática recorrente na maior parte do mundo católico, fosse na Europa, ou na América, e, grosso modo, manteve-se nos mesmos moldes até o advento do Estado de direito, responsável por alterações institucionais para os destinos dos abandonados.

A partir do século XVI, em paralelo com os processos de institucionalização da assistência nas diversas localidades do mundo católico europeu, o número de crianças enjeitadas cresceu em ritmos e percentuais variados. Apesar de motivado por conjunturas específicas, o abandono de crianças constituía-se prática recorrente de um repertório cultural comum, sobretudo ocidental e católico, que avolumou-se de maneira sensível a partir do século XVIII.

Por sua representatividade quantitativa, o enjeitamento de recém-nascidos é um aspecto dificilmente negligenciável quando se trata de analisar o universo familiar na Época Moderna. Em certo sentido, os altos índices de enjeitamento enfraquecem uma das teses centrais do seminal livro de Philippe Ariès,[1] segundo o qual a Época Moderna teria sido uma espécie de coroamento de um novo sentimento de infância, caracterizado pela importância que esta fase da vida lentamente adquirira em

---

* Doutorando em História Social pela Universidade de São Paulo – USP

148 Uma história social do abandono de crianças

oposição ao descrédito vivenciado no medievo. As altas taxas de mortalidade, as duras condições de existência e a multiplicidade das atitudes em relação à infância chamam a atenção para igual variabilidade do valor da infância conforme os atores sociais, as composições familiares e a experiência histórica. A recorrência ao abandono de recém-nascidos podia assumir, portanto, uma função social diante das várias interdições às quais as famílias poderiam estar submetidas.

Na capitania das Minas, o abandono de recém-nascidos aumentou a partir da segunda metade do século XVIII e coincidiu, portanto, com o princípio do esgotamento das jazidas minerais. Data da mesma época o aparecimento de relatos sobre a suma pobreza das populações do território atormentadas ainda pelas tensões sociais advindas da possibilidade da aplicação da derrama. Contudo, a associação entre as incontáveis descrições de *decadência* econômica e o aumento de enjeitados não deve ser feita livremente sob pena de se produzir generalizações excessivas. Como dito anteriormente, o enjeitamento de crianças não foi exclusivo de Vila Rica, ou da capitania, sequer da América Portuguesa, portanto, não há interpretação unívoca que responda exclusivamente para o aumento de enjeitados neste período.[2]

A apressada associação de causa e efeito entre esgotamento das jazidas minerais e aumento de enjeitados leva a crer que a principal motivação para o aumento de expostos em Minas se daria por razões econômicas e endêmicas. Tratava-se, de acordo com essa linha de raciocínio, de um acontecimento localizado que acabou por desencadear um fenômeno de consideráveis proporções.

A conformação social das Minas afeita à multiplicidade das origens dos habitantes terminou por fazer crer em uma sociedade *sui generis,* com especificidades em relação às realidades vividas noutras partes da América Portuguesa. Diante dos relatos de época cristalizados em várias interpretações historiográficas, a ocupação do território caracterizar-se-ia pela desordem institucional e pelo relaxamento moral verificáveis de forma paradigmática pelo grande número de filhos ilegítimos, de uniões consensuais, ou mesmo pelo alto número de *expostos*. O misto entre decadência econômica e fragilidade moral dos habitantes do território explicaria o aparecimento em massa dos abandonados.

Entretanto, o crescimento do número de enjeitados de Vila Rica coincidiu temporalmente com aumento de abandonados em várias outras regiões do mundo. Na cidade do Porto, o hospital de expostos foi criado em 1689 e a partir de então apresentou um número crescente de acolhimentos;[3] o mesmo pode ser observado em

Braga ou Guimarães,[4] por exemplo; ou ainda em Paris que, com a criação do *Hôpital des Enfants-Trouvés* em 1670, apresentou crescentes taxas de abandono de crianças.[5]

Dentre as várias causas do abandono, a questão moral é frequentemente apontada como elemento fundamental para o enjeitamento, mas certamente não foi razão exclusiva do fenômeno. Em primeiro lugar, para o caso da América Portuguesa, ressalta-se o fato de que os expostos eram, em sua maioria, provenientes dos segmentos livres. Há, contudo, a ocorrência de alguns enjeitados filhos de escravas. Trata-se de um número reduzido e que certamente esteve circunscrito a poucos casos. De qualquer forma, evidencia uma das estratégias utilizadas pelas mães para libertar seus filhos. Pelo direito romano, toda criança enjeitada era livre. Tal prerrogativa foi confirmada pelo alvará pombalino de 1775, mas quando tal estratagema era descoberto, o enjeitado era devolvido sem delongas ao dono.[6] Em Vila Rica, a exposição tinha, no mais das vezes, caráter definitivo; para além dos casos de expostos escravos, a descoberta dos motivos do abandono ocorria geralmente pela legitimação do casamento dos pais ou feitura do testamento; contudo, tais casos não têm representatividade suficiente que possibilite afirmações categóricas sobre a procedência das crianças como um todo.

Para grande parte da historiografia sobre o assunto, trata-se de uma consequência quase óbvia que os enjeitados fossem "filhos naturais", em maior ou menor grau, frutos de amores proibidos, de decadência moral ou de relações de eclesiásticos. Russell-Wood defende a ideia da dupla moralidade que, frente ao rigor tridentino, procurou preservar a honra feminina, resguardando a reputação das mulheres brancas. A maior parcela do enjeitamento seria própria das elites, preocupadas em manter a honra das mães, e a ilegitimidade, inerente às classes populares, sem o grande peso social que afligia os segmentos mais abastados.[7]

Essa assertiva deveria provocar padrões quase mecânicos nas linhas divisórias entre legítimos, ilegítimos e enjeitados conforme a procedência social das mães. Entretanto observam-se, em grande parte da América Portuguesa, consideráveis índices de ilegitimidade entre os vários segmentos sociais; não raro, as rígidas clivagens sociais sucumbiram às especificidades locais.[8] A ilegitimidade não parece ter encontrado grandes entraves de inserção no cotidiano colonial. Quando se observam as altas taxas de filhos naturais, é possível considerar que se tratasse de fato corriqueiro, sem grandes problemas para boa parte das famílias.

Muitas vezes as altas taxas de ilegitimidade conviveram com crescentes índices de abandono. Não há dúvidas de que existam padrões diferenciados conforme a região, portanto não é possível saber se a ilegitimidade sempre seria

150 Uma história social do abandono de crianças

a grande propulsora do abandono. Talvez uma pergunta a ser feita fosse: em qual medida os impedimentos exclusivamente morais foram desencadeadores do abandono? Embora corra o risco de parecer trivial, é sabido que, não obstante haver ilegitimidade em todos os segmentos sociais, grande parte dos filhos naturais era de extração popular.[9]

A questão moral teve fulcral importância na estabilidade familiar de certos segmentos. São significativas as informações de alguns assentos de batismo, como o de Felipe, enjeitado em casa de Romana Teresa, e que, ao lado do assento, continha a seguinte anotação: "é filho legitimo do capitão José Fernandes de Lana e de D. Joaquina de Oliveira Jaques ao qual foi legitimado pelo matrimonio subseqüente";[10] Justina exposta em casa de Ana Patrícia, foi legitimada pelo casamento subsequente de seus pais, o capitão João de Deus Magalhães Gomes e Tomásia Francisca de Araújo;[11] Manoel, exposto em casa de Joaquina Teodora do Nascimento, foi legitimado como filho do coronel Nicolau Soares do Couto e de Angélica Alves de Miranda em consequência de uma provisão passada pelo Desembargo do Paço;[12] ou, ainda, Carolina enjeitada em casa de Francisca Angélica, e legitimada pelo casamento subsequente de seus pais, o sargento-mor José Joaquim de Souza e Josefa Camila de Lelis.[13]

A recorrência à exposição como forma de ocultar a prole temporariamente, se por um lado comprova a ideia da moralidade como fator desencadeador, por outro demonstra que o abandono se constituía numa prática corriqueira das vilas e arraiais. Frequentemente, esta visão pragmática não se incomodava em publicizar relações ditas ilícitas anteriores ao casamento. Depois de formalizada a cerimônia, muitos casais reconheceram os filhos, hábito que parece pouco afeito aos rigores morais.

Alguns historiadores defendem que o enjeitamento era uma espécie de infanticídio. Esta prática estaria diretamente ligada a dois fatores primordiais: à bastardia e às crianças mal-formadas[14]. Os recém-nascidos com más-formações foram frequentemente deixados nas rodas[15]; para Vila Rica, cita-se apenas o caso de Maria Josefa Lins, "menina aleijada" exposta no distrito de Cachoeira do Campo.[16] Para a América Portuguesa, onde a bastardia não era novidade, não há indicativos de grande recorrência ao infanticídio. Existem relatos esporádicos, como o de Margarida, que, em Sabará, tivera um filho natural de Antônio de Freitas. Depois de batizada a criança, colocaram-na em um tabuleiro e "cobriram de roupa em forma que assim abafada morreu".[17]

De acordo com a lei romana, o aborto se equiparava ao infanticídio. No Regimento dos Quadrilheiros, legislação portuguesa de 1570, há uma referência a punições contra mulheres "que se tem infamadas de mover outras com beberragens ou por qualquer outra via". Os quadrilheiros, oficiais nomeados pelos municípios, eram responsáveis por impedir tais acontecimentos. Em Portugal, a partir de 1806, houve controle mais rígido sobre a gravidez de mulheres solteiras, obrigando-as a participarem sua condição às autoridades locais.[18]

O aborto é prática mais difícil de ser percebida, porque feito geralmente na clandestinidade, quase não deixou rastros na documentação e poderia se misturar entre os abortos espontâneos, certamente vulgares; nas Minas, a escrava Anita "tem tido várias barrigas que morreram".[19] Decerto, o aumento do abandono e sua generalização entre os diversos setores sociais tendiam a diminuir as ocorrências de aborto e de infanticídio, ambos condenáveis socialmente.

A julgar pelos ideais de moralidade feminina,[20] a honra pode ter se tornado também um recurso para encobrir atitudes condenáveis. Expor o filho em nome da honra foi prática recorrente e ia ao encontro das expectativas sociais de uma mulher *recatada* e *honesta* em oposição a possíveis vexações. Embora se trate de uma questão imponderável, é preciso considerar igualmente o valor retórico que a honra poderia ter junto à comunidade. Afirmar, muitas vezes, no fim da vida, que enjeitou os filhos por *recato* e *decência* não deve induzir a conclusões de excesso de moralismo.

Nesse sentido, o uso de testamentos revela-se particularmente rico para se entender a utilização do abandono por certas parcelas da população.[21] Fica claro que, para certos segmentos, a justificativa moral prevalece sobre as demais; Maria Hilária, em testamento redigido em abril de 1825, em São João Del Rei, esclarecia que:

> vivendo no estado de solteira, nele tive vários filhos, que por recato e decência se batizaram por expostos e vem a ser: Narciso José da Costa, já falecido (...), Rosa Maria de Jesus (...), José Joaquim da Costa, João Evangelista da Costa, Antonio Joaquim da Costa, Felisberta casada com José Joaquim Pimenta, todos estes filhos havidos do Capitão José Gomes da Costa, com quem ao depois me casei (...). Declaro que ao depois do meu casamento com o dito Capitão José Gomes, deste matrimônio tive uma única filha de nome Ponciana Maria de Jesus.[22]

Também os filhos de nascimentos espúrios, ou seja, frutos de relações que possuíam impedimento de natureza legal ou religiosa,[23] frequentemente eram enjeitados e, às vezes, reconhecidos pelos pais no fim da vida. Em 1820, o cônego Arcipreste da Catedral de Mariana, em seu testamento declarou:

> Tive por minha miséria, antes de ordenar-me sacerdote, um filho natural, João Caetano da Silva, exposto em casa do Capitão José da Costa, morador na Quinta da freguesia de Santa Luzia do Sabará, ao qual instituo herdeiro universal.[24]

Constantemente, no caso de padres, há referência a filhos tidos antes da ordenação, o que nem sempre era factível. Outra forma de ocultar a prole seria criar os próprios filhos como enjeitados. Este foi o caso do padre José da Costa Moreira, que, em Sabará, era pai de dois filhos; a mais velha, Maria Narcisa, foi criada por ele como enjeitada e o segundo, Antônio, que falecera criança, viveu como enjeitado na casa de Joaquim Soares de Menezes, homem pardo, casado, advogado, morador em Raposos.[25]

Todavia, a realidade específica destas crianças reconhecidas em testamentos não deve ser generalizada a toda a dinâmica do abandono. O testamento era, antes de tudo, um acerto de contas, reconciliação com o sagrado e com os pares sociais. Era o instrumento pelo qual, via de regra, se reconheciam *as fragilidades humanas,* os ilegítimos, fossem ou não enjeitados. Por sua vez, os expostos legítimos circulavam em outras casas ou permaneciam nas casas onde foram expostos, frutos que poderiam ser da pobreza[26] ou desestruturação familiar, dentre outros motivos, razão pela qual quase inexistem nos testamentos.

Outra variável recorrente para explicação do grande número de enjeitados seria a da pobreza como fator imperativo do abandono. No entanto, nem todos os casais ou mães pobres enjeitavam seus filhos. Do mesmo modo, esse argumento não explica o fato de regiões pobres possuírem baixas taxas de enjeitamento como Ubatuba, que, entre 1786 e 1830, registrou uma média de 0,6%.[27] Outro fator que enfraquece afirmativas sobre a exclusividade da pobreza como estímulo ao abandono é o fato desta prática ser mais disseminada a partir do século XVIII; ou seja, nos séculos XVI e XVII, com iguais ou piores condições de sobrevivência, registraram-se baixos índices de abandono.

Sheila de Castro Faria argumenta que seria pouco provável que filhos legítimos ou de casais coabitantes, "mesmo pobres", expusessem seus filhos, "mão-de-obra básica das unidades domésticas, a não ser que morassem em áreas urbanas".[28] Como salienta a autora, o sustento da família pobre ficava exclusivamente por sua própria conta. Porém, muitas vezes, a pobreza, sobretudo em áreas urbanas, tinha o caráter imediato e impeditivo, e a família raramente poderia dar-se ao luxo de formar mão-de-obra para si própria em épocas de instabilidade. O surgimento de um filho poderia agudizar situações já anteriormente precárias e abandoná-lo seria o resultado de estratégias familiares, na tentativa de desonerar e restabelecer o equilíbrio conforme as possibilidades econômicas.

A correlação positiva entre abandono e preços de gêneros de primeira necessidade[29] poderia indicar o número maior de pobres, porque são mais vulneráveis às flutuações dos preços. Entretanto, séries longas e confiáveis não são fáceis de serem encontradas e essa correlação pode, muitas vezes, ser mera coincidência, isto é, não deve ser analisada sozinha. Para Minas Gerais, há estabilidade nos preços de gêneros cotidianos (milho, farinha de mandioca e toucinho) de pouco antes de 1750 até 1808,[30] o que torna este tipo de correlação, para o caso vilarriquenho, sem maior força analítica.

Gráfico 1 - Condições de legitimidade dos recém-nascidos -
Freguesia do Pilar (1740 - 1810) - População Livre

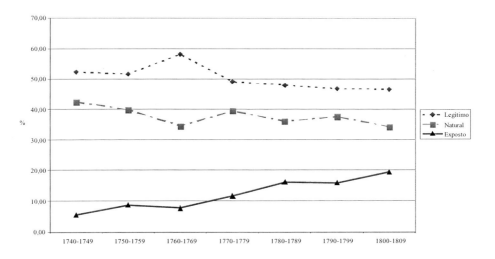

Fonte: *Banco de Dados referente às séries paroquiais da Freguesia de Nossa Senhora do Pilar de Ouro Preto, séculos XVIII e XIX*, coordenado pela Profa. Dra. Adalgisa Arantes Campos, contendo as atas de batismo da Paróquia de Nossa Senhora do Pilar do Ouro Preto. (CNPq/Fapemig)

O gráfico 1 acima mostra a relação de legítimos, naturais e expostos batizados entre a população livre da Paróquia de Nossa Senhora do Pilar do Ouro Preto. O que se observa a partir de fins da década de 1760 é o progressivo aumento das taxas de abandono, acompanhado do concomitante declínio nas taxas de filhos naturais e legítimos. Esta indicação reforça a ideia de que, para Vila Rica, em primeiro lugar, o abandono estava diretamente relacionado a diferentes condições de legitimidade e, em segundo, o enjeitamento revelava-se uma alternativa, a todos os segmentos

154 Uma história social do abandono de crianças

da população, de subtrair crianças à responsabilidade familiar e obter pecúlio para a criação dos mesmos.[31] A partir de meados da década de 60, quando lentamente a Câmara permitiu o auxílio a negros e mulatos,[32] o abandono assumiu proporções cada vez maiores, dinamizando a circulação das crianças.

Em Catas Altas, distrito de Mariana, Renato Venancio também observou que a assistência camarária aos enjeitados abria um leque de possibilidades diante da pobreza. O ciclo de maior abandono (1775-1825) correspondia ao período de maior gasto do concelho de Mariana com os enjeitados.[33]

Seria inútil apontar a causa única do abandono. Essa mescla de possibilidades dependeu das variáveis locais para se tornar específico, mas foi abrangente o suficiente para se tornar vulgar entre os povos católicos. Por isso, o enjeitamento não deve ser confundido com relaxamento moral das populações, promiscuidade,[34] falta de amor. Trata-se de prática difundida e moralmente aceita como alternativa a soluções mais *cruéis,* como o infanticídio e o aborto. O abandono muitas vezes estava calcado em situações imediatas, mas não impossibilitava que, tempos depois, se porventura não existissem condições impeditivas, a família recuperasse o filho ou mesmo criasse outras crianças enjeitadas. Este foi o caso de Bernardina Clara Manhães, que enjeitara três de seus filhos, mas criava, além das filhas, uma enjeitada[35]. Em São João Del Rei, o exposto Crispiniano enjeitara seu filho João Basílio dos Santos, em 1824, dias antes de legitimar seu casamento.[36]

Todas as variáveis em conjunto serviram para o recrudescimento do abandono; assim a pobreza, a condenação moral aos nascimentos ilegítimos, o tamanho da prole, a morte dos pais, as doenças, a implantação do pecúlio camarário, o discurso caritativo foram fatores que em maior ou menor grau contribuíram para que as crianças circulassem pelas casas da Vila. Ressalte-se que numa época de altas taxas de natalidade e mortalidade, meios contraceptivos ineficazes, desigual distribuição de crianças, o sentimento da infância assumia viés pragmático, menos afeito ao indivíduo, fragilizado pelas contingências da vida.

A circulação das crianças

Do nascimento até a vida adulta, um enjeitado poderia passar por vários lares. O que se observa em Vila Rica é que o abandono em portas não implicava a criação dos expostos. Foram frequentes as crianças encontradas e repassadas para famílias dispostas a criá-las; na maior parte das vezes circulavam à revelia da Câmara sem maiores divisões étnicas ou sociais. Pode-se dizer que pela variabilidade de motivações que levavam ao enjeitamento, o abandono de recém-nascidos reuniu igualmente diferentes estratos e tipos sociais, conferindo, desta forma, vigor e inteligibilidade à prática.

A alta mobilidade das crianças no Antigo Regime foi hipótese aventada por Ariès, em seu livro *História social da criança e da família*. As sociabilidades alargadas, de forte cariz coletivo, teriam se retraído à medida que a ideia de família objetivava-se.[37] O pressuposto da grande movimentação das crianças estaria intimamente ligado à noção de família como uma grande coletividade, responsável por todas as crianças nascidas.

Contudo, a hipótese de Ariès não diz respeito diretamente ao abandono de crianças, mas esse pressuposto tem sido trabalhado também para a exposição.[38] Alguns historiadores procuram demonstrar a relação direta entre o caráter estrutural do abandono e uma ambiência que propiciava tal prática. Nesse sentido, os estudos de antropologia contribuem para reforçar a ideia da redistribuição de crianças como prerrogativa de grupos urbanos depauperados na contemporaneidade.[39]

Cláudia Fonseca, em estudos sobre as favelas brasileiras, aponta para a circulação como estratégia de populações empobrecidas no Brasil contemporâneo. Em locais onde a presença institucional é tênue, a miséria grassa de forma imperativa, os padrões e modelos sociais são próprios e adaptativos, as crianças circulam explicitamente entre o grupo de relações dos pais, sem maiores dramas.[40] Segundo Fonseca, em sua pesquisa sobre bairros populares de Porto Alegre, a circulação de crianças é a "estrutura básica da organização de parentesco em grupos brasileiros de baixa renda", o que provoca um deslocamento analítico do "problema social" para um "processo social", em que não há "colapso dos valores tradicionais", mas "formas alternativas de organização vinculadas a uma cultura popular urbana".[41]

A redistribuição de crianças é prática comum em alguns grupos sociais, que em várias ocasiões entendem a circulação de crianças como elemento constituinte da noção de família[42]. É também nesse sentido que o abandono durante a Época Moderna pode ser entendido: como parte maior de um fenômeno que via na circulação de recém-nascidos uma alternativa factível para solução de problemas. Obviamente, trata-se de situações diferenciadas e específicas, enquanto nas comunidades étnicas a circulação era socialmente aceita,[43] o abandono de crianças durante a Época Moderna era alvo de discursos contraditórios que ora o viam como uma solução caritativa, ora como um estímulo para o aumento de expostos. Mas entendido como um aspecto integrante da noção de família no Antigo Regime, a circulação de crianças perde o caráter exclusivamente impositivo para ceder espaço à valorização do significado intrínseco do enjeitamento. Em vários casos, a saída da criança do seio da família biológica era encarada como integrante do sistema do dom, em que a íntima relação entre doadores e receptores acabava por criar uma rede de relacionamentos baseada em obrigações recíprocas.

Os estudos sobre a família em Minas demonstram uma grande multiplicidade de formas de organização, indicativa não de imoralidade, mas de uma conduta moral própria, pouco afeita aos rigores do discurso religioso.[44] Parece claro que a vivência da infância teria de se adaptar a uma série de instabilidades, casos frequentes de desagregação familiar, de prostituição e de pobreza comuns no território. A redistribuição das crianças na comunidade poderia ser um recurso informal e atraente em ambientes saturados pelo elevado número de filhos, pela fragmentação e pela pobreza, muitas vezes associada a outros fatores. Embora a Comarca do Ouro Preto tenha sofrido decréscimo populacional na mesma época em que os enjeitados progressivamente aumentaram, deve-se levar em conta que a queda na população não dizia respeito a baixas taxas de natalidade, mas à migração interna,[45] importante variável na conjuntura do abandono.

O abandono não apresentou altas taxas apenas em locais com mínimas formas de apoio camarário e/ou hospitalar. Há, para toda a América Portuguesa, exemplos de significativos índices de exposição[46] onde não havia nenhum incentivo institucional. A circulação de crianças está também ligada à capacidade de absorção das mesmas no seio da comunidade. Diferentemente do que acontece nas favelas brasileiras, o abandono envolvia, até boa parte do século XIX, todos os segmentos populacionais e as crianças eram redistribuídas, anonimamente, conforme as contingências familiares. A generalização de tal prática permitia que elas circulassem pelas casas informalmente, sem grandes problemas de ordem psicológica ou moral.

Como se procurou mostrar anteriormente, as crianças tinham alta mobilidade pelas famílias de Vila Rica. Abandoná-las nas portas não significava que o lar as iria receber e, mesmo que as recebesse, não garantiria a permanência na casa. Ambos os casos estavam presentes, ou seja, havia aquelas que encontravam receptividade já no primeiro domicílio e outras que passavam de mão em mão até serem acolhidas. Esta circulação poderia ter, novamente, uma infinidade de motivos. Em 10 de novembro de 1789, o vigário da Matriz de Cachoeira do Campo remeteu à Câmara de Vila Rica a enjeitada Justina, porque "querendo entregar a dita inocente ao alferes Antônio Ribeiro, este a não quis receber dando por desculpa ter já dois enjeitados em sua casa";[47] Isabel, deixada na casa de Manoel Martins dos Anjos, "por ser o dito solteiro a mandou para uma casa de família também muito capaz de lhe dar uma boa educação"[48]; Antônia Marques passou para a mão de Teresa Pereira Pinta a enjeitada Ana.[49]

Muitas atas de batismo contêm informações sobre crianças recusadas nas casas em que foram entregues. Elas poderiam ser pessoalmente repassadas a conhecidos ou entregues à Câmara que se incumbia de arranjar um lar disposto a criá-la em troca do subsídio camarário; foi o caso, dentre vários, de João, "exposto pelo senado da Câmara desta Vila em casa de Sebastiana Luíza do Sacramento, parda forra";[50] de José exposto à porta do contratador João Rodrigues de Macedo e criado por Rosa Maria de Jesus;[51] de Antônia exposta à porta de Jerônimo de Souza Lobo Lisboa e entregue aos oficiais da Câmara que, por sua vez, a mandaram criar por Edvirges Rodrigues de Souza, parda coartada pelo reverendo Antônio de Souza Lobo, o qual foi padrinho;[52] Dona Ana da Silva Teixeira de Menezes aceitou um enjeitado colocado à porta de Rosa da Silva "por esta não o querer em seu poder".[53]

Muitas crianças foram "dadas a criar" a mulheres forras, que adquiriam uma forma de rendimentos adicionais, fosse diretamente pelo concelho ou por pessoas particulares que as contratavam. Nem todos os domicílios aceitaram crianças para amamentar, havendo famílias que contratavam outras mulheres para servir de amas. Seria um erro pensar que todas as crianças foram entregues diretamente a amas-de-leite; todavia, elas eram a grande mão-de-obra do abandono, podiam ser mais um passo na circulação das crianças e estavam, geralmente, entre os setores pobres da população: brancas, forras e escravas depauperadas.[54] Muitas vezes as famílias contratavam essas mulheres para amamentarem os expostos à custa da Câmara, relacionamento frequentemente tenso pela dilação dos pagamentos aos criadores. O preço cobrado pelas amas deveria variar, conforme algumas petições de criadores, de três a quatro oitavas por mês. Como não há documentação sobre contratos escritos, não é possível confirmar se os preços correspondiam de fato a este valor ou se os pedidos dos criadores não passavam de tentativas de conseguir o aumento da mensalidade.

O valor pago pelo concelho deveria ser responsável pelo vestuário e alimentação das crianças. Mas as petições faziam sempre questão de lembrar que os enjeitados não eram providos somente pelo financiamento camarário, conforme petição do alferes "Manoel Francisco Carneiro que se lhe acha criando um enjeitado por nome José com o qual tem feito e gasto despesa com ama de leite a quem pagou quatro oitavas por mês fora sustentos".[55]

A amamentação dos infantes não era tarefa somente de forras. As escravas também eram bastante procuradas, pois o segmento apresentava altas taxas de natalidade, o que facilitava o encontro de mulheres aptas para aleitamento.[56] Elas poderiam ser contratadas ou participavam da escravaria da casa. Não é possível saber até que ponto o fenômeno do abandono profissionalizou o serviços de amas. Essa dimensão fica nebulosa pela falta de instituições que contratassem oficialmente tais mulheres. Contudo, deve ter sido normal alimentar mais de uma criança ao mesmo tempo, muitas vezes com o enjeitado a dividir o leite com os próprios filhos, ou sendo alimentado por quem tivesse leite disponível no momento.

Nos pedidos por pagamento da Câmara, os matriculantes faziam referência a "alugar uma ama", "uma negra" ou "uma escrava". A petição de José Antônio, morador da Vila, afirmava que o suplicante "não tem quem lhe dê leite", razão pela qual pede pagamento da Câmara;[57] Manoel Carvalho recebeu uma enjeitada branca e "como é homem já de idade e não tem negra de leite que a crie (...) foi preciso alugá-la"[58]. Dois anos mais tarde, Manoel insistia quanto ao pagamento, alegando que "pretende vir à sua presença [da Câmara] e entregá-la ou, aliás, satisfazer-se ao suplicante o que está vencido, pois a tem criado por uma mulher a quem paga";[59] o tenente coronel Manoel de Souza Pereira acolheu o enjeitado João de que "há três anos [se] ocupa uma escrava";[60] Inês Sebastiana pediu pagamento por ser "mulher pobre, nem tem leite, nem escrava".[61] Maria do Nascimento, parda forra e casada, criou o inocente Manoel, exposto em sua casa, "nos seus peitos";[62] por sua vez Antônio de Pádua Coimbra alugou uma ama para o exposto Mariano, "com quem tanto se tem acostumado o dito menino, que estranha e repugna a nutrição de outro qualquer leite (...) quer o suplicante fazer entrega do referido menino pelo risco que pode correr à vida do exposto, faltando-lhe a dita ama".[63]

As informações sobre as amas não fogem a este lacunar indicativo de sua existência. As petições feitas à Câmara, muitas vezes hiperbólicas quanto à pobreza e real necessidade dos matriculantes, só permitem ter uma pequena noção do relacionamento daquelas mulheres com os responsáveis pelos expostos.

Durante os primeiros meses de lactação, é provável que as amas contratadas ou ficassem com as crianças ou fossem morar nas casas dos responsáveis. É factível supor que os inocentes passassem temporadas nas casas das amas até poderem diversificar a dieta. Este foi o caso de Cândido,

> ... que se estava criando em casa de Baltazar Gomes de Azevedo, e este por lhe faltar ama o tinha mandado para se criar para a casa da parda Inácia da rua da barra de Antônio Dias (...) o dito enjeitado é branco e se tinha botado na porta de José Marques Guimarães, porém logo foi para casa do dito Baltazar Gomes para o criar.[64]

Doravante, poderia ficar definitivamente na casa da ama ou retornar para o domicílio inicial.

Toda essa movimentação poderia gerar confusões, como foi o caso de Vitoriana Teixeira, que pediu alteração no livro da Câmara, pois "nunca entregara o exposto Francisco para a responsabilidade de Arcângela Gomes"; esta ficara criando-o por apenas um tempo enquanto Vitoriana se recuperava de "uma grave moléstia".[65]

Em certos casos, o responsável poderia mudar-se e o vínculo com o enjeitado ser quebrado. José de Almeida Figueiredo, porque estava de mudança para a Comarca do Serro Frio e não podia levar a criança consigo, transferiu a criação para Antônio Manoel Duarte "em que se dê não só o que vai vencendo, como tudo o que mais venceu do dito exposto de criação desde o dia de sua exposição até o presente".[66] Mesmo sem motivos aparentes a criança poderia mudar de tutor, como foi o caso de Antônia exposta ao advogado Luís Henrique de Freitas e que a partir de dezembro de 1751 "ficara a cargo de Manoel Ferreira da Rocha, homem casado morador no Ouro Fino desta Vila por ser este o que já tem tomado a seu cargo a criação da dita enjeitada"[67]. Algumas vezes os pais, depois de um tempo, tentaram reaver os filhos; este foi o caso da mãe de Antônia, que em 1802, logo apareceu e "carregou para a criar";[68] Bento Ferreira de Abreu também recuperou José que ficou em "mão de seu pai".[69]

A circulação redistribuía as crianças indesejadas, no interior daquela sociedade, para pessoas dispostas a criá-las. A movimentação ajuda a esclarecer como e por que, até o advento do Estado de direito, essas populações controlavam o tamanho da prole, mantinham a honra pessoal, aliviavam-se de crianças em estados de pobreza extrema, dentre outros vários motivos. Esta possibilidade, enquanto prática, prescindiu, em parte, da maior ou menor institucionalização hospitalar. A despeito da criação de hospitais, tanto a Europa católica[70] como a América espanhola[71] e portuguesa vivenciaram tal experiência histórica.

Uma pergunta fundamental a ser feita é sobre o porquê de estas crianças circularem anonimamente se o abandono era uma forma socialmente aceita. Em

160   Uma história social do abandono de crianças

parte, esta resposta pode ser encontrada nos incentivos dados à circulação anônima, ou seja, as crianças poderiam ter sua criação paga pelos concelhos ou hospitais e sua ascendência protegida e, institucionalmente, o exposto era considerado no grau zero de sua genealogia, em suma, não deveria ser impedido de galgar cargos públicos e eclesiásticos.

Seria ingenuidade crer que todos os segmentos se utilizassem do enjeitamento para os mesmos fins. Foi a possibilidade de ressignificar o abandono, segundo as contingências dos mais diferentes setores da população, que conferiu força e amplitude ao fenômeno.

A implantação do subsídio aos expostos em Vila Rica

Na América Portuguesa, o auxílio institucional a enjeitados foi tardio. Somente em fins do século XVII começaram a aparecer pedidos de criação de rodas, em geral, nos maiores centros, onde a necessidade da assistência institucional tornava-se cada vez mais premente. A roda, de acesso universal e anônimo, foi instalada primeiramente em Salvador (1726), seguida por Rio de Janeiro (1738) e Recife (1789)[72]. As demais regiões da América Portuguesa, durante o século XVIII, permaneceram sob a boa vontade camarária que frequentemente negligenciou o auxílio.

Na capitania das Minas, durante todo o setecentos, a assistência institucional a enjeitados, quando implantada, foi feita por Câmaras; nenhuma Misericórdia, ou qualquer outra irmandade, tomou para si a criação dos enjeitados. Coube às municipalidades a efetivação dos pagamentos que deveriam ser feitos caso a caso às pessoas que se dispusessem a criar pessoalmente os expostos. Apresentava assim diferenciações significativas em relação aos abandonados em locais onde havia rodas. Nesses casos, existia um menor controle sobre as amas, ou mesmo sobre o destino das crianças, reforçando a importância das decisões individuais que, muitas vezes à revelia das Câmaras locais, forjaram os destinos e a criação dos expostos.

Em Vila Rica, o aumento de enjeitados se fez sentir a partir de meados da década de 40 (vide gráfico 2). Durante as primeiras cinco décadas de ocupação, não obstante o caráter instável da formação social, o número de enjeitados foi baixo, permanecendo episódico nos registros de batismos da Vila. Foi a partir da década de 1740, quando a sociedade vilarriquenha tendia a clivagens sociais mais bem definidas, que o número de enjeitados começou a crescer.

Gráfico 2 - Número de expostos, Vila Rica (1730-1804)

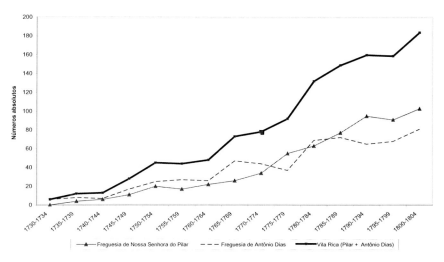

Fonte: Para Freguesia de Nossa Senhora do Pilar: *Banco de Dados referente às séries paroquiais da Freguesia de Nossa Senhora do Pilar de Ouro Preto, séculos XVIII e XIX*, coordenado pela Profa. Dra. Adalgisa Arantes Campos, contendo as atas de batismo da Paróquia de Nossa Senhora do Pilar do Ouro Preto. (CNPq/Fapemig); Para Freguesia de Antônio Dias: Dados trabalhados a partir do Apêndice estatístico de Iracy Del Nero da Costa. *Vila Rica*: população (1719-1826). São Paulo: IPE/USP, 1979.

Na vila vizinha de Ribeirão do Carmo, a assistência aos abandonados fora instituída ainda na década de 1730[73]. Tal fator constituiu-se argumento reivindicatório para que também em Vila Rica a Câmara se incumbisse do pagamento aos expostos. Embora virtualmente responsável, o senado jamais se responsabilizara efetivamente pelo pagamento dos abandonados da Vila até então.

Em 1745, Narciza Lopes, preta forra, reclamara ao concelho a solução de um impasse: seu proprietário, o capitão Antônio Lopes de [Leão], havia recolhido um enjeitado e poucos meses depois faleceu. Narciza, que viveu com o capitão até sua morte, cuidava da criança a partir de então, mas requereu ao senado que, como Antônio Lopes havia legado bens à criança, a Câmara se encarregasse de encontrar uma família disposta a criá-la, porque "agora por morte do dito Leão não pode a suplicante, como pobre, prender o serviço de sua escrava e a dita criança ainda carece de trato"[74]. Por ocasião deste requerimento, o enjeitado contava com oito meses de idade e a Câmara de Vila Rica deferiu o pedido ordenando que a criação fosse feita por "quem por menos fizer".

O requerimento de Narciza foi um dos primeiros indícios de mudanças locais em relação à assistência dos enjeitados. Progressivamente, as famílias atentaram para o papel legal da Câmara diante do número crescente de expostos. A Câmara da antiga Ribeirão do Carmo, então cidade de Mariana, já enfrentava os desafios da sistematização da assistência. E foi na esteira das decisões tomadas na cidade vizinha que os requerentes de Vila Rica se viram estimulados a recorrerem junto ao senado para o cumprimento das obrigações em relação aos expostos.

Os primeiros anos foram os mais tensos na administração dos pagamentos em Vila Rica. Para a Câmara, com a institucionalização dos pagamentos, o enjeitado deixava de ser parte de dramas familiares para tornar-se um sério problema social, envolvendo altos custos. Conforme se observa dos discursos concelhios, o abandono era forma de preservar a honra de famílias honestas e, de uma hora para outra, via-se seu sentido primordial sucumbir frente a uma população multiétnica.

De acordo com a própria instituição, o pedido que desencadeou o pagamento continuado foi o de José Antônio Martins, casado, que, em 1750, enviou uma petição ao concelho:

> ... há poucos tempos lhe botaram uma enjeitada à porta de noite e tem ela [a Vila] quantidade deles que só ao coronel Manoel de Souza Pereira lhe tem botado nove e às várias pessoas sem terem muitas pessoas com que os criar como sucede ao suplicante que não tem quem lhe dê leite e não pode o suplicante sustentar do preciso, pela muita despesa que faz e assim parece que deve haver por este senado ajuda de custo como o há na cidade de Mariana, tão próxima que consta da certidão que apresenta o dar-se a cada pessoa que cria enjeitados a três oitavas por mês para o seu alimento.[75]

A Câmara de Vila Rica não deferiu o pedido de José Martins, ao que imediatamente recorreu ao ouvidor da comarca, Caetano da Costa Matoso, pedindo "alguma coisa" para ajuda da criação de Francisca, exposta em sua casa, "fundado no costume que há na cidade de Mariana, conforme certidão também junta (...) despesa feita na forma da Ordenação livro primeiro, título 88, parágrafo 11". Além das *Ordenações,* José Martins referia-se à prática da municipalidade marianense de pagar aos criadores, reafirmada pelo acórdão da dita Câmara, datado de 21 de junho de 1749, que instituía a esmola mensal de três oitavas por criança.[76] O ouvidor da comarca mandou que o procurador respondesse "dando razão para não deferir ao suplicante".

Em 22 de outubro de 1750, o então procurador, em resposta ao ouvidor, argumentou que no senado de Vila Rica não havia estilo em admitir despesas para mulatos enjeitados como consta ser o requerimento do suplicante que muito bem o pode criar sem embargo de ter família e não é pobre e dando o senado o resto para semelhantes enjeitados serão poucas as suas rendas para esta alimentação, e pelos muitos que contam nesta Vila na Roda do ano.

Neste trecho somente, o procurador reivindicava sobre três pressupostos sem fundamento em lei ou costume, a saber, a prerrogativa de negar auxílio a negros ou mestiços restringir o pagamento a pobres e negar-se a cumprir qualquer obrigação em relação aos expostos, alegando falta de verbas. A cláusula era clara quanto à autonomia camarária em lançar fintas sobre os povos, caso faltassem recursos.

Adiante, ainda no parecer do procurador, defendia-se que tais despesas deveriam ser cobradas primeiramente do Hospital, "a quem em primeiro lugar compete este requerimento". Como já esclarecido anteriormente, a Misericórdia da Vila jamais instituiu apoio aos expostos. Certamente, tratava-se de mais um infundado argumento, na tentativa de eximir o concelho do dever legal. O ouvidor Costa Matoso emitiu novo parecer, em resposta ao procurador, ordenando que o senado satisfizesse ao suplicante e acrescentou que se atenderia a todo requerimento nesta matéria por ser obrigação.

A enjeitada Francisca, de que tratava a petição de José Martins, faleceu pouco tempo depois, em outubro de 1751. Quando de sua morte, foi requerido pagamento restante por seis meses e onze dias de criação; tais cálculos ficavam a cargo do tesoureiro. A disputa, ainda marcada na memória do procurador,[77] foi relembrada no parecer sobre o valor devido, "o suplicante foi o primeiro que abriu caminho para este senado fazer semelhantes despesas".

Pressionada pelo número cada vez maior de pedidos que ressaltavam o dever legal do pagamento e a prática costumeira da cidade vizinha, a Câmara de Vila Rica discutiu, no fim de 1751,[78] a primeira sistematização na tentativa de organizar a administração dos expostos, na correição anual do corregedor Caetano da Costa Matoso. Segundo os camaristas, a despesa de três oitavas por mês em todo o tempo, que se fazia com as amas, "lhes parecia exorbitante". O corregedor determinou "que nos dois anos de leite se pagasse às ditas amas três oitavas por mês e daí por diante se lhes pagasse daí para baixo o que entendessem era conveniente à proporção do trato de cada um dos enjeitados". Instituiu também "um livro[79] em que especialmente se lançassem todos os enjeitados que a Câmara houver de pagar"; estipulou a trimestralidade nos pagamentos, "não se fazendo pagamento algum que

164 Uma história social do abandono de crianças

não seja neste tempo"; mandou fazer toda diligência necessária para averiguar se tinham mãe ou parente que os sustentasse "e achando o obrigarão a sustentá-los e de nenhuma forma se sustentarão pelos bens do concelho procedendo em tudo na forma da lei"; criou mais outro livro[80] para lançar a despesa e recebimento que faziam com as amas, "cujo pagamento se fará na presença do corpo do senado em um dia que se destinará para isso, fazendo vir à sua presença os mesmos enjeitados para se examinar se estão ou não bem tratados"; restringiu o pagamento a pessoas que não tinham bens suficientes para criação, negando a entrada a pessoas que criavam expostos "por compaixão"; reafirmou a prerrogativa camarária de, não tendo verbas, lançar fintas sobre a população.

A administração de Caetano da Costa Matoso é conhecidamente um ponto de inflexão na organização do poder em Minas.[81] O ouvidor reafirmou as prerrogativas régias no ímpeto de subordinar os costumes locais às leis da monarquia, o que lhe rendeu uma série de desafetos e perseguições culminando na sua prisão no Rio de Janeiro.[82]

A primeira tentativa de normatização de Costa Matoso, excetuando-se a restrição aos criadores menos afortunados, não continha grandes novidades em relação ao texto das *Ordenações*. Os outros quesitos eram administrativos e procuravam facilitar trâmites institucionais, e não faziam alterações no quadro legal do abandono. Mas tinham o mérito de objetivar e normalizar a assistência aos expostos em Vila Rica.

De fato, esta *nova* atribuição que a Câmara se dispôs a cumprir gerou verdadeira inflação de pedidos. Ao que tudo indica, a primeira enjeitada, Francisca, era negra ou mestiça. Daquele ano em diante, o tom geral que marcou os pedidos foi o da suma pobreza dos matriculantes, o que não denuncia, necessariamente, pauperização; muitas vezes, este argumento constituiu-se em uma das estratégias para provocar o compadecimento concelhio.

Outro efeito imediato foi o das famílias que criavam enjeitados sem auxílio requererem pagamento retroativo. A Câmara viu-se obrigada instantaneamente a arcar com os expostos passados, presentes e futuros. Inegavelmente uma despesa brutal aos cofres públicos acostumados a não despenderem absolutamente nada com este tipo de assistência.

Em 1751, João Fernandes Guimarães, morador de Lavras Novas, Freguesia de Itatiaia, entrou com pedido à Câmara para satisfazer as criações da enjeitada Ana, batizada em 14 de junho de 1745, "porque o suplicante sempre pretendeu ser pago das ditas criações tanto por ser pobre e não poder fazer caridade tão avultada, como recorreu para isso".[83] De fato, João Fernandes ainda conservava os requerimentos feitos em 1748 à Câmara da Vila, alegando dificuldades econômicas e ameaçando entregar a enjeitada aos oficiais, ao que o procurador prontamente respondeu que só teriam lugar pedidos feitos daquela data em diante até o tempo que couberem alimentos a enjeitados, "não do tempo de antes que parece voluntariamente os quis dar, porque nunca os requereu". Este parecer datado de outubro de 1748 indica que a Câmara pode ter, pelo menos formalmente, atendido petições sobre expostos antes de 1750. Porém, tal prática só foi sistematizada no início do decênio seguinte.

No mesmo processo de João Fernandes, a jurisprudência de agravar o ouvidor parece ter aberto novo caminho diante dos malogrados pedidos anteriores. Esta foi sua próxima atitude. Depois da vitória de José Antônio Martins, no mesmo ano de 1751, João Fernandes entrou com o pedido de pagamento diretamente ao ouvidor e alegou que o não pedir logo que puseram a criança em sua porta não lhe tirava o inegável direito que tinha "para todo o tempo o pedir". Estes documentos surpreendem pela riqueza de argumentação e conhecimento das leis, frequentemente citando os artigos das *Ordenações*. Entretanto, casos retroativos eram realmente peculiares, porque *de jure*, o concelho deveria pagar as criações até os sete anos de idade. De qualquer maneira, "atenta à pobreza do agravante de que somos informados", foi arbitrado o valor de dezesseis oitavas de ouro por "esta vez somente" de ajuda de custo.

Abria-se aqui mais uma porta repleta de enjeitados, mas a decisão da Câmara era a de não pagar por crianças maiores de sete anos. No limite, se dispunham a custear o resto do financiamento, sem arcar com as prestações precedentes. Jerônimo Lopes Ulhoa tinha dois enjeitados em sua casa, "um macho e uma fêmea", Felizardo e Antônia.[84] Solicitou a inclusão de ambos, Felizardo batizado em 11 de junho de 1749, admitido a partir de 1751, e Antônia batizada em 7 de julho de 1743, cujo pedido de admissão "não tem lugar por passar já de sete anos e ficar cessando a precisa obrigação deste senado o que não tem passado eles".

O atendimento aos expostos continuou ao longo de toda a segunda metade da centúria repleto de idas e vindas, embates judiciais, mudanças no preço dos estipêndios, interdições a negros e mulatos, dentre outros. É importante salientar os fatores conjunturais que contribuíram para a implantação do subsídio aos expostos, a saber: a revalorização da lei pátria, os pedidos embasados judicialmente na prática vigente na vizinha cidade de Mariana e o afã legalista de Costa Matoso, que sistematizou pela primeira vez, o atendimento aos enjeitados de Vila Rica.

166 Uma história social do abandono de crianças

Discursos ambivalentes e assistência

Em 1685, o jesuíta Alexandre de Gusmão publicava a *Arte de criar bem os filhos na idade da puerícia* e ressaltava que "desta estreita obrigação que têm os pais de criar bem seus filhos, se conhecerá claramente a inumanidade daqueles que pelos não criar, ou por outros respeitos, os enjeitam ou (o que é mais detestável) os matam".[85] O valor sagrado da vida na ética cristã redundou em atitudes contraditórias diante do fenômeno da exposição. Se por um lado havia a negação de atitudes "condenáveis" dos pais, existia, em paralelo, um aparato legal que, se não fomentava, procurava diminuir empecilhos e conservar o anonimato dos progenitores.

António Gouveia Pinto, jurista que no início do século XIX compilou a legislação existente em Portugal sobre os expostos, afirmava que as mães enjeitavam seus filhos "pelo perigo que corriam se fossem conhecidos (...); pela suma pobreza dos pais ou pela sua perversidade que sufoca em seus corações os sentimentos de amor paterno e lhes faz considerar a criação dos filhos como um peso de que procuram aliviar-se"[86]. A exposição, não obstante ter prós e contras era a alternativa em defesa da vida, motivo pelo qual "acontecendo haver alguma mulher que para evitar sua desonra queira ir ter seu parto à Casa da Roda (...) a ama rodeira a receberá debaixo de todo segredo e lhe procurará uma mulher bem morigerada ou parteira que assista ao parto".[87]

Em 1783, a circular do Intendente de Polícia, Pina Manique, mandava criar Rodas em todas as vilas e cidades do Reino e Domínios para que "mais facilmente se possam expor as crianças sem serem observados e conhecidos tão facilmente os seus condutores". Durante a entrega, "nenhuma pesquisa ou indagação se fará sobre o condutor ou condutora da criança (...), podendo por isso ser exposta nela de dia ou de noite e a qualquer hora".[88]

O sigilo baseado na cumplicidade de padres, parteiras, familiares, serviçais e a utilização ampla do recurso de abandonar crianças criou a base para que, implicitamente, no *ouvir dizer*, todos soubessem ou pudessem, caso notícias viessem à tona, denunciar uns aos outros. Justamente por seu caráter aglutinador, manteve-se vigente durante toda a Época Moderna. Este é um dos motivos pelos quais, não obstante ser duramente criticado por religiosos, tratadistas, vereadores, o abandono continuou quantitativamente representativo e nos mesmos moldes até início do século XIX.

A Câmara de Vila Rica não condenava o abandono, mas era terminantemente contra o aumento de enjeitados vivendo à custa de suas rendas. Num sentido inverso, a institucionalização do pagamento acabava por criar condições facilitadoras para o enjeitamento. Para o caso vilarriquenho, a relação entre implantação e circulação de crianças parece absolutamente factível. O número de abandonados cresceu de forma significativa durante as próximas décadas e em meados de 1790 atingiu cerca de 20% dos nascidos livres.[89]

Certamente não havia nenhuma razão que respondesse exclusivamente pelo número tão elevado de enjeitados. Assim, a pobreza, as questões morais, a desestruturação familiar, a esterilidade dos receptores, dentre vários outros motivos inseriam-se num movimento de maior amplitude: a circulação de crianças. Aos olhos da Câmara, o fenômeno era, em grande parte, próprio da decadência moral das populações, entretanto, é plausível pensar na função utilitária que a circulação poderia ter para as comunidades. Embora, de modo geral, a circulação certamente estivesse, em sua maior parcela, ligada a setores depauperados,[90] era uma alternativa comum a vários segmentos que, por razões diferenciadas, utilizavam-se de uma mesma prática. Os próprios camaristas que frequentemente criticaram o aumento de abandonados batizaram e/ou criaram expostos à custa da câmara. Foram as diferentes possibilidades do enjeitamento que deram força a um fenômeno moralmente condenável segundo as prescrições tridentinas, mas, de fato, vigoroso e a serviço de todos.

Notas

1. A preocupação de Ariès a respeito do nascimento do moderno sentimento da infância faz com que o autor aponte temporalizações para o processo. Segundo Ariès, até o século XII não existia sentimento de infância, ou seja, a consciência da particularidade da condição da criança. Através de relatos e iconografia de época, o autor aponta para fins do século XIV, a tendência à individualização da condição infantil. Esse lento processo iniciado nas camadas mais ricas da população tendeu a um sentimento de "paparicação", diferenciado das atitudes arcaicas medievais, entretanto, ainda não seria a moderna forma de lidar com infantes. A "paparicação, primeiro sentimento de infância", era um misto de "afetação" com o desdém costumeiro. O século XVII seria o responsável por trazer em seu bojo o sentimento de infância veiculado entre moralistas e educadores. A criança deixaria de ser somente divertida e agradável para se moldar psicológica e moralmente. O surgimento de tratadistas preocupados com a educação infantil influenciaria os modelos educacionais até o século XIX. Por fim, o século XVIII, como um coroamento do sentimento moderno de infância e de família, agregaria às preocupações morais e psicológicas, o interesse pela higiene e saúde física. Nas palavras de Ariès: "a criança havia assumido um lugar central dentro da família".

Ver Philippe Ariès. *História social da criança e da família*. Rio de Janeiro: Editora LTC, 1981, p. 156-164.

2. As mais abrangentes discussões sobre as motivações do enjeitamento no Brasil estão em: Renato Pinto Venancio. *Famílias abandonadas – assistência à criança de camadas populares no Rio de Janeiro e em Salvador – séculos XVIII e XIX*. São Paulo: Papirus, 1999, p. 85-98; Maria Luíza Marcílio. *História social da criança abandonada*. São Paulo: Hucitec, 1998, p. 257-266.

3. Isabel dos Guimarães Sá. *A circulação de crianças na Europa do Sul – o caso dos expostos do Porto no século XVIII*. Lisboa: Fundação Calouste Gulbekian/JNICT, 1995, p. 111-181.

4. Isabel dos Guimarães Sá. "O abandono de crianças, ilegitimidade e concepções pré-nupciais em Portugal – estudos recentes e perspectivas". In: Vicente Pérez Moreda (coord.). *Expostos e ilegítimos na realidade ibérica do século XVI ao presente – atas do III Congresso da ADEH* (Associação Ibérica de Demografia Histórica), vol. 3. Porto: Edições Afrontamento, 1993. p. 37-86.

5. Claude Delasselle. «Les enfants abandonnés à Paris au XVIIIe siècle». In: *Annales. Histoire, Sciences Sociales*, 1975, vol. 30, n° 1, p. 187-218.

6. Ver Renato J. Franco. *Desassistidas Minas – a exposição de crianças em Vila Rica, século XVIII*. Niterói: UFF, 2006. p. 75-117. Mestrado em História.

7. A. J. R. Russell-Wood. *Fidalgos e filantropos – a Santa Casa da Misericórdia da Bahia, 1550-1755*. Tradução de Sérgio Duarte. Brasília: Ed UNB, 198, p. 245.

8. Eliane Cristina Lopes. *O revelar do pecado – os filhos ilegítimos na São Paulo do século XVIII*. São Paulo: Annablume/Fapesp, 1998. Ana Luíza de Castro Pereira. *O sangue, a palavra e a lei*: faces da ilegitimidade em Sabará, 1713-1770. Belo Horizonte: UFMG, 2004.Mestrado em História; Vanda Lúcia Praxedes. *A teia e a trama da fragilidade humana*: os filhos ilegítimos em Minas Gerais 1770-1840. Belo Horizonte: UFMG, 2003. Mestrado em História.

9. Douglas Cole Libby e Tarcísio Botelho observaram, para a paróquia de Nossa Senhora do Pilar do Ouro Preto, que o número de filhos legítimos estava concentrado nas mães livres, enquanto as escravas tinham filhos predominantemente ilegítimos. Ver Douglas Cole Libby; Tarcísio R. Botelho. "Filhos de Deus – batismos de crianças legítimas e naturais na paróquia de Nossa Senhora do Pilar de Ouro Preto". *Varia História*, n° 31, jan/2004, p. 69-96.

10. *Banco de Dados referente às séries paroquiais da Freguesia de Nossa Senhora do Pilar de Ouro Preto, séculos XVIII e XIX*, coordenado pela Profa. Dra. Adalgisa Arantes Campos, contendo as atas de batismo da Paróquia de Nossa Senhora do Pilar do Ouro Preto. (CNPq/Fapemig) doravante apenas *Banco de dados*, Batizado em 01/08/1803, Id. 8696.

11. *Banco de dados*, Batizada em 21/06/1798, Id. 7995.

12. *Banco de dados*, Batizada em 08/02/1802, Id. 8453.

13. *Banco de dados*, Batizada em 27/10/1802, Id. 8518.

14. Jean Louis Flandrin. *O sexo e o ocidente*. São Paulo: Editora Brasiliense, 1988, p. 191-199; Ver também: Elisabeth Badinter. *Um amor conquistado – o mito do amor materno*. Rio de Janeiro: Nova Fronteira, 1985, p. 25-144.

15. SÁ, Isabel dos Guimarães. *A circulação de crianças na Europa do Sul – o caso dos expostos do Porto no século XVIII*. Lisboa: Fundação Calouste Gulbekian/JNICT, 1995, p. 50-51.

16. Arquivo Público Mineiro doravante APM, Câmara Municipal de Ouro Preto (CMOP), Avulsos (Av). Caixa (Cx.) 67, Documento (Doc.) 82.

17. Arquivo Eclesiástico da Arquidiocese de Mariana, 1727-1748, f. 49 *Apud* FIGUEIREDO, Luciano R. A. *Barrocas Famílias - vida familiar em Minas Gerais no século XVIII*. São Paulo: Hucitec, 1997. p. 122.

18. Isabel dos Guimarães Sá. *A circulação de crianças na Europa do Sul – o caso dos expostos do Porto no século XVIII*. Lisboa: Fundação Calouste Gulbekian/JNICT, 1995, p. 80-82. Esse procedimento foi precocemente adotado nas Minas: em Mariana, em 1748, um edital da Câmara ordenava que o alcaide desse notícia de todas as mulheres grávidas do termo e em 1761 foi a vez da Câmara de Vila Rica colocar "inspetores jurados nos distritos e ruas" para vigiarem as mulheres grávidas ver Renato Júnio Franco. *Desassistidas Minas – a exposição de crianças em Vila Rica, século XVIII*. Niterói: UFF, 2006, p. 116. Mestrado em História.

19. Arquivo Eclesiástico da Arquidiocese de Mariana, 1726, f. 81 *Apud* Luciano R. A. Figueiredo. *Barrocas famílias - vida familiar em Minas Gerais no século XVIII*. São Paulo: Hucitec, 1997, p. 123.

20. Leila Mezan Algranti. *Honradas e devotas:* mulheres da colônia – condição feminina nos conventos e recolhimentos do sudeste do Brasil, 1750-1822. Rio de Janeiro: José Olympio; Brasília: UNB, 1993.

21. Sobre enjeitados e testamentos para o caso brasileiro ver: Sheila de Castro Faria. *A colônia em movimento – fortuna e família no cotidiano colonial*. Rio de Janeiro: Nova Fronteira, 1998, p. 68-87; Sílvia Maria Jardim Brügger. *Minas patriarcal – família e sociedade (São João del Rei – séculos XVIII e XIX)*. Niterói: UFF, 2002. p. 214-241. Doutorado em História; Vanda Lúcia Praxedes. *A Teia e a Trama da Fragilidade Humana: os filhos ilegítimos em Minas Gerais 1770-1840*. Belo Horizonte: UFMG, 2003.Mestrado em História.

22. Museu Regional de São João del Rei doravante MRSJDR Cx. 489. Inventário *post-mortem* do Capitão José Gomes da Costa e Maria Hilária da Silva, 1830 *Apud* Sílvia Maria Jardim Brügger. *Minas Patriarcal – família e sociedade (São João del Rei – séculos XVIII e XIX)*. Niterói: UFF, 2002. p. 225. Doutorado em História.

23. Os filhos espúrios se subdividiam em três categorias, a saber: Sacrílegos, frutos de relações carnais entre um leigo e um eclesiástico, seja secular ou regular, ou de religiosos entre si; Adulterinos, ligações fortuitas ou consensuais, em que ambos, ou apenas um dos envolvidos, era casado, apresentando, portanto, impedimento a futuras núpcias; Incestuosos, uniões

170   Uma história social do abandono de crianças

carnais entre parentes, ligados por consanguinidade e/ou afinidade, até o 4º grau. Ver Eliane Cristina Lopes. *O revelar do pecado – os filhos ilegítimos na São Paulo do século* XVIII. São Paulo: Annablume/FAPESP, 1998, p. 76, 96.

No *Banco de dados* há referência a um espúrio apenas, trata-se de "Caetano, filho espúrio de Caetano Silva. Pai natural de Trucifal, freguesia de Santa Maria Madalena, termo de Torres Vedras. Mãe natural do Rio de Janeiro". Batizado em 09/01/1742, Id. 3468. Naturalmente, é de se esperar que, no mais das vezes, por ser um documento controlado pela Igreja, os espúrios aparecessem como naturais ou expostos.

24. Testamento do cônego Raymundo da Silva Cardoso *Apud* Luiz Carlos Villalta. *A torpeza diversificada dos vícios – Celibato, concubinato e casamento no mundo dos letrados de Minas Gerais (1748-1801)*. São Paulo: USP, 1993, p. 74. Mestrado em História.

25. Inventário e Testamento, Padre José da Costa Moreira, 1827 *Apud* Vanda Lúcia Praxedes. *A Teia e a Trama da Fragilidade Humana: os filhos ilegítimos em Minas Gerais 1770-1840*. Belo Horizonte: UFMG, 2003, p. 135. Mestrado em História.

26. Para o século XIX há um interessante artigo sobre a dinamização da circulação de crianças em virtude das necessidades de sobrevivência em Campina Grande no contexto da Guerra do Paraguai. Ver: Joan Meznar. "Orphans and the transition from slave to free labor in Northeast Brazil: the case of Campina Grande, 1850-1888". *Journal of Social History*, Spring, 1994. http://www.findarticles.com/p/articles/mi_m2005/is_n3_v27/ai_15324641/pg_1 . Acesso em 09/01/2007.

27. Maria Luíza Marcílio. *Caiçara*: terra e população: *estudo de demografia histórica e da história social de Ubatuba*. São Paulo: USP, 2ª edição, 2006. p. 238.

28. Sheila de Castro Faria. *A colônia em movimento – fortuna e família no cotidiano colonial*. Rio de Janeiro: Nova Fronteira, 1998. p. 75.

29. Tedoro da Fonte. "Conjuntura econômica e comportamento demográfico – o preço dos cereais e o abandono de crianças em Ponte de Lima, 1675-1874". In: Vicente Pérez Moreda (coord.). *Expostos e ilegítmos na realidade ibérica do século XVI ao presente – (Actas do III Congresso da ADEH)*. Porto: Edições Afrontamento, 1993, p. 187-203. Ver também: Renato Pinto Venancio. *Famílias abandonadas – assistência à criança de camadas populares no Rio de Janeiro e em Salvador – séculos XVIII e XIX*. São Paulo: Papirus, 1999, p. 85-98.

30. Ângelo Alves Carrara. *Agricultura e pecuária na capitania de Minas Gerais (1674-1807)*. Rio de Janeiro: UFRJ, 1997, p. 82. Doutorado em História.

31. Isabel dos Guimarães Sá. "O abandono de crianças, ilegitimidade e concepções prénupciais em Portugal – estudos recentes e perspectivas". In: Vicente Pérez Moreda (coord.). *Expostos e ilegítimos na realidade ibérica do século XVI ao presente – atas do III Congresso da ADEH (Associação Ibérica de Demografia Histórica)*, vol. 3. Porto: Edições Afrontamento, 1993, p. 43.

32. A Câmara de Vila Rica interditou durante a década de 1750 a entrada de enjeitados negros e mulatos. Depois de várias batalhas judiciais, a população conseguiu que o pagamento formalmente se estendesse a toda a população. Ver Renato J. Franco. *Desassistidas Minas – a exposição de crianças em Vila Rica, século XVIII*. Niterói: UFF, 2006. p. 75-155. Mestrado em História.

33. Renato Pinto Venancio. "Família e abandono de crianças em uma comunidade camponesa de Minas Gerais: 1775-1875". *Diálogos,* n. 04, vol. 04, 2000, p. 111-123.

34. Grande parte da bibliografia sobre Minas endossou a tese de que os enjeitados estariam diretamente relacionados à promiscuidade e ao desregramento das populações. Para Minas Gerais: Fritz Teixeira de Salles. *Associações religiosas no ciclo do ouro.* UFMG: Centro de Estudos Mineiros, 1963, p. 85; A. J. R. Russell-Wood. "O governo local na América Portuguesa: um estudo de divergência cultural". *Revista de História,* Ano XXVIII, vol. LV, São Paulo, 1977, p. 59; A. J. R. Russell-Wood. *The black man in slavery and freedom in colonial Brazil.* Oxford: The MacMillan Press Ltd, 1982; Caio César Boschi. "O assistencialismo na Capitania do Ouro". *Revista de História.* São Paulo, n.116, 1984, p. 25-41.

35. Sheila de Castro Faria. *A colônia em movimento – fortuna e família no cotidiano colonial.* Rio de Janeiro: Nova Fronteira, 1998, p. 71-74.

36. Inventário *post-mortem* de Mariana Cândida dos Santos, 1840. *Apud* Sílvia Maria Jardim Brügger. *Minas Patriarcal – família e sociedade (São João del Rei – séculos XVIII e XIX).* Niterói: UFF, 2002, p. 224-225. Doutorado em História.

37. Philippe Ariès. *História Social da Criança e da Família.* Rio de Janeiro: Editora LTC, 1981. p. 272-274.

38. Entre os trabalhos, destacam-se: Isabel dos Guimarães Sá. *A circulação de crianças na Europa do Sul – o caso dos expostos do Porto no século XVIII.* Lisboa: Fundação Calouste Gulbekian/JNICT, 1995; Cláudia Fonseca. *Caminhos da adoção.* 2ª ed.,São Paulo: Cortez, 2002.; Nara Milanich. "Los hijos de la providencia: el abandono como circulación en el Chile decimonónico". *Revista de historia social y de las mentalidades,* n. 5, invierno/2001; Nara Milanich. "The Casa de Huerfanos and child circulation in late-nineteenth-century Chile". *Journal of Social History,* winter 2004; Ann Blum. Public Welfare and Child Circulation, Mexico City, 1877 to 1925". *Journal of Family History,* vol. 23, nº 3, 1998, p. 240-271.

39. Ver Cláudia Fonseca. *Caminhos da adoção.* 2ª edição, São Paulo: Cortez, 2002

40. Segundo Fonseca, "é preciso evitar o determinismo econômico que vê, em práticas como a circulação de crianças, nada além de 'anomia', resultado da pobreza. Em nossa análise sobre a circulação de crianças, a privação econômica é obviamente um fator-chave. Todavia, sem um exame cuidadoso dos fatores sociais e culturais através dos quais ela é mediada, a miséria nada pode explicar. Além do mais, a evidência histórica até aqui trazida à baila, embora parca, indica que a circulação de crianças tem sido comum entre

172 Uma história social do abandono de crianças

os pobres urbanos do Brasil pelo menos nos últimos dois séculos". Cláudia Fonseca. *Caminhos da adoção*. 2ª edição, São Paulo: Cortez, 2002, p. 17. Da mesma autora ver também: "Da circulação de crianças à adoção internacional: questões de pertencimento e posse". *Cadernos Pagu*, nº 26, janeiro/julho de 2006, p. 11-43.

41. Cláudia Fonseca. *Caminhos da adoção*. 2ª edição, São Paulo: Cortez, 2002, p. 15.

42. "Le déplacement des rejetons n'est alors pas le fruit du hasard, de l'accident, il n'est pas la conséquence momentanée d'une guerre ou d'une épidémie, il est simplement constituif de la famille". In: Suzanne Lallemand. *La circulation des enfants en societe traditionelle - prêt, don, echange*. Paris: L'Hartmattan, 1993, p. 38. Lallemand encontrou nas sociedades pesquisadas diferentes motivações para a circulação de crianças; ver nesta mesma obra, p. 71-91.

43. Lallemand utiliza-se de vários exemplos de sociedades ditas "tradicionais" em que a circulação de crianças tem uma função social importante a saber: os ameríndios de Alberta, os esquimós (Tununermiut), sociedades na Oceania e na África; ver Suzanne Lallemand. *La circulation des enfants en societe traditionelle - prêt, don, echange*. Paris: L'Hartmattan, 1993, p. 71-77.

44. Ver especialmente Luciano R. Figueiredo. A. *Barrocas Famílias - vida familiar em Minas Gerais no século XVIII*. São Paulo: Hucitec, 1997; do mesmo autor: *O avesso da memória - cotidiano e trabalho da mulher em Minas Gerais no século XVIII*, Brasília: Ed UNB,1993.

45. Ver Laird W. Bergad. *Escravidão e história econômica - demografia de Minas Gerais, 1720-1888*. Tradução de Beatriz Sidou. Bauru: Ed. USC, 2004, p. 145-196; Douglas Cole Libby; Tarcísio R. Botelho. "Filhos de Deus - batismos de crianças legítimas e naturais na paróquia de Nossa Senhora do Pilar de Ouro Preto". *Varia História*, n. 31, jan/2004, p. 69-96.

46. Ver, dentre outros, Carlos de Almeida Prado Bacellar. *Viver e sobreviver em uma vila colonial, Sorocaba - séculos XVIII e XIX*. São Paulo: Annablume/Fapesp, 2001, p. 193-195; André Luiz M. Cavazzani. *Um estudo sobre a exposição e os expostos na Vila da Nossa Senhora da Luz dos Pinhais de Curitiba*. Curitiba: UFPR, 2005, p. 72. Mestrado em História.

47. APM, CMOP, Av., Cx. 63, Doc. 20.

48. APM, CMOP, Av., Cx. 71, Doc. 07.

49. APM, CMOP, Av., Cx. 43, Doc. 11.

50. *Banco de dados*, Batizada em 10/01/1779, Id 5540.

51. *Banco de dados*, Batizado em 22/10/1779, Id 5648.

52. *Banco de dados*, Batizada em 29/06/1781, Id 10118.

53. APM, CMOP, Av., Cx. 70, Doc. 13.

54. "Porém se a mãe for de qualidade, que com razão não deva criar seu filho aos peitos". In: *Ordenações Filipinas*, Livro IV, Título XCIX

55. APM, CMOP, Av., Cx. 40, Doc. 16.

56. Douglas Cole Libby; Tarcísio R. Botelho. "Filhos de Deus – batismos de crianças legítimas e naturais na paróquia de Nossa Senhora do Pilar de Ouro Preto". *Varia História*, n. 31, jan/2004, p. 69-96.

57. APM, CMOP, Av., Cx. 26, Doc. 24.

58. APM, CMOP, Av., Cx. 28, Doc. 24.

59. APM, CMOP, Av., Cx. 31, Doc. 22.

60. APM, CMOP, Av., Cx.30, Doc. 43.

61. APM, CMOP, Av., Cx. 31, Doc. 80.

62. APM, CMOP, Av., Cx. 77, Doc. 23.

63. APM, CMOP, Av., Cx. 75, Doc. 91.

64. APM, CMOP, Av., Cx. 60, Doc. 47.

65. APM, CMOP, Av., Cx. 58, Doc. 09.

66. APM, CMOP, Av., Cx. 59, Doc. 42.

67. APM. CMOP. Av., Cx. 26, Doc. 38.

68. APM, CMOP, Av., Cx. 75, Doc. 83.

69. APM, CMOP, Av., Cx. 48, Doc. 13.

70. Isabel dos Guimarães Sá. *A circulação de crianças na Europa do Sul – o caso dos expostos do Porto no século XVIII*. Lisboa: Fundação Calouste Gulbekian/JNICT, 1995.

71. Para o Chile ver Nara Milanich. "Los hijos de la providencia: el abandono como circulación en el Chile decimonónico". *Revista de historia social y de las mentalidades,* n. 5, invierno/2001; Nara Milanich. "The Casa de Huerfanos and child circulation in late-nineteenth-century Chile". *Journal of Social History,* winter 2004.; Para o México ver Ann Blum. Public Welfare and Child Circulation, Mexico City, 1877 to 1925. *Journal of Family History,* vol. 23, n. 3, 1998, p. 240-271.

72. Para o processo de institucionalização da assistência à infância abandonada no Brasil, ver sobretudo: Maria Luíza Marcílio. *História Social da criança abandonada*. São Paulo: Hucitec, 1998, p. 127-253.

73. Cíntia Ferreira de Araújo. *A caminho do céu:* a infância desvalida em Mariana (1800-1850). Franca: Unesp, 2005, p. 52. Dissertação Faculdade de História, Direito e Serviço Social.

74. APM, CMOP Av. Cx. 16, Doc. 59.

75. APM, CMOP, Av., Cx. 26, Doc. 24.

76. A Câmara de Mariana pagava aos criadores de enjeitados antes de 1749, este acórdão procurou tão somente uniformizar a quantia: ... "E logo requereu o procurador deste senado que vista as despesas em que atualmente está este senado e o poderia comodamente alimentar qualquer dos enjeitados com a porção de três oitavas de ouro cada mês, requeria outrossim que daqui por diante se não contribuísse a pessoa que criasse o enjeitado com

174   Uma história social do abandono de crianças

mais de três oitavas"... Cópia do acórdão de 21/06/1749, feita pelo escrivão da Câmara de Mariana, João da Costa Azevedo em 02/10/1750. APM, CMOP, Av., Cx. 26, Doc. 24.

77. Conforme Donald Ramos, o procurador era o "mais controverso oficial da Câmara", uma vez que era o elo entre o povo e o concelho. Como já salientado, as petições enviadas à municipalidade geralmente tinham de passar por ele, responsável direto por defender direitos e propriedade da instituição, apresentando, inclusive, um dos papéis de mais fácil identificação na vida concelhia. Donald Ramos. *A social history of Ouro Preto: stresses of dinamic urbanization in colonial Brazil*, 1695-1726. The University of Florida, PhD, 1972, p. 303-305.

78. Cópia da correição contida no processo de Joana Correa de Andrade APM, CMOP, Av., Cx. 26, Doc. 15.

79. No Arquivo Público Mineiro há cinco códices referentes a estes livros para toda a segunda metade do século XVIII e início do XIX. Ver APM, CMOP, *Enjeitados* - Cód. 61 (1751-1768); Cód. 88 (1751-1784); Cód.111 (1781-1790); Cód.116 (1790-1796); Cód.123 (1796-1804).

80. O Arquivo Público Mineiro possui apenas um livro de despesa e recebimento dos criadores APM, CMOP, Cód. 62 (1751-1771).

81. Segundo Luciano Figueiredo, "qualquer que fosse o campo de atuação de Caetano [da Costa Matoso], o que diferencia sua carreira em Minas é a plenitude com que ele se investe nas funções que ocupa, seja na de ouvidor, corregedor ou provedor. Sobressai ainda na figura de Caetano um ordenador incansável, aquele com vocação para pôr tudo em ordem". Luciano Raposo de Almeida Figueiredo. "Rapsódia para um bacharel". In: Luciano R. A. Figueiredo & Maria Verônica Campos (coords.). *Coleção das notícias dos primeiros descobrimentos das Minas na América que fez o doutor Caetano da Costa Matoso sendo ouvidor-geral das do Ouro Preto, de que tomou posse em fevereiro de 1749, & vários papeis / Códice Costa Matoso*. Belo Horizonte: Fundação João Pinheiro. Centro de Estudos Mineiros, 2 vols., p. 98.

82. Sobre Costa Matoso ver sobretudo: Luciano Raposo de Almeida Figueiredo. "Rapsódia para um bacharel". In: Luciano R. A. Figueiredo & Maria Verônica Campos (coords.). *Coleção das notícias dos primeiros descobrimentos das Minas na América que fez o doutor Caetano da Costa Matoso sendo ouvidor-geral das do Ouro Preto, de que tomou posse em fevereiro de 1749, & vários papeis / Códice Costa Matoso*. Belo Horizonte : Fundação João Pinheiro. Centro de Estudos Mineiros, 2 vols., p. 39-154.

83. APM, CMOP, Av., Cx. 25, Doc. 29.

84. APM, CMOP, Av., Cx. 26, Doc. 12.

85. Alexandre de Gusmão. *Arte de criar bem os filhos na idade da puerícia*. Edição, apresentação e notas de Renato Pinto Venancio e Jânia Maria Martins. São Paulo: Martins Fontes, 2004, p. 79. Para uma compilação das obras sobre a infância durante a

Época Moderna, ver a excelente apresentação de Renato Pinto Venancio e Jânia Maria Martins, p. IX-XXVII.

86. António Joaquim Gouveia Pinto. *Compilação das providências, que a bem da criação, e educação dos expostos ou enjeitados que se tem publicado, e achão espalhadas em differentes artigos de legislação pátria, a que acrescem outras, que respeitando o bom regime, e economia da sua administração, e sendo com tudo filhas das mesmas leis, tem a experiência provado a sua utilidade. Ordenada em resumo pelo bacharel António Joaquim de Gouveia Pinto; para benefício dos mesmos expostos, utilidade do Estado, e auxílio dos administradores e magistrados, a quem está entregue semelhante administração.* Lisboa: Impressão Régia, 1820 (Com licença), p. 3-4.

87. Antonio Gouveia Pinto. *Compilação das providências,* p. 12.

88. Antonio Gouveia Pinto. *Compilação das providências,* p. 07-08.

89. Ver Renato J. Franco. *Desassistidas Minas – a exposição de crianças em Vila Rica, século XVIII.* Niterói: UFF, 2006, p. 45. Mestrado em História.

90. Sobre a importância da pobreza para o aumento do abandono, ver também Renato Pinto Venancio. *Famílias abandonadas – assistência à criança de camadas populares no Rio de Janeiro e em Salvador – séculos XVIII e XIX.* São Paulo: Papirus, 1999, p. 85-98; Maria Luíza Marcílio. *História Social da criança abandonada.* São Paulo: Hucitec, 1998. p. 257-266.

VIII. Os frutos enjeitados: o abandono de crianças na Mariana Oitocentista

Cíntia Ferreira Araújo *

A EXPOSIÇÃO OU ENJEITAMENTO DE CRIANÇAS foi uma prática frequente no Brasil dos séculos XVIII e XIX. Entretanto, sabe-se que as instituições especializadas no amparo dessas crianças existiram apenas em alguns poucos centros urbanos importantes. Mesmo em localidades que puderam contar com o auxílio formal aos enjeitados verificou-se, ao longo de nossa história, que tal função foi, em geral, cumprida muito a contragosto. Na maioria das vilas ou cidades desprovidas do socorro oficial, a alternativa dos pais que expunham seus filhos era recorrer ao abandono domiciliar, deixando, assim, seus rebentos aos cuidados de terceiros.

A cidade de Mariana pôde contar com um mecanismo formal de assistência às crianças enjeitadas que foi fornecido pela Câmara Municipal durante parte do século XVIII e XIX. Aquelas crianças que conseguissem matrícula no auxílio camarário passariam a receber um pecúlio até que completassem sete anos de idade.[1] Mas e depois que conseguiam passar pelo crivo do Senado? A que estavam sujeitos aqueles pequenos que desde cedo foram relegados?

---

* Mestre em História pela Universidade Estadual Paulista – UNESP/Franca

178   Uma história social do abandono de crianças

O lar acolhedor

Pouco se conhece a respeito da forma como se deu a integração dos enjeitados aos domicílios receptores. Teriam os expostos sido incorporados como filhos dos chefes dos fogos? Ou teriam sido agregados como simples serviçais das famílias acolhedoras? Para Bacellar, essa questão pode ser esclarecida através da utilização do método de reconstituição de famílias.[2]

Em nosso trabalho, contudo, não foi promovida uma investigação com o intuito de reconstituir famílias; buscamos, pois, caracterizar os domicílios receptores, a fim de tentar responder às indagações a respeito do ambiente que acolhia aquelas crianças. Será que os pais, ante ao abandono, procuravam lares mais abastados para deixar seus filhos, com o objetivo de lhes proporcionar melhores condições de vida? Será que tinham uma preferência por lares formalmente constituídos que poderiam garantir a inserção dos pequenos em um ambiente mais estável?

Para tentar responder essas questões recorremos às Listas Nominativas (levantamento ou censo da população). Utilizamos, em um primeiro momento, as Listas Nominativas disponíveis no AHCMM (Arquivo Histórico da Câmara Municipal de Mariana) correspondentes ao início do século XIX, mais precisamente aos anos de 1819, 1822 e 1835. No entanto, encontramos menção aos expostos apenas para os anos de 1819 e 1835. Foram encontrados, para esse último ano, onze casos de expostos referentes ao distrito de São Caetano do Chapotó.

Para o ano de 1819, encontramos 144 casos de expostos, sendo 55 pertencentes à cidade de Mariana e o restante divididos entre os seguintes distritos: 26 expostos em Santa Rita do Turvo, 26 em Espera, onze em Antonio Pereira, nove em São Gonçalo, sete em Passagem, quatro em Furquim, três em São Sebastião, dois em Monja Legoas e um em Brumado (Freguesia do Sumidoro).

Em relação ao sexo dos expostos, a documentação registrou 58% dos assentos pertencentes a meninos e 42% a meninas. Quanto à etnia, 48,6% foram reconhecidos como brancos, 40% como pardos, 7,1% seriam crioulos e 4,3% cabras. Se somarmos as pardas, crioulas e cabras, teremos uma porcentagem de 51,43% de crianças mestiças.

Quanto aos domicílios, houve um aumento no número daqueles chefiados por mulheres, em comparação à segunda metade do XVIII,[3] e consequentemente um maior número de mulheres responsáveis por aquelas crianças. Nos fogos que receberam enjeitados, constatamos o mesmo que Bacellar evidenciou para Sorocaba: que na maior parte dos casos se tratava de domicílios humildes. Ao enjeitar uma criança, a pessoa que a abandonava procurava um lugar que pudesse criar o filho, embora, muitas vezes, esses não fossem muito diferentes dos de origem do exposto, o que da mesma maneira reduzia as oportunidades de sobrevivência da criança.

No conjunto de apresentação da idade, notamos que havia criadeiras cuja idade avançada as impossibilitava de ter sido a mãe-de-leite da criança, o que confirma a utilização, por algumas criadeiras, da amamentação artificial. Tal fato contribuía, ainda mais, para o alargamento das taxas de óbito entre esses pequeninos.

No ano de 1831 o governo provincial solicitou, em ofício, a relação nominal de todos os habitantes residentes em cada distrito, vila ou povoado da província de Minas Gerais, divididos por fogos ou domicílios. Essas listas, elaboradas em 1831-1832, abrangeram 59% do total de distritos de paz da província, englobando 242 localidades. Elas trazem informações nominais sobre a população da província, data da listagem, nome do distrito, número do quarteirão, do fogo, informações específicas sobre cada individuo, sua relação com o chefe do domicílio, sexo, raça, condição social (livre, cativo, forro), idade, estado conjugal, ocupação e nacionalidade.[4] Essa documentação está disponível no APM (Arquivo Público Mineiro) e foi disponibilizada em CD-ROM pelo CEDEPLAR/UFMG (Centro de Desenvolvimento e Planejamento Regional/ Universidade Federal de Minas Gerais).

O recenseamento dos habitantes da cidade de Mariana e seu termo foram feitos nos anos de 1831 e 1832. Em nossa análise, consideramos apenas o levantamento feito para o distrito paroquial da Sé de Mariana (1831), no qual foram arrolados 596 fogos, dos quais 46% , ou seja, 274 domicílios eram chefiados por mulheres.

Esses domicílios somaram um total de 2.972 habitantes, sendo 1.448 (48,7%) homens e 1.524 (51,3%) mulheres. Dentro desse total, 1.094 foram identificados como pardos, 606 crioulos, 548 brancos, 450 pretos, 164 cabras, três índios e em 107 casos a cor não foi revelada. Ainda com relação a esses habitantes, 556 foram classificados como livres, 849 escravos, cinco quartados e em 1.562 casos a documentação não registrou a condição. Se considerarmos que esse último número correspondia aos habitantes livres, teremos o seguinte quadro: 71,3% dos habitantes da Sé de Mariana eram pessoas livres, 28,6% eram cativos e 0,2% estava em processo de liberdade, devido sua condição de quartado.

No ano em que foi feito tal levantamento, o distrito da Sé contava 40 expostos (21 mulheres e 19 homens), distribuídos em 33 fogos. Desse número, 25 foram reconhecidos como brancos e catorze como pardos (em um caso a cor não foi informada) e metade era maior de sete anos. Desses 33 domicílios que abrigavam os enjeitados, 21 eram chefiados por mulheres e doze comandados por homens.

180 Uma história social do abandono de crianças

Para Bacellar, o deixar uma criança em domicílio chefiado por homem poderia insinuar a intenção dos pais em tentar colocar seus filhos em lares, supostamente, mais estáveis.[5] Como o levantamento do ano de 1831 mostrou que a maioria dos lares que acolhiam os enjeitados eram chefiados por mulheres, pudemos mais uma vez constatar que, provavelmente, a maioria dos domicílios de acolhida era humilde.

Em nossa investigação, as informações extraídas dos fogos que acolheram os 40 enjeitados da Sé demonstram que a maior parte dos expostos estava vivendo em domicílios comandados por mulheres solteiras (onze casos), sete estavam sendo criados por viúvas e apenas três estavam sob o amparo de mulheres casadas. Já dos doze abandonados sob a guarda de homens, três estavam incluídos em domicílios de solteiros, oito estavam sendo criados por homens casados e um estava aos cuidados de um viúvo. Esses dados refletem a situação da sociedade marianense naquele período.

Como se sabe, a região de Mariana caracterizou-se pelas altas taxas de celibato, isso devido a uma série de fatores que acabou propiciando um padrão cultural no qual as relações tidas como irregulares foram bem mais aceitas. Desta forma, pode-se dizer que a preocupação dos expositores não estava na condição conjugal daqueles que poderiam vir a acolher seus bebês. Diante da necessidade de abdicar dos filhos, os pais buscavam apenas alguém que pudessem tomar a tarefa de criá-los e na maioria das vezes os pequenos abandonados encontravam abrigo em domicílios humildes.

Os expostos poderiam, ainda, ser inseridos em famílias mais amplas através de relações estabelecidas por meio dos apadrinhamentos. Como se sabe, o parentesco espiritual desempenhava um papel de grande importância, tanto religiosa como social. O batismo, além de marcar a entrada da criança no mundo cristão, fortalecia ou estabelecia laços afetivos de solidariedade entre as pessoas que dele participavam.

Após o sacramento, padrinhos e afilhados estavam, então, ligados por vínculos espirituais, que também implicavam em prestação de assistência material. A esperança de melhorar as condições de vida ou, ao menos, permanecer nas que se encontravam, levou muitos pais a procurarem seus compadres e comadres entre os indivíduos que tinham uma melhor condição social. O compadrio abriu, então, espaço para que se estabelecessem relações entre segmentos distintos da sociedade. Entretanto, sem colocar em risco o patrimônio familiar, uma vez que não se colocava em questão a partilha de bens.

Mas como se teriam dado essas relações parentais no caso dos enjeitados? A escolha de padrinhos e madrinhas teria exercido o mesmo peso que teve para as outras crianças? Para tentar esclarecer tais indagações utilizamos as informações sobre os padrinhos e madrinhas trazidas pelos registros de batismo. Sublinhando que nos preocupamos apenas em estabelecer se os pais espirituais coincidiam com os nomes dos criadores trazidos na documentação.

Dos 348 batismos de crianças expostas, 65 (18,7%) registraram criadores como sendo, também, padrinhos ou madrinhas. O apadrinhamento se mostrou mais frequente quando o acolhedor era homem, como ocorreu em 38 casos. Podemos dizer, então, que para essas 65 crianças os laços formados pelo parentesco espiritual poderiam ter lhes garantido uma melhor inserção nos domicílios, visto que a relação ritual estabelecia proteção dos afilhados por parte de seus padrinhos.

Mas e as 283 crianças restantes? Em doze assentos, o escrivão não mencionou a presença de padrinho e madrinha no momento em que o enjeitado recebeu as águas batismais, e, em 35 registros, foi a figura da madrinha que não apareceu. Somado esses dois números temos um total de 47 batismos sem indicação de madrinhas, o que indica uma ênfase maior conferido ao apadrinhamento masculino. Dentre os batismos destacaram-se algumas pessoas pelo número de vezes que compareceram à pia batismal para apadrinhar expostos. Parte considerável dessas pessoas era eclesiástica e os demais tinham certa colocação de prestígio na sociedade marianense.

Parece claro que, em vários casos, não houve muita preocupação em relação à figura da madrinha ou, até mesmo, padrinho e madrinha na hora da criança receber o sacramento. Outra constatação é que algumas figuras da cidade fizeram-se padrinhos de enjeitados por várias vezes. Podemos citar como exemplo o sacristão-mor da Catedral, Antonio de Pádua, que apadrinhou quinze crianças. Além dele, outros eclesiásticos também estiveram envolvidos em batizados de pelo menos mais de três crianças abandonadas, dos quais podemos destacar o cura João Paulo Barbosa (apadrinhou sete crianças) e José de Souza Ferreira (seis crianças). Essa situação mostra que, na eventualidade de não se ter um padrinho para o abandonado, a própria igreja fornecia um dentre seus membros.

Onze crianças tornaram-se afilhadas do tenente-coronel Fortunato Rafael Arcanjo da Fonseca, que no primeiro registro apareceu, ainda, com a patente de capitão. Sabemos que no ano de 1814, Fortunato Rafael tinha sido vereador, em 1816, procurador, e em 1821, novamente vereador. No ano de 1831, estava no topo da hierarquia social de Mariana, e encontrava-se entre os quatro proprietários que possuíam mais de 25 escravos. Era arrendatário dos ofícios de 2º Tabelião e Escrivão dos Órfãos e estava estabelecido. Além disso, tinha chácara e lavras, ou seja, era uma figura de destaque e de muito prestígio na sociedade marianense daquele período.[6]

182   Uma história social do abandono de crianças

Uma característica comum, entre a maioria desses padrinhos de vários enjeitados, era a condição social de destaque. Eram pessoas em evidência na sociedade e, ao que parece, essa condição levou a serem procuradas, diversas vezes, para se apresentarem como padrinhos daquelas crianças que não tinham outros candidatos ao vínculo espiritual. Alguns desses pequeninos acabaram recebendo o nome de seus benfeitores como uma forma de homenageá-los. Surgiram assim, para citar um exemplo, diversos Fortunatos e Fortunatas dentre os muitos afilhados de Fortunato Rafael Arcanjo da Fonseca.

Não foi apenas a existência desses padrinhos dos enjeitados que se fez presente na cidade. A documentação paroquial nos chamou a atenção para o fato de várias crianças terem sido expostas ao Procurador da Câmara. Cabia a esse funcionário, além de outras funções, colocar essas crianças na casa de alguém, ou seja, era ele o responsável por arrumar interessados em criar enjeitados. As fontes nos sugerem que as diversas pessoas que passaram, ao longo do período analisado, pelo cargo de Procurador da Câmara eram reconhecidas pela população como uma espécie de "roda". Ou seja, acabaram se tornando uma referência àqueles pais que iriam abandonar os filhos.

Nem sempre o comparecimento dos padrinhos ao momento do ritual ocorreu, o que tornou o apadrinhamento por procuração bastante comum. Como exemplo temos o caso do capitão José Pedro Carlos da Fonseca e Ana [Rodozinda] [Vendelina] da Silva, que no ano de 1809 foram padrinhos de Francisca, exposta à Antonia Maria da Silva. Como no dia do batismo não puderam ir a Mariana, uma vez que moravam em Vila Rica, José e Ana fizeram-se presentes através de uma procuração.[7]

Podemos, então, dizer que para a maioria dos expostos, diferentemente das outras crianças livres, o batismo se restringia à esfera religiosa, ou seja, de salvação da alma. A preocupação primordial era que as crianças, nessa condição, recebessem as santas águas. A importância social estabelecida através da formação do parentesco espiritual não tinha o mesmo peso. Os laços estabelecidos com o apadrinhamento tomavam, dessa forma, papel secundário, o que novamente frisa o lugar marginal que os expostos ocupavam na sociedade.

A breve existência

Sabe-se que as elevadas taxas de mortalidade eram comuns no Brasil colonial. Fenômeno corriqueiro, a morte era recebida com festa e era marcada por uma grande mobilização ritual.[8] De acordo com a mentalidade da época, a preocupação maior não estava na morte em si, mas na vida após a morte. Ou seja, a grande preocupação residia na salvação da alma.

Entre as crianças a morte ocorria com mais frequência, fazendo com que as taxas de mortalidade, entre essa população, fossem muito mais elevadas. A preocupação com esses pequenos era a de que não morressem sem receberem o sacramento do batismo. As santas águas seriam o único meio de livrá-los do Limbo. O Limbo, segundo a teologia católica posterior ao século XIII, era o lugar para onde iam as almas das crianças muito novas que, embora não tivessem culpa pessoal, morriam sem receber o batismo que as livrassem do pecado original. Além disso, acreditava-se que o batismo protegeria os pequeninos das bruxas que estariam à solta à procura de *anjinhos* para fazerem seus unguentos e encantamentos.[9]

Quando se tratava de enjeitados, os estudos demonstraram que as cifras da mortandade engrossavam ainda mais. Para Venancio, "a história do abandono é uma história da morte" e os altos "índices de mortalidade acabavam sendo um trágico mecanismo que viabilizava o funcionamento das instituições de assistência".[10]

Tendo em vista a alta taxa de mortalidade entre as crianças enjeitadas, partimos da hipótese de ser o abandono, também em Mariana, uma forma de ruptura familiar, sendo a morte o destino mais frequente das crianças enjeitadas. Para verificarmos essa hipótese, foram pesquisados os Registros de Óbitos, pertencentes ao AEAM (Arquivo Eclesiástico da Arquidiocese de Mariana). Foram levantados 1.975 registros e a população considerada foi aquela tida como inocente, ou seja, aquelas crianças que tinham de zero a sete anos de idade. Essa documentação nos fornece informações a respeito da data do falecimento, sexo do falecido, o lugar de enterro e, a partir de certo momento, a causa da morte. No caso dos enjeitados, além dessas informações, o documento traz o nome de quem estava criando a criança.

Nesses registros também encontramos óbitos de expostos adultos. Esses totalizam treze casos e é interessante observar que em todos se tratava de pessoas solteiras, sendo um deles referente a um cônego. Isso chama a atenção pelo seguinte fato: a ocorrência de poucos óbitos de expostos adultos poder-se-ia explicar pela alta taxa de mortalidade dessa população ainda na tenra infância, ou seja, poucos chegariam à idade adulta. Os que conseguiam resistir à mortalidade, se permanecessem solteiros, acabavam levando por toda vida o estigma de exposto. Com o casamento ou quando da formação de uma família, aparentemente, perderiam essa designação, o que explicaria tanto na documentação paroquial quanto na camarária (Listas Nominativas) a ocorrência de expostos adultos apenas entre solteiros.

184 Uma história social do abandono de crianças

Os registros de óbitos nos permitem, ainda, ter uma visão do número de inocentes mortos durante os anos analisados. Dentre os livres, encontram-se 256 expostos e 1.091 outras crianças, perfazendo um total de 1.347 inocentes. Os filhos de escravos somaram 609 assentos e dez eram filhos de mãe quartada (tabela 1).

Tabela 1 – Número de óbitos da população de zero a sete anos de idade da Paróquia da Sé de Mariana, 1800-1850.

Ano	Livre	Escravo	Exposto	Mãe quartada*	Índio	Total
1800-1810	298 (48,6%)	211 (34,4%)	98 (16,0%)	6 (1,0%)	-	613 (100,0%)
1811-1820	258 (52,9%)	159 (32,7%)	65 (13,4%)	3 (0,6%)	2 (0,4%)	487 (100,0%)
1821-1830	225 (52,9%)	132 (31,1%)	62 (14,6%)	1 (0,2%)	5 (1,2%)	425 (100,0%)
1831-1840	177 (67,8%)	67 (25,7%)	17 (6,5%)	-	-	261 (100,0%)
1841-1850	133 (71,5%)	39 (21,0%)	14 (7,5%)	-	-	186 (100,0%)
Total	1091 (55,3%)	609 (30,9%)	256 (12,9%)	10 (0,5%)	7 (0,4%)	1.973 (100,0%)

Fonte: AEAM, Registro de Óbitos da Sé de Mariana, 1800-1850. Prateleira "Q", livros: 18, 22, 23 e 24.
Excluindo-se dois registros em que não foi possível constatar a condição da criança. Nessa tabela, separamos os expostos dos demais livres para melhor visualizarmos as outras categorias em relação aos enjeitados.
* que pagou ao senhor ¼ do valor total da alforria.

Ainda na mesma tabela, podemos observar que o percentual de óbitos relativos a crianças enjeitadas diminui com o passar das décadas. No início do período, ou seja, entre os anos de 1800-1810, os enjeitados respondiam por 16,0% do total de falecimentos. Na última década, as mortes de expostos não atingiram 8% do total da população estudada. Na tabela 2, foram considerados apenas os livres (grupo no qual se incluem os expostos), tendo a razão de óbitos em relação ao total de inocentes livres falecidos, entre zero e sete anos. O resultado das duas tabelas correlaciona-se positivamente com o declínio da exposição de crianças, que visualizamos tanto nos registros de batismos (tabela 3) quanto na documentação camarária. Isso mostra que com a diminuição do enjeitamento de crianças, ao longo dos anos, houve uma redução no número de óbitos referente a esses pequenos. Tal fato é compatível com o declínio do abandono verificado ao longo da primeira metade do século XIX.

Tabela 2 - Razão dos óbitos de expostos em relação ao total de óbitos de inocentes livres. Paróquia da Sé de Mariana, 1800-1850

Ano	Livre	% de expostos entre os livres
1800-1810	396	29,4
1811-1820	323	24,0
1821-1830	287	21,3
1831-1840	194	14,4
1841-1850	147	10,9
Total	1347	100,0

Fonte: AEAM, Registro de Óbitos da Sé de Mariana, 1800-1850. Prateleira "Q", livros: 18, 22, 23 e 24.

Tabela 3 - Número de expostos por décadas da Sé de Mariana, 1807-1850.

Períodos	Total de expostos	feminino	masculino	% de mulheres	Média anual de expostos
1807-1810	50	27	23	54,0	12,5
1811-1820	115	52	63	45,2	11,5
1821-1830	95	44	51	46,3	9,5
1831-1840	54	31	23	57,4	5,4
1841-1850	34	15	19	44,1	3,4
Total	348	169	179	48,6	7,9

Fonte: AEAM, Registros de Batismo da Sé de Mariana, 1807-1850. Prateleira "O", livros: 14, 15, 16, 17 e 19. Não encontramos os registros batismais correspondentes ao período de 1800 a 1806.

A alta mortalidade entre os enjeitados foi ressaltada nos estudos que se ocuparam da criança abandonada no Brasil dos séculos XVIII e XIX. Isso porque os expostos, além de estarem sujeitos às mesmas dificuldades das outras crianças, tinham outros agravantes que colocavam em perigo suas vidas, como, por exemplo, dependendo do lugar da exposição, teriam que resistir aos fatores naturais, como frio, calor, chuvas e ataques de animais, até serem encontrados. Durante o período de amamentação a criança dependia, geralmente, do leite de várias mulheres ou de métodos artificiais de amamentação, práticas, muitas vezes, fatais à vida dos enjeitados.

Até o final do século XIX, o exposto foi a categoria da população brasileira que apresentou maior índice de mortalidade, tanto infantil como geral. Era comum nas Rodas de Expostos a perda de 30% das crianças nos primeiros 30 dias após a entrada no estabelecimento. Mais da metade não chegava a completar um ano e apenas cerca de 20% a 30% daqueles abandonados na instituição chegariam à vida adulta. A alta mortalidade entre essas crianças foi frequente em todas as instituições destinadas a assistir os expostos. Na Roda da Santa Casa de Salvador, por exemplo, desde meados do século XVIII e todo o XIX, a mortalidade infantil nunca foi menor que 45%.

No início dos oitocentos, as autoridades encarregadas de assistir essas crianças se preocupavam, apenas, em dar-lhes o batismo. Após receberem o sacramento, nada mais importava, pois lhes teriam garantido a vida eterna. Com o passar do tempo esse comportamento começou a mudar. As autoridades foram tomando consciência das elevadas taxas de óbitos entre esses abandonados. Iniciou-se, então, um debate entre essas autoridades e os médicos higienistas a respeito do valor da criança. Essa passou a ser considerada como um bem precioso para os pais, para a sociedade e principalmente para o Estado. Era preciso detectar onde estava a causa da alta mortalidade para sanar o problema e tornar proveitosos os investimentos dispensados na criação dessas crianças.

Em nossa análise, pretendíamos calcular o índice de mortalidade dos enjeitados, mas infelizmente, em parte considerável dos óbitos não foi especificada a idade exata dos indivíduos, constando apenas se o falecido era inocente ou adulto. Isso dificultou, portanto, o cruzamento dos dados, pois, os batismos referem-se a crianças recém-nascidas, já os óbitos, a inocentes, ou seja, à população de zero a sete anos. Uma análise desatenta das fontes distorceria o resultado final da investigação.

A princípio, procuramos conhecer a porcentagem de mortes dos expostos no primeiro ano de vida. Para isso optamos pelo cruzamento dos períodos nos quais foi possível estabelecer a idade daquelas crianças que tinham de zero a doze meses de idade. Nos anos de 1800 a 1810 nada sabemos a respeito da idade exata dos expostos falecidos. Para o restante do período analisado, apenas uma parte dos documentos registrou essa informação, como mostra a tabela 4.

Com os dados referentes a batismo a partir de 1811 a 1850 (tabela 3) e as informações de óbitos de zero até um ano de idade desses expostos (tabela 4), podemos ter uma ideia, no final de cada década, da porcentagem daquelas crianças abandonadas que não conseguiram sobreviver ao primeiro ano de vida, como visualizamos através da tabela 5.

Os dados nos sugerem que parte considerável dos expostos, com idades conhecidas, não conseguiu resistir aos doze primeiros meses de existência. Esse índice seria ainda mais largo, pois, além dos sub-registros de falecimentos, não tivemos a possibilidade de conhecer as idades de muitos expostos que morreram.

Renato Pinto Venancio (org.) 187

Tabela 4 – Porcentagem de óbitos de expostos da Paróquia da Sé de Mariana, 1811-1850.

Ano	Total de óbitos de expostos	Expostos falecidos com até 1 ano de idade	%
1811-1820	65	33	50,77
1821-1830	62	30	48,39
1831-1840	17	13	76,47
1841-1850	14	11	78,57
Total	158	87	55,1

Fonte: AEAM, Registro de Óbitos da Sé de Mariana, 1800-1850. Prateleira "Q", livros: 18, 22, 23 e 24.

Tabela 5 – Porcentagem de expostos que não sobreviveram ao primeiro ano de vida, Paróquia da Sé de Mariana, 1811-1850.

Ano	Total de expostos batizados	Total de expostos que faleceram com idade entre 0 e 1 ano	%
1811-1820	115	33	28,70
1821-1830	95	30	31,58
1831-1840	54	13	24,10
1841-1850	34	11	32,35
Total	298	87	29,20

Fonte: AEAM, Registro de Óbitos da Sé de Mariana, 1800-1850. Prateleira "Q", livros: 18, 22, 23 e 24.

Sabemos que no período foram batizados como expostos 348 crianças, como mostra a tabela 3. Se fizermos uma relação entre os registros de batismos e óbitos, mesmo sabendo de suas limitações relativas à exatidão das idades de cada criança, é possível conhecer um pouco sobre a mortalidade entre elas. Cruzando as duas documentações temos o seguinte quadro: dos 298[11] expostos batizados no período de 1811-1850, 158 crianças abandonadas faleceram, não conseguindo sobreviver aos sete anos de vida. Ou seja, 53,0% das crianças morreram e 47% conseguiram atingir os sete anos de idade. Esses dados sugerem um sub-registro na documentação paroquial; por outro lado confirmam os estudos a respeito do tema, que mostram ser a morte o destino da maioria das crianças enjeitadas.

A causa da morte

Mas qual teria sido a causa ou causas desse número de óbitos de expostos, em particularidade, na cidade de Mariana? Para Caio César Boschi, o grande número de mortes entre as crianças enjeitadas nas Minas, em parte, seria explicado pela desatenção por parte da Câmara e das criadeiras para com os pequenos desamparados. A primeira por não manter em dia as mensalidades fornecidas para a criação e as segundas pela negligência que muitas vezes dispensavam a essas crianças, além de não as apresentarem regularmente ao Senado. Atitudes essas que, segundo o autor, contribuíram para o alargamento de óbitos entre os expostos.[12]

Infelizmente, dos 256 assentos, apenas 80 registraram a causa das mortes. Ainda assim, trata-se de informações subjetivas, pois os sintomas são confundidos com doenças, o que impossibilita o conhecimento específico das causas que estavam por trás daquelas designações. O quadro 1 mostra as causas das mortes citadas na documentação.

Quadro 1 – Causa da Morte de Expostos da Paróquia da Sé de Mariana, 1800-1850.

Causa da morte	Nº de crianças mortas
febre/febre maligna	26
ataque/ataque do peito/ataque interno/moléstia do peito	15
fluxo/fluxo amalinado/ataque de fluxo	12
inflamação/inflamação interna/inflamação no peito	8
bexigas	4
tosse	3
hidropesia/hidropesia do peito	2
malina	2
moléstia interior/moléstia interna	2
sarnas/sarnas recolhidas	2
apoplexia	1
ataque convulsivo/convulsões	1
hética	1
constipação	1
de repente	1

Fonte: AEAM, Registro de Óbitos da Sé de Mariana, 1800-1850. Prateleira "Q", livros: 18, 22, 23 e 24.

Agrupamos algumas denominações por acreditar tratar-se de uma mesma causa. Como mostra o quadro 1, a febre/febre maligna foi o motivo de óbito que mais apareceu nos assentos que se preocuparam em registrar o motivo da morte da criança enjeitada, perfazendo um total de 26 casos de falecimentos. No caso da denominação febres, várias poderiam ser as doenças que têm como um de seus sintomas a elevação da temperatura. Já a febre maligna era o nome dado ao que conhecemos como tifo. Aplica-se o nome de tifo a uma série de doenças infecciosas agudas caracterizadas por um súbito ataque de dor de cabeça, calafrio, febre, dores generalizadas, erupção cutânea e toxemia (substâncias tóxicas no sangue). É transmitido ao homem através de insetos como piolhos, carrapatos ou até mesmo pequenos roedores infectados. Sua propagação encontra condições propícias em ambientes de higiene precária e miséria humana

O grupo seguinte de moléstias foi o responsável pela morte de quinze enjeitados. Sabemos que ataque do peito se tratava de uma doença das vias respiratórias. Grosso modo, esses distúrbios são apresentados de diversas formas, podendo afetar apenas o nariz e a garganta, com sintomas característicos como espirros, congestão nasal e coriza. Entretanto, podem também comprometer alguns órgãos, provocando dores no corpo, febre e fraqueza. Desta forma, poderiam ocorrer diversas manifestações, comumente apresentadas em nossos dias, como: gripes ou resfriados, rinite, sinusite, asma ou bronquite, pneumonia, tuberculose ou tísica, como era conhecida naquela época. Poeiras domésticas, fungos, fortes odores, quedas brusca de temperatura (comum na fria região de Mariana), são alguns dentre outros tantos agentes externos que poderiam causar reações alérgicas e posterior agravamento nas já tão vulneráveis criancinhas daquele período, levando muitas delas a se tornarem anjinhos.

Em doze casos o escrivão registrou a morte por fluxo/fluxo amalinado/ataque de fluxo. Segundo o dicionário de Raphael Bluteau, fluxos são "humores supérfluos que a natureza descarrega por câmaras ou diarreia".[13] Ao que parece, a morte por fluxo poderia abranger uma série de problemas que tinham como característica comum a eliminação de secreções pelo corpo.[14] Como a inflamação das membranas mucosas no estado agudo ou crônico, acompanhada de hipersecreção das glândulas da região afetada que poderia ser um indicativo de fluxo do peito. A morte por desidratação resultante de fortes diarreias poderia ser um sinal de fluxo do ventre etc.

Poderíamos adicionar o quarto grupo - inflamação/inflamação interna/ inflamação no peito - ao segundo aumentando, assim, o número de óbitos resultantes de problemas do aparelho respiratório, somando, então, 23 casos.

A varíola ou bexigas - como era denominada -, apareceu como sendo o motivo do falecimento de quatro enjeitados. Doença, atualmente erradicada, transmitida por um vírus e altamente contagiosa, era transmitida de pessoa a pessoa através de gotículas de saliva contaminada. Seus sintomas incluíam febre alta, cansaço, dores de cabeça e dores nas costas acompanhadas do surgimento de erupções cutâneas, que por muito tempo foi um flagelo em todo o mundo.

190   Uma história social do abandono de crianças

A tosse teria feito mais três vítimas. Mas o que estaria por traz dessa denominação? Os registros parecem sugerir que essas crianças teriam sido acometidas por uma moléstia infecciosa aguda caracterizada por acesso de tosses convulsivas. Poderíamos relacionar esses sintomas ao que denominamos coqueluche?

Hidropsia, malina, moléstia interior/moléstia interna e sarnas fizeram, cada uma, duas vítimas. A primeira doença caracteriza-se pelo inchaço dos membros e do tronco, devido à retenção de líquidos nos tecidos do corpo ou nas cavidades, que hoje sabemos ser devido ao ineficiente bombeamento do coração. Já a malina,[15] é uma febre perniciosa de mau caráter, ou, como definiu Bluteau, uma enfermidade na qual, mesmo aplicando os remédios necessários, não há reação. Essa designação nos registros poderia estar relacionada à febre maligna (tifo), febres próprias do clima, ou até mesmo intoxicações alimentares, infecções intestinais entre outras enfermidades que alcançavam uma gravidade irreversível sendo denominadas, no período, de malina, corruptela de maligna.

Mais abrangentes foram os assentos que registraram a morte por moléstia interior/moléstia interna. Segundo João José Reis, essa expressão era usada quando não se conseguia associar os sintomas do moribundo a uma enfermidade conhecida.[16] A escabiose ou sarna foi fatal à duas outras crianças. Doença contagiosa transmitida por um ácaro e adquirida pelo contato direto com uma pessoa infectada, diretamente associada a hábitos de higiene.

A morte por apoplexia - também denominada de ar, ramo de ar, estupor, ataques ou acessos[17] - foi a causa do óbito de um enjeitado. Sinônimo de acidente vascular cerebral ou hemorragia maciça em qualquer órgão, a apoplexia é uma afecção cerebral que aparece inesperadamente acompanhada de privação dos sentidos e suspensão dos movimentos, que pode provocar a morte. Tem como sintomas: dores de cabeça, paralisia de um dos lados do corpo ou dificuldades de engolir e falar, podendo ocorrer perda de consciência ou confusão mental. Segundo Magalhães, a morte por apoplexia do coração sugeriria a possível evidência da doença de Chagas.[18]

Os assentos também revelaram o falecimento por ataque convulsivo/ convulsões. A causa de um ataque de convulsões é uma desordem do cérebro que pode ser provocada por uma doença congênita, como a epilepsia, ou por alguma lesão que o cérebro tenha sofrido. A pessoa desmaia no momento em que ocorrem as convulsões, ou seja, quando das contrações dos músculos da face, garganta, braços e pernas. Durante o ataque, a respiração para e é fatal se a pessoa não for socorrida e a boca desobstruída. Foi o que parece ter ocorrido com o caso mostrado na documentação.

A constipação ou intestino preso também fez vítima. Uma das causas desse problema relaciona-se à dieta alimentar, sendo causada, principalmente, por uma ingestão insuficiente de líquidos e fibras. Essa deficiência alimentar provoca mudança nos hábitos intestinais diários, devido à dificuldade ou diminuição na evacuação. Já a expressão "de repente", ao que tudo indica, parece ter sido usada no caso da não constatação, pelo menos aparente, de uma causa para explicar a morte. Quanto à hética, febre hética ou lenta, seria sinônimo de tuberculose ou outras enfermidades debilitantes.[19]

Infelizmente, pouco sabemos a respeito dos motivos que levaram essas criancinhas à morte. Na maioria das vezes, apenas nos foi permitido conhecer sintomas de doenças cujas causas os registros paroquiais não revelam. Mas a documentação nos chama a atenção para os poucos casos patológicos que se fizeram conhecidos (como por exemplo, a morte por hidropsia, apoplexia, convulsões), em detrimento dos muitos outros relacionados, principalmente, às questões de natureza higiênica (como o tifo, escabiose, incluindo aqui, em muitos casos, problemas respiratórios), e alimentícia (como constipação, diarreia), profundamente ligados à higiene e à miséria humana a que estavam sujeitos aqueles pequenos.

Outra informação extraída nas entrelinhas confirma a hipótese levantada na documentação camarária (Livros de Matrícula de Expostos) a respeito da idade da criança no momento da exposição. Se por um lado, na maioria dos casos, não nos foi permitido conhecer a idade exata da criança no momento da exposição, por outro, a documentação nos sugere que muitas delas deram entrada no auxílio camarário já com algum tempo de vida, ou seja, não eram mais recém-nascidas. Essa suposição torna-se mais evidente com a análise dos registros de falecimentos. Não encontramos, nesses assentos, a morte causada pelo mal-de-sete-dias (tétano), evidenciando que se tratava de crianças com mais tempo de vida, que já teriam sobrevivido à infecção pós-parto. Tal fato sugere, mais uma vez, que essas criancinhas, até um determinado tempo, estiveram sob a proteção de seus familiares. Esses, em um dado momento, impossibilitados de continuar com seus filhos, por algum motivo acabaram recorrendo à exposição.

192 Uma história social do abandono de crianças

Destinos possíveis

Qual seria o destino daqueles expostos que resistiram à mortalidade? Provavelmente, a resposta a esta questão não é apenas uma, mas várias. Podemos sugerir algumas probabilidades, como, por exemplo, a volta aos pais biológicos. Foi o que aconteceu com Rita que, no momento de seu nascimento, seus pais encontravam-se em situação irregular, mas, posteriormente, com a oficialização do matrimonio procuraram legitimar a menina.[20]

Não apenas o casamento posterior ao nascimento da criança levava ao reconhecimento da filiação. Antonia Maria da Conceição abandonou sua filha no ano de 1813, mas três anos depois da exposição ela recuperou a menina com quem viveu por dez anos antes de reconhecê-la, oficialmente, como filha. Por trás desse reconhecimento, talvez estivesse a preocupação da mãe com o futuro da menina em relação ao direito à herança, por exemplo. É possível levantar essa hipótese, pois o assento sugere que a condição de Maria, enquanto filha da requerente, não era um fato oculto, já que viveram juntas por dez anos antes da abertura do novo assento.[21]

No entanto, o reconhecimento tardio da filiação de crianças expostas, não se mostrou frequente na documentação trabalhada, tendo aparecido apenas por sete vezes. Isso indica que, quando um bebê era exposto, na maioria das vezes, ocorria de fato uma ruptura familiar, em outras palavras, ocorria o abandono definitivo.

Outra possibilidade seria a incorporação desses enjeitados às famílias criadeiras, como mostra os recenseamentos de finais do século XVIII e início do século XIX. Nesses casos, essas crianças foram listadas junto aos filhos legítimos das famílias criadeiras, o que poderia sugerir a incorporação daquelas às famílias acolhedoras. Em Mariana, no ano de 1819, por exemplo, apenas duas expostas aparecem recenseadas junto à lista dos filhos legítimos, mostrando que essa prática não era corriqueira. Além disso, o status do exposto dentro do domicílio variava bastante. Em um levantamento, seu nome poderia vir junto aos dos filhos do chefe do fogo, e, em outra listagem, aparecer junto ao rol de agregados do domicílio.

Outra forma de se visualizar a admissão dos expostos nos domicílios de acolhida é através da partilha dos bens deixados pelos criadores. A aceitação dos enjeitados como seus membros, propriamente ditos, poderia ser refletida na existência ou não de legados destinados a eles. É importante lembrar que a adoção legal, como a entendemos hoje, ou seja, relação jurídica que visa estabelecer um vínculo legal de paternidade ou maternidade e de filiação, era inexistente. Somente na segunda metade do século XX se regularizou, no Brasil, uma legislação para o assunto. O exposto, na verdade, era ajudado a tomar estado (que consistia para os meninos - ter um ofício- e para as meninas - arrumar um casamento). Não tinham, então, direito de herdar bens da família, somente herdariam na eventualidade de não existirem herdeiros.

A partilha da herança, baseada no sistema português, consistia na divisão dos bens em três partes. Duas partes do legado deveriam ser divididas entre os herdeiros legítimos. E a terceira, conhecida como terça parte, poderia ser utilizada pelo testador livremente, ou seja, ele tinha o direito de legar a quem quisesse um terço de seu patrimônio. Através dessa liberdade relacionada à terça parte, buscamos informações de possíveis heranças deixadas por criadores a seus expostos. Isso evidenciaria a aceitação legal dos enjeitados por parte das famílias que os receberam, e que poderíamos chamar relativamente de "adoção".

Para verificarmos essa possibilidade, listamos os nomes daquelas pessoas que criavam expostos, sendo ao todo levantados 265 criadores e criadeiras. Com esse rol, verificamos no ACSM (Arquivo da Casa Setecentista de Mariana) quais dessas pessoas deixaram testamentos. Como era esperado, desse total, poucos seriam aqueles que disporiam de bens que justificaria a necessidade de testar, ou cujos testamentos chegaram até nós. Da lista de 265 responsáveis por enjeitados, apenas 48 deixaram testamentos e destes, apenas seis lembraram de seus expostos nesses documentos.

Citemos alguns casos. Maria Rosa de Jesus, ao dar conta de seus bens para a posterior partilha, declara ter dado uma escrava de nação africana à sua enjeitada Tereza, quando esta se casou.[22] Domingos Alves de Souza[23] ao dispor livremente da sua terça, cedeu 150$000 réis para dona Francisca que lhe foi exposta. Do restante, doou ainda, 200$000 réis ao seu sobrinho Manuel João, 50$000 a sua sobrinha e afilhada Rita, 50$000 ao sobrinho Manuel, 30$000 a outro afilhado, 20$000 a uma afilhada e outros 20$000 a outra afilhada. Para construção da capela em Abre Campo foram destinados 50$000 réis e o restante ficaria com a esposa e também testamenteira. Domingos era uma pessoa de posses, o montante de seus bens formava um valor de 3:815$000 réis (três contos, oitocentos e quinze mil réis), e instituiu como seus legítimos herdeiros seus treze filhos, que teve com três mulheres diferentes.

O testamento foi utilizado, também, para legitimar filhos nascidos fora do amparo oficial e que sem o reconhecimento necessário não poderiam herdar os bens deixados pelos pais. Foi esse o caso de Mariana Angélica do Sacramento, que teve com Miguel Teixeira Romão, antes do matrimônio, um filho de nome João, que foi exposto no Arraial de Passagem. Ele foi instituído seu único herdeiro. Como seu marido era falecido, nomeou seu avô, tenente Manuel Teixeira Romão, tutor do menino.[24]

Outros dois testamentos nos deixam uma interrogação a respeito da filiação dos expostos que os testadores tornaram seus herdeiros. Os dois casos têm em comum a ocupação do testador: tratava-se de dois cônegos. No primeiro testamento, o cônego João Bonifácio Duarte Pinto declarou que não teve filhos naturais nem antes nem depois do sacerdócio, tendo, portanto, tranquila sua consciência. Instituiu como herdeiras suas primas e sobrinhas. No entanto deixou um legado a duas meninas (Eufrásia e outra não identificada) que foram expostas e criadas em casa de dona Clara, mulher do capitão Bento Gonçalves. Cada uma delas ganhou 200$000 (duzentos mil réis), valor superior ao cedido a sua sobrinha, dona Ana Gualbertina de Queiroz, que ficou com 100$000 (cem mil réis) de herança.[25]

O outro testamento diz respeito ao patrimônio do cônego Francisco Soares Bernardes, que declarou ser senhor de uma lavra denominada Cuiabá, bem como de um sítio ou fazenda, chamado Monjalegoa, e de escravos. Ainda segundo sua declaração, tudo deveria ser mantido por tempo de dois ou três anos para com os rendimentos pagar suas dívidas, e depois do tempo vencido, e as dívidas pagas, o restante deveria ser legado, em partes iguais, à dona Francisca Claudiana (mulher do capitão José Gonçalves Couto) e a José Florêncio da Silva, que foi exposto ao capitão João Mendes da Silva. O exposto José, naquele momento, estava estudando em companhia do cônego Francisco. Após o tempo vencido e o pagamento das dívidas, coube a dona Francisca Claudiana e a José Florêncio a quantia de 969$658 réis (novecentos e sessenta e nove mil, seiscentos e cinquenta e oito réis) para cada um. O cônego ainda teve o cuidado de registrar que o catre dourado com o seu cortinado não pertencia a ele e sim à referida dona Francisca. Teve também a preocupação de instituir o testamenteiro como tutor do enjeitado José.[26]

Bem, os dois documentos mencionados deixaram clara a preocupação dos testadores em relação às crianças que foram expostas em outras residências que não as suas. Francisco Soares não somente foi bem generoso no valor deixado ao exposto José Florêncio como demonstrou preocupação quanto ao futuro do menino. Anteriormente, em relação a seus estudos, e, posteriormente, deixando certo o nome de seu tutor. O que poderia estar por trás desses sentimentos tão nobres? Bondade e generosidade dos testadores? Ou toda essa grandeza encobria outros fatos? Teriam sido essas crianças frutos de relações entre esses religiosos e donas casadas? Ou seja, frutos de uniões que encontravam impedimento dos dois lados e por isso tão complicado de serem assumidos abertamente mesmo no último momento da vida?

Em nossa pesquisa, não poderíamos deixar de buscar o testamento de dona Catarina Clara de Jesus e Castro que, em nosso recorte temporal, foi a mulher que mais teve consigo expostos. Nos registros de batismos, ela apareceu como sendo criadeira de oito crianças e, destas, apenas quatro meninas conseguiram ser inscritas no subsídio camarário.

Em seu testamento dona Catarina Clara[27] declarou que era natural de Mariana, filha legítima de Domingos Correa Rabelo e dona Páscoa da Ressurreição Castro (ambos falecidos), e diz sempre ter vivido no estado de solteira e ter tido seis irmãos (uma mulher e cinco homens), dos quais dois foram padres, mas todos eram falecidos. Foi herdeira e testamenteira de quatro deles e somente herdeira dos outros dois. Essas informações confirmam a condição social da testadora.

Dos quatro escravos listados como parte de seus bens em 1831, Catarina conservava apenas Pedro Munjolo e Severino Coelho. Deixou, em seu testamento, a liberdade gratuita ao primeiro, enquanto o segundo, para obter carta de alforria, deveria pagar 200$000 ou trabalhar por mais quatro anos. E por não ter herdeiros forçados, ou seja, aqueles que teriam direito à herança devido ao grau de parentesco, dona Catarina Clara de Jesus instituiu como suas universais herdeiras Isidora Teixeira e Sancha Quitéria que moravam com ela. A primeira, provavelmente, era a exposta Isidora que aparece no recenseamento de 1819 e 1831. Sancha era uma das expostas que apareceu na listagem de 1831, já com 35 anos.

Deixou ainda 25$000 de gratificação a Ludovina por alguns serviços que esta teria lhe prestado quando esteve em sua companhia. Seria o termo "em sua companhia" um indicativo de outra provável exposta que por algum tempo viveu no domicílio de dona Catarina? Por que nem todos os enjeitados à Catarina Clara de Jesus foram encontrados no recenseamento de 1831? Nesse ano, foi listada outra enjeitada adulta (Sancha) em sua residência. A não permanência no domicílio dos expostos batizados por Catarina pode ser indicativa de falecimento ou da saída destes de seus domínios, o que sugere uma movimentação de expostos em seu fogo.

Enfim, esses seis testamentos de criadores e criadeiras que beneficiaram, de alguma forma, expostos na partilha dos seus bens, comprovaram o que se esperava: os enjeitados não eram integrados formalmente nos domicílios de acolhidas, salvo exceções.

Exceção também foi o caso do cônego Miguel Arcanjo da Encarnação,[28] exposto quando criança, que acabou conseguindo driblar os impedimentos legais e se tornou eclesiástico.[29]

Em suma, sabemos que parte das crianças abandonadas não conseguiu resistir à mortalidade. Sabemos, ainda, que raros trilharam o caminho de volta aos pais biológicos. E poucos tiveram aceitação, mais formalizada, no abrigo das famílias acolhedoras. Sabemos, também, que o amparo institucionalizado cessava quando a criança completava sete anos. Mas e aqueles que conseguiram escapar da morte e alcançar o sétimo aniversário? Qual teria sido seu destino mais frequente?

Para a maioria desses sobreviventes entra nossa terceira hipótese: fazer do enjeitado um trabalhador ou criado doméstico, alargando o número de agregados que contribuía como mão-de-obra para a sobrevivência do dia-a-dia dos domicílios.

A própria legislação portuguesa valorizava a utilização dos enjeitados nos serviços dos domicílios. Aqueles que após a criação não estabelecessem laços com as criadeiras deveriam ser encaminhados ao juiz de órfãos. Estes ficavam encarregados de arrumar-lhes uma colocação, que consistia em buscar pessoas que se dispusessem a recebê-los, educá-los, sustentá-los, vesti-los e, em troca, poderiam utilizar seus serviços gratuitamente. No Brasil, mesmo com a independência, a lei metropolitana foi mantida.[30]

Na década de 1830, mais uma vez seguindo as orientações europeias, o ensino profissionalizante destinado aos expostos, criados em instituições de assistência, foi regulamentado. Segundo as normas, eles deveriam ser enviados como aprendizes à casa de mestres artesãos ou comerciantes, em troca de abrigo, alimentação, vestuário etc. Às meninas caberiam as lidas domésticas, como cozinhar, lavar, bordar. Em algumas casas de expostos foram instaladas oficinas destinadas a lhes ensinar uma profissão.

Segundo Marcílio, a partir do Império, a Roda de Expostos "se tornou um celeiro de mão-de-obra e de serviços domésticos para casas de família". Mas foi, sobretudo, a partir do final do século XIX que o número de pedidos feitos às Mesas das Misericórdias para fornecerem meninos e meninas para desempenharem funções domésticas chamou a atenção. Período esse que coincide com a Lei do Ventre Livre e, principalmente, com a Lei Áurea. Ou seja, momento em que começou a haver um crescente temor em relação à possibilidade de faltar empregados para os serviços domésticos.[31] Visto dessa maneira, o destino reservado para a maior parte dos enjeitados, que conseguiram atingir a idade de sete anos, foi a inserção no mundo do trabalho, na categoria de aprendizes, tornando-se, mais tarde, agregados ou empregados propriamente ditos, das famílias que os requisitaram.

Em Mariana, dos 144 expostos registrados nas Listas Nominativas no ano de 1819, 94 eram maiores de sete anos e não dispunham mais do auxílio camarário, mas continuavam no domicílio daqueles que provavelmente os tinham criado ou os tinham, posteriormente, solicitado. Isso fez com que se atingisse o objetivo da Câmara, que era a criação de vínculos entre expostos e criadores.

Desses indivíduos, 49 eram homens e 45 mulheres e o percentual daqueles tidos como brancos correspondiam a 51%, os pardos somariam 42%, ao passo que 4% foram considerados crioulos e 3% cabras. Esses dados insinuam que os de pele mais clara tinham maiores probabilidade de permanecer em um domicílio após completarem o sétimo aniversário. O que talvez fosse resquício do tempo em que a Câmara se recusava a pagar pela criação de crianças que não fossem reconhecidas por atestados de brancura.

Quanto à inserção desses expostos no domicílio, a documentação nos mostra que duas enjeitadas foram aparentemente "incorporadas" à família criadeira como filhas, por estarem recenseadas junto à lista dos filhos legítimos dos cabeças dos fogos. Outros dois, provavelmente, acabaram sendo escravizados, pois se encontravam junto ao rol de escravos. Isso poderia insinuar que tal fato ocorreu porque eram filhos de escravas que haviam exposto seus bebês na tentativa de torná-los forros, mas foram reconhecidos e re-escravizados pelos seus senhores. Ou ainda, que se tratavam de crianças livres, que foram expostas, mas acabaram sendo incorporadas aos escravos do domicílio da família criadeira.

Desses 94 expostos maiores de sete anos, nove tinham uma ocupação (dois "tem negócio", duas fiandeiras, um "anda com tropa", um pedreiro, um escrivão, um soldado do terço da cidade, um alfaiate), um era estudante e outro era "moço do coro". Dois apareceram no rol de filhos do cabeça do fogo (domicílio), e outros dois possuíam escravos, o que revela que poderiam ter alguma forma de ganho, embora não registrado na documentação, para poder comprar um cativo. Na lista de escravos dos domicílios apareceram outros dois expostos. Os 77 restantes teriam se tornado mão-de-obra suplementar, incorporados aos domicílios na forma de agregados.

O arrolamento populacional do ano de 1831 registrou, para a Sé de Mariana, a presença de 40 expostos, dos quais 21 eram do sexo feminino e 19 masculino. Desse total, 17 tinham até sete anos de idade, 22 expostos tinham idade entre oito e 24 anos e uma exposta, 40 anos, também solteira. Entre os inocentes, Fortunato tinha uma ocupação declarada, o menino era estudante.[32] Costureira e rendeira foi o ofício de Francisca de Paula, de sete anos de idade.

Sabemos que o emprego do trabalho infantil era intenso no período. Na comarca de Mariana, por exemplo, no ano de 1831, o levantamento da população registrou a presença de 8.803 pessoas com idades entre cinco e catorze anos. Deste total, 19,5% encontravam-se com uma ocupação declarada.[33] Se a utilização da mão-de-obra infantil era comum, o que teria de incomum na utilização do trabalho dos pequenos enjeitados?

Como vimos, salvo exceções, a maior parte dos domicílios receptores não era abastado. Se compararmos a riqueza dos fogos em relação à posse ou não de escravos (patrimônio por excelência do período), temos o seguinte quadro: das 32 residências que abrigavam expostos, quinze não possuíam escravos. Outras cinco dispunham apenas de um escravo e dez domicílios tinham de dois a quatro cativos. Nesse ano Fortunato Gomes Carneiro foi senhor do maior número de escravos da Sé, possuindo nove no total. Uma característica da região era a predominância da pequena posse escravista. Entretanto, os dados podem nos insinuar que esse excedente populacional (enjeitados) também poderia ser visto como mão-de-obra em potencial, principalmente naqueles domicílios que contavam com poucas pessoas em sua estrutura. Como exemplo podemos citar o domicílio de Joana Maria de Freitas (mulher preta, 40 anos, tecelã), que morava apenas com a exposta Maria (7 anos).

Outro exemplo seria de Maria Clara (crioula, 50 anos, viúva e lavadeira), mulher que criava a exposta Ana (doze anos, costureira). Além da menina, Maria Clara cuidava de Escolástica (70 anos) que era enferma e deficiente, com quem morava. Ou ainda o fogo chefiado por Josefa Lopes (59 anos, costureira) que embora tenha sido listada como casada, o marido não aparece no recenseamento. Em seu fogo vivia apenas Caetano José Pedro (desocupado) e sem nenhum parentesco aparente com Josefa e o exposto Vicente (24 anos, carpinteiro).

Em casos como esses, a figura do exposto no domicílio parece ter tido papel importante. Voltando ao exemplo da criadeira Joana Maria de Freitas, o pecúlio fornecido pela Câmara pela criação da exposta Maria poderia fazer diferença na renda de seu pobre domicílio. A conservação dos expostos nos fogos, após o tempo de criação ou a inserção deles posterior aos sete anos, poderia ser igualmente importante na luta pela sobrevivência do dia-a-dia dos domicílios.

Entre os expostos com idades superiores à inocência, onze foram listados com uma profissão (cinco costureiras e rendeiras, quatro costureiras, dois carpinteiros), dez sem ocupação declarada e dois eram estudantes. Daqueles com ocupação declarada, nove estavam de alguma forma ligados à profissão de coser. Nesse período, como demonstrou Douglas Libby, a tecelagem superava qualquer outra atividade e essa profissão era predominantemente exercida por mulheres de todas as idades e condições.[34]

É interessante observar que a maioria desses nove expostos, ligados a essa atividade, exercia nada além da mesma profissão de suas criadeiras, como no domicílio de Catarina Clara de Jesus, que exercia o oficio de costureira e rendeira. Nele, seus quatro expostos (três meninas e um menino) também exerciam a mesma atividade. Além deles, outros dois ocupantes de seu fogo desempenhavam a mesma função.

Outro fogo com essa característica era o do alfaiate João da Mata de Carvalho. Sua mulher era costureira e rendeira, tal como era a ocupação de mais outras cinco pessoas listadas no domicílio que não tinham, aparentemente, nenhuma relação com João da Mata. Igualmente a exposta Francisca, residente no domicílio, se dedicava à mesma função. Na casa de Felizarda Rodrigues, fiandeira por profissão, abrigava-se à enjeitada e costureira Francisca. Em outro recinto a costureira Joana de Sá Figueroa, de 70 anos, abrigava a exposta Constancia, 40 anos, de mesma profissão.

O que esses fogos tinham em comum? Além de a maioria ser chefiado por mulheres, abrigavam expostos e, ao que tudo indica, sobreviviam da prática de costura ou de costura e renda. Outra característica era a participação dos expostos no mesmo ofício de suas criadeiras. Ou seja, a presença desses enjeitados significava a existência de um braço a mais para o trabalho doméstico, especialmente naqueles fogos desprovidos ou com poucos escravos, ou ainda com um número pequeno ou sem nenhum outro componente além do chefe do domicilio.

Tendo por base as inferências apresentadas a respeito do abandono de crianças na localidade de Mariana correspondente ao período de 1800 a 1850, analisamos o destino dos expostos, principalmente após completarem o sétimo aniversário. Utilizamos, para isso, fontes como registros paroquiais e as Listas Nominativas, que, associadas aos testamentos deixados por criadores com bens a testar, nos permitiram analisar os expostos e os domicílios que os acolheram.

Discutindo as hipóteses possíveis de destino para os expostos, acabamos por verificar, através da documentação trabalhada, que o abandono de crianças consistia em uma forma de ruptura familiar, sendo a morte o destino mais frequente das crianças enjeitadas. O grupo dos sobreviventes, por sua vez, acabava se integrando à família criadeira, ou em outras famílias, na condição de agregados, constituindo parte importante da força de trabalho dos domicílios. Sendo assim, o acolhimento de uma

200 Uma história social do abandono de crianças

criança abandonada era a garantia, por parte dos receptores, da manutenção de mão-de-obra suplementar ao domicílio.

Notas

1. Cíntia Ferreira Araújo. "Os filhos do Senado: a infância abandonada em Mariana no século XIX". Revista População e Família, vol. 6, 2004, p. 121-146.
2. Carlos de Almeida Prado Bacellar. *Viver e sobreviver em uma vila colonial*: Sorocaba, séculos XVIII e XIX. São Paulo: Annablume/Fapesp, 2001, p. 213.
3. Sobre a exposição de crianças em Mariana na segunda metade do século XVIII ver: Laura de Mello e Souza. "A infância abandonada". In: *Norma e conflito*: aspectos da história de Minas no século XVIII. Belo Horizonte: UFMG, 1999, p. 46-79.
4. Cristiana Viegas Andrade. "Domicílios mineiros oitocentistas: uma caracterização segundo o sexo da chefia". In: *História Quantitativa e serial no Brasil*: um balanço. Goiânia: ANPUH-MG, 2001. p. 70 (grifo nosso).
5. Bacellar, o*p. cit..*, p. 215.
6. Ida Lewkowicz. *Vida em família*: caminhos da igualdade em Minas Gerais (séculos XVIII e XIX). São Paulo: FFLCH/USP, 1992, p. 96 e 97. Tese Doutorado em História.
7. AEAM (Arquivo Eclesiástico da Arquidiocese de Mariana), Registro de batismo da Sé de Mariana. Prateleira "O", livro 15, p. 55 v.
8. João José Reis. *A morte é uma festa*: ritos fúnebres e revolta popular no Brasil do século XIX. São Paulo: Companhia das Letras, 1991.
9. Alexandre de Gusmão. *Arte de criar bem os filhos na idade da puerícia*. Lisboa: s.n., 1685, p. 170.
10. Renato Pinto Venancio. *Famílias abandonadas*: assistência a criança de camadas populares no Rio de Janeiro e em Salvador – séculos XVIII e XIX. Campinas: Papirus, 1999, p. 99.
11. Não incluímos nessa contagem os anos de 1800 a 1810 por haver uma lacuna na documentação paroquial.
12. Caio César Boschi. "O assistencialismo na capitania do ouro". *Revista de história*, n. 116, 1984, p. 25-41.
13. Raphael Buteau. *Vocabulário português e latino*. Coimbra: Colégio das Artes da Companhia de Jesus, 1712, vol. 4, p. 147.
14. Para entendermos melhor é necessário buscarmos o significado de fluxão, câmara e humor: FLUXÃO – a transmissão de humor de uma parte para a outra ou descarga de humores que redundando nos vasos caem em uma parte do corpo. Há dois modos de fluxão. 1 – Quando os humores redundantes se movem impetuosamente e de súbito caem em algum membro, como nos fluxos. E [estelicidios] catarrares nas juntas, no peito. 2 – Quando a

capacidade [expultriz] está forte e as partes molestadas com a abundância ou acrimônia e má qualidade do humor, para se aliviarem lança o humor a outra parte que como a mais fraca o recebe. Ver Bluteau, vol. 4, p. 147. Câmara – fluxo de ventre, necessidade da natureza de fazer câmaras. Ver Bluteau, vol. 2, p. 70. Humor – líquida substância nas plantas ou nos corpos dos animais. Todas as umidades como sangue, fleima, cólera, melancolia, leite, esperma, salivas, lágrimas, urina etc. Ver Bluteau, vol. 4, p. 76 e 77, (grifo nosso).

15. Malina, mesmo que maligna.

16. Reis, *op. cit.*, p. 36.

17. Sônia Magalhães de Magalhães. *Alimentação, saúde e doenças em Goiás no século xix.* Franca: UNESP, 2004. Tese – FHDSS/UNE. *Idem, ibidem*, p. 137.P, Franca, 2004, p. 154. Doutorado em História.

18. *Idem, ibidem*, p. 137.

19. *Idem, ibidem.*

20. AEAM (Arquivo Eclesiástico da Arquidiocese de Mariana), Registro de Batismo da Sé de Mariana. Prateleira "O", livro 17, p. 106 v.

21. AEAM (Arquivo Eclesiástico da Arquidiocese de Mariana), Registro de Batismo da Sé de Mariana. Prateleira "O", livro 17, p. 130 r.

22. ACSM (Arquivo da Casa Setecentista de Mariana), Testamento de Maria Rosa de Jesus, 1855. Caixa 289, auto 5359 (Primeiro Ofício).

23. ACSM (Arquivo da Casa Setecentista de Mariana), Testamento de Domingos Alves de Souza, 1939. Caixa 279, auto 5026 (Primeiro ofício).

24. ACSM (Arquivo da Casa Setecentista de Mariana), Testamento de Mariana Angélica do Sacramento. Caixa 189, auto 3684 (Primeiro Ofício).

25. ACSM (Arquivo da Casa Setecentista de Mariana), Testamento do Cônego João Bonifácio Duarte Pinto, 1851. Caixa 268, auto 4865 (Primeiro Ofício).

26. ACSM (Arquivo da Casa Setecentista de Mariana), Testamento do Cônego Francisco Soares Bernardes. Caixa 216, auto 4048 (Primeiro Ofício).

27. ACSM (Arquivo da Casa Setecentista de Mariana), Testamento de Catarina Clara de Jesus e Castro. Caixa 165, auto 3369 (Primeiro Ofício).

28. AEAM (Arquivo Eclesiástico da Arquidiocese de Mariana), Registro de Óbitos da Sé de Mariana. Prateleira "Q", livro 26, p. 92r.

29. Buscamos o Processo *De Genere et Moribus* (AEAM, armário 15, nº 1280) onde o então candidato as ordens da Igreja entrou com o pedido de dispensa no ítem à comprovação de pureza de seu sangue, assim como de seus pais devido a sua condição de exposto

30. Renato Pinto Venancio. "Adoção antes de 1916". In: E. de O. Leite (coord.). *Grandes temas da atualidade*: adoção– aspectos jurídicos e metajurídicos. Rio de Janeiro: Forense, 2005, p. 271- 282.

31. Maria Luíza Marcílio. História social da criança abandonada. São Paulo: Hucitec, 1998, p. 290 (grifo nosso).

32. APM (Arquivo Público Mineiro), Listas Nominativas da Sé de Mariana, 1831. Domicílio de Teodora Maria do Espírito Santo. Pasta 2, documento 17, folha 1.

33. Horácio Gutierrez; Ida Lewkowicz. "Trabalho infantil em Minas Gerais na primeira metade do século XIX". Locus, n. 9, 1999, p. 9-21.

34. Douglas Cole Libby. Transformação e trabalho em uma economia escravista – Minas Gerais no século XIX. São Paulo; Brasiliense, 1988. Ver também: Horácio Gutiérrez; Ida Lewkowicz. "As viúvas em Minas Gerais nos séculos XVIII e XIX". Estudos de História, vol. 4, n. 1, 1997, p. 129-146.

IX. *Expostos, enjeitados e estratégias matrimoniais na Vila de Curitiba colonial*

André Luiz M. Cavazzani *

AS LINHAS QUE SEGUEM FOCALIZAM a temática do abandono de crianças na *Vila de Nossa Senhora da Luz dos Pinhais de Curitiba* (atual Curitiba), na segunda metade do século XVIII. Nessa época, a vila era um modesto vilarejo assentado primordialmente na lavoura de subsistência, na criação e comércio de gado, impulsionados pela demanda por gêneros de primeira necessidade surgida nas regiões mineradoras situadas ao centro da colônia.[1]

Nessa localidade, não havia qualquer tipo de assistência formal aos enjeitados. Aos pais que abandonavam seus filhos na Vila de Nossa Senhora da Luz restava a via de deixá-los à porta dos fogos, praticando aquilo que a historiografia convencionou chamar de "abandono domiciliar".[2]

Tendo em vista o consenso historiográfico de que nas sociedades do antigo regime, mais do que uma opção subjetiva entre cônjuges, o casamento representou um negócio familiar, submisso a imperativos econômicos, políticos ou sociais,[3] focalizaram-se aqui as trajetórias de vida de indivíduos expostos que, superando os riscos de morte prematura, adentraram no mercado matrimonial.[4]

---

* Doutorando em História Social pela Universidade de São Paulo

Tais alianças nupciais – recuperadas por meio de cruzamentos nominativos entre atas paroquiais, listas nominativas e documentação coeva – foram utilizadas como uma espécie de "termômetro" a trazer indícios de quais eram os patamares de inserção social possíveis aos expostos, quando adultos, nos quadros da sociedade que os circundava. Conseguiam eles, via matrimônio, reproduzir o status socioeconômico da família que os acolheu? Seriam suas oportunidades limitadas diante de eventuais preconceitos contra o fato de serem expostos?

Pautado por estas questões, nem sempre esclarecidas em definitivo, o presente estudo busca matizar a problemática da exposição, em sua variante domiciliar, focalizando as trajetórias de vida de indivíduos que foram enjeitados quando crianças na Vila de Nossa Senhora da Luz dos Pinhais de Curitiba.

O conteúdo das atas paroquiais – que registravam os casamentos em que um dos cônjuges era enjeitado – revela que havia uma clara preocupação por parte dos párocos em classificar o indivíduo exposto como tal. Como herança de tempos mais remotos, tal atenção parecia evidenciar o tradicional receio eclesiástico de que o exposto adentrasse inadvertidamente numa execrável relação incestuosa. Mesmo após a morte dos receptores que o haviam acolhido quando criança, o vínculo específico entre ambos permanecia declarado em ata advertindo que o nubente conservava o estatuto de exposto.

Entre os anos de 1765 e 1819, os párocos da igreja de Nossa Senhora da Luz dos Pinhais lançaram em atas um total de 120 casamentos em que pelo menos um dos contraentes era exposto. A análise desse universo ressaltou uma predominância de noivas expostas entre os nubentes. Cerca de 77 casamentos, configurando 64,1% dos casos, foram celebrados tendo como noiva uma enjeitada. De outro lado, foram sacramentadas 43 alianças, configurando um percentual de 55,4%, onde o noivo mantinha o estatuto de exposto.

Esse dado destoa dos números encontrados, quando foram confrontados por gênero, os registros de batismos de expostos para a *Vila de Nossa Senhora da Luz*. De um total 358 expostos batizados entre 1750 e 1800, 333 (51,5%) eram meninos e 353 (48,5%) eram meninas.[5] Esse dado é reforçado à medida que, para um total de 7914 nascimentos na segunda metade do setecentos, contabilizou-se a proporção de 50,3% (3987) para os nascimentos masculinos e 49,7% (3927) para os nascimentos femininos.[6]

Carlos Bacellar deparou-se com um quadro semelhante, ao analisar as núpcias envolvendo expostos na vila de Sorocaba, visualizando uma nítida predominância de noivas expostas, 181 (63,5%), sobre os noivos expostos, 104 (36,5%). Diante destes resultados o autor observou que:

esta proporção vai de encontro à igualdade entre os sexos identificada quando da exposição, mostrando que por ocasião do casamento, as moças enjeitadas tinham maiores possibilidades de casar. Ou pelo menos maiores chances de alcançar uma união conjugal diante do altar, já que não é possível contabilizar as uniões informais. Uma explicação para este fato é, no atual estágio dos conhecimentos, virtualmente impossível.[7]

Para a vila de São João Del Rei, Sílvia Brüegger também levantou um quadro parecido: dos 333 expostos que lá se casaram, entre os anos de 1740 e 1850, 134 (40,24%) eram homens e 199 (59,7%) mulheres. Contudo, diante dos números apresentados, a autora trouxe novas luzes à questão da predominância de mulheres entre os nubentes enjeitados, lembrando que: "as mulheres, em geral menos migrantes que os homens, casavam-se, no mais das vezes, no seu local de origem. Para elas, portanto, o conhecimento de seu enjeitamento seria mais imediato e talvez, registrado com mais precisão nos assentos matrimoniais ".[8]

Duas evidências parecem contribuir para que a explicação levantada por Sílvia Brüegger seja apropriada para o contexto da vila *de Nossa Senhora da Luz*. A primeira delas diz respeito à constatação de que, para o conjunto dos casamentos envolvendo livres, ocorridos entre 1731-1798, Ana Maria Burmester observou que 84% das noivas eram originárias da própria vila de Curitiba. Dados que, segundo a mesma autora, evidenciaram que, a baixa, mobilidade feminina comum nas sociedades tradicionais, também pôde ser verificada em Curitiba.[9]

Já a segunda evidência resulta do fato de que, entre as 77 expostas que casaram na vila de Curitiba, apenas três tinham seus batismos registrados em outras freguesias, a saber: freguezia de Sam Jozeph, freguezia do Pilar da Graciosa, e, freguezia de Santo Antonio da Lapa. Mesmo assim, cabe lembrar que tais freguesias ficavam mais ou menos próximas da vila de Curitiba, distribuídas ao longo dos vários caminhos que faziam circular os tropeiros e demais habitantes daquela mesma região. Portanto, mesmo não sendo de Curitiba, estas noivas localizavam-se num *raio matrimonial* [10] relativamente circunscrito à paróquia curitibana.

Para além da hipótese referente à menor migração de mulheres, uma outra questão pode ser aventada na tentativa de explicar a predominância das noivas expostas no conjunto dos 120 casamentos que envolveram enjeitados na vila de Curitiba.

Conforme a historiografia tem indicado na sociedade, colonial estabelecida em princípios patriarcais, as pressões sociais mais fortes em relação ao casamento pareciam recair sobre o universo feminino. Nesse sentido Ronaldo Vainfas observou que:

> Pressionadas socialmente para "tomar estado" (de casadas), as mulheres da colônia, como as da metrópole, desde cedo se apavoravam com a possibilidade de não se casarem: se bem nascidas, corriam o risco de ficar solteironas e, se modestas, ficariam mesmo 'solteiras' com toda a carga depreciativa que implicava este termo. E, de alto abaixo, da hierarquia social, as mulheres não poupariam esforços para arranjar maridos.[11]

Ao que tudo indica, não apenas as mulheres, mas sobretudo as suas famílias fariam esforços para garantir-lhes arranjos matrimoniais da maneira mais adequada possível. Como já foi apontado, a questão do comportamento sexual feminino não se restringia apenas à moral individual das mulheres. Num ambiente onde a referência social ao indivíduo estava quase sempre articulada a seu pertencimento a um grupo mais amplo, o problema da conduta feminina afligia a toda a família.[12] Tal aflição se expressava, inclusive, em relação às moças enjeitadas criadas em domicílios de posse.

Sheila de Castro Faria observou que, na Freguesia de São Salvador, localizada ao norte fluminense, foi muito recorrente uma espécie de comprometimento que os receptores tinham com as suas expostas, deixando-lhes esmolas como dote ou, então, referenciando claramente em testamento que já as haviam casado.[13]

Segundo a autora, esse mesmo cuidado, em relação ao casamento das enjeitadas, não se evidenciava quando se tratava de meninos expostos.[14] Nessa direção, mesmo que ainda faltem elementos mais concretos, não é absurdo imaginar que a predominância de expostas entre os nubentes, na vila de Curitiba, poderia ser o reflexo de um universo mental profundamente preocupado em resguardar, no âmbito do casamento legitimamente constituído, a honra e a conduta sexual feminina.

Do total anteriormente anunciado (120), a grande maioria dos casamentos *envolvendo enjeitados, cerca de 65.8% (79 casos), correspondia a uniões de expostos,* (as) com filho (as) legítimos. Dados semelhantes foram levantados por Sílvia Brüegger em São João Del Rei, onde de um total de 324 casamentos, 223 (68,3%) uniram expostos a pessoas de filiação legítima.[15] Sheila de Castro Faria, por sua vez, encontrou o dado de que 65% das uniões, em 76 casamentos, ocorreram entre expostos e filhos legítimos.

No que se refere à inserção social dos expostos, estes dados tendem a concorrer para um prognóstico positivo, demonstrando que, na maioria das vezes, as famílias legitimamente constituídas pareciam não impor obstáculos aos casamentos de seus filhos com expostos. Entretanto, análises mais detalhadas revelaram que nem sempre as alianças de pessoas originariamente enjeitadas localizavam-se na esfera das relações que poderiam ser consideradas como privilegiadas na hierarquia social da Curitiba setecentista.

Primeiramente, cabe alertar que os 120 contratos de, núpcias envolvendo expostos(as) contabilizados para a vila de Curitiba, não constavam de um mesmo livro. Até inícios do século XIX, os vigários curitibanos costumavam guardar na paróquia livros diversos para diferentes tipos de assentamentos. Alguns destes volumes prestavam-se aos registros referentes à população livre e branca. Outros eram destinados aos grupos que ocupavam a base da pirâmide social da época: bastardos, escravos e administrados.[16] Nessa direção, Sérgio Nadalin explica que:

> a separação dos livros em função de categorias como brancos ou gente branca, de um lado e, de outro, escravos, administrados e bastardos, incorporava a clivagem social e jurídica da América Portuguesa representada no eixo vertical polarizado pelos senhores e cativos.[17]

Nesse caso, cabe salientar que 83,5% dos casamentos de expostos (100 em números absolutos) foram selados em livros onde o cabeçalho indicava que ali deveriam ser assentados os registros das uniões de "pretos, administrados e bastardos" e "bastardos livres".[18]

Bastardo consiste num termo que, ainda hoje, assume um sentido polissêmico, gerando certa confusão. Em terras lusófonas, nos tempos coloniais, esta palavra parecia sugerir duas significações distintas que, em determinadas situações, poderiam convergir para um mesmo sentido. Na acepção do dicionarista Morais Silva esta palavra poderia indicar a condição de "filho illegítimo, cujo pai as leis não reconhecem ou é incerto", porém, ainda de acordo com o mesmo autor, o termo também significava "animaes gerados com diferença na casta".[19] De um lado, portanto, bastardo era sinônimo de filho nascido de um conúbio ilegítimo, de outro, conforme sugere Morais Silva, o mesmo termo poderia ainda abranger uma conotação racial. Nesse sentido, muito embora a historiografia utilize com frequência o termo bastardo, referindo-se apenas a filho ilegítimo, alguns autores têm alertado que, sobretudo, nas porções meridionais da colônia, esse termo também era utilizado para definir os indivíduos mestiços, também conhecidos como pardos, mamelucos, filhos de pai branco e mãe índia, ou negra. Muitos destes filhos mestiços também

208 Uma história social do abandono de crianças

poderiam ser ilegítimos, ou, vice-versa, resultando daí a certa confusão semântica em relação ao termo.[20]

Levando-se em consideração as variações inerentes ao termo bastardo, deve se atentar para o fato de que as 100 (83%) núpcias envolvendo expostos, registradas em livros de casamento destinados a "bastardos", não correspondem integralmente à alianças que unem um enjeitado a um cônjuge oriundo de uma união ilegítima, em estrito senso, ou seja: não reconhecida pela Igreja.

Tabela I: Paróquia da Vila de Nossa Senhora da Luz dos Pinhais de Curityba, Casamentos em que um dos cônjuges é exposto: 1765-1819.

Cônjuge	Exposto	%	Exposta	%	TOTAL	%
Legítimo(a)	24	24	44	44	68	68
Ilegítimo(a)	7	7	6	6	13	13
Escravo(a)	2	2	1	1	3	3
Exposto(a)	5	5	5	5	10	10
Forro(a)	0	0	1	1	1	1
Viúvo(a)	0	0	5	5	5	5
TOTAL	38	38	62	62	100	100

Fonte: Acervo do Arquivo da Catedral Basílica Menor Nossa Senhora da Luz dos Pinhais de Curitiba. *Livros: III "escravos, mulatos e bastardos" 1762-1784; IV, "bastardos livres e famílias de 2ª. 1784-1804"; V "bastardos, administrados e pretos" 1801-1819.*

O quadro acima demonstra que 68% dos expostos registrados nos referidos livros uniram-se a legítimos. Filhos legítimos, porém, que foram gerados num quadro social definido pela mestiçagem. Indivíduos que num ambiente escravista, ordenado de forma hierárquica, tinham na mácula da descendência mestiça um motivo para serem desqualificados socialmente.

Paralelamente, como está evidenciado, houve expostos que se casaram em situações ainda mais desvantajosas naquela sociedade. Assim, por exemplo, foram registradas alianças matrimoniais envolvendo expostos com ilegítimos, (13), forros (1) e, finalmente, com escravos (3) que, logicamente, detinham o estatuto social mais prejudicado. Entretanto, a busca destas alianças esbarrou não só no laconismo dos assentamentos, ainda mais breves quando tratam das pessoas de "menor qualidade", como também na questão da elevada frequência de indivíduos homônimos na sociedade colonial que, por vezes, atrapalhou as pesquisas. Tendo em vista essas dificuldades, entre as 13 uniões que ligavam expostos a ilegítimos nenhuma pôde ser encontrada nas listas nominativas.

No que se refere aos cativos, a maioria dos levantamentos censitários, confeccionados para o século XVIII, restringia-se a indicar a sua quantidade nos *fogos,* raramente identificando-os. Assim, ficou difícil acompanhar, por exemplo, a união ocorrida em 2 de fevereiro de 1974, de *Bento escravo do capitão mor* com *Maria do Carmo emgeitada q´se criou em caza de Antonio Rodrigues,*[21] como também os demais casais de cônjuges expostos e escravos.

Além de escravos, ilegítimos, forros e viúvos, os expostos também poderiam ter como par outro cônjuge originalmente enjeitado. Em Curitiba foram contabilizadas 5 uniões desse tipo – todas, convém lembrar, lavradas em livros destinados a bastardos. Para outras localidades também foram detectadas núpcias envolvendo expostos nos dois lados. Em São João Del Rei "apenas 9 uniões (2,78%) foram celebradas entre dois expostos";[22] em Campos dos Goitacazes, Sheila de Castro Faria detectou uma única união entre dois cônjuges dessa mesma qualidade.

De um lado, a baixa incidência de núpcias de enjeitados com enjeitadas reflete o fato de que, nas três localidades citadas, o número relativamente pequeno de batizados de expostos, naturalmente, fez baixar a probabilidade de casamentos entre dois enjeitados. Porém, estes dados também evidenciam que o fato de ser enjeitado não restringia as oportunidades matrimoniais de um indivíduo ao casamento com alguém que também havia sido abandonado ao nascer. Em tese, um exposto poderia estar sujeito à mesma variedade de estratégias nupciais, boas ou más, que se impunham a qualquer indivíduo livre na colônia.

Das cinco alianças matrimoniais que envolveram duplamente pessoas abandonadas quando bebês, apenas uma pôde ser encontrada nos levantamentos nominativos. Trata-se da união entre Salvador dos Santos e Custodia Maria, celebrada aos 21 dias de novembro de 1775.[23] O noivo fora exposto no domicílio da viúva Francisca de Mello (o pároco não menciona o nome de seu falecido marido), e a noiva era enjeitada à casa de João Correa (nesse caso o padre também não indicou o nome da esposa de João). O referido casal foi encontrado nas listas nominativas de 1776 e 1777.[24] Esses levantamentos nominativos indicam que Salvador e Custodia optaram por estabelecer domicílio nas vizinhanças de Francisca de Mello, que havia criado o noivo. Tendo em vista as redes de solidariedades mútuas comuns entre os menos favorecidos, é possível supor que, constituído morada nas proximidades da viúva, que na época tinha setenta anos, o casal de expostos poderia socorrê-la em alguma eventualidade ou mesmo em sua subsistência,[25] já que todos viviam sob parcas condições, tendo para o sustento somente o que podiam obter de suas roças. Pobres que eram, nunca puderam dispor da mão de obra cativa.

Seria apressado inferir que Salvador dos Santos e Custodia Maria, assim como a maioria dos enjeitados incluídos na Tabela I, casaram-se no âmbito dos grupos sociais menos favorecidos, simplesmente pelo fato de serem expostos. Na maioria das vezes, a condição em que o exposto casava era um reflexo da própria situação do domicílio que o havia criado. Na Curitiba setecentista o volume principal da corrente dos enjeitados se direcionava para os domicílios numericamente predominantes, que se caracterizavam por não disporem de maiores recursos, além de sua força de trabalho manual.[26] Nesse âmbito, os expostos puderam ser observados constituindo domicílio sob as mesmas duras e despojadas condições que caracterizavam o ambiente social em que foram criados.

Em 1774, Bento Gonçalves, filho legítimo de Luis de Brito e Luzia de Mendonça, casou-se com Micaela Josefa, enjeitada à casa de José Martins Leme.[27] Ao lado de cada nome lavrado no assento, o padre fez questão de frisar a condição "bastarda" dos envolvidos. A única pessoa que não recebeu este qualificativo foi justamente Micaela, pois, ao redigirem as atas paroquiais na vila de Curitiba, os párocos não costumavam aferir outros qualificativos aos enjeitados.

Ainda faltam elementos para entender as razões desse costume. Entretanto, é possível aventar que os padres, ao não mencionarem qualquer outro qualificativo em relação aos expostos, estavam reiterando, ao menos oficialmente, o desconhecimento a respeito da origem destes indivíduos. Ao mesmo tempo há que se considerar que, conforme as disposições régias inspiradas no direito romano, toda criança enjeitada era tradicionalmente considerada livre.[28] Ora, associar aos expostos qualificativos como bastardo, pardo, ou mesmo, preto poderia colocar em risco a condição de liberdade que lhes era inerente.

Independentemente disso, ficou evidente que, ao contrair núpcias com Bento, filho legítimo, porém bastardo, Micaela Josefa estava reproduzindo socialmente a condição do seu receptor.

Situação semelhante ocorreu com Francisco de Paula. Ele foi abandonado em 1775 à porta de André Corsino Gomes, bastardo, que, por sua vez, acabara de enterrar um filho em, tenra idade, que também se chamava Francisco.[29] Conforme consta na lista nominativa de 1776, André Corsino Gomes era um lavrador humilde que não possuía escravos e que dependia, portanto, da força de trabalho familiar para tirar o sustento de suas hortas. Certamente, Francisco de Paula, ainda quando criança, em substituição ao filho morto, passou a ajudar André Corsino em seus roçados.

Em 1794, o enjeitado sacramentou diante do altar sua união com Antonia Rodrigues, filha legítima de Sebastião Rodrigues e Mariana Bicuda, todos bastardos.[30] Somente doze anos depois, na lista nominativa de 1806, o domicílio chefiado por Francisco de Paula foi encontrado.[31] O casal que, nesse ínterim, já havia gerado quatro filhos, vivia somente do que plantava, e, como não possuía escravos, muito provavelmente contava com a ajuda dos filhos mais velhos para granjear da terra o seu sustento. Francisco de Paula vivia, portanto, à imagem de seu receptor André Corcino, e não é absurdo inferir, de forma muito próxima à vida que levava seu sogro, bastardo, Sebastião Rodrigues. Paralelamente, a lista nominativa confirmaria a desqualificação social que afligia a esfera familiar mais próxima de Francisco, indicando que ele, sua esposa e seus filhos eram todos pardos; verificava-se, portanto, conotação racial embutida no termo bastardo que havia sido utilizado anteriormente no registro que selava o seu casamento.[32]

José Francisco de Souza, filho legítimo de Francisco José de Souza e Jozefa Maria, mais sua esposa Maria Ribeira, abandonada à casa de Miguel Silva, também eram pardos e viviam de suas lavouras. A situação de pobreza protagonizada por estes jovens que se casaram em 20 de janeiro de 1802 [33] aparece indicada no levantamento nominativo de 1803.[34] A penúria que caracterizava a vida dos dois refletia, na mesma medida, o ambiente social dos pais do noivo e dos receptores, no caso da noiva exposta.

O padrão parece se repetir novamente com o casal formado, em 1798, por Francisco José Cardoso, filho legítimo de Manoel Cardoso e Gertrudes Rodrigues Antunes, ambos bastardos, e Rita de Jesus exposta em 1783 na casa da viúva, também bastarda, Maria da Silva.[35] O núcleo conjugal foi encontrado nos levantamentos nominativos de 1803 e 1806.[36] Nessa altura, o casal ainda não havia gerado filhos e Francisco, provavelmente, provia o sustento do lar através de esporádicas jornadas de trabalho, "tirando madeiras" do *rocio* da vila de Curitiba.[37] Novamente a conotação racial do termo bastardo, empregado anteriormente no registro de casamento, se refletiria nas listas nominativas, uma vez que marido e esposa foram classificados como pardos.

É bem verdade que pouco se sabe a respeito dos pais do noivo, bem como a respeito da viúva que acolheu a noiva. Buscar estas pessoas nas, listas nominativas, acabou se revelando uma tarefa infrutífera. Entretanto, o fato de aparentemente não ter existido uma maior preocupação em recenseá-los (lembrando que todos os envolvidos eram naturais da vila de Curitiba), bem como, o emprego do qualificativo "bastardo" a cada um dos nomes registrados no assento de casamento, traz sérios indícios de que pais e filho, receptora e exposta, no fundo, viviam nas mesmas condições, engrossando o grupo dos desvalidos que subsistiam na paisagem da Curitiba setecentista.

Na vila de Sorocaba, Carlos Bacellar também observou que, abandonados no mais das vezes em lugares simples, os pequenos enjeitados terminavam se casando com indivíduos do mesmo estrato social de seus receptores. Entretanto, a análise da integração dos expostos em domicílios nessas condições esbarra num problema metodológico bem enunciado pelo mesmo autor:

> Tendo em vista a condição de pobreza da grande maioria das famílias que recebiam expostos ficam embaraçadas as tentativas de indagar, com base nas condições materiais, o nível de aceitação do exposto no interior da família. Afinal, assim como os filhos legítimos os expostos passariam a subsistir: sem bens, sem terras, vivendo da pequena lavoura ou de pequenas jornadas de trabalho. A identificação da possível aceitação do pequeno enjeitado como membro da família permanece no campo dos eventuais sentimentos afetivos.[38]

Mesmo que fique impossível averiguar de forma mais aprofundada a especificidade da relação mantida entre o pequeno enjeitado e o seu domicílio receptor, parece estar evidente que os expostos foram capazes de reprodução social. De maneira geral, eles acabavam sendo acolhidos e encontravam meios para repetir, quando adultos, as condições sociais do ambiente em que haviam sido criados.

Assim, de certa forma, o fato de ter sido exposto não parecia alterar a trajetória de inserção do indivíduo na sociedade que lhe cercava. Ao contrário do que aconteceu nos grandes centros urbanos onde o abandono era institucionalizado, o enjeitado não ficava excluído, deslocado às franjas da sociedade. Conseguia inserir-se socialmente da forma mais convencional possível: através do casamento legitimamente constituído, levando talvez uma vida bastante semelhante a que levaria se não tivesse sido exposto.

Rastrear os casamentos de expostos, criados em domicílios de posses mostrou-se relativamente mais fácil do que estudar aqueles provenientes de lares humildes. Os grupos de elite caracterizavam-se por deter patentes e qualificativos sociais que os salientavam em relação ao grosso da população local, tanto nos registros paroquiais, nas listas nominativas, quanto na documentação coeva.[39] Com efeito, estes distintivos, de uma maneira geral facilitaram o trabalho de identificação e acompanhamento das alianças nupciais que envolveram expostos e pessoas originárias dos estratos mais abastados, que, não por acaso, ficaram testemunhadas nos livros de casamento destinados aos assentos da "gente branca" da vila de Nossa Senhora da Luz da vila de Curitiba.[40]

Em 22 de maio de 1765, o escrivão da Câmara Municipal da vila de Curitiba, Manoel Borges de Sampaio, *homem bom*, reinól do arcebispado de Braga, organizou as núpcias de sua filha legítima, Izabel de Borges Sampaio, com Luis Ribeiro da Silva.[41]

A respeito da origem do noivo pouco se sabe a não ser o seu nome, e que ele era natural da freguesia da Nossa Senhora da Conceiçam de Mogi do Campo, (capitania de São Paulo), antigo pouso bandeirante, que, naquela altura, integrava o itinerário das tropas que rumavam para as feiras de Sorocaba.

A pouca ciência que se tem a respeito de Luis Ribeiro da Silva torna impossível saber ao certo o que motivou Manoel Borges de Sampaio a entregar a ele sua filha em casamento. Quais seriam as afinidades que poderiam unir genro e sogro através da estratégia matrimonial? Até que ponto Manoel Borges seguiu a tendência, observada por Muriel Nazzari no contexto da capitania de São Paulo, de procurar um genro que se ajustasse aos negócios por ele desenvolvidos?[42] Infelizmente, estas questões estão em aberto... Contudo, uma coisa parece certa, Manoel Borges Sampaio reconhecia Luis Ribeiro como alguém que detinha dois daqueles que eram os qualificativos sociais mínimos, que poderiam justificar um vínculo entre eles: a condição de livre e branco.[43] Afinal, como a historiografia tem indicado, na época

> o princípio básico que norteava tal escolha (casamento), era o da igualdade etária, social, física e moral. Casamentos desiguais do ponto de vista social eram mal vistos na capitania (de São Paulo), como em geral no Brasil colônia, a escolha dos cônjuges era norteada, no período colonial, pelo princípio da igualdade no que se refere à idade, condição,fortuna e saúde, e também por aquilo que poderíamos denominar princípio da racionalidade, que evidentemente marginalizava a paixão ou a atração física.[44]

O ano de 1776 marca a primeira vez em que o domicílio de Luis Ribeiro e sua esposa Izabel Borges de Sampaio foi localizado nas listas nominativas. Nessa época Manoel de Borges de Sampaio já havia falecido. Junto do núcleo conjugal moravam um filho chamado José (dez anos), Margarida Gonçalves, sogra de Luis, e mais quatro cunhados: Antonio (vinte e dois anos); Joaquim (onze anos); Roza (dezessete anos) e Gertrudes (catorze anos). O recenseador anotou que o domicílio contava com dois escravos e, entre gados e cavalgaduras, possuía quinze animais, cabedal que indicava que se tratava de um domicílio de posses.[45] Analisando esta composição domiciliar, é muito provável que Luis Ribeiro e de sua esposa tenham iniciado a vida conjugal agregados ao domicílio de Manoel Borges de Sampaio. Quando o sogro faleceu, o genro acabou assumindo a chefia do fogo. Finalmente, este mesmo levantamento, indicava que Luis Ribeiro vivia de seu negócio mercantil e, além disso, atuava no foro das milícias como *ajudante*.[46]

A julgar pelo aumento do número de escravos, os levantamentos subsequentes vão indicar que as atividades mercantis de Luis Ribeiro prosperaram. Gradualmente o pequeno plantel formado por dois escravos sofre um incremento chegando a contabilizar, no ano de 1797, cerca de treze cativos.[47] O prestígio social de Luis Ribeiro parece ter acompanhado na mesma medida a evolução de seus negócios. De 1772 até 1780, ele exerceu na Câmara[48] o cargo de almotacé. Em 1782, conforme o levantamento nominativo, Luis Ribeiro foi promovido nos quadros das milícias, recebendo o título e as atribuições de Capitão Miliciano.[49] Deste pequeno fragmento da trajetória de vida de Luis Ribeiro, depreende-se que, a partir daquilo que pode ser considerado como uma boa estratégia matrimonial, ele, que era um sujeito oriundo de outra localidade, conseguiu radicar-se com distinção entre a mais alta hierarquia curitibana atingindo o privilégio e as prerrogativas de homem bom.

Entretanto, há um dado que ainda não foi revelado a respeito da vida deste *homem bom*. Pouco se sabe a respeito de sua origem porque Luis Ribeiro era, afinal, um enjeitado. Em seu registro de casamento, devidamente assentado no livro de brancos, o padre, de forma lacônica, indicava que Luis Ribeiro era *exposto*, natural da freguesia da Nossa Senhora da Conceiçam de Mogi do Campo, nada mais nada menos.

Seria Luis Ribeiro da Silva um filho ilegítimo, fruto adulterino de alguma relação proibida envolvendo pessoas da elite, engrossando assim a lista daqueles que certa historiografia reconhece como falsos expostos, pequenos "abandonados" à porta de tios e avós?[50] É plausível supor que o *reinól* Manoel Borges de Sampaio conhecia os pais de sangue de Luis, uma vez que os *homens bons* estavam orientados a procurar unir suas filhas com "gente da mesma igualha?"[51]

Infelizmente estas são perguntas lançadas ao vento que ficarão irremediavelmente sem respostas concretas. Contudo, uma coisa parece certa: ao que tudo indica, a condição de exposto não restringiu em nada o êxito logrado por Luis Ribeiro da Silva em seu processo de inserção no escol da sociedade curitibana da época. Em primeiro lugar, o fato de ser um enjeitado não impediu que Luis contraísse núpcias com uma filha de um português do reino, aliança que, diga-se de passagem, era invejável para a época. Paralelamente, as honrarias e distintivos sociais que ele obteve, exercendo os cargos de Capitão e Almotacé, pareciam figurar sem a mínima contradição com o seu estatuto de exposto.

Ainda que não se possa aferir com certeza, é muito plausível que de fato o espectro da ilegitimidade estaria rondando o nascimento de Luis Ribeiro da Silva. A julgar pelo padrão das estratégias matrimoniais das famílias de boa estirpe é improvável que Luis Ribeiro da Silva fosse originário de uma camada social muito inferior à de seu sogro. Assim, mesmo que Luis Ribeiro da Silva tenha sido gerado em circunstâncias espúrias, no mínimo, sua mãe devia ser uma mulher considerada socialmente branca, e Manoel Borges de Sampaio parecia saber disto. Ao mesmo tempo, se o capitão Luis Ribeiro não foi barrado em suas oportunidades pelo fato de ter sido um exposto, muito pelo contrário, a sua exposição parece ter sido justamente um estratagema forjado para amainar as pressões sociais sobre ele, e, principalmente, sobre a sua família materna. Numa sociedade rigidamente ordenada, talvez fosse mais interessante, do ponto de vista da honorabilidade, incorporar à memória genealógica de Luis Ribeiro, na sua posteridade, a condição de exposto do que demarcar na sua posteridade a infamada origem ilegítima.

O Capitão Luis Ribeiro, que foi acolhido como exposto quando criança, também recebeu enjeitados em seu domicílio, uma equação que ajuda a ressaltar a que ponto poderia chegar a recorrência do fenômeno da exposição.

Foram cinco as crianças que o capitão recebeu ao longo dos anos, a saber: Luis em 1776, Maria em 1781; Izabel em 1783; Manoel em 1784; e Jose em 1788.[52] Dentre as cinco crianças expostas à porta de Luis Ribeiro, sabe-se que, muito embora o primeiro exposto (Luis) tenha sido batizado como enjeitado à porta de Luis Ribeiro, ele passou a ser criado noutro domicílio, chefiado por Vitorino Teixeira de Azevedo, sujeito que também integrava os quadros da Câmara.

O exposto Luis não foi o único a ser (re)encaminhado, por seu receptor, para ser criado em outro domicílio. Pelo menos catorze vezes (4,7%), entre 294 casos de exposição analisados, um bebê era exposto em casa de fulano e dado a criar em casa de *ciclano*. Um dado interessante é que, pelo menos, seis destas crianças foram sublocadas de homens bons para homens bons. Conforme já foi indicado, não existe nenhuma evidência documental que comprove a atuação formal da câmara curitibana no auxílio aos enjeitados. Entretanto, o movimento destes expostos, no interior da esfera de relacionamento dos homens da governança, pode sugerir que, mesmo informalmente, poderia haver uma relativa preocupação das autoridades locais com os enjeitados.

Conforme uma lógica ainda não bem entendida, ao que parece, sublocando os expostos, os homens bons, mais do que simplesmente se absterem dessas crianças, pareciam dividir entre si a responsabilidade pela criação dos mesmos. Ao mesmo tempo, esta situação indica que pessoas de prestígio social eram visadas pelas mães que necessitavam desvencilhar-se dos filhos. Talvez essas mães alimentassem a esperança de que seus filhos pudessem lograr melhores condições de vida em domicílios compostos por pessoas com distintivos sociais. Além disso, tal constatação remete ao fato de que muitas vezes os expostos não eram imediatamente recolhidos no domicílio em que eram enjeitados, mas acabavam *circulando* de casa em casa.[53]

Quanto aos outros expostos de Luis Ribeiro da Silva, sabe-se que Maria e Manoel faleceram ainda em tenra idade.[54] Em relação a José, deixado em 1788 à sua porta, pouco se sabe: ele sequer foi digno de nota nos levantamentos nominativos. Muito provavelmente, deve ter sido acolhido junto ao domicílio de Luis Ribeiro da Silva, na condição de mero agregado, sem maiores distinções.

Sem dúvida, das trajetórias dos expostos na mesma casa, a que mais se destacou foi aquela vivenciada pela pequena Izabel, abandonada em 1783. Cerca de quinze anos após ter sido enjeitada, Izabel se casa. Em 1798, são iniciados os autos de seu casamento. O padre então anunciaria: "Querem-se Cazar o Cap.ᵐ ALixandre de Souza Guim.ʾ f.° L.° do Cap.ᵐ mor Alixandre de Souza Guim.ʾ e de Sua m.ᵉʳ D. Izabel Mz.ʾ Novaes Com Izabel Mauricia exposta em Caza da falecida Margarida Glz.ʾ de Sampaio dona."[55]

De início, salta aos olhos uma aparente anomalia em relação ao enjeitamento de Izabel Maurícia. Conforme a própria transcrição do assento de batismo de Izabel Maurícia, efetuada pelo pároco no auto de casamento, ela teria sido exposta "em caza do Cap.ᵐ Luis Ribr.° da S.ᵃ onde Se cria".[56] O que explicaria a menção ao abandono à porta de Margarida Gonçalves? Talvez esta confusão se explique na medida em que, conforme já foi mencionado, Margarida Gonçalves era sogra de Luis Ribeiro, e, segundo os levantamentos nominativos, ambos pareciam coabitar. Talvez vivessem em moradias distintas, mas, ainda assim, numa mesma porção de terras, provavelmente legada por Manoel Borges de Sampaio.[57] Mesmo que Izabel Maurícia tivesse sido deixada à porta de Luis Ribeiro da Silva, por uma série de conveniências não esclarecidas, ela parece ter circulado numa esfera de relação muito específica, ficando a sua criação delegada à viúva Margarida Gonçalves, explicando-se assim a contradição expressa no auto de casamento. Descartada esta pequena imprecisão, o auto de casamento transcorre sem maiores controvérsias. Findado o período das "denunciaçoens Canônicas"[58], "sem se descobrir impedimento algum",[59] os noivos, no início de fevereiro do ano de 1798, puderam então sacramentar sua aliança diante do altar: de um lado uma nubente exposta, de outro um capitão, filho de capitão mor.[60] O que motivaria esta união?

Até que ponto, num jogo de simulação social, o nascimento de Izabel Maurícia, bem como, sua origem parental, foi escondido sob o estatuto da exposição? É possível aventar que Margarida Gonçalves era avó de Izabel e esta, por sua vez, filha ilegítima de uma das cunhadas de Luis Ribeiro da Silva: Roza, solteira, vinte e quatro anos em 1783; Gertrudes, solteira vinte e dois anos em 1783?[61]

Suposições à parte, é fato que Izabel Maurícia acabou, de certa forma, repetindo a história matrimonial do seu receptor, Luis Ribeiro da Silva. A condição de exposta não afetou seu casamento com um indivíduo de importantes predicados sociais. Assim, mesmo sendo uma enjeitada, Izabel Maurícia foi a pivô das alianças mantidas entre duas linhagens da mais fina cepa, com raízes arraigadas no além-mar. Se Luis Ribeiro da Silva casou-se com uma filha de reinóis, Izabel Maurícia casou-se com um neto de portugueses do reino. Seu marido já detinha as insígnias de capitão, e ela, mesmo sendo exposta, ao se casar com o capitão Alexandre Ribeiro Guimarães, muito provavelmente passaria a ser digna das honrarias de uma "Dona", reproduzindo, portanto, as condições sociais do domicílio onde foi enjeitada.

Para a vila de Curitiba, existem ainda mais histórias de crianças que, tendo sido enjeitadas em domicílios de posses, tornavam a repetir quando adultas o ambiente social em que foram criadas.

Em 1768 o pequeno Luciano foi deixado à porta da viúva Ana Martins das Neves, que, por sua vez, faleceu três anos depois.[62] Mesmo com a morte de sua receptor, a Luciano não ficou desamparado: sua criação passaria para os auspícios dos filhos da falecida viúva.[63] Um deles era o negociante Paulo de Chaves Almeida. Homem de prestígio, além de ser comerciante, participava da *governança* local tendo exercido por cinco vezes, entre os anos de 1776 e 1788, a função de juiz ordinário.[64] Conforme indicam os levantamentos nominativos do ano de 1783, Paulo de Chaves Almeida tinha cinquenta anos e era solteiro: ao que tudo indica nunca se casou. Junto dele compunham o *fogo* a sua irmã Izabel de Chaves (48 anos), que era viúva, e, finalmente, o pequeno Luciano. As insígnias de Paulo de Chaves de Almeida, a presença de pelo menos oito escravos em seu domicílio, e o fato dele ser dono de 40 animais, entre gados e cavalgaduras, indicavam, portanto, que o menino estava sendo criado num ambiente de posses.[65]

Em 1787, Luciano, que agora receberia o sobrenome "Chaves", casa-se com Maria Benedita de Jesus.[66] A noiva era filha de Jozé Leme do Prado, artesão, *auxiliar* das milícias, que possuía um escravo e cerca de dez animais, entre gados e

218 Uma história social do abandono de crianças

cavalgaduras. A posse deste pequeno cabedal, somado ao fato de ter sido almotacé da Câmara no ano de 1765, se não o ressalta diante dos demais homens bons, ao menos, o distingue da maioria dos lavradores despossuídos da vila de Curitiba.[67]

A julgar pelo que é mencionado nos levantamentos nominativos, Luciano de Chaves e Maria Benedita de Jesus parecem ter casado com idade inferior à média (26,8 para os homens; 21,2 para as mulheres) em que a maioria dos curitibanos costumava casar, pois Luciano tinha aproximadamente dezenove anos e sua mulher catorze.[68]

Como tantos outros maridos recém-casados, Luciano necessitava dispor de condições para sustentar a esposa em um domicílio que, rapidamente, viria a se expandir com a chegada dos primeiros rebentos. Para tanto, conforme indica Carlos Bacellar, em geral *o jovem tinha à sua frente as seguintes opções:*

> abandonar o fogo paterno, estabelecendo moradia própria seja nos roçados do pai, seja em terras alheias ou devolutas, ou permanecer, mesmo que provisoriamente, no lar paterno, cultivando em parceria com a família as mesmas lavouras.[69]

Possivelmente, por ser moço, Luciano acabou casando sem ter tido chances de conquistar cabedal próprio. Talvez por isso, ele e sua esposa resolveram pelo que mais se aproximava à última opção mencionada por Carlos Bacellar: agregação ao domicílio que era chefiado por Paulo de Chaves de Almeida, receptor de Luciano.

Ali o casal foi recenseado, pela primeira vez, em 1789.[70] Entretanto, nessa altura, Paulo de Chaves de Almeida já havia falecido, ficando a chefia do domicílio aos encargos da viúva Izabel de Chaves, sua irmã. Um dado peculiar é que, mesmo após ter casado, Luciano continuou a ser registrado nas listas nominativas como exposto ao domicílio em que habitava com sua esposa. Explicar esta situação só é possível no campo das conjecturas. Talvez o jovem continuasse a ser identificado como exposto em função de que, mesmo casado, ainda conservava um vínculo de dependência em relação ao fogo em que foi abandonado quando criança e, logicamente, aos seus acolhedores e chefes do domicílio. Corrobora com essa hipótese o fato de que somente em 1793, após estabelecer domicílio próprio nas cercanias do seu antigo domicílio, Luciano deixou de ser identificado como exposto.[71]

Neste ano, portanto, Luciano de Chaves passara a chefiar a própria casa. Junto a ele viviam sua esposa, três filhas pequenas e uma menina exposta também de pouca idade. É interessante notar que a saída de Luciano do seu domicílio de origem ficou marcada pela diminuição da força de trabalho cativa desse mesmo *fogo*. Ao mesmo tempo, dois escravos passam a ser contados em seu novo, domicílio indicando, que talvez, ao deixar sua antiga morada, Luciano os trouxe consigo. Este pequeno patrimônio formado por duas "peças" cativas, além de salientar Luciano em relação à maioria despossuída, mostrava que, de início, ele e sua família levavam uma vida muito mais ao nível do seu sogro do que do seu receptor Paulo de Chaves de Almeida.

Esta situação começa a dar sinais de mudança em 1797 quando falece, aos 70 anos, a viúva Izabel de Chaves.[72] O domicílio da viúva parece se desmembrar e algumas pessoas, que antes estavam agregadas à casa de Izabel de Chaves, passam a ser registradas no domicílio de Luciano, denunciando o vínculo que ainda se mantinha entre o exposto e seu antigo domicílio. Entretanto, o dado mais interessante é o de que nesse mesmo ano triplica o número de escravos à disposição de Luciano de Chaves.[73] A origem destes pode ter inúmeras explicações, constando, inclusive, a possibilidade de Luciano de Chaves os ter herdado da falecida viúva.

Infelizmente, os irmãos Paulo de Chaves de Almeida e Izabel de Chaves não deixaram testamento ao falecer, restando apenas os indícios das listas nominativas para dar alguma plausibilidade a esta hipótese. Entrementes, o fato é que, afinal, Luciano de Chaves estava cada vez mais próximo de alcançar uma situação social que se nivelava à de seu receptor Paulo de Chaves de Almeida. Esta trajetória culmina no ano de 1803, quando Luciano de Chaves chega ao posto de capitão miliciano, possuindo pelo menos oito escravos.[74]

Novamente, portanto, um enjeitado outrora abandonado em um domicílio de posses, conseguiu, quando adulto, atingir os patamares sociais do ambiente em que foi criado. Novamente, um exposto pôde selar um matrimônio com alguém proveniente de uma família que detinha certo prestígio social. Outra vez, recaem inúmeras suspeitas sobre o que justificaria um vínculo tão estreito entre, nesse caso, o exposto Luciano de Chaves e a família que o acolheu quando criança.

De outro lado, as insígnias de Luis Ribeiro eram por demais compatíveis com aquelas de sujeitos nascidos no topo da hierarquia social, reconhecidos como brancos. Assim, no que se refere a este último aspecto, até que ponto Luciano poderia ser um filho temporão de Izabel de Chaves nascido de uma relação ilegítima?[75] Ou então, na mesma perspectiva, filho ilegítimo de Paulo de Chaves de Almeida?

Se para os casos do Capitão Luciano de Chaves e do Capitão Luis Ribeiro, incluindo sua exposta Izabel Maurícia, a questão da origem ilegítima pairou como um espectro no campo das conjecturas, em outras situações recuperadas

220 Uma história social do abandono de crianças

com base nos registros de casamento dos livros destinados a brancos, ela pôde ser nitidamente visualizada.

Em 1797, foi registrada a união entre Estevão Ribeiro de Freitas e a exposta Brígida Maria da Conceição.[76] O noivo era filho de Bento de Freitas Pinto e Jozefa Maria dos Passos. A noiva, por sua vez, havia sido exposta na casa da dona Izabel Martins Valença, viúva do tenente Manoel Rodrigues Seixas, figura de prestígio que, além de possuir escravos e ter ocupado funções nos quadros camarários,[77] era neto do reinól João Rodrigues Seixas, primeiro escrivão da câmara de Curitiba.[78]

Muito embora o registro de casamento indicasse a exposição de Brígida Maria Conceição, – e, também, a naturalidade curitibana de todos os envolvidos no mesmo assento –, misteriosamente a ata de batismo que também deveria mencionar o seu abandono jamais foi encontrada. Desta feita, a primeira notícia de Brígida, ainda solteira, foi fornecida pelos levantamentos nominativos. Nesta documentação, a exposta foi arrolada sucessivamente, de 1789 até as vésperas de seu casamento, como neta da Dona Izabel Martins Valença, gerando, obviamente, suspeitas a respeito das condições em que ela nasceu.[79] Os autos de casamento possibilitaram o esclarecimento da origem misteriosa de Brígida Maria da Conceição. Cumprindo a *praxe* de transcrever para o processo matrimonial o registro dos batismos dos noivos, o pároco acaba revelando que Brígida era filha ilegítima de Anna Maria da Silva, filha de Izabel Martins Valença e Manoel Rodrigues Seixas.[80]

Um dado interessantíssimo é que parece claro que absolutamente todos os envolvidos sabiam da origem ilegítima de Brígida Maria. Não menos intrigante é que, ao que tudo indica, na realidade ela nem parece ter sido de fato exposta, uma vez que, conforme os levantamentos nominativos, desde criança Brígida Maria morava no mesmo domicílio em que viviam seus avós e sua mãe, que nunca se casou. Desta forma cabe indagar até que ponto o fato de Brígida Maria ter sido mencionada como exposta na ata de seu casamento foi apenas um lapso de informação. Algumas evidências indicam que não... Mais do que um simples engano esta imprecisão parece ter sido fruto de uma estratégia premeditada.

Em 1798, ocorre o casamento de Inácia Maria de Jesus, também enjeitada à porta de Izabel Martins Valença.[81] Novamente, a nubente exposta é classificada como neta de sua receptora nos recenseamentos; outra vez o noivo escolhido, Jozé Francisco de Paula, é filho de Bento de Freitas Pinto e Jozefa Maria dos Passos; e, finalmente, fica revelado no auto de casamento que a noiva seria irmã de Brígida Maria.[82] A repetição de um procedimento parecido reforça, portanto, a ideia de que parece ter havido uma intenção explícita em identificar as duas nubentes como expostas mesmo que a sua condição ilegítima fosse do conhecimento de todos.

O pároco que analisou os autos e redigiu o assento parece ter, inclusive, colaborado na ocultação formal da verdadeira origem das nubentes. De certa forma, a atitude deste padre reforça a ideia, veiculada pela historiografia, de que na sociedade colonial mesmo a Igreja estava aberta a tolerar determinadas transgressões de seus fiéis, desde que estas fossem discretas o suficiente para que não se causasse um escândalo, capaz de abalar "a vigência das normas consagradas e a legitimidade das funções prescritas socialmente."[83] Já do ponto de vista da família materna das nubentes, a escolha por identificá-las como "expostas", a exemplo da hipótese levantada para o caso do capitão Luis Ribeiro, poderia representar uma tentativa de subtrair da memória genealógica desta mesma família o "mau passo" que uma de suas mulheres havia dado ao gerar um ramo de descendência ilegítima.

Porém, é pertinente salientar que este "mau passo", dado por Anna Maria da Silva, não parece ter afetado de forma negativa ou irremediável a vida de suas filhas. É bem verdade que o pouco que se sabe a respeito da família dos maridos de Brígida Maria da Conceição e Ignácia Maria de Jesus, não permite uma avaliação acerca da "qualidade" de suas alianças matrimoniais.

Contudo, as listas nominativas de 1806 trazem indicadores de que os parentes maternos das duas nubentes ilegítimas não parecem ter se eximido da responsabilidade para com elas.[84] A localização espacial dos seus *fogos* indica que ambas moravam com seus maridos nas proximidades das casas de alguns de seus tios e também de sua mãe. Todos fixados numa região que desde 1700 era um tradicional reduto dos Rodrigues Seixas,[85] e, em 1806, passara a ser conhecida como o Bairro do Botiatuba dos Seixas.[86] É muito provável que, ao fixar domicílio nessa região, as irmãs ilegítimas e seus maridos, que eram também irmãos, tomavam parte numa estratégia, descrita com frequência pela historiografia, em que determinados grupos familiares, no caso os Rodrigues Seixas, buscavam através de variados consórcios matrimoniais consolidar o seu domínio sobre determinado território.[87] Por fim, a presença de pelo menos um escravo em cada domicílio constituído por esses casais, pode indicar que as duas filhas ilegítimas foram dotadas ao casar. De outro lado também indica que, ao iniciarem a vida matrimonial, os dois jovens casais já mantinham uma convencional distância dos grupos menos favorecidos.

Por fim apresentam-se os contornos da aliança matrimonial de Francisco de Paula dos Santos com Francisca Baptista Dinis, ocorrida em 1797.[88] O noivo foi exposto em 1776, à porta de Manoel Joaquim, chefe de um domicílio que se diferenciava pela posse de um patrimônio formado por dois escravos e quarenta animais entre gados e cavalgaduras.[89] A noiva era neta, pela parte paterna, do poderoso sargento mor João Batista Diniz — comerciante de grosso trato, proprietário de pelo menos vinte escravos e de um rebanho de cerca de 200 animais[90] —, filha legítima de Salvador Baptista Dinis (taberneiro, dono de cinco escravos) e Escolástica Soares.

Ao ser encontrado nas listas nominativas de 1806, o jovem casal, formado pelo exposto e sua mulher, já tinha três filhos pequenos e possuía um escravo, indicando de um lado a possibilidade da noiva ter sido dotada, e, de outro, o fato de que já no início da vida matrimonial ambos estavam muito mais próximos do ambiente social do qual provinham, do que da grande maioria de casais pobres que subsistiam à duras penas nos campos curitibanos.[91]

Finalmente, apresenta-se uma importante nuance a respeito do casamento em questão. Ao anotar a união de Francisco de Paula dos Santos e Francisca Baptista Diniz, o padre observou que ambos contraíram núpcias com dispensa de impedimento de terceiro grau de consanguinidade. Infelizmente, este processo matrimonial não foi encontrado. Entretanto, é evidente que a menção a um interdito dessa categoria sugere que a origem parental do noivo era de todos conhecida. Disfarçar esta origem parecia ser, mais uma vez, uma estratégia social forjada com o intuito de livrar da desonra a reputação de uma mãe de status social proeminente.

Ao fim ao cabo, este último caso narrado engloba aspectos que parecem representar uma espécie de padrão dos casamentos de expostos registrados nos livros destinados aos assentos de brancos na vila de Curitiba. Dentre esses aspectos ressaltam: estratégias matrimoniais bem arranjadas envolvendo sujeitos que ocupavam o topo da hierarquia social; as suspeitas confirmadas em alguns casos, a respeito da origem ilegítima do cônjuge classificado como exposto; e, finalmente, a reprodução do status social do domicílio em que os noivos foram abandonados na infância.

É muito provável que as trajetórias de vida de expostos que tiveram seus casamentos arrolados nos livros de gente branca, e, acabaram inserindo-se nos patamares mais elevados da hierarquia social da vila de Curitiba, representem apenas uma das facetas que o fenômeno da exposição poderia assumir: o universo dos indivíduos que Maria Beatriz Nizza da Silva chamou de "os falsos expostos",[92] filhos da elite abandonados à porta de parentes, compadres ou conhecidos daquela que lhes deu a luz.[93]

Contudo, não se quer aqui adentrar na polêmica discussão, preconizada por certa historiografia, acerca da predominância ou não de ilegítimos entre os expostos. Tampouco identificar o motivo primordial a incitar a exposição de crianças, pois diante da complexidade de um fenômeno tão dinâmico a historiografia tem se resignado com o entendimento de que é vã qualquer tentativa nesse sentido.[94]

De outra feita, o que se quer é reforçar que nem sempre a exposição se constituía numa estratégia de ruptura definitiva dos laços familiares. Fato que salienta a especificidade da ocorrência desse fenômeno no passado, em oposição à ideia contemporânea de abandono de crianças, que tende a encará-lo como uma medida cruel e extrema de ruptura definitiva dos laços familiares entre pais e filhos.

Ressaltando a complexidade desse fenômeno para o passado, as famílias dos literalmente "falsos expostos" não parecem ter se eximido das responsabilidades para com sua criação. Paradoxalmente, ao invés de serem desamparados, estes pequenos pareciam estar resguardados, ou, porque não, protegidos do peso moral da ilegitimidade, sob o estatuto de expostos. Uma vez crescidas estas crianças, provavelmente filhas de mães brancas, parecem ter recebido todas as condições para que, através de uma estratégia matrimonial bem arquitetada, pudessem em maior ou menor escala reproduzir as características sociais do meio que lhes deu origem. Não seria exagero afirmar que muito destes "falsos expostos" acabaram recebendo um tratamento similar àquele reservado aos filhos legítimos.

Já aos expostos que se criaram nos estratos menos afortunados, o casamento nas normas tridentinas igualmente se fez possível, mesmo que fosse com indivíduos que também provinham de um estatuto social inferior. Casando-se nessas condições os enjeitados filhos de mães pobres acabavam reproduzindo as condições sociais do meio em que foram gerados, e, muitas vezes, conforme ficou demonstrado, repetiam também as condições do domicílio em que foram criados.

Ao fim e ao cabo, esses dados indicam para um espécie de reprodução do mecanismo de clivagem hierárquica característico das sociedades tradicionais no universo da exposição. Na maioria das vezes os expostos originários das elites pareciam ter um futuro diverso daquele reservado aos seus pares que, teoricamente, provinham de um estrato social mais prejudicado. A estes últimos parecia estar reservado um destino eminentemente mais modesto. Entretanto, o dado principal é que, em ambos os casos, os expostos encontraram meios para a inserção social. Aos "falsos expostos" filhos da elite reservavam-se estratégias matrimoniais que os recolocavam nas hierarquias sociais mais elevadas.

Pari passu, esses resultados parecem direcionar a conclusão de que a existência de lugares específicos de assistência a enjeitados pode ter tornado radicalmente diferentes as relações das crianças com a comunidade. Isso porque, em geral, os

224 Uma história social do abandono de crianças

historiadores da exposição, no contexto das Casas de Roda, apontam para um processo de estigmatização sofrido pelo enjeitado, favorecendo seu deslocamento para a esfera da marginalidade social.[95]

Diferentemente, os dados colhidos nessa pesquisa apontam a possibilidade de se pensar que a prática do abandono em espaços sociais que não detinham o amparo institucional, fosse ele fornecido pela Câmara Municipal ou pelas Casas de Misericórdia ou pelas Casas de Roda talvez implicasse em consequências menos funestas à vivência do enjeitado.

Notas:

1. Balhana, A. P., Pinheiro Machado, B., Westphalen, C. *História do Paraná*. Curitiba: Grafipar, 1969. p.119.

2. Contrapondo-se ao "abandono institucional" que geralmente ocorria nas casas de Roda. Vale lembrar que na maioria das vilas do Brasil colonial não houve nenhuma forma de amparo oficial aos expostos o que, em geral, ficou restrito aos grandes centros coloniais que detinham maior importância na economia de exportação. Entretanto, só agora começam a surgir na produção historiográfica brasileira os primeiros trabalhos que buscam analisar a problemática do abandono em localidades desamparadas do auxílio institucional aos expostos. Nesse caso ver: Bacellar, C. de A.P. *Viver e sobreviver em uma vila colonial* : Sorocaba, séculos XVIII e XIX. São Paulo: Annablume, 2001.

3. Em relação às práticas conjugais no Antigo Regime ver: Lebrun, F. "Atitudes diante do amor e do casamento em sociedades tradicionais". In: Marcílio, M. L.(org.). *População e sociedade*: evolução das sociedades pré-industriais. Petrópolis: Vozes, 1984, p. 171-193. Ver também, entre outros, Goody, J. *Família e casamento na Europa*. Oeiras: Celta, 1985; Macfarlane, A. *História do casamento e do amor*: Inglaterra 1300-1840. São Paulo: Companhia das Letras, 1986; Flandrin, J.L. *Famílias: parentesco, casa e sexualidade na sociedade antiga*. Lisboa: Editorial Estampa, 1989.

4. Narram-se aqui as trajetórias dos expostos que se casaram segundo as normas do Sagrado Concílio Tridentino, uma vez que os dados decorrentes dos registros destas uniões — ano, mês, dia e hora do casamento, nomes dos pais dos contraentes, testemunhas, origem dos noivos e a menção à condição dos nubentes: legítima, ilegítima, exposta, administrada, bastarda, escrava, forra — trouxeram chances mais razoáveis à tentativa de identificar, nas listas nominativas, os domicílios chefiados por expostos e, ainda, detectar as eventuais nuances que caracterizavam os seus contratos matrimoniais.

5. Cavazzani, A. L. *Um estudo sobre a exposição e os expostos na Vila de Nossa Senhora da Luz dos Pinhais de Curitiba* (segunda metade do século XVIII). Dissertação de mestrado : UFPR, 2005, p.133.

6. Burmester, A. M. *A nupcialidade em Curitiba*. In: História, questões e debates. Curitiba, n.º 2, junho de 1981, p. 63-69.

7. Bacellar, C. de A. P. *Op. cit.*, p. 237.

8. Brüegger, S. M. J. *Valores e vivências matrimoniais*: o triunfo do discurso amoroso - bispado do Rio de Janeiro, 1750-1888. Dissertação de mestrado: UFF, 1995. p.239.

9. Burmester, A. M. *Population de Curitiba au XVIIIe. siècle*. Tese de PhD. Universidade de Montreal,1981, p.173.

10. Ver: Nadalin, S. O. "História e demografia elementos para um diálogo". *Demographicas*. vol. I., Campinas: Associação Brasileira de estudos Populacionais, 2004, p.98.

11. Vainfas, R. *Trópico dos pecados*: moral, sexualidade e inquisição no Brasil. Rio de Janeiro: Campus, 1989, p.93.

12. Nesse caso ver, por exemplo: Almeida, A. M. de. "Notas sobre a família no Brasil". In: Almeida, A. M. de (*et.alli.*) *Pensando a família no Brasil*: da colônia à modernidade. Rio de Janeiro: Espaço e Tempo/editora da UFRRj, 1987, p. 53-67.

13. Faria, S. de C. *A colônia em movimento*: fortuna e família no cotidiano colonial. Rio de Janeiro : Nova Fronteira, 1998, p. 83

14. *Idem*.

15. Brüegger, S. M. J. *Op. cit*, p. 239.

16. Entretanto, deve ser lembrado que, por motivos circunstanciais, não era incomum a desobediência por parte dos vigários em relação ao que estava objetivado no início do livro. Em alguns livros destinados ao registro de escravos foram encontradas notas soltas registrando casamentos de brancos e vice versa.

17. Nadalins, S. O., *Op.cit.*, p.44.

18. Acervo do arquivo da Catedral Basílica Menor Nossa Senhora da Luz dos Pinhais de Curitiba. *Livro de casamentos*: III: "Escravos, mulatos e bastardos" 1762-1784; IV: "Bastardos livres e famílias de 2ª." 1784-1804; V: "Bastardos, administrados e pretos" 1801-1819.

19. Morais Silva, A. *Diccionário da língua portugueza.*, vol. I, Lisboa: Empreza Litteraria Fluminense, 1798.

20. Nesse sentido ver: Monteiro, J. M. *Negros da terra*: índios e bandeirantes nas origens de São Paulo. São Paulo: Companhia das Letras, 1994; Nadalin, S. O. *Op. cit.*

21. Acervo do Arquivo da Catedral Basílica (...) *Livro de casamentos:* III: "Escravos, mulatos e bastardos", 1762-1784, f.82.

22. Brüegger, S. M. J. *Op. cit.*,p. 239.

23. Acervo do Arquivo da Catedral Basílica (...). *Livro de casamentos:* III "Escravos, mulatos e bastardos", 1762-1784.

24. Cedope (Centro de documentação e pesquisa de história dos domínios portugueses), DEHIS/UFPR, *Listas nominativas de habitantes da Vila de Curitiba.* anos de 1776; 1777; 1778; 1782; 1783; 1787;1789; 1790;1791;1792;1793,1797;1803;1806. Documentos originais pertencentes ao Arquivo Público de São Paulo. Listas Nominativas referentes aos anos de 1776 e 1777.

25. Como bem lembra Elizabeth Kuznetzof "a precária economia de subsistência, a agricultura, apoiava-se e protegia-se através de um sistema de troca de grupo e ajuda mútua. Essas não eram relações de mercado, nem relações baseadas em um sistema de reciprocidade específico, mas sim, um sistema de apoio generalizado para todos os membros do grupo". Kuznetzof, E. A. *A família na sociedade brasileira:* parentesco, clientelismo e estrutura social (São Paulo, 1700-1980). Família e grupos de convívio, São Paulo, n. 17, setembro de 1988/ fevereiro de 1989, p.37-63, p.40.

26. Cavazzani, A. L. M. *Op. cit.,* p.134

27. Acervo do Arquivo da Catedral Basílica (...). *Livro de casamentos.* III. "Escravos, mulatos e bastardos", 1762-1784, f.69.

28. Boswell, John. The kindness of strangers: the abandonment of children in Western Europe from late antiquity to the Renaissance. Chicago: The Universitiy of Chicago Press, 1998, p.67.

29. Alguns historiadores, avaliando o fenômeno do enjeitamento nas sociedades tradicionais, apropriaram-se da noção antropológica de "circulação de crianças", indicando a exposição como uma variável a mais de um sistema de socialização em que crianças de todos os níveis sociais " circulavam" de família em família durante certas etapas da vida". Assim, em contradição aos discursos estigmatizantes em relação à mães que abandonavam seus filhos, mais do que desamparar a exposição, poderia remeter à uma estratégia social em que pais redistribuíam os filhos indesejados para pessoas dispostas a criá-los. Nesse caso ver: Tilly, L. *et.all.* Child abandonment in european history: a simposium. In: Journal of Family History. vol. 17; n. I, pages 1-23, Jay press, 1992.; Milanich. N. *Os hijos de la providencia:* el abandono como circulación, en el chile decimonónico. In: Revista de Historia Social y de las mentalidades, nº 5, invierno 2001, p. 79-100. Milanich, N. *The Casa de Huerfanos and child circulation in late-nineteenth-century Chile.* Journal of Social History, winter/2004.

30. Acervo do Arquivo da Catedral Basílica (...). *Livro de casamentos:* IV. "Bastardos livres e famílias de 2ª". 1784-1804, f.62 v.

31. Cedope. Listas nominativas de habitantes da Vila de Curitiba: ano de 1806.

32. *Idem.*

33. Acervo do Arquivo da Catedral Basílica (...). *Livro de casamentos*. v: "Bastardos, administrados e pretos", 1801-1819, f.17.

34. Cedope. Listas nominativas de habitantes da Vila de Curitiba, ano de 1803.

35. Acervo do Arquivo da Catedral Basílica (...). *Livro de casamentos*: iv. "Bastardos livres e famílias de 2ª. 1784-1804"f.68.

36. Cedope. Listas nominativas de habitantes da vila de Curitiba: ano de 1803 e 1806.

37. *Idem*.

38. Bacellar, C. A., *op. cit.*, p. 245.

39. Nesse caso está se fazendo referência à: a) Autos de casamento: originais pertencentes ao Arquivo da Cúria Metropoltina de São Paulo. Documento digitalizado pertencente ao Cedope (Centro de Documentação e Pesquisa de História dos Domínios Portugueses). b) Atas da Câmara Municipal de Curitiba. Levantamento realizado pelo Cedope c) Atas da Câmara Municipal de Curitiba. Livros de registros de alvarás de licenças e termos de fianças de 1765-1772 e 1773-1785. A transcrição e digitalização da última fonte citada foram realizados por: Barbosa, M.F. *Terra de negócio*: o comércio e ao artesanato em curitiba na segunda metade do século xviii. dissertação de mestrado: UFPR, 2003.

40. Acervo do Arquivo da Catedral Basílica (...). *Livro de casamentos*: ii. "Gente branca", 1756-1835; Livro de Casamentos. iv. "Brancos", 1784-1809.

41. Acervo do Arquivo da Catedral Basílica(...). *Livro de casamentos*: ii. "Gente branca", 1756-1835, f. 45v.

42. Conforme argumenta Muriel Nazzari, as famílias de boa estirpe "escolhiam seus genros por suas aptidões, ou os genros optavam por casar-se com a filha devido aos recursos e à experiência que a família detinha. Quando um genro se ajustava ao tipo de negócios em que seu sogro tinha interesse, isso era duplamente vantajoso". Nazzari, M. *O desaparecimento do dote*: mulheres, famílias e mudança social em São Paulo, Brasil, 1600-1900. São Paulo: Companhia das Letras, 2001, p.75.

43. Conforme a historiografia tem indicado, na sociedade colonial a questão da cor não se resumia a um problema de fenótipo, mais do que isso, remetia a um lugar social, ou melhor, de proeminência social. Sobre essa questão ver: Castro, H. M. M. de. *Das cores o silêncio*: os significados da liberdade no sudeste escravista. Rio de Janeiro: Arquivo Nacional, 1995, p.219.

44. Nizza da Silva, M. B. *História da família no Brasil colonial*. Rio de Janeiro: Nova Fronteira, 1998, p.70.

45. Cedope. Listas Nominativas de habitantes da vila de Curitiba: ano de 1776.

46. Segundo Antonio Morais Silva o "ajudante" era um "oficial que tem a seu cargo o expediente da secretaria, e certas funções militares de campo (...) oficial que trás as ordens dos generais.". Morais Silva, A. *Op. cit.*

47. Cedope. Listas nominativas de habitantes da vila de Curitiba: anos de 1776; 777; 1778; 1782; 1783; 1791; 1797;

48. Atas da Câmara Municipal de Curitiba: Livros de Audiências dos Almotacéis (*sic.*), de 1718 a 1828.

49. Cedope. Listas nominativas de habitantes da vila de Curitiba: ano de 1782.

50. Nesse caso ver: Nazzari, M. "Sem perda da honra: a preservação da reputação feminina no Brasil colonial". In: Nizza da Silva, M. B. (coord). *Sexualidade, família e religião na colonização do Brasil.* Lisboa: Livros Horizonte, 2001; Cavazzani, A. L. M., *op. cit.,* p. 78.

51. Vainfas, R., *op. cit.,* p.85.

52. Acervo do Arquivo da Catedral Metropolitana Basílica (...) Livro de Batismo VII.

53. Alguns historiadores, avaliando o fenômeno do enjeitamento nas sociedades tradicionais, apropriaram-se da noção antropológica de "circulação de crianças", indicando a exposição como uma variável a mais de um sistema de socialização em que crianças de todos os níveis sociais "circulavam" de família em família durante certas etapas da vida". Assim, em contradição aos discursos estigmatizantes em relação à mães que abandonavam seus filhos, mais do que desamparar a exposição, poderia remeter à uma estratégia social em que pais redistribuíam os filhos indesejados para pessoas dispostas a criá-los. Nesse caso ver: Tilly, L. *et.all.* Child abandonment in european history: a simposium. In: Journal of Family History. vol. 17; n. I, pages 1-23, Jay press, 1992.; Milanich. N., *Os hijos de la providencia*: el abandono como circulación, en el chile decimonónico. In: Revista de Historia Social y de las Mentalidades, n°5, invierno 2001, p. 79-100. Milanich, N. *The casa de Huerfanos and child circulation in late-nineteenth-century Chile.* In: Journal of Social History, winter/2004.

54. Arquivo da Catedral Metropolitana Basílica (...) Livros de óbito.

55. Autos de casamento (...) 1798, Alexandre de Souza Guimarães, capitão e Izabel Mauricia.

56. *Idem.*

57. Nesse caso mantém se o alerta feito por Carlos Bacellar: "Todavia, resta uma grande indefinição sobre essa questão da coabitação, sugerida através das listas nominativas, pois não se sabe, com certeza até que ponto a descrição de um fogo com os pais e outros casais reunidos estaria indicando a ocupação de uma mesma residência ou, pelo contrário, a ocupação de uma mesma unidade produtiva, uma mesma área roçada, mas com casas separadas. As evidências não são conclusivas, mas permitem que se considerem duas questões primordiais: em primeiro lugar era corrente tanto a coabitação sob um mesmo teto quanto em tetos diferentes, mas na mesma

propriedade; em segundo lugar, é preciso considerar seriamente a visão que o próprio recenseador tinha do fato, que, em alguns casos, interferia radicalmente no que era descrito no documento." Bacellar, C. de A.P., *op. cit.*, p.74.

58. Autos de casamento (...) 1798, Alexandre de Souza Guimarães, capitão e Izabel Mauricia

59. *Idem.*

60. Arquivo da Catedral Metropolitana Basílica (...). Livro de Casamentos. IV."Brancos", 1784-1809.

61. Cedope. Listas nominativas de habitantes da vila de Curitiba: ano de 1783.

62. Arquivo da Catedral Metropolitana Basílica (...). Livros de batismo. V.

63. Tal situação aprece evidenciada nos levantamentos nominativos realizados para os anos de 1776 e 1782. Cedope. Listas nominativas de habitantes da vila de Curitiba: anos de 1776 e 1782.

64. Atas da Câmara Municipal de Curitiba. Levantamento realizado pelo Cedope.

65. Cedope. Listas nominativas de habitantes da vila de Curitiba: ano de 1776.

66. Acervo do Arquivo da Catedral Basílica (...). Livro de casamentos: IV. "Brancos", 1784-1809.

67. Cedope. Listas nominativas de habitantes da vila de Curitiba: ano de 1765 e 1776. Atas da câmara municipal de Curitiba. Levantamento realizado pelo Cedope.

68. É bem verdade que as listas nominativas, refletindo os quadros mentais da época, não oferecem a mínima segurança quando se referem às idades dos indivíduos. Entretanto, mesmo que as idades dos noivos tenham sido subestimadas ou, do contrário, superestimadas, é possível aferir com uma boa margem de erro que Luciano e sua noiva eram ainda bastante jovens quando casaram. De outro lado, conforme observa Sérgio Nadalin, era "bastante importante o número de adolescentes que casavam com 14,15 e até 13 anos de idade, uma vez que não se lhes colocava a necessidade de acumular um cabedal inicial para casar. O planejamento que faziam correspondia, muito provavelmente, na edificação de uma casa em uma posse de terra, da qual pudessem tirar seu sustento e criar os filhos que lhes daria a Providência.". Nadalin, S. O. "A população no passado colonial brasileiro: mobilidade versus estabilidade". In: Topoi, revista de história. Rio de Janeiro: UFRJ/ 7 Letras, vol. 4, n°.7, julho/dezembro, 2003, p.222-275.

69. Bacellar, C. de A.P., *op. cit.*, p.74.

70. Cedope. Listas nominativas de habitantes da vila de Curitiba: ano de 1793.

71. *Idem.*

72. Arquivo da Catedral Metropolitana Basílica (...). *Livro de óbitos* II.

73. Cedope. Listas nominativas de habitantes da vila de Curitiba: ano de 1797.

74. Cedope. Listas nominativas de habitantes da vila de Curitiba: ano de 1803.

75 Izabel de Chaves tinha aproximadamente 34 anos quando Luciano foi abandonado à porta de sua mãe. Conforme observa Sérgio Nadalin, a idade média que assinalava a última parturição das mulheres na região de Curitiba no século XVIII correspondia a 40,6 anos. Considerando esta média, não é absurdo inferir que à época da exposição de Luciano, Izabel de Chaves ainda estava em condições de ser mãe. Nadalin, S. O., *op. cit.*, p.121.

76. Acervo do Arquivo da Catedral Basílica (...), *Livro de casamentos*: IV. "Brancos", 1784-1809, f.63.

77. Atas da Câmara Municipal de Curitiba. Levantamento realizado pelo Cedope.

78. A trajetória dos Rodrigues Seixas bem como as nuances da sua inserção nos quadros sociais da Curitiba setecentista foi mapeada por Stanczyk Filho, M. *Estratégias do bem viver: Alianças matrimoniais, recursos materiais e estruturas familiares no espaço social da vila de Nossa Senhora da Luz dos Pinhais de Curitiba. (1690-1790)*. Monografia de conclusão de curso. UFPR, 2002.

79. Cedope. Listas nominativas de habitantes da vila de Curitiba: ano de 1803.

80. Autos de casamento (...) 1797, Estevão Ribeiro de Freitas e Brigida Maria da Conceição.

81. Acervo do Arquivo da Catedral Basílica (...). *Livro de casamentos*: IV. "brancos" 1784-1809. f. 67.

82. Autos de Casamento (...) 1798. Jozé Francisco de Paula e Inácia Maria de Jesus.

83. Londoño, F.T. *A outra família*: concubinato, igreja e escândalo na Colônia. São Paulo: Loyola, 1999, p. 17.

84. Cedope. Listas nominativas de habitantes da vila de Curitiba: ano de 1806.

85. Cedope. Listas nominativas de habitantes da vila de Curitiba: ano de 1806.

86. Conforme lembra Muriel Nazzari a união de duas famílias possibilitada pela estratégia matrimonial permitia a configuração de um relacionamento de assistência mútua. Este relacionamento acabava por gerar uma relação de dependência entre os cônjuges e os membros das duas linhagens. O desejo era que tal relação não somente garantisse a subsistência das famílias, mas também ampliasse os domínios territoriais deste mesmo grupo familiar. NazzariI, M., *op. cit.*, p.52.

87. Arquivo da Catedral Metropolitana Basílica (...). *Livro de casamentos*: IV. "Brancos", 1784-1809, f.62v.

88. A lista nominativa de 1776 revela que na primeira companhia de ordenança — lugar onde foi arrolado o domicílio de Manoel Joaquim — apenas 16% dos domicílios possuíam até 50 animais. Este dado ressalta, portanto certa diferenciação no que se refere ao patrimônio em relação aos demais domicílios. Tal levantamento consta de:

Barbosa, M.F Barbosa, M.F. *Terra de negócio*: o comércio e ao artesanato em Curitiba na segunda metade do século XVIII. Dissertação de mestrado: UFPR, 2003.

89. Cedope. Listas nominativas de habitantes da vila de Curitiba: ano de 1776; Atas da Câmara Municipal de Curitiba. Levantamento realizado pelo Cedope; Atas da Câmara Municipal de Curitiba. Livros de registros de alvarás de licenças e termos de fianças de 1765-1772 e 1773-1785.

90. Cedope. Listas nominativas de habitantes da vila de Curitiba: ano de 1806.

91. Nizza da Silva, M. B., *op. cit.,* p.185.

92. Segundo a mesma autora "durante todo o período colonial, o abandono de recémnascidos, teria maior relação com a honra das mães solteiras do que com as dificuldades enfrentadas por um casal pobre para criar os filhos". Nizza da Silva, M. B., *História da família no Brasil colonial.* Rio de Janeiro: Nova Fronteira, 1998. p.137.

93. Cavazzani, A. L. M. *Op. cit.,* p.76.

94. Como alega Renato Pinto Venâncio, caso sobrevivessem às assombrosas taxas de mortalidade infantil, tão comuns nas Rodas, os expostos eram transferidos para "famílias criadeiras" contratadas pela administração dessas instituições. Numa segunda fase, já depois de crescidos, os expostos eram encaminhados à domicílios locatários onde deveriam aprender um ofício, e se lá ficassem pagar sua subsistência com trabalho. Infelizmente, este sistema que tinha entre suas intenções garantir a inserção do exposto já adulto na sociedade acabou resultando, justamente, no contrário: estigma e marginalização. Tal qual os cativos os enjeitados terminavam trabalhando, por um prato de comida perambulando de um domicílio a outro em busca de um lugar para dormir a noite. Além disso, "a saída do domicílio da criadeira certamente era vivida como uma morte social e afetiva, pois significava a destruição da única referência familiar que ela possuía. Muitos se rebelavam com a ruptura imposta pelas leis do trabalho, permanecendo pouquíssimo tempo sob o mesmo locatário ou recusando-se a aprender os ofícios a ele destinados. Uma vez rejeitada pela mãe de leite, a criança tomava consciência de sua condição de abandonada, tornando-se instável e rebelde, indo morar nas ruas e dando origem a mais uma geração de casais miseráveis que abandonavam os próprios filhos...". Venancio, R.P. *Famílias abandonadas*: a assistência à criança de camadas populares no Rio de Janeiro e em Salvador, séculos XVII e XIX. Campinas: Papirus, 1999, p.124.

x. *Os enjeitados da capitania do Rio Grande do Norte*

Thiago do Nascimento Torres de Paula *

OBJETIVA-SE, COM ESTE TEXTO, discutir o abandono de recém-nascidos em domicílios na Freguesia de Nossa Senhora da Apresentação, da cidade do Natal. Essa atitude foi identificada pelo historiador Renato Pinto Venancio como *abandono civilizado,* pois essa prática garantia o mínimo de assistência ao enjeitado, bem como a assistência religiosa, em razão do recolhimento e do batismo. Quem deixava os filhos recém-nascidos em caminhos e logradouros realizava um *abandono selvagem*, o que, muitas vezes, contribuía para a morte da criança. Já as pessoas que decidiam abandonar as crianças, deixando-as em domicílios, procediam a um abandono civilizado.[1]

Salienta-se que a investigação nos registros de óbitos nos revelou a existência de apenas um caso de abandono selvagem em Natal. O caso foi notificado, no dia 17 de agosto, possivelmente referente ao ano de 1768. O assento de óbito apresenta-se fragmentado, o que nos deixa apenas saber: "[...] foi achada uma creansa morta junto à Matris [...] pelo tamanho representa [...] com uma camisa de al [...] da licensa minha [...]".[2]

O registro, claramente, não nos diz muito, porém fica evidente a existência de uma criança morta em um ambiente aberto. O ínfimo número de abandonos caracterizados

---

*Mestre em História pela Universidade Federal do Rio Grande do Norte – UFRN.

234 Uma história social do abandono de crianças

como *selvagens*, e a prática constante de abandonos tidos como *protetores* – no espaço da referida freguesia – foi ratificado a partir de uma pesquisa em 1.963 *Termos de Vereação*, pertencentes ao senado da Câmara da cidade do Natal. Era obrigação das Câmaras assistirem os recém-nascidos expostos, subsidiando suas criações, caso não existisse uma Irmandade da Misericórdia, uma Santa Casa provida de uma Roda dos expostos[3].

No processo investigativo dos mencionados documentos, buscamos encontrar algumas atitudes dos chamados *homens-bons* da Freguesia de Nossa Senhora da Apresentação, no que diz respeito ao abandono de crianças recém-nascidas, tais como a questão do pagamento de subsídios a famílias criadeiras, ou a mulheres amas-de-leite. No entanto, quase nada foi encontrado, a não ser uma decisão vinda do governo da capitania de Pernambuco – em relação a qual a capitania do Rio Grande do Norte estava administrativamente subordinada – definindo formas de ajuda aos desvalidos e expostos:

> [...] por hua Carta do Ill.mo e Ex.mo General de Pernambuco Lido pello mesmo Ministro [o Desembargador Antonio Felipe Soares de Andrada de Brederos] em que disia estar findo o Hospital dos Lasarinos naquella Prassa, e que para ajudar da Sua Subsistencia pedia quisessem oferecer o tenue Donativo de trinta reis em Cada arroba de algodão que Se embarcar para o Reino pagos na Prença; o que ouvido todos, e vendo que era tanto do Bem Cumum destas capitanias todos asentarão que era muito conviniente o dito Donativo, e o aprovarão, e pedião ao mesmo Ill. mo e Ex. mo General fisesse esta Sua representação na Real Presença, e alcanssase a confirmação deste Donativo. e de Como asim voluntariamente o prometerão, ficando o resto deste Donativo Se o houver para beneficio dos expostos Inocentes [...].[4]

Convém alertar que o donativo advindo do algodão não era diretamente para os recém-nascidos abandonados, os expostos, mas, caso restasse algum recurso, ele deveria ser utilizado para socorrê-los. Ressaltamos que o Rio Grande do Norte fazia parte das capitanias anexas à capitania de Pernambuco. Sendo assim, os trinta réis que, provavelmente, sairiam de cada arroba de algodão enviada para Portugal, possivelmente teriam beneficiado os núcleos urbanos de Pernambuco.

Por outro lado, não encontramos nos Termos de Vereação notificação de recém-nascidos que foram expostos e mutilados ou mortos por animais, como vacas, cavalos, porcos e cães que existiam em grande quantidade na cidade do Natal[5]. Isso reafirma a maneira protetora dos colonos das terras de Nossa Senhora da Apresentação, na maneira de abandonar os filhos. Os porcos, porém, foram motivo de preocupação dos camaristas, que, em 1797:

> [...] acordarão mandar afixar hú Edital para não andarem porcos soltos pellas Ruas, dentro de tres dias os donos os Recolherem, e na falta todo o porco que for apanhado seja morto, e em Leilão a Rematado, e o seo produto seja para as despesas da Câmara [...].[6]

Dois anos após, em 20 de abril de 1799, a preocupação dos colonos com os porcos continuava intensa, tanto foi que, "[...] despacharão hua petição de Francisco Antonio Carrilho para poder Livremente matar os porcos que lhe entrassem no seo citio [...]"[7]

Entretanto, fica evidente que a preocupação dos colonos em combater os porcos, com a permissão do senado da Câmara, estava mais relacionada à proteção de suas roças e lavouras (meio de sobrevivência) do que com a preocupação envolvendo recém-nascidos abandonados no silêncio da noite. Tal suposição se confirma, tendo em vista que, 40 dias após o despacho da petição de Francisco Antonio Carrilho, ou seja, no dia 1 de junho de 1799, os vereadores se reuniram e "[...] acordarão em despachos Requerimento contra porcos, que avisados os donos para lhes botarem canga, e não a tendo, poderão matar qualquer porco que acharem nas Suas Lavouras ou junto a ellas, avisando os donos para os aproveitarem."[8]

No processo da investigação, também buscamos dados no *Livro de Tombo da Igreja Matriz* da referida freguesia, documento no qual eram registradas as visitas diocesanas - que Luciano Raposo de Almeida Figueiredo denominou de ".. verdadeiras patrulhas a serviço da fé", pequenas inquisições.[9]

No entanto, não encontramos nenhum registro relacionado às crianças expostas. Aliás, o que mais nos chama atenção é, especificamente, o fato de, no período de 1760-1766, o abandono de recém-nascidos ter atingido a cifra de 7,6% do total de batismo, correspondendo, em números absolutos, a 27 crianças deixadas nas soleiras das portas da cidade do Natal. Mesmo assim, esses enjeitados parecem não ter sido alvo do controle cuidadoso dos bispos, ou de seus representantes, que visitavam a jurisdição eclesiástica de Natal.[10]

Assim, presumimos haver mais uma confirmação, em Natal, de ausência de assistência religiosa ou camarária aos expostos. O pequeno índice de abandonados (de

236 Uma história social do abandono de crianças

3,9% entre 1753 e 1795) viabilizou essa situação; embora os documentos de batismo e de óbito impedissem que os enjeitados passassem despercebidos.

Acreditamos que a omissão nos Termos de Vereação e no Livro de Tombo da freguesia, a respeito do abandono de crianças com poucos dias de nascimento, era algo simbiótico à comunidade, isto é, não atrapalhava o cotidiano dos colonos. Para Ariès, o ato de se livrar de uma criança, "[...] fazia parte das coisas moralmente neutras, condenadas pela ética da Igreja e do Estado, mas praticadas em segredo, numa semiconsciência, no limite da verdade, do esquecimento e da falta de jeito".[11] Sendo assim, podemos afirmar que era a própria comunidade da freguesia quem resolvia o "problema" do abandono de crianças.

A sociedade que abandonava era a mesma que recolhia e acolhia. Apesar de o senado da Câmara não ter subsidiado as famílias que aceitavam criar as crianças pobres expostas, encontramos, nos Termos de Vereação, nomes de pessoas ligadas à administração local e aos acolhimento de expostos, tornando-se padrinhos. A título de exemplo temos: o coronel Francisco da Costa de Vasconcellos, assim como Antonio Martins Praça e Joaquim de Morais Navarro.[12]

A Tabela 1 mostra a maneira informal que a sociedade recolhia e amparava os expostos, pois 48,6% das pessoas que apadrinhavam os enjeitados estavam diretamente relacionadas ao domicílio do receptor, membros da família. Destacamos que 6,1% dos padrinhos eram os próprios casais proprietários das casas onde ocorria o abandono; 14,6% eram chefes dos domicílios (sendo muitos do sexo feminino) 9,7% eram mulheres dos chefes de domicílios; 17%, os filhos, enquanto 1,2%, outros familiares ligados ao domicílio.

Tabela 1 Padrinhos de expostos nos domicílios de acolhida, 1753-1795

Padrinhos	Expostos (números absolutos)	%
Casal dono do domicilio	5	6,1
Chefe do domicilio	12	14,6
Mulher do chefe do domicilio	8	9,7
Filhos do chefe do domicilio	14	17
Outros familiares	1	1,2
Outras pessoas	36	43,9
Padres	3	3,6
Índios	-	-
Escravos	-	-
S.P	3	3,6

Fonte: Livros de batismo da Freguesia de Nossa Senhora da Apresentação.
Obs.: S.P = Sem padrinho.

Para a historiadora Kátia Mattoso"[...] o padrinho, o compadre, a madrinha, a comadre, assumem responsabilidades idênticas às dos pais".[13] Vejamos que 43,9% dos padrinhos dos enjeitados eram pessoas que, aparentemente, não mantinham nenhuma relação familiar com o domicílio receptor. No entanto, os documentos investigados nos permitem entrever que algumas dessas pessoas que receberam os recém-nascidos para apadrinhar, eram personagens que dispunham de condições para prover a sobrevivência dos abandonados, como sublinharemos mais adiante.

Na Vila de Sorocaba, na capitania de São Paulo, 58% dos padrinhos dos expostos eram membros da família que recebia a criança.[14] Enquanto na Freguesia de Nossa Senhora da Apresentação, como mencionado, 48,6% dos padrinhos de expostos faziam parte da família receptora. O raciocínio de Venancio sobre o apadrinhamento de crianças fundamenta o entendimento dos números apresentados:

> O apadrinhamento servia como um substituto à complicadíssima e burocrática adoção legal. Através do compadrio, o enjeitado ingressava na família [...] estabelecendo relações de parentesco espiritual. Para se ter ideia da abrangência do vínculo, basta dizer que todos os parentes do padrinho e da madrinha, colaterais, ascendentes e descendentes, até o quarto grau, passavam a ter oficialmente algum tipo de ligação familiar com a criança. [15]

Entendemos que a reflexão sobre compadrio da historiadora Goldschmidt completa a discussão de Venancio. Para ela,

> Parentesco adquirido com a administração do sacramento do batismo na Igreja Católica, que considerava os vínculos espirituais tão válidos quanto os consaguineos. Segundo os cânones eclesiásticos, eram parentes o que batiptizava e o baptizado, seu pai e sua mãe; bem como os padrinhos e o baptizado [...] [16]

De acordo com as regras de conduta social, o contato sexual entre padrinhos e afilhados era considerado crime, o que podia ser punido com a morte, degredo ou trabalho forçado nas galés.[17] É também importante observar que, apesar de não ter sido comum os convites para índios e escravos tornarem-se padrinhos de expostos e de não termos contabilizado situações desse tipo na tabela, tais exceções existiram na

Freguesia de Nossa Senhora da Apresentação, envolvendo a família Cunha. Na data de 7 de abril de 1776, às cinco horas e trinta minutos, o colono João da Cunha Dias encontrou abandonado, em sua porta, um recém-nascido do sexo masculino, batizado com o nome de Francisco. No entanto, o mais interessante desse dado são as pessoas que foram convidadas para serem pais espirituais, ou padrinhos, da criança: Antonio da Cunha, filho do dono da casa onde ocorreu o abandono e Anna Maria, filha de Luiz Pereira, ambos índios da Vila de Extremós.[18]

Passados nove meses, em 31 de janeiro de 1777, foi colocado mais um recém-nascido na casa de João da Cunha Dias. O exposto, agora do sexo feminino, foi encontrado, ao romper do dia, por Vitoria Francisca, mulher de Antonio da Cunha. Porém, o que nos chama mais a atenção são os padrinhos da enjeitada: Antonio da Cunha, também padrinho de Francisco exposto, e Luiza, escrava de João de Sousa Nunes.[19]

No caso da família Cunha, além das exceções de apadrinhamentos de enjeitados por um índio e por um escravo, foi possível detectar a existência de um pacto social de parentesco e vizinhança em meio à comunidade da freguesia. Compensando a apatia do Estado e da Igreja católica, a sociedade socorria a pequena população de expostos.

Em 23 de novembro de 1763, foi abandonada, em casa de João Batista Dias, uma menina batizada com o nome de Maria. Ela teve como padrinhos o próprio João Batista Dias e Ignacia Perreira, filha de João Luis Pereyra, que certificaram ao reverendo padre que não tinham batizado a exposta em casa, fato que jurariam sobre os evangelhos, caso fosse necessário. Observemos que foi o dono do domicílio receptor que apadrinhou a enjeitada, que recebeu como madrinha a filha do proprietário da escrava que a encontrou, e que atendia pelo nome de Eva.[20]

Na Freguesia de Nossa Senhora da Apresentação, a leitura da documentação batismal deixa bastante claro que os colonos dividiram entre si os "encargos" de manutenção das pequenas vidas abandonadas. Com isso, alguns expostos se tornaram verdadeiros elos sociais e familiares, já que alguns colonos não estavam ligados a eles por um simples acaso.

O elo social

Ao 4 de maio de 1761, na capela de Santo Antonio do Potengi, foi batizada uma menina pelo padre que realizou o sacramento e redigiu o batistério. Essa menina seria uma suposta filha ilegítima da viúva Maria José, esposa do colono Antonio Soarez, com o licenciado João José Ferreyra, cirurgião da cidade do Natal, natural da cidade do Porto (Portugal). Possivelmente, tal informação sobre a origem da criança deve ter sido passada pelos próprios padrinhos, já que a pequenina era uma exposta, que havia sido abandonada na casa de dona Tereza de Jesus da Rocha, mulher pobre e natural da Freguesia de Nossa Senhora da Apresentação.

Naquele dia (4 de maio), a menina enjeitada recebeu como padrinhos Tereza de Jesus da Rocha e, provavelmente, a convite da referida mulher, o capitão Antonio Vaz de Oliveira, homem casado. Assim, a enjeitada recebeu o nome da madrinha Tereza.[21]

A documentação de óbito nos revelou que, aproximadamente, oito meses antes do aparecimento da exposta, na data de 8 de setembro de 1760, teria morrido Berttoleza, na idade de nove meses "pouco mais ou menos," filha de Tereza de Jesus da Rocha.[22] Acreditamos que, na posição de madrinha da exposta, e na ausência de uma filha, a referida mulher tenha se tornado a ama-de-leite da enjeitada, nesse caso, possibilitando a sobrevivência da recém-nascida, num mundo de tantas precariedades, como era a colônia luso-americana. Segundo Mattoso: "O padrinho tem obrigação de dar assistência ao afilhado: ajuda espiritual, sem dúvida, mas também material, e são raros no Brasil os padrinhos que não levaram a sério suas responsabilidades. Os laços de compadrio são o próprio fundamento da vida de relação."[23]

Situação semelhante a de Tereza de Jesus da Rocha também viveu a colona Ritta Maria dos Santos, que encontrou abandonado na "porta" de sua casa um menino branco, que sobreviveu apenas oito dias após chegar em seu domicílio. No dia 6 de janeiro de 1797, sendo sepultado no solo sagrado da capela do Senhor Bom Jesus da Ribeira, envolto em um hábito azul.[24]

No entanto, Ritta Maria dos Santos tinha plenas condições de dar o mínimo de alimento ao exposto que recebeu em "sua porta", pois havia, em seu domicilio, uma filha recém-nascida, com mais ou menos seis meses de vida, falecida na data de 24 de julho do mesmo ano, com idade de doze meses, e sepultada de hábito azul, na Capela do Senhor Bom Jesus.[25] É evidente que quem buscou a casa de Rita, para enjeitar o recém-nascido, que recebeu o nome de José, possivelmente procurou a proteção dessa criança, por ter certeza de que naquela casa havia uma mulher que estava amamentando.

Também não foi, casualmente, que dona Antonia Maria Soares convidou o capitão Braz Alvarez de Oliveira, homem casado para apadrinhar um exposto de nome Joaquim, na data de 25 de agosto de 1773, na Igreja Matriz. O recém-nascido Joaquim foi posto no limiar da casa de Dona Antonia Maria, 30 dias antes do batismo.[26] O ato de apadrinhamento do enjeitado pelo militar, via a dona do domicílio receptor, estava diretamente relacionado ao sustento do mesmo, caso considerarmos as obrigações do pai espiritual.

Capitão Braz Alvarez de Oliveira era proprietário de uma escrava, chamada pelo nome de Ignacia. Essa havia parido uma menina, cerca de 95 dias antes do batizado de Joaquim exposto, na data de 20 de maio de 1773, o que indica que Antonia Maria Soares procurou alguém na comunidade que pudesse oferecer sustento ao enjeitado. Nas palavras de Scarano:

> Quando uma escrava paria, se tornava possível a existência de uma ama-de-leite. O aleitamento era tido como importantíssimo, tanto pela Igreja, quanto pelos conceitos médicos da época. Dessa maneira, cativas que dispunham de leite eram empregadas como fornecedoras de alimento para crianças de várias categorias.[27]

Ao discutirmos o ato de abandono, podemos nos aproximar um pouco mais desses pequenos protagonistas da história e demonstrar, através do caso de Lino exposto,[28] para sublinhar o fato de o pequeno enjeitado não receber como padrinhos os moradores ou, pelo menos, o proprietário da casa onde ele havia sido enjeitado. Lino foi apadrinhado por um casal que, provavelmente, representava a elite local: o coronel Francisco da Costa de Vasconcellos[29] e sua mulher Maria Rosa, sendo essa senhora natural da Freguesia de Nossa Senhora da Apresentação e seu marido natural da Freguesia de Nossa Senhora das Neves da cidade da Paraíba (atual cidade de João Pessoa).

Possivelmente, o pequeno Lino foi abandonado em casa de uma viúva, chamada Rosa Maria Josepha, cuja atitude, em convidar o casal para padrinhos, não foi uma casualidade ou nem decorria exclusivamente da posição social do coronel Francisco da Costa de Vasconcellos. A documentação revela que o referido casal batizou o seu filho legítimo, na data de 3 de outubro de 1763, na Capela de Nossa Senhora da Conceição de Jundiaí, recebendo o nome de Roque[30] e o pequeno enjeitado foi batizado na data de 18 de dezembro do mesmo ano, na mesma Capela.

O pequeno Roque foi batizado pelo padre Miguel Pinheiro Teixeira e teve como seus padrinhos o sargento-mor Francisco Machado de Oliveyra Barros (morador na dita freguesia) e dona Theresa de Gois Vasconsellos. A madrinha era viúva do sargento-mor José Dantas, que vivia na cidade da Paraíba, e se tornou mãe espiritual do menino por meio de uma procuração, apresentada por Dona Anna da Costa Teyxeira, mulher do capitão Antonio de Gois. Os elos sociais e familiares envolvidos no batizado do filho do casal, convidado para apadrinhar Lino exposto, servem para ratificar a nossa hipótese da posição de destaque que eles ocupavam na comunidade.

Assim, fica evidente a escolha da receptora da criança. Lino é abandonado, em "porta", mais ou menos 75 dias após a senhora Maria Rosa ter dado à luz, estando em plenas condições de sustentar o exposto com seu leite, alimento que talvez não existisse na casa da viúva. Por motivo do pequeno Lino ser filho de pais incógnitos, cabia a sua madrinha assumir o lugar de sua genitora, e de ama-de-leite. Em suma, movidos pela compaixão e pelo sentimento cristão, o casal apadrinhou a criança, vislumbrando, assim, a possibilidade para sua sobrevivência em um ambiente de uma alta mortalidade infantil.[31]

Por outro lado, tendo em vista que dona Maria Rosa era esposa de um militar de alta patente, membro da elite local, é bem possível que a tal senhora não alimentasse com o seu leite o pequeno Roque, seu filho, mas buscasse uma mulher livre ou escrava em condições de amamentar, para que lhe pudesse prestar os serviços de ama-de-leite, prática social comum entre as mulheres abastadas da sociedade colonial.[32]

Analisando cuidadosamente a documentação eclesiástica, foi possível entrever que as relações interpessoais na freguesia não eram das mais simples, principalmente nos casos que envolviam recém-nascidos enjeitados. Eis um exemplo: o batismo de uma menina escrava de nome Lusia, filha natural de Januaria[33], propriedades da viúva Rosa Maria Josepha.

A referida Luisa foi batizada na mesma capela de Nossa Senhora da Conceição do Jundiaí, espaço religioso onde também receberam os sacramentos Roque e Lino, em 30 de outubro de 1763. Seus padrinhos foram o coronel Francisco da Costa de Vasconcelloz e a senhora dona Maria Rosa. É evidente que as pessoas envolvidas no abandono de recém-nascidos, na "soleira" da citada viúva, deveriam ter conhecimento, em maior ou menor grau, da existência de uma escrava parida naquele domicílio que, supostamente, viria a ser uma ama-de-leite em potencial. Assim sendo, a presença de leite humano na residência deve de ter motivado os pais do pequeno desvalido a deixá-lo naquela casa, furtivamente durante a noite.

Outro indicativo importante a ser considerado é a relação existente entre a viúva e o casal compadre, pois em um curto espaço de tempo – de mais ou menos 50 dias –, houve apadrinhamento de duas crianças na casa desses últimos. As crianças não eram filhas legítimas do domicílio: um era escravo e outro era exposto – que recebeu o nome de Lino. Assim sendo, podemos conjeturar se os laços de compadrios estabelecidos pela senhora Rosa Maria podem ter "garantido" o alimento necessário ao enjeitado, pois a mulher do coronel era comadre de Januaria, escrava da viúva e que havia tido uma criança há pouco tempo.

242   Uma história social do abandono de crianças

Porém, nem a provável "boa condição financeira" do padrinho do pequeno Lino tampouco a possível prática de amamentação pela ama Januaria, e muito menos a coincidência de sua madrinha poder "sustenta-lo com o seu próprio leite", puderam salvar a vida do enjeitado, pois, dois meses após o seu batismo, ele teve idêntico destino de muitos recém-nascidos do mundo colonial português: a morte. Imediatamente ele foi sepultado na mesma capela onde havia sido batizado, fechando seu curto ciclo de vida envolto em uma mortalha azul.[34]

Essa "circulação de crianças" na condição de expostos, e ainda mais em situações em que eles representaram verdadeiros elos sociais, ficou também patente no caso de um recém-nascido que foi abandonado em casa de Francisco Pinheiro[35], confirmando que "[...] a freguesia era uma família onde todos os membros estavam ligados." O dado importante é que o colono recebeu o enjeitado em seu domicílio portando um bilhete, que o responsabilizava de entregar a criança ao capitão-mor Francisco Nogueira, dessa forma, o exposto foi entregue no dia 19 de junho de 1769.

No entanto, o enjeitado somente foi batizado um mês após a entrega, (24 de julho do mesmo ano), na capela do Jundiaí, seguindo a prática corrente entre os colonos daquele tempo, em que, muitas vezes, o pequeno abandonado era apadrinhado por alguém do domicílio que o recebia. Sendo assim, o mesmo recebeu o nome de Antonio e foram seus padrinhos: Joam Rodrigues Sexas (homem casado), e Dona Ignes Maria de Araújo, mulher do capitão-mor Francisco Nogueira. Não sabemos o motivo que conduziu os pais, ou somente a mãe do pequeno enjeitado, em fazer Francisco Pinheiro um intermediário no ato do abandono. Porém, sabemos o porquê do bilhete destinar o recém-nascido para tal domicílio:

> Bento filho de Teresa e de pay incognito escrava do capitam-mor Francisco Nogueira neto por parte materna de Luis de Miranda, e sua mulher Maria escravos do capitam Jose Dantas Correa nasceo aos vinte e sete de Julho do anno de mil setecentos e secenta e nove e foi batizado com os santos oleos de licença minha na capela do jundiahi desta freguesia pelo padre Joam Tavares da Fonceca aos seis de Agosto do dito anno: foram seos padrinhos Francisco Delgado, e sua mulher Anna Soares Correa, de que mandey fazer este assento, em que me asiney. Pantaleão da Costa de Araujo / Vigario do Rio Grande .[36]

No ano em que o pequeno Antonio foi abandonado e entregue ao capitão-mor Francisco Nogueira uma escrava deste estava próxima de parir e gerar o leite que possibilitaria a sobrevivência do exposto. Portanto, deveria ser do conhecimento da comunidade que o capitão-mor tinha, em sua posse, uma cativa bem próxima de *dar a luz*, tornando seu domicílio uma localidade bastante atrativa para aqueles colonos que, por algum motivo, viam na prática do abandono uma das soluções para a proteção de seus filhos.

Se aproximamos bem a lente da crítica histórica, confirmamos a existência de uma prática informal de acolhimento familiar – sem envolvimento direto nem do Estado tampouco da Igreja –, na qual os próprios colonos da freguesia assumiam e dividiam a responsabilidade sobre os enjeitados. Divisão de responsabilidades, assim como de laços sociais e familiares, que proporcionavam eventualmente a sobrevivência, até a idade adulta, de uma minúscula parcela da população de expostos.

Os expostos-adultos

Apesar da alta mortalidade infantil nos espaços distintos do Brasil colônia, houve localidades onde alguns expostos, quase que "heroicamente", conseguiram "driblar" a morte e chegar à idade adulta.

Bacellar nos oferece um panorama relativo às relações matrimoniais desses enjeitados que chegavam à idade. Para efeito de análise, diz:

> [...] foram identificados, para o período entre 1679 e 1830, 273 assentos de casamentos em que pelo menos um dos cônjuges era declarado exposto. Doze dessas uniões foram celebradas com os dois cônjuges enjeitados, o que eleva o total de casos para 285. Dentre estes, havia uma nítida predominância de noivas expostas, 181 (63,5%), sobre os noivos expostos, 104 (36,5%). Esta proporção vai de encontro à igualdade entre os identificados quando do abandono, mostrando que, por ocasião do matrimônio, as moças expostas tinham maiores possibilidades de casar. Ou, pelo menos, maiores chances de alcançar uma união conjugal diante do altar, já que não é possível medir as uniões informais. Eram, aparentemente, mais valorizadas enquanto cônjuges, mas não sabemos o porquê.[37]

A partir desse quadro, o autor apresenta o relato da vida da enjeitada Gertrudes:

> [...] exposta na casa do guarda-mor Antônio João Ordonho e de dona Ermenegilda Ferreira Prestes, grandes agricultores, possuidores de mais de quarenta escravos. Gertrudes, nascida e exposta por volta de 1790, era claramente considerada agregada. Casou-se, em 1804, com Custódio Pereira, jovem filho de humildes agricultores, e constituíram um lar extremamente simples. Na colheita do ano de 1807, por exemplo, declararam haver colhido somente três arrobas de algodão, enquanto que em 1810 teriam produzido apenas doze alqueires de milho e quatro arrobas de algodão. Gertrudes, após enviuvar, casou-se novamente, em 1818, com José Pedroso, igualmente pequeno lavrador.

O caso da exposta Gertrudes deixa bastante evidente a intenção dos pais biológicos da enjeitada: abandoná-la em um domicílio de posses, em busca de uma "vida melhor" para ela. Com isso, conseguiram livrá-la de uma morte prematura. No entanto, ela foi incorporada ao domicílio e não à família.

Há exemplos de expostos que, quando adultos, puderam desfrutar uma vida um tanto confortável. É o caso da enjeitada Esméria Rita do Vale, também apresentado por Bacellar:

> [...] bem sucedida foi Esméria Rita do Vale. Batizada como exposta na casa de Manuel do Vale Pereira, carioca instalado em Sorocaba, e sem filhos, casou-se com o tenente Francisco Vicente Torres, viúvo, lavrador de médio porte, dono de cerca de meia dúzia de escravos. Um bom casamento, sem dúvida, pois o tenente tinha padrão socioeconômico superior ao do seu sogro Manuel, transformando o matrimônio em uma forma de ascensão social para a jovem Esméria.

A historiadora Maria Luiza Marcílio nos oferece outros dados historiográficos sobre expostos que se tornaram adultos nos centros urbanos da colônia. Nessas localidades, as Santas Casas da Misericórdia não conseguiam cuidar de todas as crianças que retornavam do período de criação, realizada em casa de mulheres pagas pelas Misericórdias. Como eram pouquíssimas as amas-criadeiras que aceitavam continuar com os enjeitados, devido à ausência de subsídios, os expostos acabavam sem ter para onde ir. Sem destino certo, os pequenos desvalidos terminavam "[...] perambulando pelas ruas, prostituindo-se ou vivendo de esmolas ou de pequenos furtos".[38]

Diante dessa dura realidade social, as Santas Casas de Misericórdia buscavam famílias que pudessem receber os expostos como aprendizes (no caso dos meninos), em ocupações como ferreiro, sapateiro, caixeiro, dentre outras. Uma outra possibilidade para os meninos enjeitados era ser encaminhamento às Companhias de Aprendizes de Marinheiro ou de Aprendizes do Arsenal da Guerra, para

> A construção de embarcações exigia a presença de trabalhadores diversos, especializados ou não especializados. Daí instalarem oficinas para os expostos se iniciarem em ofícios de marceneiro, calafate, ferreiro, tanoeiro, pedreiro, tecelão e outros mais. No estaleiro a criança vivia ao lado de presos, escravos e degredados. Sua alimentação era tão fraca, à base quase só de farinha de mandioca, que acabavam definhando e muitas morrendo. No testemunho de um médico do Rio de Janeiro, que observou as crianças do Arsenal da Marinha, a maioria delas comia terra e tinha o corpo enfraquecido pelos parasitas intestinais.

A historiadora Diane Valdez concorda plenamente com Marcílio quanto aos projetos de proteção às crianças desvalidas de sexo masculino, basicamente fundamentados na "pedagogia militar". Para ela, "[...] obedecendo a uma disciplina rígida, os meninos se viam em uma dura rotina de revista, marchas, aulas, oficinas, rezas e de punições, à menor falta cometida." [39]

Por sua vez, Venancio aponta um outro caminho para os expostos de sexo masculino que se tornavam adultos, a carreira eclesiástica:

> Se durante a infância eles eram vistos como filhos do pecado, tudo se modificava quando conseguiam ser admitidos nos seminários. O sacerdócio os "purificava" socialmente, além de abrir possibilidades de ascensão social, seja na burocracia eclesiástica, seja na atividade política, como foi comum entre o clero do Império. [40]

Paulo César Garcez Martins, corroborando Venancio, revela que o padre Diogo Feijó (regente do Império brasileiro) foi batizado como exposto e declarado filho de pais incógnitos. [41] Miriam Dolhnikoff faz um comentário mais amplo sobre o

246 Uma história social do abandono de crianças

ilustre enjeitado, exposto em uma porta domiciliar, como tantos outros anônimos da Freguesia de Nossa Senhora da Apresentação.:

> Diogo Antônio Feijó[...] nasceu em 1784 como filho ilegítimo de uma rica família paulista, os Camargos. Esta é a hipótese mais aceita pelos historiadores para uma origem não identificada, já que o recém-nascido foi abandonado por uma mãe provavelmente solteira que, para fugir à desonra, deixou a criança na porta da própria casa, de modo a criá-lo sem expor à condenação publica.[42]

Igualmente a outros espaços do Brasil colônia foi possível identificar, nas terras da Freguesia de Nossa Senhora da Apresentação, a existência de alguns poucos adultos que, quando recém-nascidos, foram abandonados. No entanto, os dados obtidos sobre o pequeno conjunto de expostos-adultos foram extremamente precários.

A precariedade e o reduzido nível de informações relativas aos expostos-adultos da referida freguesia estão relacionados com o próprio conteúdo das fontes investigadas, que são os Assentos de Batismo e Óbito. O conjunto dos dados (em um período de praticamente 50 anos), na referida freguesia, não é significativo, pois, em números absolutos, correspondiam a 20 pessoas. Se tomarmos a contagem populacional do ano de 1808, quando a cidade do Natal tinha uma população de 5.919 habitantes,[43] conclui-se que os expostos-adultos representavam aproximadamente 0,3% do total de moradores.

Com relação à origem dos expostos que conseguiram se projetar na vida adulta, podemos revelar que eles eram, na maioria, naturais da Freguesia de Nossa Senhora da Apresentação, ao todo doze indivíduos, ao passo que seis desses enjeitados eram de outras freguesias. Com relação a dois deles, a documentação não apresenta as suas naturalidades.

O percentual, com relação ao sexo desses expostos-adultos, apresentou-se de forma extremamente equilibrada, ou seja, dez homens e dez mulheres. Tal aspecto equânime dos números da razão de sexo se aproxima do índice identificado por Bacellar, para Vila de Sorocaba, alterando apenas o volume populacional.

Saindo da discussão numérica e aproximando-se desses adultos que vivenciaram o abandono, podemos destacar o caso do único exposto-adulto identificado nos documentos de óbito. O colono José exposto faleceu em 1761, com a idade de 68 anos, segundo o seu registro de sepultamento. Salientamos que ele deve ter vivido, provavelmente, toda a sua vida na freguesia de Nossa Senhora da Apresentação, já que foi sepultado na Capela do Senhor Santo Antonio do Potengi, envolto em mortalha de pano branco e na condição de homem solteiro, pois não existia menção a cônjuge algum.[44]

Maria do Ó também foi uma enjeitada que chegou à idade adulta. Quase nada sabemos a respeito dela, a não ser os convites que recebeu, quase que "sucessivamente", para ser madrinha de três pequerruchos recém-nascidos, a saber Domingos, Manuel e Pedro.

Em de 25 de agosto de 1754, foi batizado com licença do reverendo Vigário Doutor Manuel Correa Gomez, Domingos, filho legítimo do casal de colonos Pedro Correa e Eufrasia, na Capela de Nossa Senhora do Ó de Mipibu, onde "foram padrinhos Manuel de Sousa, e sua emgeitada Maria do O".[45] Ora, é claramente perceptível que a madrinha de Domingos tinha o mesmo nome da Santa da Capela. É possível que a exposta tenha recebido esse nome por devoção de seu "pai adotivo," quem sabe ela até fosse afilhada da santa.[46] Podemos, também, conjeturar que os pais biológicos da madrinha fossem devotos de Nossa Senhora do Ó, e no ato do abandono, tenham deixado expresso em um escrito a vontade de "verem" a menina com o tal nome ou tornar-se afilhada da referida Santa.

No entanto, em 15 de dezembro de 1754, e na mesma Capela de Nossa Senhora do Ó de Mipibu, a exposta, Maria do Ó, aparece em companhia de seu "pai de criação", tornando-se compadres dos colonos Diogo Ferreyra e de Maria Gomez. Assim sendo, a enjeitada e Manuel de Souza, mais uma vez, se uniram por laços familiares, envolvendo um pequeno e futuro vassalo do rei de Portugal, o qual na pia de batismo recebeu o nome de Manuel, o mesmo nome de seu padrinho.[47]

Nesse tempo colonial, a exposta Maria do Ó seguiu o seu caminho, tornando-se mãe espiritual de prováveis colonos da Freguesia de Nossa Senhora da Apresentação. Tanto que:

> Aos Vinte e dois de setembro de mil e settecentos e Sincoenta e Sinco de licenca do Reverendo Vigario o Doutor Manuel Correa Gomes na Cappela de Nossa senhora do O de Mipibû bauptisou e pos os Santos oleos o Reverendo Padre Antonio de Araujo e Sousa a Pedro filho de Nasario Pinto, e de sua mulher Feliciana Gomes forão padrinhos Manuel Raposo da Camara e Maria do O exposta em casa de Manuel de Sousa Gomes de que mandou lançar este asento o Muyto Reverendo Senhor Doutor Vesitador que abaycho asignou. Marcos Soares de Oliveira / Visitador. [48]

Somando-se a essa ocorrência, tem-se outra referente a uma enjeitada que ocupou muito claramente uma posição de suposto destaque na freguesia estudada. Ela foi casada com o alferes Domingos João Campos, natural da Freguesia de Nossa Senhora do Rozario do Campo, Bispado de Viseu (Portugal). A exposta atendia pelo nome de dona Rosa Maria de Mendonça e tinha sido, quando recém-nascida, abandonada em casa do sargento-mor Mario de Crasto Rocha.[49]

Nota-se que o possível destaque da referida exposta-adulta, na sociedade local, advinha principalmente de seu matrimônio, pois o marido era detentor de uma patente militar. Tudo indica que dona Rosa Maria de Mendonça fosse, juntamente com o esposo, moradora em uma propriedade rural, com três filhos, os quais foram todos batizados com os santos óleos na Capela de Nossa Senhora do Jundiaí. Eram eles Bernardo, Lourenio e Patrício.[50]

O que mais nos impressionou foram as atitudes dos familiares dessa exposta-adulta, frente a outros enjeitados. Isso ocorreu em 30 de novembro de 1768, às dez horas da noite, quando foi encontrado por Joam Gomes de Mello, um recém-nascido abandonado em casa de Antonio Ferreira. Esse exposto foi levado à pia de batismo oito dias após ter nascido, no dia 8 de dezembro do mesmo ano, recebendo o mesmo nome de seu padrinho Manoel. Apadrinharam o pequeno desvalido Manoel Fernandes Campos, (filho do alferes Domingos João de Campos) e Theresa de Jesus Maria, filha do proprietário do domicílio em que Manoel fora abandonado.[51]

Com se vê, Manoel Fernandes Campos tornou-se padrinho de uma criança que tinha a mesma origem de sua suposta mãe.[52] Não podemos esquecer que a esposa desse colono também era uma exposta-adulta – dessa forma, nossa análise mostra que muitos expostos se ligavam a outros enjeitados, mesmo que fosse colateralmente.

Enfim, a modalidade do abandono que predominante entre os moradores da freguesia estudada foi a domiciliar, na qual se buscava uma proteção para o recém-nascido exposto. De fato, não identificamos crianças mortas por animais, por terem sido abandonadas em lugares ermos. A pequena população de crianças enjeitadas, que "circularam" no espaço da freguesia, não teve nenhum auxílio por parte dos poderes públicos, como o Estado e Igreja, deixando evidente a prática de recolhimento e acolhimento informal por famílias da localidade.

Em suma, práticas como essas nos possibilitam compreender o que Fernando Novais denominou de "[..] núcleo da camada de sensações" que caracterizou o viver em colônia nos tempos modernos.[53] Inclusive na capitania do Rio Grande do Norte.

Notas:

1. Renato Pinto Venancio. *Famílias abandonadas:* assistência à criança de camadas populares no Rio de Janeiro e em Salvador – séculos XVIII e XIX. Campinas: Papirus, 1999, p. 22-25.

2. Assentos de Óbito. Registros manuscritos de 1768, fl 3, *Instituto Histórico e Geográfico do Rio Grande do Norte.*

3. Maria Luiza Marcílio. "A roda dos expostos e a criança abandonada na história do Brasil. 1726 – 1950". In: Marcos Cezar de Freitas (org.). *História social da infância no Brasil.* 3. ed. São Paulo: Editora Cortez, 2001, p. 69. Sobre a dita Roda dos expostos comenta-se que era: "Uma inovação caracteristicamente mediterrânea na assistência aos enjeitados fora a roda dos expostos. Era uma caixa cilíndrica de madeira, colocada dentro da parede de um prédio. Girava num pino colocado sobre seu eixo vertical, e era repartida ao meio. Originalmente, essas rodas giratórias eram comuns nos conventos; alimentos, remédios e mensagens eram colocadas na repartição do lado de fora da parede. A roda era então girada, transportando os artigos para a parte de dentro, sem que as reclusas vissem o lado de fora, e sem que fossem vistas. Ocasionalmente, uma mãe pobre colocava o filho nessa roda, confiando na caridade das freiras para que criassem o bebê. A primeira instituída especialmente para receber crianças foi a do Hospital do Espírito Santo em Roma, em 1198. Já no século XV, a instalação de tais rodas em hospitais tornara-se prática corrente. Havia vários métodos de informa aos internos de que um bebê tinha sido colocado na roda. Normalmente, existia um pequeno sino do lado de fora da parede, junto à roda, para ser tocado pela mãe; havia também as rodas mais sofisticadas, em que o peso do bebê fazia soar automaticamente um sino dentro do hospital". A. J. R. Russell – Wood. *Fidalgos e filantropos:* a Santa Casa de Misericórdia da Bahia, 1550 – 1775. Brasília: UNB, 1981, p. 233.

4. Termos De Vereação, 1791, fl. 150v. *Instituto Histórico e Geográfico do Rio Grande do Norte.*

5. José Francisco da Rocha Pombo. *História do Estado do Rio Grande do Norte.* Rio de Janeiro: Ed. Annuario do Brasil, 1922, p. 210.

6. Termos De Vereação, 1797, fl. 88v. *Instituto Histórico e Geográfico do Rio Grande do Norte.*

7. Termos De Vereação, 1799, fl. 127v. *Instituto Histórico e Geográfico do Rio Grande do Norte.*

8. Termos De Vereação, 1799, fl. 130. *Instituto Histórico e Geográfico do Rio Grande do Norte.*

9. Luciano Raposo de A. Figueiredo. *Barrocas famílias:* vida familiar em Minas Gerais no século XVIII. São Paulo: Hucitec, 1997, p. 41.

10. Primeiro Livro De Tombo Da Igreja Matriz De Nossa Senhora Da Apresentação. Registro manuscrito de 1725-1890. *Igreja. Matriz de Nossa Senhora da Apresentação.* (Transcrição realizada pela Bacharel-licenciada em História, Adriana Moreira Lins de Medeiros)

11. Philippe Ariès. *História social da criança e da família.* Tradução Dora Flaksman. 2. ed. Rio de Janeiro: LTC, 1981, p. xv.

12. Termos De Vereação, 1738-1793, fl. 45/fl. 6/fl. 105, *Instituto Histórico e Geográfico do Rio Grande do Norte.*

13. Kátia de Queiros Mattoso. *Ser escravo no Brasil.* 3. ed. São Paulo: Ed. Brasiliense, 1990, p. 132. Câmara Cascudo afirmou que os padres eram "[...] padrinhos de uma parte da população e compadre da metade restante". Luís da Câmara Cascudo. *Paróquias do Rio Grande do Norte.* Mossoró: Fundação Vingt-un Rosado, 1992, p. 11. Entretanto, verificamos que, na população de expostos, apenas 3,6% foram apadrinhados por sacerdotes. No decorrer da leitura dos Assentos de Batismo também observamos que os padres não apareciam, frequentemente, como padrinhos da população geral.

14. Carlos de Almeida Prado Bacellar. "Abandonados nas soleiras das portas: a exposição de crianças nos domicílios de Sorocaba, século XVIII e XIX". In: Lia Fukui (org.). *Segredos de família.* São Paulo: Editora Annablume/Menge, 2002, p. 35.

15. Renato Pinto Venancio. *Famílias abandonadas:* assistência à criança de camadas populares no Rio de Janeiro e em Salvador – séculos XVIII e XIX. Campinas: Ed. Papirus, 1999, p. 220.

16. Eliana Goldschimidt. "Compadrio". In: Maria Beatriz Nizza da Silva (coord.). *Dicionário da história da colonização portuguesa no Brasil.* Lisboa: Editora Verbo, 1994, p. 190.

17. Emanuel Araújo. *O teatro dos vícios:* transgressão e transigência na sociedade urbana colonial. 2. ed. Rio de Janeiro: Editora José Olympio, 1997, p. 234.

18. Assentos de Batismo. Registros manuscritos de 1776, fl. 127, *Instituto Histórico e Geográfico do Rio Grande do Norte.*

19. Assentos de Batismo. Registros manuscritos de 1777, fl. 126, *Instituto Histórico e Geográfico do Rio Grande do Norte.*

20. Assentos de Batismo. Registros manuscritos de 1763, fl. 5v. *Instituto Histórico e Geográfico do Rio Grande do Norte.*

21. Assentos de Batismo. Registros manuscritos de 1761, fl. 10. *Instituto Histórico e Geográfico do Rio Grande do Norte.*

22. Assentos de Óbito. Registros manuscritos de 1760, fl. 7. *Instituto Histórico e Geográfico do Rio Grande do Norte.*

23. Kátia de Queiros Mattoso. *Ser escravo no Brasil.* 3. ed. São Paulo: Brasiliense, 1990, p. 132.

24. Assentos de Óbito. Registros manuscritos de 1797, fl. 31v. *Instituto Histórico e Geográfico do Rio Grande do Norte*. Ressalta-se que são raros, na segunda metade do século xviii, na Freguesia de Nossa Senhora da Apresentação, os documentos de batismo e óbito revelando a cor da pele das crianças.

25. Assentos de Óbito. Registros manuscritos de 1797, fl. 36. *Instituto Histórico e Geográfico do Rio Grande do Norte.*

26. Assentos de Batismo. Registros manuscritos de 1773, fl. 57. *Instituto Histórico e Geográfico do Rio Grande do Norte*

27. Julita Scarano. "Criança esquecida das Minas Gerais". In: Mary Del Priore (org.). *História das crianças no Brasil.* 3. ed. São Paulo: Editora Contexto, 2002, p. 114.

28. Assentos de Batismo. Registros manuscritos de 1763, fl. 6v. *Instituto Histórico e Geográfico do Rio Grande do Norte*

29. Morador e freguês da dita Freguesia de Nossa Senhora da Apresentação.

30. Assentos de Batismo. Registros manuscritos de 1763, fl. 3. *Instituto Histórico e Geográfico do Rio Grande do Norte*

31. Mary Del Priore. "O cotidiano da criança livre no Brasil entre a Colônia e o Império". In: Mary Del Priore (org.). *História das crianças no Brasil.* 3. ed. São Paulo: Editora Contexto, 2002, p. 83 et seq.

32. Maria Luiza Marcílio. *Caiçara: terra e população* – estudo de demografia histórica e da história social de Ubatuba. São Paulo: Editora Paulinas, 1986, p. 160.

33. Assentos de Batismo. Registros manuscritos de 1763, fl. 5. *Instituto Histórico e Geográfico do Rio Grande do Norte.*

34. Assentos de Óbito. Registros manuscritos de 1763, fl. 11v. *Instituto Histórico e Geográfico do Rio Grande do Norte.*

35. Assentos de Batismo. Registros manuscritos de 1769, fl. 21v. *Instituto Histórico e Geográfico do Rio Grande do Norte.*

36. Assentos de Batismo. Registros manuscritos de 1769, fl. 22. *Instituto Histórico e Geográfico do Rio Grande do Norte.*

37. Carlos de Almeida Prado Bacellar. "Abandonados nas soleiras das portas: a exposição de crianças nos domicílios de Sorocaba, século xviii e xix". In: Lia Fukui (org.). *Segredos de família.* São Paulo: Editora Annablume/Menge, 2002, p. 36 *et passim.*

38. Maria Luiza Marcílio. "A roda dos expostos e a criança abandonada na história do Brasil. 1726 – 1950". In: Marcos Cezar de Freitas (org.). *História social da infância no Brasil.* 3. ed. São Paulo: Cortez, 2001, p. 75 *et passim.*

39. Diane Valdez. *História da infância em Goiás:* século XVIII e XIX. Goiânia: Alternativa, 2003, p. 20.

40. Renato Pinto Venancio. *Famílias abandonadas:* assistência à criança de camadas populares no Rio de Janeiro e em Salvador – séculos XVIII e XIX. Campinas: Ed. Papirus, 1999, p. 147.

41. Paulo César Garcez Martins. "Mulheres de elite, filhos naturais – São Paulo, séculos XVIII e XIX". In: Lia Fukui (org.). *Segredos de família.* São Paulo: Editora Annablume/ Memge, 2002, p. 55.

42. Miriam Dolhnikoff. "Feijó, um liberal do século XIX". *Nossa História,* Rio de Janeiro, n.6, p. 72-75, abr. 2004, p. 72.

43. Luís da Câmara Cascudo. *História da cidade do Natal.* 3. ed. Natal: IHG/RN, 1999. p. 94-95.

44. Assentos de Óbito. Registros manuscritos de 1761, fl. 20v. *Instituto Histórico e Geográfico do Rio Grande do Norte.*

45. Assentos de Batismo. Registros manuscritos de 1754, fl. 15v. *Instituto Histórico e Geográfico do Rio Grande do Norte.*

46. Torna-se afilhado de um santo católico apostólico romano era uma prática relativamente comum no Brasil colônia, ver Diane Valdez. *História da infância em Goiás: século XVIII e XIX.* Goiânia: Alternativa, 2003. p. 22.

47. Assentos de Batismo. Registros manuscritos de 1754, fl. 21v. *Instituto Histórico e Geográfico do Rio Grande do Norte.*

48. Assentos de Batismo. Registros manuscritos de 1755, fl. 7v. *Instituto Histórico e Geográfico do Rio Grande do Norte.* Grifo nosso.

49. Assentos de Batismo. Registros manuscritos de 1765, fl. 8. *Instituto Histórico e Geográfico do Rio Grande do Norte.*

50. Assento de Batismo. Registros manuscritos de 1761-1765, fl. 8/ fl. 6v/ fl. 12v. *Instituto Histórico e Geográfico do Rio Grande do Norte.*

51. Assento de Batismo. Registros manuscritos de 1768, fl. 33. *Instituto Histórico e Geográfico do Rio Grande do Norte.*

52 Consideramos como incerta a origem materna desse colono, pois não sabemos se a exposta Rosa Maria de Mendonça fora a primeira esposa de seu pai. Tal lacuna só poderá ser preenchida com uma investigação nos livros de Assentos de Casamento da freguesia, que não foram utilizados nessa pesquisa.

53 Fernando Antônio Novais. Condições da privacidade na colônia. In: Fernando A. Novais (dir.); Laura de Mello e Souza (org.). *História da vida privada no Brasil:* cotidiano e vida privada na América portuguesa. São Paulo: Ed. Companhia das Letras, 1997, p. 13.

XI. O "espetáculo" da morte de crianças e a Casa dos Expostos no Recife colonial

Alcileide Cabral do Nascimento *

HAVIA NAS VILAS E CIDADES DO BRASIL colonial, entre elas o Recife, um costume estranho a nossa sensibilidade de hoje, que era o de abandonar crianças em lugares ermos, monturos, ruas e becos, portas de casas e igrejas. Assim, corriam o risco de perecerem de fome ou frio, ou ainda de serem devoradas por cães e porcos que viviam soltos pelos becos, ruas e praças. De onde se originavam essas crianças, por que eram expostas, muitas vezes à morte? Esses "miúdos" vinham de histórias de vida diversas. Não eram apenas provenientes dos amores proibidos, "filhos ilegítimos" surgidos de padres amancebados "de portas adentro", ou ainda daqueles "amasiados" que se limitavam a visitar ou receber as concubinas sob a vista grossa da Igreja, mas também eram frutos clandestinos e indesejados de uma vida amorosa e sexual na colônia que encobria uma vasta e complexa gama de relações sensuais: "de mulheres e homens enfadados no casamento; de padres mal afeitos ao celibato; de homens de prestígio que, na falta de mulheres 'brancas e honradas', uniam-se informalmente às de cor; de mulheres brancas, índias ou mestiças que, 'solteiras', não podiam encontrar marido".[1]

Em síntese, eram crianças nascidas de relações amorosas diversas — oriundas de uma extensa multiplicidade de contatos fortuitos, por vezes perigosos, proibidos,

---

*Professora da Universidade Federal Rural de Pernambuco

clandestinos ou tidos como imorais —, que resultavam ser legítimas, bastardas ou ilegítimas, inscritas na condição fundamental de livres ou escravas, brancas ou mestiças, ricas ou pobres, todas elas, entretanto, assemelhadas entre si por terem sido enjeitadas ou expostas.

Esses "frutos do pecado" ou "frutos da miséria" abandonados às intempéries e aos animais carnívoros, estavam incorporados à "paisagem" do Recife e, no final do século XVIII, haviam se transformado em um problema social. "Enjeitadas", "expostas", "crianças em tenra idade", "miúdas", "pequenos", "inocentes"... eram algumas dos termos que denominavam as crianças abandonadas, e que lhes davam significados, materializando-as no cotidiano. Palavras-conceitos, noções-imagens construídas no terreno fértil e mutável da cultura e utilizadas corriqueiramente no Império português e, claro, no Recife. Neste sentido, o artigo aqui proposto procura investigar quando, como e por que o abandono indiscriminado de crianças e as práticas infanticidas em Pernambuco se tornaram um problema de ordem pública e demandaram uma intervenção do governo que alcançava a cidade e sua população, na perspectiva de promover uma nova sensibilidade para com a infância e novas práticas de civilidade.[2]

Práticas costumeiras: abandono de crianças e infanticídio em Pernambuco

A exposição de bebês, recém-nascidos ou não, nas ruas ou em lugares ermos, portas de igrejas ou casas, fazia parte de uma prática costumeira, presente no Brasil desde os tempos coloniais, pela qual os genitores ou parentes davam destino, ainda que incerto, às crianças que não podiam criar ou que não foram desejadas, como apontam as inúmeras pesquisas.[3] Costumes que incluíam práticas e discursos, prescrições e proibições, sancionadas e impostas, percebidas e desapercebidas, toleradas e interditadas pela sociedade e cultura na qual se inseriam.[4] Enfatize-se que foram os portugueses que introduziram esse costume na vida colonial, pois entre os povos indígenas e africanos não existe registro de que essa fosse uma prática recorrente.

Durante os dois primeiros séculos de colonização, não foram criadas instituições para acolher e prover o sustento dessas crianças. Isto só se deu quando o abandono de bebês em lugares ermos tornou-se numeroso, virou um escândalo público, e ganhou visibilidade, com fortes conotações de práticas infanticidas, ainda mais agravadas com o fato das crianças morrerem sem o sacramento do batismo.

As primeiras instituições para acolhimento e criação das crianças expostas foram estabelecidas ao longo do século XVIII em Salvador (1726), no Rio de Janeiro (1738) e no Recife (1789). Antes, porém, a exposição de recém-nascidos parecia ser facilmente resolvida pela iniciativa familiar ou individual, isto é, pelas mulheres e homens que os acolhiam, cuidavam e criavam com o esporádico apoio das câmaras municipais ou com a ajuda financeira das irmandades. Mas, nem sempre essas instituições aceitaram pacificamente cuidar e criar os enjeitados. Ao contrário, esse foi um assunto polêmico que gerou inúmeros enfrentamentos em Pernambuco e alhures.

Olinda x Recife: a peleja em torno da criação dos enjeitados

Na primeira metade do século XVIII, a prosperidade do Recife e sua definitiva importância comercial levaram os comerciantes a diferentes enfrentamentos com a aristocracia local encastelada em Olinda. Segundo cálculos aproximativos do pesquisador Gonsalves de Mello, a população era estimada em dez mil pessoas, em 1710, incluindo os escravos. O termo do Recife compreendia então a freguesia de São Pedro Gonçalves do Recife (o Recife antigo, os atuais bairros de Santo Antônio e de São José), Muribeca, Cabo e Ipojuca.[5]

A descoberta de minas de ouro no sul do país deu um forte alento ao Recife, pois eram "os comerciantes de Pernambuco e da Bahia que levavam às minas os tecidos e o gado de que a população mineira necessitava", como observou Luiz Geraldo Silva.[6] A prosperidade crescente do Recife, desde a presença dos holandeses, e de sua elite comercial, tornou possível a elevação do Recife à categoria de vila em 1710 e, em seguida, a instalação da câmara municipal, numa clara demonstração de apoio da Coroa portuguesa à burguesia mercantil emergente.[7]

Ainda que os comerciantes do Recife tenham garantido interesses múltiplos com o fim da Guerra – ocupar cargos, exercer, através dos almotacés, a fiscalização dos preços de mercadorias e serviços, "usufruir os privilégios e gozar do prestígio que a condição de vereador lhes conferia na sociedade"[8]–, a rivalidade com a Câmara Municipal de Olinda ganhou novas cores e contornos.[9] Uma delas dizia respeito à responsabilidade com os expostos. A contenda girava em torno do rendimento de 120 mil réis que a Câmara olindense deveria repassar anualmente para a recifense visando o sustento e criação das crianças "enjeitadas".

As primeiras medidas públicas de amparo às crianças abandonadas na capitania de Pernambuco não datam do século XVII, como afirma José Bernardo Gama. Segundo este autor, antes da chegada do governador d. Tomás José de Melo

(1787), havia uma casa destinada a "receber os infelizes [...] porque El-rei D. Pedro III, tomando em consideração a grande mortandade desses desgraçados, mandou por Aviso de 8 de julho de 1675, lançar sobre os contratos anuais a propina de 49$700 para socorrer os expostos; mas esse estabelecimento era de tão pouca importância, que, a exceção desse Aviso, não há registro de outra providência".[10] Também lendo Pereira da Costa pode-se supor que a assistência pública teve início em 1675, quando faz referência ao mesmo documento. Mas, relendo atentamente essa provisão, verifiquei que esse imposto era para ser enviado para Lisboa a fim de minorar a mortalidade das crianças expostas de lá, e não para ser aplicado em Pernambuco.[11]

Portanto, o início da assistência pública aos expostos se dá nas primeiras décadas do século XVIII, anos em que se digladiam na arena política local as elites olindenses e recifenses. Por volta de 1730, foi determinado pela Coroa que as Câmaras de Olinda e Recife se incumbissem da assistência às crianças expostas, constando no Regimento da Câmara de Olinda a consignação de uma verba de 120 mil réis anuais para as despesas com os expostos daquela cidade; e um ano mais tarde, por ordem régia de 24 de setembro de 1731, determinou-se que a Fazenda Real destinaria igual quantia anualmente à Câmara do Recife, para idêntica aplicação.[12] Essa incumbência e dinheiro, dados às municipalidades, geraram duas frentes de batalha dos vereadores de Olinda: uma com os irmãos da Santa Casa de Olinda e outra com a vereança do Recife.

A primeira contenda aberta se deu entre a Câmara de Olinda e a Misericórdia. A verba autorizada pela Coroa para custear as despesas de criação dos enjeitados deveria ser repassada pelos vereadores olindenses para a Santa Casa de Misericórdia de Olinda, que na época assumia a responsabilidade de agenciar mulheres e famílias para criar e cuidar dos expostos.

Segundo parecer do ouvidor geral, com esses recursos a Santa Casa deveria atender todos os enjeitados do termo — que compreendia de doze a 20 léguas, naquela forma vaga e imprecisa de se medir a distância à época — e, "cabendo a cada enjeitado 10 a 12 tostões, vinham as pessoas a gastarem mais na jornada à Olinda para a sua cobrança do [que] importava os salários", o que levara a referida municipalidade a deixar "de distribuir uns anos, para fazer maior monte".[13] A posição do ouvidor era de clara concordância com as decisões e interesses dos vereadores da Câmara de Olinda, em detrimento das reivindicações da Misericórdia, que não apenas reclamava do não recebimento do parco dinheiro durante esses anos, como solicitava o aumento desse valor.

Ainda que a justificativa do ouvidor se aproximasse da realidade — que o valor era tão diminuto que a Câmara optara por acumular alguns anos para efetuar um pagamento de porte —, na prática a assistência aos expostos não era percebida como uma necessidade pública, comum ao interesse de todos, levando a vereança não apenas a suspender o pagamento às famílias criadeiras por treze anos (1733-1746), totalizando um conto, quinhentos e sessenta mil réis (1:560$000), como a utilizar parte desses recursos para o conserto da ponte do Varadouro, valorado como uma obra de utilidade pública e de interesse de todos os moradores.[14]

A segunda contenda foi o enfrentamento com os vereadores do Recife. Em carta de 1732, os oficiais da Câmara do Recife protestavam junto ao rei que nem a Câmara de Olinda cumprira a determinação real e nem o provedor da Fazenda Real[15] exigira da referida Câmara o cumprimento da ordem régia, ocasionando o atraso no pagamento das despesas com os expostos. Nesse documento, os vereadores solicitavam ao rei D. João V uma ordem especial em que determinasse o repasse desses recursos para a Câmara do Recife.[16]

A responsabilidade com a criação dos expostos gerou diferentes conflitos, jogando em lados opostos a elite comercial recifense e a nobreza da terra em Olinda, e esta contra os irmãos da Santa Casa de Misericórdia de Olinda. Não havia consenso em torno das práticas de acolhimento e cuidados com os expostos. Afinal, assistir aos expostos era uma questão de ordem pública ou particular? Representava um bem útil para toda a população ou circunscrevia apenas interesses menores? Por essas questões passavam as contendas políticas, as motivações econômicas e as razões religiosas.

Através de um dossiê aberto por um requerimento da Misericórdia de Olinda em que solicitava ao rei a consignação da verba de 120 mil réis anuais para os expostos, até então destinada à Câmara de Olinda — e que havia sido direcionada para recuperação da ponte do Varadouro —, podemos perceber como as práticas de recolhimento dos expostos eram tidas como um problema circunscrito ao espaço urbano, de âmbito caritativo e inscrito no domínio do doméstico, portanto, dependente das ações e decisões particulares, das pessoas e famílias que acolhiam e criavam os enjeitados e não como responsabilidade da administração colonial.

O dossiê que trata do conflito entre a Santa Casa de Misericórdia e a Câmara de Olinda data de 1746, porém, as divergências tiveram início dois anos antes, quando a Misericórdia requisitara ao rei a consignação de 120 mil réis anuais então destinada à Câmara olindense para a criação dos expostos. O provedor da Misericórdia argumentou em seu favor que nunca desamparara as crianças enjeitadas em "tenra idade", crianças "cujas mães morre[ia]m ou adoece[ia]m" e delas não podiam cuidar. E que devido à "omissão" da Câmara todos acorriam para a Santa Casa, que dessa feita não podia rejeitar seus pleitos. Considerava ainda que era interesse da "República", isto é, do bem comum, a "boa criação" e a "ocupação" dos expostos, para que não ficassem à mercê dos "males" e "danos espirituais que a ociosidade costuma causar". Entretanto, não dispunha "de esmola certa aplicada por algum defunto" para essa caridade.

Para os irmãos da Santa Casa, a criação dos expostos envolvia três dimensões: a religiosa, pois era um ato de caridade acolher e criar filhos alheios, além de providenciar-lhes o batismo; a pública, expressa no medo de que as crianças uma vez sem ocupação ingressassem no mundo da vadiagem; e a econômica, pois a instituição não tinha como arcar solitariamente com os gastos.

A Câmara de Olinda protestou peremptoriamente. Em defesa de seu direito à referida consignação, alegava que sempre provera os enjeitados da cidade e de todas as freguesias enquanto administrava os contratos que passaram para a alçada da Fazenda Real. Para os vereadores, a Santa Casa e as alegações dos seus irmãos tinham "recaídos de ambição", primeiro porque não se costumava expor enjeitados na Misericórdia e sim nas casas dos moradores, recebendo aquela apenas uma ou duas crianças, o que não justificaria o repasse; segundo, a Santa Casa tinha "copiosas rendas para os poder criar" — dízimos, legados e 110 mil réis mensais para tratar dos soldados (1:320$000 anuais) —, o que invalidava o argumento da falta de recursos; terceiro, o dinheiro só fora destinado à restauração da ponte do Varadouro com a anuência do almoxarife da Fazenda Real e autorização do governo da capitania; por último, lembravam que o Compromisso (estatuto) da Irmandade impunha o ônus de cuidar dos enjeitados como mandava a lei do Reino.[17]

Como podemos perceber, para os vereadores de Olinda a exposição de crianças não constituía um problema premente. Embora reafirmassem sua responsabilidade em relação à criação dos expostos, consideravam o conserto da ponte do Varadouro muito mais importante, a ponto de entenderem que ao desviar os parcos recursos para aquele fim estavam prestando serviço de maior relevância, pois esta era uma obra que "atendia a todos os moradores", uma ação de caráter público, diferentemente, portanto, da assistência aos expostos. A última vez que a Câmara pagara às pessoas que criavam os expostos havia sido em 1733, ou seja, fazia treze anos que os vereadores não destinavam mais recursos para este fim.[18]

As cartas, requerimentos, certidões e pareceres continuaram transitando durante todo o ano de 1746, entre Pernambuco e Portugal. A coroa não cedeu às pressões e pretensões da Santa Casa. A consignação continuou sob a alçada da Câmara municipal. Sabemos que em 1779 a Misericórdia mudou sua estratégia para conseguir recursos e solicitou permissão para instalar uma Roda dos

Expostos em Olinda, o que sugere uma certa resistência real em conceder-lhe os recursos para criação dos enjeitados. Dessa forma, a implementação de uma nova estratégia para obtenção de numerário não se daria mais pelo enfrentamento com a Câmara municipal local.[19]

Concomitantemente, a Câmara do Recife, apesar de reivindicar o repasse da referida consignação a que tinha direito, também não foi contemplada, o que levou o governador da capitania a adotar novas medidas no último quartel do Dezoito. Por diferentes razões, os vereadores olindenses lutaram nas trincheiras do cotidiano por recursos e pela manutenção de sua posição de poder. A Coroa se posicionou oficialmente ao lado de Olinda na contenda com a Misericórdia, mas, quanto às pretensões da Câmara do Recife, tergiversou.

Percorrendo os caminhos do conflito, é possível perceber como os diferentes grupos entendiam o costume de expor crianças, em que dimensões a prática da exposição estava circunscrita, como era nomeada, e que cuidados deveriam ser dispensados aos expostos.

É bom frisar que em nenhum momento os administradores coloniais ou os oficiais das câmaras municipais nomearam a exposição de crianças como uma questão moral, "fruto do desregramento sexual" na colônia ou da "imoralidade das relações" provenientes em parte das mancebias e concubinatos, como seria taxada depois pelos moralistas e religiosos. Nos seus discursos, diferentemente do discurso da Igreja, as crianças não aparecem como frutos proibidos ou frutos da falha, ou da fraqueza das mulheres, ou ainda das relações ilegítimas. Não se nomeava a prática da exposição de crianças, mesmo daquelas que ao serem abandonadas nas ruas eram devoradas por animais, como "bárbara", ou que isso compunha sinais incompatíveis com a civilização e que deveriam ser eliminados. Por fim, a exposição de crianças em Olinda e Recife não configurava um problema social para a administração colonial naquele momento, exigindo uma intervenção sistemática no acolhimento e cuidados com os bebês e na repressão das condutas sexuais geradoras de crianças indesejáveis.

Para compreender essas práticas — da exposição de bebês e do seu acolhimento — é preciso lançar um olhar sobre as distintas perspectivas das pessoas envolvidas na teia da exposição. Os atores silenciavam sobre o abandono, enquanto o acolhimento era visto como ação caritativa, portanto vinculada à dimensão do religioso e à esfera doméstica. Acolher e cuidar de crianças pressupunha antes uma decisão pessoal ou familiar do que apoio e incentivo da máquina pública. A Câmara considerava que a Misericórdia tinha obrigação de assistir aos expostos como determinava o Compromisso que havia assumido com a Coroa portuguesa. E a Santa Casa recusava

260 Uma história social do abandono de crianças

a obrigatoriedade da assistência, pois as obras caritativas dependiam de recursos prévios e destinados para tal fim. Não se fazia caridade apenas com boa vontade e muita fé. Contudo, as duas perspectivas não poderiam ser desconsideradas: ao acolher as crianças expostas, salvando-as da morte, garantiam-se mais súditos para a Coroa numa terra que precisava ser colonizada e ocupada; e ao batizá-las, livravam-se suas almas do temido limbo.

A questão do sustento financeiro precedia às perspectivas futuras do acolhimento, então a discussão em torno das práticas de assistência era tematizada na sua dimensão política e econômica. A luta que se abria entre as elites do Recife e de Olinda de um lado, e a vereança de Olinda e a Santa Casa do outro, se travava pelo controle dos recursos no campo da legalidade e da persuasão junto à Coroa em busca de apoio e alianças. O valor da consignação para os expostos era simbólico face ao enfrentamento de forças na conquista de posições de poder. A assistência aos enjeitados era uma questão menor na disputa política entre as facções de classe pela permanência do *status quo* no caso dos vereadores olindenses, e de luta pela autonomia, independência e gerenciamento dos contratos e impostos no caso dos comerciantes do Recife.

Concretamente, a prática de assistir aos meninos e meninas abandonados tinha como base discursiva a caridade, e foi realizada em três instâncias: a) pela caridade doméstica, com as famílias que decidiam acolher e criar bebês alheios depositados em suas portas; b) pela Santa Casa de Misericórdia de Olinda, que assumia os custos financeiros da criação de bebês agenciando e pagando amas-de-leite ou famílias criadeiras; c) pelas Câmaras Municipais, que, de forma relutante e esporádica, disponibilizavam recursos para criação dos "miúdos" contratando amas-de-leite ou famílias criadeiras, como fazia a Misericórdia. Em suma, o lastro dessa assistência eram as famílias e as mulheres que se dispunham por diferentes razões a criar filhos alheios.

A prática assistencial, nesse momento, não se constituía de um saber sobre a exposição de crianças que localizava, nomeava e circunscrevia para intervir e promover mudanças, como se verá a partir da primeira metade do século XIX. Não se procurava identificar os genitores para coibir o abandono ou o infanticídio. Não se desestimulavam as práticas sexuais que geravam filhos indesejados. Não havia um discurso moralista que culpabilizasse as mães. Não se investia nas mudanças de condutas individuais e coletivas. A população não era alvo de uma política de controle, aumento e preservação. A atuação da administração colonial era pontual, assistemática e levada pelas necessidades emergenciais. A cidade ainda não era percebida como um lugar de perigo que exigisse um poder disciplinador. Tolerava-se o abandono de crianças e convivia-se com o infanticídio sem maiores constrangimentos.

O debate que se estabeleceu entre letrados e moralistas terminou por diferenciar as práticas de exposição, distinguindo o infanticídio do abandono. Segundo Maria Helena Alvim, no século XVIII, a forma com que o governo português respondeu ao elevado número de crianças expostas foi determinar, pela ordem circular de 24 de maio de 1783, a instituição generalizada das Casas da Roda em cada vila, a fim de evitar os "reiterados infanticídios", um dos motivos da "sensível diminuição da população" do reino.[20] Assim, as práticas infanticidas começaram a ser combatidas com vista a sua interdição no final do XVIII, enquanto que para o abandono de bebês deveria ser intensificada a prática caritativa como solução aceitável. Sem se distanciar no tempo, o Recife seguia em sintonia com a Metrópole nessa política.

O combate às práticas infanticidas e a criação da Casa dos Expostos

No final do século XVIII, o abandono indiscriminado de crianças e, sobretudo, o "espetáculo" da morte de bebês nas ruas e becos do Recife e Olinda se constituíram como um problema de ordem pública que exigiu uma intervenção do governo. A exposição de crianças e as práticas infanticidas foram vistas como problemas que se relacionavam com a cidade e com sua população, assumindo, portanto, uma feição urbana. A um só tempo, ocorria o desperdício de vidas que poderiam ser úteis ao Estado e convivia-se com os perigos de contágio representados pelos leprosos, que portavam uma doença incurável para a época, e escravos recém-chegados de África, que traziam doenças contagiosas, muitas vezes, desconhecidas. Assim, no governo de d. Tomás José de Melo, administrador da capitania de Pernambuco entre os anos de 1787 e 1798, a cidade e seus habitantes começaram a ser percebidos como um "perigo" à estratégia de dominação da Coroa portuguesa. Sob o céu de anil pairavam ameaças internas e externas. Interessa-nos investigar as ações do governo dirigidas à cidade e à população, especialmente a institucionalização da assistência às crianças sem-família que se fez com a criação da Casa dos Expostos no Recife, momento fundamental onde se configurou uma ruptura com o anterior, marcando por quase meio século um *modus operandi* da política assistencial local.

Em 1770, Manoel da Cunha Menezes, governador da capitania pernambucana, comunicava ao secretário de Estado da Marinha e Domínios Ultramarinos: "Estão amanhecendo todos os dias meninos e meninas expostos pelas portas de igrejas, e dos moradores, cujos inocentes perecem na maior parte, por se lhe dilatar o alimento, e o abrigo".[21]

O governador solicitava permissão para instalar uma casa a fim de receber e criar os bebês, primeiro pela "compaixão" que tinha por "esses miseráveis", segundo pelo "amor à República que tanto interessa[va] no aumento de vassalos". Nesse momento, a exposição de crianças ia, em movimento crescente, se constituindo como um problema social, exigindo uma intervenção da administração colonial. Um problema de feição urbana, pois restrito às cidades e vilas populosas. "Vassalos" potencialmente úteis ao rei e à colônia para o trabalho, a defesa e a guerra. O discurso saía do âmbito estritamente religioso e ingressava no domínio dos interesses do estado metropolitano. As práticas assistenciais, embora fundadas na caridade, deveriam responder a outras demandas e outras sensibilidades, na perspectiva de "governar as coisas e os homens", elidindo o aviltamento da população.

Uma outra tentativa para socorrer os expostos foi feita na administração de José César de Menezes (1774-1788), que impôs aos moradores dos termos de Recife e Olinda "uma finta por fogo"', isto é, um imposto por cada casa, para ser aplicado ao sustento das crianças enjeitadas. Entretanto, nem mesmo na metrópole o estado assumiu a assistência às crianças expostas, empurrando para as Câmaras municipais, as instituições leigas e a comunidade essa responsabilidade e ônus financeiro. O que havia, portanto, eram orientações procedimentais emanadas da Coroa portuguesa, que não se concretizavam justamente por se tratar apenas de boas intenções, das quais o Estado se eximia de responsabilidades diretas. Em que pese a justeza das intenções e iniciativas, o Recife teve que esperar 18 anos após Manoel da Cunha Menezes expressar o seu incômodo em carta, para ter autorizada a instalação da Casa dos Expostos com sua respectiva roda, esta sim uma resposta efetiva a um problema específico.

Essa iniciativa só ganhou materialidade durante o governo de d. Tomás José de Melo. Sua ação não ficou restrita apenas às crianças, com a instalação da Casa dos Expostos no Recife. Estava imbricada a outros procedimentos que tiveram como objetivo o governo da economia e da população, na perspectiva de que o crescimento da cidade e o aumento das camadas urbanas — fora das malhas das relações escravistas — implicavam em outras formas de controle, o que fez ampliar a arte de governar e os tentáculos do governo.

D. Tomás demonstrou ser homem prático e resoluto. No tocante à Casa dos Expostos, particularmente, deu mostras das suas qualidades de governante, pois primeiro a fez funcionar e só depois comunicou a sua criação à Coroa. Então, só após a obra concluída é que ele se reportou ao seu superior em Lisboa participando as razões que a seu ver justificavam a empreitada. É de se ressaltar que no caso da criação da instituição em Pernambuco ficou patente a determinação pessoal de d. Tomás para a sua consecução. Seu feito não deve ser confundido como mera ação contingencial resultante da expansão demográfica verificada na última década do século XVIII; suas peculiaridades individuais é que caracterizaram sua prática governativa.

Uma vez instituída a assistência aos expostos, é preciso observar os novos sentidos produzidos sobre a prática de exposição de crianças e como o exposto passou a ser visto a partir de então. Se, de um lado, o aparato assistencial encobriu e, de certa forma, chancelou os desvios do padrão moral estatuído socialmente, deve-se analisar, por outro, se houve efeitos pedagógicos na mudança de comportamentos coletivos e individuais em relação às práticas infanticidas e se disso resultou uma nova percepção e sensibilidade em torno do abandono de crianças.

Ao criar a instituição em 1789, d. Tomás José de Melo enviou um ofício ao secretário da Marinha e Domínios Ultramarinos, Martinho de Melo e Castro, onde apresentava as razões que o motivaram a criar o referido estabelecimento:

> Por quanto aches o costume de se enjeitarem [...] as crianças pelas portas dos moradores da Cidade de Olinda, e desta Vila de Santo Antônio do Recife, tinha acontecido algumas vezes amanhecer devoradas de animais imundos, que vagavam pelas ruas; horrorizado da notícia de semelhantes espetáculos, busquei persuadir aos povos da necessidade que havia de uma Roda e Casa dos Expostos [...][23]

O horror provocado pelo "espetáculo" dos pequenos corpos devorados, mutilados por "animais imundos" como cães e porcos que vagavam pelas ruas da cidade de Olinda e da vila do Recife foi assim apontado como elemento motivador para criação do aparato assistencial no Recife. Que cidade era aquela que convivia com a morte de crianças e com a mesma leniência permitia o livre transitar de leprosos em suas ruas? Se antes, na população local, a morte de crianças mobilizava apenas os sentimentos de compaixão e misericórdia pelos "pequenos inocentes", para d. Tomás gerava um duplo sentimento: "comoção" (pena) e "horror" (repulsa) por um ato percebido como um escândalo para a humanidade (civilização). A benevolência para com a exposição de bebês dava lugar à intolerância e era nomeada como "abuso" pelo governador. Do que os pais ou depositários de crianças abusavam? Da caridade alheia, da compaixão, da boa vontade, do amor ao próximo? A frequência com que se expunham os "miúdos" configurou um "abuso" dos costumes, infringiu a normalidade das coisas. É possível assinalar que na perspectiva do governador a civilização precisava prosseguir, e, nesse *continuum*, negar o seu contraponto, a barbárie.[24]

Mas eliminar a barbárie — nesse caso, a morte de crianças nas ruas devoradas por animais — não significava eliminar por completo as práticas infanticidas, pois dificilmente o governo teria condições de extinguir a multiplicidade de práticas que podiam dar fim à vida de um bebê.[25] Flandrin, por exemplo, refere-se à "opressão" ou à "sufocação" do recém-nascido como um dos meios de sua eliminação, usado, sobretudo, para extinguir a prova viva das relações extraconjugais e, dessa forma, proteger a "honra" da mãe.[26] Nesse mesmo sentido, Luciano Figueiredo, analisando as devassas episcopais mineiras, comenta uma acusação contra "uma mulher branca que asfixiara seu filho recém-nascido com anuência do companheiro".[27]

Joana Maria Pedro elenca algumas práticas muito antigas de eliminação de recém-nascidos como "a de não lavar a criança recém-nascida; a de esmagar a cabeça da criança com uma pedra; a de jogá-la no chão, ou contra uma árvore; a de esmagá-la com um cipó; a de enfiar um graveto afiado em sua garganta, ou a de encher a boca da criança com areia".[28] Ocorria também aos pais que queriam se livrar de uma criança indesejada, e evitar serem atingidos pela lei, manter relações sexuais em estado de gravidez bastante avançada e provocar a opressão ou sufocação do embrião no ventre da mãe.[29] Colin Heywood assinala que durante a Alta Idade Média as autoridades seculares "tratavam o infanticídio como um pecado, antes de um crime", cabendo aos tribunais da Igreja o julgamento, reservando para si apenas os casos mais escandalosos. O autor acrescenta que "a partir do século XVI, o infanticídio passou a ser visto [em várias regiões da Europa] basicamente como uma questão de mães solteiras se livrando de seus filhos ilegítimos". As punições aplicadas às mulheres infratoras variavam de lugar para lugar, desde no âmbito doméstico serem expulsas da casa dos pais e reduzidas à penúria por essa desonra a suas famílias — sobretudo nos países mediterrâneos, "em função da sensibilidade aguda à honra de mulheres na cultura local" — até, em alguns casos, chegar à pena de morte.[30]

O infanticídio também podia ser involuntário. No século XVIII, Alexandre de Gusmão chamava a atenção das mães que contratavam amas-de-leite para que não as deixassem dormir "com a criança ao peito" porque podiam sufocá-la "com a sua teta".[31] E Flandrin fala da recomendação que um certo bispo de Langres (França) fazia aos párocos de que orientassem as mães e nutrizes para que não deitassem a criança perto do leito conjugal, advertindo-as do perigo que os bebês corriam e do pecado que as mães ou nutrizes cometiam, pois poderiam esmagar ou sufocar a criança durante o sono.[32] Dessa forma, asfixiar, sufocar, oprimir eram práticas que estavam fora do alcance dos administradores coloniais, porque aconteciam no âmbito doméstico. Assim, o combate à exposição de crianças tinha como alvo as práticas infanticidas manifestas, aquelas que ocorriam no espaço público e que eram evidentes por sua intencionalidade.

Ao solicitar permissão para instalar uma Casa dos Expostos com sua respectiva roda, o governador não fazia a crítica à exposição de crianças pela moralidade ou a falta dela. Não tinha como alvo as condutas sexuais que geravam filhos indesejados, nem se apoiava na obrigação moral dos pais criarem os seus filhos. Não criticava as relações ilegítimas, que geravam parte desses frutos espúrios, em contraponto com o casamento sacramentado e os filhos legítimos e abençoados. Não alegava a necessidade de salvar almas "inocentes" do limbo, tão-somente se preocupava em eliminar o "espetáculo" bárbaro produzido pelos pequenos corpos mutilados, devorados e assassinados nas ruas e becos da vila do Recife e cidade de Olinda. O alvo de combate do poder era a prática do infanticídio, do abandonar para a morte, o que se nomeava de "barbárie". Começava-se a condenar o costume selvagem de expor crianças ao relento em nome de uma outra forma de exposição — a civilizada. Tentava-se desestimular uma prática costumeira em prol de uma prática normativa.

O que parecia incomodar aos governantes recém-chegados de além-mar era o fato das crianças expostas nas ruas, comumente denominadas de "expostas" ou "enjeitadas", estarem sujeitas às intempéries, a ser esmagadas pelo pisotear dos cavalos, a ser devoradas por bichos carnívoros como cães e porcos, animais tão presentes nos burgos coloniais. Esse incômodo não atingia a todos imediatamente, pois esse sentimento passava por um investimento do governo e da Igreja colonial na promoção de uma nova sensibilidade para com a criança e adoção de práticas de civilidade que se distanciassem do descaso, da insensibilidade para com a morte espetacularizada de recém-nascidos nas ruas. De forma que não era a prática do abandono em si e nem a possibilidade da morte dos bebês os "motores" propulsores da institucionalização da assistência à criança abandonada, pois nem um e nem outra geravam indignação na população.[33] Tirar da vista, evitar a exposição para a morte, era o que incomodava e o que motivou a ação do governo. Em suma, era um investimento na construção da civilização, no sentido de que "a civilização não é apenas um estado, mas um processo que deve prosseguir".[34]

A Casa dos Expostos no pátio do Paraíso: a garantia da "boa morte" aos expostos

A Igreja católica tem um dos seus pilares fundado na crença de que o homem perdeu o paraíso terrestre por causa do pecado original e que, embora esse paraíso terreal não seja mais alcançável, quem "viver segundo a vontade de Deus"[35] poderá recuperá-lo no céu. O "viver segundo a vontade de Deus" para o cristão deve incluir a observância de determinadas recomendações aludidas na I Epístola dos Coríntios, capítulo 13, onde Paulo destaca a caridade como o maior dos dons espirituais. Embora a caridade referida por Paulo não consista estritamente em "dar esmolas, como se depreende do versículo 3, e sim no amor que se deve para com todos, no sentido mais lato",[36] os atos exteriores manifestados como beneficência assumem para o católico um papel proeminente na sua práxis, e isso não é necessariamente desvinculado do seu sentimento interior. Entretanto, deve-se considerar que com essa indulgência o fiel também busca a remissão dos seus pecados e a futura salvação de sua alma para que possa alcançar o paraíso.

Talvez para pavimentar seu caminho ao paraíso, d. João de Souza, mestre de campo e senhor do engenho Juriçaca, e sua mulher, d. Inês Barreto de Albuquerque, em 31 de outubro de 1684, criaram no coração da vila do Recife o Hospital do Paraíso com sua respectiva igreja. Ao criar essas instituições o casal objetivamente assistia "aos pobres enfermos e desamparados em suas enfermidades com uma igreja e capelão, enfermeiras e mais serventes necessárias", já que a vila não possuía nenhum hospital para recolher e enclausurar os doentes. O casal doara um terreno na "banda de Santo Antônio" da povoação do Recife, e mandara construir a igreja, o hospital e um cemitério. O historiador Antônio Gonsalves de Mello afirma que o conjunto foi concluído dois anos depois, e enquanto promovia a construção, d. João de Sousa custeara a aquisição dos ornamentos da igreja.[37] Foi esse o local escolhido para a instalação da Casa dos Expostos, numa possível indicação de que aos olhos dos executores da empreitada as crianças para lá dirigidas precisavam mais do auxílio espiritual do que temporal. Como se sabe, pelos índices de mortalidade que giravam em torno de 80% das crianças que lá entravam, a Casa não se destinava a salvar vidas, mas a enclausurar a morte dos pequenos, tirar das vistas, segredá-la, eliminar o "espetáculo" bárbaro de corpos mutilados no espaço urbano e facilitar que as almas dos "anjinhos" seguissem o caminho do eterno descanso.

Entre o povoado do Recife e o da Boa Vista, a Casa dos Expostos estava situada no bairro de Santo Antônio, e, incrustada na parede, ficava a roda, com sua janela de tábua que se abria para ali depositar um "fruto do pecado" ou "da miséria", fazendo-a girar, anunciava-se com o badalar de um pequeno sino essa vida anônima que às vezes nem sequer a parida conhecia. Assim, discretamente, no silêncio da noite e nas profundezas de suas sombras a proteger os depositários, almejava-se eliminar a morte bárbara de crianças no espaço urbano, e tornava-se visível o local da sua depuração: a roda, lugar da visibilidade do corpo protegido, do abandono civilizado.

Casa dos Expostos. Desenho a bico de pena de Manuel Bandeira. (In: F. A. Pereira da Costa. *Anais pernambucanos*. vol. 4, p. 102).
A Casa dos Expostos que existia no bairro central de Santo Antônio terminou dando origem à rua da Roda, que ainda hoje existe, mesmo sem a roda, entre os edifícios do Correio e do Banco do Brasil.

A Casa dos Expostos foi fundada numa das dependências da igreja do Paraíso, em um sobrado contíguo ao do capelão, no bairro de Santo Antônio, vila do Recife.[38] Em termos espaciais era uma área central, de fácil acesso, pois se podia alcançá-la após atravessar a ponte que ligava as ilhas, como pode ser observado no mapa. A Casa da Roda contava ainda com a proteção espiritual dada pela igreja do Paraíso e seu capelão, que batizava os recém-nascidos recolhidos e providenciava a extrema-unção aos bebês que partiam para a outra vida. O local escolhido — que até hoje preserva o nome — ficou conhecido como travessa da Roda ou rua da Roda, entre a atual sede dos Correios e o Banco do Brasil. As crianças poderiam ser

268   Uma história social do abandono de crianças

deixadas e/ou recolhidas em qualquer parte e, sem tormento, ser deitadas na roda, geralmente na calada da noite, pois ninguém deveria saber quem era o depositante ou a genitora.

A roda consistia em um cilindro de madeira que girava sobre um eixo vertical e era encaixada numa grossa parede. Originalmente, as rodas giratórias foram instaladas nos conventos e nos monastérios, com a finalidade de receber alimentos, remédios e mensagens. Esta era uma forma de contato com o mundo exterior.[39] Instalada para receber as crianças enjeitadas, a roda foi colocada no muro de trás da instituição, pois era preciso garantir ao depositante a discrição, assegurar-lhe o anonimato, guardar o segredo de sua identidade.

Quando as crianças começaram a ser deixadas no equipamento, evitava-se a morte selvagem de recém-nascidos e dava-se uma alternativa "civilizada" à exposição dos bebês em perigo, o que, com o passar dos anos e apesar de alguns recuos, levou à diminuição das práticas infanticidas. Ao mesmo tempo em que se preservava a identidade dos genitores ao garantir-lhes o anonimato, tolerava-se o abandono ao interditar a história da ascendência da criança cujos pais não quisessem ser reconhecidos, e obstruía-se qualquer caminho que indicasse sua origem.

O discurso do governo de d. Tomás sobre a exposição de crianças aponta para a imbricação das esferas política, econômica e religiosa. Embora fosse um discurso moderno, que considerava o desperdício do potencial demográfico representado pela morte dos pequenos e da possível utilidade econômica que teriam para o Estado português, vinculava o aparato assistencial ao dispositivo da caridade, este alicerçado nos costumes e na tradição que deitava raízes numa mentalidade comum às pessoas e à época. Paradoxalmente, o acervo da tradição da assistência e da experiência acumulada no campo religioso respondia às novas demandas e problemas sociais por um mundo onde lampejava a necessidade de mudança. De forma que não foi criada uma nova instituição de caráter laico, mas reorganizada uma antiga e conhecida de todos, a Santa Casa de Misericórdia do Recife, à qual caberia administrar esse e outros estabelecimentos sociais criados para responder às novas demandas no horizonte do novo governo.

Notas

1. Ronaldo Vainfas. *Trópico dos pecados*: moral, sexualidade e inquisição no Brasil. Rio de Janeiro: Nova Fronteira, 1997, p. 77-78.

2. Esse artigo tem por matriz a minha tese de doutorado intitulada *A sorte dos enjeitados*: o combate ao infanticídio e a institucionalização da assistência às crianças abandonadas no Recife (1789-1832), 2006.

3. Ver a respeito Maria Luiza Marcílio. *História social da criança abandonada*. São Paulo: Hucitec, 1998; Renato Pinto Venancio. *Famílias abandonadas*: assistência à criança de camadas populares no Rio de Janeiro e Salvador – séculos XVIII e XIX. Campinas: Papirus, 1999; A. J. R. Russel-Wood. *Fidalgos e filantropos*: a Santa Casa de Misericórdia da Bahia, 1550-1775. Brasília: Unb, 1981. Mary Del Priore (org.). *História da criança no Brasil*. São Paulo: Contexto, 1991.

4. Cf. Durval Muniz de Albuquerque Jr. "Os 'maus costumes' de Foucault". *Pós-História*. Assis, vol. 6, p. 67-86, 1998.

5. José Antônio Gonsalves de Mello. "Nobres e mascates na Câmara do Recife, 1713-1738". *Revista do Instituto Arqueológico, Histórico e Geográfico de Pernambuco*, Recife, 1981, p.114.

6. Luiz Geraldo Silva. *Guerra dos Mascates*. São Paulo: Ática, 1995, p. 12.

7. Como arremata José Antônio Gonsalves de Mello, "Em Pernambuco a burguesia em ascensão encontra favor na Coroa, e por isso, foi a classe senhorial que foi levada às armas, para conservar seus privilégios". José Antônio Gonsalves de Mello. Nobres e mascates na Câmara do Recife, 1713-1738. *Revista do Instituto Arqueológico, Histórico e Geográfico de Pernambuco*, Recife, 1981.p 117.

8. José Antônio Gonsalves de Mello. Nobres e mascates na Câmara do Recife, 1713-1738. *Revista do Instituto Arqueológico, Histórico e Geográfico de Pernambuco*, Recife, 1981, p 120.

9. Ver a polêmica entre as Câmaras do Recife e Olinda sobre o conserto das pontes do Recife, Boa Vista e Afogados. Carlos Alberto C. Miranda. *A arte de curar nos tempos da colônia*: limites e espaços de cura. Recife: Fundação de Cultura da Cidade do Recife, 2004, p. 444-445.

10. José Bernardo Fernandes Gama. *Memórias históricas da província de Pernambuco*. Recife: Secretaria da Justiça/Arquivo Público Estadual, 1977, vol. 2, p. 363.

11. Cf. F. A. Pereira da Gama. *Anais pernambucanos*. Recife: Fundarpe, 1983-1985. vol. 4, p. 91; e Informação geral da capitania de Pernambuco (1749). In: Anais da Biblioteca Nacional do Rio de Janeiro, v. XXVIII. Rio de Janeiro, 1908, p. 332.

12. Cf. F. A. Pereira da Costa. *Anais pernambucanos*. Recife: FUNDARPE, 1983-1985. vol. 4, p. 91. O Regimento a que o autor se refere é de 6 de agosto de 1730.

13. Carta do ouvidor real ao rei [D.João], sobre o requerimento da Santa Casa de Misericórdia de Olinda. Olinda, 20 de março de 1746. AHU_ACL_CU_015, Cx. 61 D. 5203

14. Carta do escrivão da Câmara de Olinda ao rei [D.João], sobre as receitas e despesas do Senado da Câmara. Olinda, 5 de maio de 1746. AHU_ACL_CU_015, Cx. 61 D. 5203

15. A partir de 1727, a Fazenda Real passou a controlar a arrecadação de impostos, retirando da Câmara de Olinda essa prerrogativa. Ver Kalina Vanderlei P. da Silva. *O miserável soldo e a boa ordem da sociedade colonial*. Recife: Fundação da Cidade do Recife, 2001, p. 172.

16. Carta dos oficiais da câmara de Recife ao rei [D.João v], sobre a doação dos rendimentos dos contratos que administrava a dita câmara para as despesas dos enjeitados e outras do real serviço. Recife, 23 de abril de 1732. AHU_ACL_015,cx. 43 D.3862.

17. Carta dos oficiais da câmara de Olinda ao rei [D.João], sobre suspensão da distribuição em dinheiro para os expostos, a pretensão da Santa Casa da Misericórdia à dita quantia para distribuí-lo, e os motivos da oposição da câmara. Olinda, 2 de maio de 1746. AHU_ACL_CU_015, Cx. 63 D. 5389

18. Carta do escrivão da câmara de Olinda ao rei [D.João], sobre as receitas e despesas da Câmara Municipal de Olinda. Olinda, 5 de maio de 1746. AHU_ACL_CU_015, Cx. 61 D. 5203

19. Carta da Mesa da Santa Casa de Misericórdia de Olinda à rainha [D. Maria I], pedindo recursos e a instalação da roda dos expostos na Santa Casa. Olinda, 29 de setembro de 1779. AHU_ACL_CU_015, Cx. 134 D.10081.

20. Cf. Maria Helena Vilas-Boas e Alvim. "Aspectos da assistência às crianças expostas e desvalidas do Concelho de Valongo, no século xix". *Revista de Ciências Históricas*, Universidade Portucalense, vol. 2, 1987. p. 262.

21. Carta de Manoel da Cunha Menezes a Martinho de Melo e Castro, Secretário de Estado da Marinha e Domínios Ultramarinos. Recife, 09.11.1770. Papéis Avulsos, Cx. 56. Divisão de Pesquisa do Departamento de História da UFPE (DPDH - UFPE).

23. Ofício do Governador da Província, D. Tomás José de Melo, ao Secretário de Estado da Marinha e Domínios Ultramarinos, Martinho de Melo e Castro. Recife, 11 de Maio de 1789. APEJE, série: CC, cód.2, 1789, fl.212. Ms.

24. Nobert Elias analisa como a ideia de civilização no século xviii constitui um contraconceito geral a outro estágio da sociedade, a barbárie. Cf. *O processo civilizador*. Rio de Janeiro: Zahar, 1994. vol. 1, p. 62.

25. Consultar sobre o assunto Joana Maria Pedro (org.). *Práticas proibidas*. Florianópolis: Cidade Futura, 2003.

26. Cf. Jean-Louis Flandrin. *O sexo e o Ocidente*. São Paulo: Brasiliense,1988, p. 196.

27. *Apud* Mary Del Priore. *Ao sul do corpo*: condição feminina, maternidade e mentalidade no Brasil colônia. 2ª ed. Rio de Janeiro: José Olympio, 1995, p. 77.

28. Joana Maria Pedro. "Aborto e infanticídio: práticas muito antigas". *Práticas Proibidas, op. cit.*, p. 23.

29. Cf. Jean-Louis Flandrin. *O sexo e o Ocidente*. São Paulo: Brasiliense,1988. p. 196.

30. Colin Heywood. *Uma história da infância*: da Idade Média à época contemporânea no Ocidente. Porto Alegre: Artmed, 2004, p. 98-102.

31. Alexandre de Gusmão. *A arte de criar bem os filhos na idade da puerícia*. São Paulo: Martins Fontes, 2004, p. 140.

32. Cf. Jean-Louis Flandrin. *Sexo e o Ocidente*. São Paulo: Brasiliense, 1988, p. 196.

33. É importante assinalar que as práticas de abandonar crianças e as crianças abandonadas têm significados diferentes no tempo. O que parece incomodar hoje não é o fato das crianças estarem nas ruas, e sim a sensação de perigo que elas representam para as pessoas, isso sedimentado na forte e persistente noção de que o "menor abandonado" é "menor delinquente". Nessa circunstância critica-se o abandono de crianças pela família e pelo Estado.

34. Cf. Norbert Elias. *O processo civilizador*. Rio de Janeiro: Zahar, 1994, vol. 1, p. 62.

35. Udo Becker. *Dicionário de símbolos*. São Paulo: Paulus, 1999, p. 211.

36. John D. Davis. *Dicionário da Bíblia*. 3. ed. Rio de Janeiro: Junta de Educação Religiosa e Publicações, 1970, p. 106.

37. Cf. Cópia Da Escritura do Hospital do Paraíso de 31.10.1684. IAHGP; e Antônio Gonsalves de Mello. *Um mascate e o Recife*. Recife: Fundação de Cultura da Cidade do Recife, 1981, p. 41. Segundo Pereira da Costa, o Hospital e todos os bens de raiz que possuía foram entregues pelos herdeiros do último administrador, o Marquês do Recife, em 1861, à Santa Casa de Misericórdia do Recife, que assumiu a Administração dos Estabelecimentos de Caridade da Província de Pernambuco. A antiga igreja do Paraíso foi demolida em 1912 e em seu lugar foi construída uma nova, em estilo gótico. Na década de 1940, todo o pátio do Paraíso foi demolido para dar lugar à abertura da atual avenida Guararapes.

38. Há divergências na historiografia pernambucana sobre a fundação da Casa dos Expostos. Para José Bernardo Fernandes Gama e Pereira da Costa, o governador construiu o edifício em terreno devoluto ao lado do Hospital do Paraíso, no bairro de Santo Antônio, vila do Recife, diferentemente do que afirma Sebastião Galvão e o Relatório da Santa Casa de 1878, no qual me baseei. Seguindo essas fontes, o governador deve ter aproveitado as dependências da igreja, mobilizando a população para obtenção de recursos, a fim de providenciar a construção em terreno devoluto, ou ampliado o edifício em que foi fundada a instituição. Há consenso sobre a reforma que o edifício sofreu em 1795, ainda sob a mesma administração. Cf. José Bernardo F. Gama. *Memórias históricas da província de Pernambuco*. Recife: Secretaria da Justiça/Arquivo Público Estadual, 1977. vol. 2, p. 363; F. A. Pereira da Costa. *Anais pernambucanos*. Recife: FUNDARPE, 1983-1985, vol. 4, p. 92; Sebastião V. Galvão. *Dicionário chorográfico, histórico e*

geográfico de Pernambuco. Rio de Janeiro: Imprensa Nacional, 1908-1927, p. 39; e Relatórios da Santa Casa de 1878. Recife: Typographia Mercantil, 1878, p. 142-147, acervo da Santa Casa de Misericórdia do Recife (SCMR).

39. Cf. A. J. R. Russel-Wood. *Fidalgos e filantropos: a Santa Casa de Misericórdia da Bahia, 1550-1775.* Brasília: UnB, 1981, p. 233.

XII. *Expostos e ilegítimos em Cuiabá: sociabilidades, estratégias e parentesco espiritual, século XIX*

Maria Adenir Peraro *

O PRESENTE ARTIGO PROPÕE-SE A INVESTIGAR os ambientes sociais em que as crianças expostas e ilegítimas eram colocadas em Cuiabá na segunda metade do século XIX. Toma como fontes de pesquisa documentos raros gerados pela Santa Casa de Misericórdia, Arsenal de Guerra e Cúria Metropolitana de Cuiabá, fornecedores de indícios de manifestações da vida privada em uma região de fronteira como a de Mato Grosso. Investiga ainda as diversas medidas tomadas pelos Arsenais de Guerra e da Marinha no momento de recepção dos meninos, e os encaminhamentos dados com vistas à condução da sua educação profissional. O sentido do abandono de crianças e do parentesco espiritual é discutido como uma das possíveis alternativas que se apresentavam para as mães e famílias livres e pobres do universo social em estudo.

No ano de 1878, João José Pedroza, presidente da província de Mato Grosso, afirmava ignorar as causas que "[...] fizeram há muito cessar esse benefício público, pois há mais de 16 anos nenhum exposto tem recebido a Santa Casa"[1]. O benefício a que se referia o presidente, era a Roda de Expostos, criada no ano de 1834 em Cuiabá. Isso significa dizer que, em Cuiabá, a existência da Roda teve curta duração, possivelmente não mais de 30 anos.

---

* Professora da Universidade Federal de Mato Grosso – UFMT

274 Uma história social do abandono de crianças

Este fato chama-nos a atenção, pois em outras províncias brasileiras, a exemplo da província de São Paulo, a Roda de Exposto existiu até a década de 50 do século xx.

Cabe-nos aqui fazer algumas indagações: por que em Cuiabá a Roda teve tão curta duração? Seria por demais dispendiosa para ser mantida pelos governos provincial e local? Não havia pessoas numericamente suficientes ou capacitadas na Santa Casa de Misericórdia de Cuiabá para dar conta de seu funcionamento? A mortalidade das crianças expostas era por demais alta a ponto de a Roda ser extinta? Havia em Cuiabá outras formas de acolhimento de crianças que não o uso da Roda? Que fatores teriam levado o governo provincial a tomar providências para extingui-la e quais as alegações apresentadas para tanto?

Estas indagações, ainda que não possam ser respondidas em sua plenitude, apontam para a importância de analisarmos e compreendermos aspectos da configuração da província de Mato Grosso, cujas condições fronteiriças poderiam ter exercido forte influência para a extinção da Roda de Expostos e na aceitação ou não dos filhos ilegítimos. Além disso, importante também se faz analisar os possíveis locais em que as crianças indesejáveis eram colocadas, visto que a Roda não era o lugar comum a todas.

Enveredar por este caminho implica estar atento para as discussões levantadas por parte de historiadores brasileiros acerca da viabilidade de reconstituir aspectos do cotidiano e da vida privada na formação social brasileira, tomando-se como referência pressupostos apresentados na coleção *História da vida privada no Brasil.*[2]

Localizar as manifestações da vida privada, tais como gestos/ações de caridade, solidariedade e intimidade em uma região de fronteira como a de Mato Grosso, particularmente em Cuiabá do século xix, constitui um dos objetivos deste trabalho, para vislumbramos os ambientes sociais em que eram geradas e inseridas as crianças expostas e aproximarmo-nos do ou dos perfis de famílias geradoras de crianças indesejáveis e ilegítimas, dado que, em circunstâncias próprias, tais crianças podiam se cruzar em espaços do público e do privado em possíveis convivências mútuas.

O viver na fronteira oeste: o caso de Mato Grosso

No século xix, a província de Mato Grosso era vista como um espaço a ser devassado, estudado e colonizado, porque ainda praticamente desconhecido no âmbito do próprio Império. Esse desconhecimento dizia respeito também à flora e à fauna. Urgia estudar as suas potencialidades econômicas de forma que fossem colocadas a serviço do desenvolvimento da província, retirando-a do atraso e equiparando-a às demais províncias do Império. Urgia atrair capitais estrangeiros e imigrantes europeus, considerados soluções para resolver os problemas da província, como também agilizar os meios de transporte e suprir a carência de produtos alimentícios. Fazia-se premente que medidas fossem tomadas para a resolução secular das fronteiras políticas entre o Império brasileiro e seus vizinhos países republicanos, a exemplo do Paraguai. A definição dos limites fronteiriços poderia incorporar definitivamente ao Império as províncias mais limítrofes, como Mato Grosso e Rio Grande do Sul. Essa incorporação passava necessariamente pela liberação e utilização das rotas fluviais da Bacia do Prata, sendo o rio Paraguai o seu expoente maior, por onde circulavam as mercadorias importadas da corte para Mato Grosso. Com exceção de alguns poucos produtos, como a ipeca, planta medicinal muito procurada à época no mercado europeu, e o couro, a província pouco exportava. Por essa rota também circulavam pessoas e eram realizados intermitentes intercâmbios culturais.

A escassa população da província de Mato Grosso encontrava-se distribuída, segundo os estudos nos atestam, pelo seu imenso território. Era composta em sua maioria de mestiços, seguida de uma maioria de negros africanos e de seus descendentes, por nações indígenas e uma minoria de brancos.[3] Por isso mesmo era considerada, por parte das autoridades locais e viajantes naturalistas, como incivilizada e portadora de costumes condenáveis. Determinados comportamentos deveriam ser abolidos para que outros fossem incorporados, tanto pela elite como por parte dessa população, aos moldes urbanos europeus. A escassa imigração europeia, tida como solução pelas autoridades para substituir a mão-de-obra escrava, não chegava a promover mudanças qualitativas na produção de alimentos e nem mesmo contribuía para efetivar a colonização da província, pois era inexpressiva numericamente. A viabilização de seu aumento também se enquadrava na cota das problemáticas a serem solucionadas por parte do governo provincial relativas à definição da fronteira com os países vizinhos.

Em relação às mudanças de comportamento e à necessidade de incorporação de novos hábitos, as autoridades provinciais envidavam esforços para viabilizar a urbanização das cidades e incutir nas pessoas outros comportamentos. Cuiabá, como capital, recebeu atenção especial e, para tanto, foram elaborados Códigos de Posturas Municipais, reveladores das tentativas do poder público em controlar a população e o espaço urbano. Sob o olhar de médicos e administradores, a população da cidade durante o século XIX, principalmente na sua segunda metade, passou a receber instruções e normativas, porém, ao que os estudos indicam, nem sempre acatadas de imediato.

A implantação do Cemitério da Piedade em Cuiabá, no início da segunda metade do século XIX, ilustra essa postura de lentidão da população em acatar as inovações e normas diante de uma nova e higienizada política de enterramentos. O Cemitério da Piedade teve o seu funcionamento apenas no ano de 1864, cerca de 30 anos depois de promulgada a Lei de 1835 que proibia o enterramento nas igrejas. Foi convenientemente construído fora do perímetro urbano de Cuiabá, em consonância com as ideias médicas e de acordo com os novos parâmetros de civilização e de salubridade. No extremo, essa mudança vinha significar alteração de hábitos religiosos e sociais, gerando manifestações por parte de representantes da igreja e de diversos segmentos da população, principalmente aqueles organizados em torno das irmandades religiosas.[4] Dentre as irmandades encontravam-se as do Senhor Bom Jesus de Cuiabá, do Sacramento, Irmandade de São Benedito, sendo a primeira integrada por homens e mulheres da elite local, e a de São Benedito constituída por homens pobres e negros.

Ainda que tenha sido constatada em outras cidades brasileiras posição de rejeição ao uso imediato de cemitérios e às suas construções, cabe aqui ressaltar que em Cuiabá e Mato Grosso, em decorrência da distância geográfica com a corte e com as demais províncias, essa lentidão e o estranhamento da população aos novos ideais de cidade ordenada e organizada não paravam por aí. A criação de estabelecimentos visando à disciplinarização da população livre pobre, como a Roda de Expostos no ano de 1834, a Companhia de Menores Aprendizes do Arsenal de Guerra em 1842, e a Companhia de Aprendizes do Arsenal da Marinha em 1857, revelava que, dentre os problemas a serem solucionados, encontrava-se o das crianças e adolescentes que deveriam receber educação voltada para o trabalho, segundo o que demandava a condição de fronteira da província de Mato Grosso.

Fragmentos de histórias de vida das crianças expostas

Um aspecto que parecia provocar profunda indagação das autoridades da província de Mato Grosso dizia respeito à Roda de Expostos, construída no ano de 1834 no Hospital da Santa Casa de Misericórdia de Cuiabá, conforme os moldes das Rodas de outras cidades do Império, para alocar as crianças indesejáveis, filhos de pessoas livres e de escravos.

As autoridades da província estranhavam a sua pouca utilização, mas ao mesmo tempo afirmavam que "[...] tal fato não era de todo mau, pois, se os expostos fossem deixados na roda, não dispunha o Hospital da Misericórdia de recursos suficientes para criá-los".[5] Essas palavras possivelmente faziam sentido, pois não foram poucos os estudiosos que chamaram a atenção sobre as altas taxas de mortalidade de crianças expostas nos estabelecimentos da Santa Casa de Misericórdia de outras cidades e províncias durante todo o tempo em que funcionaram.[6]

Já é conhecida a situação de penúria dos estabelecimentos de caridade e de saúde dos períodos colonial e imperial brasileiros, cujos recursos ficavam aquém das reais necessidades para o atendimento dos pacientes e do gerenciamento administrativo burocrático.

Certamente em Cuiabá a situação não era diferente. No entanto, há indícios de que tais estabelecimentos à época não ficavam à mercê de verbas provenientes dos cofres públicos. Para a ausência ou atrasos dos repasses do poder público, os indivíduos ou grupos de indivíduos tendiam a praticar doações de toda espécie com o intuito de impedir a interrupção das atividades hospitalares e de caridade, mediante o pagamento pelos responsáveis para os tratamentos e cuidados médicos e ou espirituais e compras de remédios.

Devemos nos lembrar do papel ocupado pela Igreja católica, presente desde os tempos mais remotos, mediante as ações de párocos e irmãs de caridade, missionários na pregação da importância da caridade para a salvação da alma na vida além.

A doação de esmolas e bens materiais ainda em vida para obras pias, mediante testamentos, podia representar a garantia de uma vida feliz. Indivíduos de classes mais abastadas, livres pobres e mesmo escravos, em um momento ou outro de suas vidas, acabavam por fazer doações ou mesmo por dedicar gestos e ações de caráter caritativo aos necessitados. As muitas doações feitas pela população cuiabana, das localidades vizinhas e até de outras capitanias do Império, como o vultoso legado do português Manoel Fernandes Guimarães, no ano de 1755, garantiram a construção do Hospital São João dos Lázaros e do Hospital da Santa Casa de Misericórdia de Cuiabá, nos anos de 1816 e 1817, respectivamente.

Nas palavras do capitão-general e governador da capitania, João Carlos Augusto D' Oeynhausen, com a construção do Hospital São João dos Lázaros, tratava-se de acudir a um mal que ameaçava a população inteira de Cuiabá, a morfeia (lepra), e principalmente os que eram mais duramente atacados, como os escravos. Passou o governador a administrar a obra pia e a nomear como seus auxiliares os inspetores de administração e dos edifícios, ajudantes e oficiais esmoleres. Oficiais esmoleres eram nomeados mensalmente com a missão de sair nos finais de semana angariando esmolas entre a população da vila Senhor Bom Jesus de Cuiabá. Cabia aos administradores também a fiscalização das crianças nascidas entre os leprosos, as quais deveriam ser enviadas às pessoas que quisessem tomar esse encargo e fornecer-lhes auxílio. O

278 Uma história social do abandono de crianças

trabalho desses esmoleres não se restringia a Cuiabá, mas se estendeu para localidades próximas e distantes: Distrito de Serra Acima (Chapada dos Guimarães), Distrito de São João Del Rey (Poconé), Distrito do Rio Abaixo (atual Santo Antonio do Leverger), Vila Maria do Paraguai (atual Cáceres) e Vila Bela da Santíssima Trindade, sendo esta a primeira capital de Mato Grosso e situada na região do Guaporé.

A inauguração oficial do Hospital da Santa Casa de Misericórdia ocorreu oficialmente no ano de 1827, mas, desde 1817 já funcionava com duas enfermarias um oratório com a imagem da padroeira, Nossa Senhora da Conceição, uma sala de cirurgia e uma sala para aula de cirurgia.

Tais instituições, é oportuno que nos lembremos, nasceram e se desenvolveram sob a égide de dificuldades financeiras,[7] situação essa acentuada já nos primeiros anos em que foram instaladas, com a transferência de Oeynhausen do governo da capitania de Mato Grosso para São Paulo no ano de 1818, principal responsável pela fundação das duas instituições citadas. Seus sucessores acabaram por tornar o projeto praticamente inviável, diante da irregularidade da assistência aos enfermos e necessitados, inclusive com a falta de fornecimento de alimentos e atraso no pagamento dos funcionários dos dois hospitais. Diante desse quadro e com base em parte da documentação do acervo da Santa Casa, um de seus diretores da década de 1920, ao lastimar a perda do arquivo da Santa Casa de Misericórdia de Cuiabá referente aos séculos XVIII e XIX, assim afirmava: "Daí em diante, as instituições de caridade permaneceram em situação lastimosa; as enfermarias da Misericórdia eram consideradas a ante-câmara da morte, para onde só os desgraçados ou escravos eram conduzidos".[8]

Se a situação de carência na área da saúde era registrada pelas autoridades imperiais, também o faziam no tocante às necessidades da província adotar preceitos modernos de salubridade e de higiene. Algumas medidas de cuidados de prevenção às doenças foram tomadas em Mato Grosso, principalmente durante a Guerra do Paraguai, que abalou profundamente o Império brasileiro por mobilizar milhares de militares em direção às localidades onde ocorriam os conflitos e por tumultuar a economia das províncias envolvidas, como a de Mato Grosso.

Uma das medidas foi o estabelecimento da quarentena aos militares egressos do front e portadores de varíola, com vistas a impedir o avanço da epidemia sobre a população da capital e cidades vizinhas.

A conjuntura da guerra veio alterar o cotidiano da província no tocante ao desenvolvimento das atividades produtivas, inclusive pelas dificuldades de obtenção de produtos importados, decorrentes da interceptação da navegação do Prata por parte do presidente paraguaio, Francisco Solano López. Somado a isso, muitos dos medos que passaram a povoar o imaginário das pessoas, como o medo dos paraguaios, os possíveis ataques de bolivianos aliados aos paraguaios, dos índios em cidades e vilas desguarnecidas de homens diante do deslocamento para o front, dos escravos armados e da disseminação da varíola, podem ter reforçado a necessidade de agrupamento destas pessoas em meio às adversidades, bem como dos gestos solidários de resistência contra os inimigos comuns.

Nessa conjuntura de guerra, possíveis gestos de solidariedade foram registrados diante do adensamento de militares em Cuiabá, o que implicava a ampliação das unidades militares existentes. Para tanto, muitos prédios particulares, inclusive residências, foram ocupados com o consentimento dos proprietários. Os produtores rurais mato-grossenses, por sua vez, procuravam atender às solicitações da demanda, ofertando gêneros agrícolas ao governo provincial para que fossem repassados aos militares. Em outras palavras, a difícil situação de guerra veio favorecer o estreitamento de laços entre as pessoas. O medo de um ataque imprevisto, os danos causados pela varíola, a enchente, a falta de gêneros de primeira necessidade e a falta de comunicação com o restante do Império constituíram-se em espécies de *ímãs* no sentido de uma aproximação cordial entre os habitantes da capital e populações circunvizinhas.

Não foram poucas as cartas de despedidas de militares retirando-se da província de Mato Grosso e, especificamente de Cuiabá, em direção à área de conflito, quando apresentavam seus agradecimentos aos amigos, em que faziam referências "às provas de exuberantes amizades" e reforçando aos "simpáticos amigos" a hospitalidade com que foram recebidos, permitindo-nos ter uma breve noção sobre a intensidade das relações afetivas estabelecidas com a população local.

Conforme Laura de Mello e Souza, a dificuldade de viver em uma região de fronteira levou a que grupos sociais como homens da elite, livres e pobres "[...] encontrassem formas variadas e originais de convívio íntimo",[9] sendo a caridade uma das possíveis formas de convivialidade social em tempos quando o atendimento da parte do poder público não chegava a atender a todas as instâncias.

Joaquim Ferreira Moutinho, comerciante português que viveu em Cuiabá durante 18 anos, observava que as rendas do Hospital da Misericórdia eram provenientes do tratamento de escravos pago pelos seus senhores, aluguéis de prédios, rendas das enfermarias alugadas pelos militares, juros de dívidas públicas, esmolas, legados testamentários, loterias e salários de aluguéis de escravos dessa instituição[10]. Assim, dentre as receitas da Santa Casa de Misericórdia do ano de 1864, encontramos o montante de "[...] 528$000 proveniente do jornal dos escravo".[11] Laima Mesgravis lembra que os escravos doados à Santa Casa de Misericórdia de São Paulo, de modo geral, eram vendidos para aumentar as receitas e atendimento aos necessitados.[12]

O tratamento aos necessitados na Misericórdia era gratuito, principalmente aos pobres inválidos, velhos, presos, escravos e crianças. A Misericórdia não recebia qualquer auxílio financeiro ou material de fontes oficiais para dar assistência aos presos e era a única à época a dar atendimento a esses serviços. Os escravos eram atendidos mesmo quando abandonados pelos seus senhores. A maior clientela dos doentes eram aqueles mais pobres e escravos. Havia alas separadas para o atendimento de mulheres e homens. No caso das crianças, o tratamento era realizado indistintamente, sem que houvesse separação por sexo.

Dentre as doenças mais comuns tratadas encontravam-se aquelas provocadas por ferimento de armas brancas e as infecto-contagiosas como sífilis, gonorreia e herpes. Em sua maior parte, o tratamento das doenças era ministrado com medicamentos homeopáticos, manipulados com base em ervas naturais, somando-se às práticas curativas, como sangrias, infusões com plantas medicinais e dietas.[13]

Em relação às crianças, especificamente as expostas, fontes revelam que somente três passaram pela Roda de Expostos da Santa Casa de Misericórdia de Cuiabá no início da segunda metade do século xix. O mapa de 1850 aponta para o quadro de funcionários da Santa Casa no referido período, onde pode ser observado que treze pessoas desenvolviam atividades relacionadas à provedoria, tesouraria, leis, registros de escrita, cirurgias, almoxarifado, enfermaria, portaria e educação. O mapa aponta ainda algumas informações sobre Luiza e Ricarda, expostas, ambas sendo atendidas por "educadeiras", dona Luíza Joaquina da Silva e Úrsula Gonçalves Neto, respectivamente.

Mapa I. Empregados da Santa Casa de Misericórdia de Cuiabá, 1850

	Empregos	Nomes	Venc. anual	Observação
1	Provedor	João Alves Ferreira	-	
1	Tesoureiro	Antônio L. dos Santos Legue	-	
1	Advogado	Bento Franco de Camargo		
1	Escrivão	Manoel José de Freitas	100$000	
1	Cirurgião	Augusto Frederico Muller	360$000	
1	Capelão	Pe. Manoel Pereira Mendes	150$000	
1	Almoxarife	Wiliam Sormento Fernandes	144$000	
1	Enfermeiro	Antônio José de Carvalho	72$000	
1	Porteiro	Henrique José	72$000	
1	Enfermeira	Anna Viana	72$000	
1	Educadeira	D. Luisa Joaquina da Silva	72$000	Educando a exposta Luiza
1	Educadeira	Úrsula Gonçalves Neto	100$800	Educando a exposta Ricarda
1	Almoxarife	João Ferreira de Lemos	115$200	

Fonte: APMT. Provedoria da Santa Casa de Misericórdia de Cuiabá, 11 de abril de 1850. In: Heliane Ferreira Ferrarini. *A Santa Casa de Misericórdia de Cuiabá (1817-1870)*. 2000. nº f. Projeto de pesquisa de graduação em História, UFMT, Cuiabá, 2000.

Chama-nos a atenção o montante dos vencimentos das duas mulheres educadoras, pois não eram equivalentes entre si, e um deles, o vencimento de Úrsula, era superior aos vencimentos do porteiro e da enfermeira. Para efeito de comparação, observamos que na época, em Cuiabá, alimentos como farinha, arroz e feijão eram vendidos por arroba a 6$000, 10$000, 8$000 e café e toucinho, a 16$000 e 13$000, respectivamente, o que significa dizer que os vencimentos das duas educadoras podiam lhes garantir uma vida de condição econômica razoável.

282 Uma história social do abandono de crianças

Supomos que as atividades das educadoras eram pagas pela provedoria da Santa Casa de Misericórdia de Cuiabá, ou quiçá ousamos dizer que podiam ser custeadas por pessoas abastadas e interessadas no bem-estar dessas crianças. No caso das crianças do sexo feminino, há indicativos de que podiam ficar sob os cuidados de suas educadoras até o momento em que atingissem a maioridade, que pelo Código de 1830 era de 21 anos. Antes disso, a separação de ambas, além da morte da criança, podia ocorrer por vários motivos, como a dispensa do serviço prestado ou quando do casamento das jovens.

Em relação ao casamento da jovem Luiza, tal como ocorria nas demais congêneres do país, há pistas de que também recebera dotes que a habilitava ao casamento. Um raro documento localizado no Arquivo Público de Mato Grosso (APMT) exemplifica que o pagamento da educadora ficava sob a responsabilidade da provedoria da Santa Casa. Revela ainda que o motivo da separação da exposta Luiza, de dezesseis anos de idade, de sua tutora, Luiza Joaquina da Silva Rondon, estava relacionado ao casamento que viria quando a exposta completasse 18 anos, momento em que receberia doação da quantia de 500$000 réis em moeda corrente para o seu casamento pelos Fundos da Santa Casa, "[...] no ano que essa doação fosse feita por V. Ex\ª. aprovado o que os mesários têm a honra de levar ao conhecimento de V. Ex\ª. rogando sua aprovação".[14]

Mesmo considerando-se a possibilidade de a solicitação não ter sido atendida, ou atendida apenas em parte, o documento fornece-nos pistas a respeito da conduta da Santa Casa em relação às jovens expostas, amparando-as e preparando-as para o casamento, mediante um dote, o que à época podia representar uma possível facilidade para a obtenção de um pretendente com vistas ao casamento. Podemos também supor que a Provedoria, em alguns momentos, para complementar os valores dos dotes e assim agilizar os casamentos das jovens expostas, lançasse mão de bens recebidos mediante legados feitos em vida, como os de alguns *socorros particulares* deixados por Isabel Nunes da Cunha no valor de 1.000$[15] e de algumas oferendas provenientes de companhias de teatro, como a Companhia de Ginástica de Cuiabá *para* "[...] os infelizes necessitados da Santa Casa, cujas dores e sofrimentos devem movê-los a uma tal virtude, a primeira certamente para os filhos do cristianismo".[16] Ou mediante vultosos legados deixados exclusivamente para fins *de* "[...] subsídios a casamentos de 10 órfãs desvalidas, bem comportadas, 1.000$000 por sorteio".[17]

O mapa a seguir, elucida o destino de uma outra criança, exposta, de nome Mamede Alves Ferreira, com catorze anos de idade, e aponta o caminho a ser seguido, o Arsenal de Guerra.

Mapa II. Expostos da Santa Casa, de 1º. de janeiro de 1849 a 1º. de janeiro de 1850

Nome do exposto	Idade	Nome dos educadores	Venc. anual	Observação
Luisa	16	Em poder da Sra. Luiza Joaquina da Silva	100$800	
Ricarda	14	Em poder da Sra. Úrsula Gonçalves Neto	86$400	
Mamede	14	Em poder da Sra. Úrsula Gonçalves Neto	86$400	Este foi para a escola dos menores do Arsenal de Guerra, em 18 de fevereiro de 1850.
Total			273$600	

Fonte: APMT. Provedoria da Santa Casa de Misericórdia de Cuiabá, 11 de abril de 1850. In: Heliane Ferreira Ferrarini. *A Santa Casa de Misericórdia de Cuiabá*. Projeto de pesquisa de graduação em História. Departamento de História. UFMT. Cuiabá, 2000. Anexo.

O objetivo a ser atingido por parte das autoridades era que os meninos órfãos, desamparados e filhos de pais pobres, fossem recolhidos no Arsenal e não ficassem, conforme afirmavam, vagando pelas ruas e provocando desordens. De outro lado, parece-nos que as famílias e mães sem recursos para criar seus filhos buscavam nessa instituição a possibilidade de amparo e apoio mínimo na formação de seus filhos. Supomos que havia uma tendência maior da parte dos pais e mães em arcar com os custos de permanecer com os filhos em vez de colocá-los na Roda. Arcar com os custos seria permanecer com as crianças até que atingissem a idade de enviá-las ao Arsenal de Guerra. Uma outra possibilidade seria colocar suas crianças recém-nascidas em casa de pessoas que pudessem criá-las. Antes porém de tratarmos a respeito das crianças colocadas em casas de famílias, vejamos como ocorria a inserção dos meninos no Arsenal de Guerra em Cuiabá da segunda metade do século XIX.

Os enjeitados da fortuna e o Arsenal de Guerra

A pesquisa sobre a situação do abandono de crianças e de menores em Mato Grosso e, especificamente, em Cuiabá dos séculos XVIII e XIX, está sendo realizada mediante o cruzamento de fontes geradas por parte da esfera do poder público, como a Igreja e o Estado, em decorrência do arquivo da Santa Casa referente ao período em estudo não ter sido localizado até o momento, e sim apenas fragmentos da documentação. Produção significativa tem sido realizada a partir da década de 80 e particularmente na década de 90 do século xx em Mato Grosso, com a implementação de cursos de pós-graduação na UFMT.

Dentre esse estudos, situaremos alguns que, de maneira direta ou transversal, têm contribuído sobremaneira com o avanço do conhecimento e provocando discussões sobre temáticas como cotidiano, matrimônio, famílias, mulheres, crianças, infância e abandono, a partir de fontes localizadas em acervos públicos e eclesiásticos, como os relatórios de presidentes de província, testamentos, inventários, registros de batizados e de casamentos, dentre outros.

Ao estudar a vida cotidiana dos escravos em Cuiabá da segunda metade do século xix, Luíza Rios Ricci Volpato desvendou como os homens comuns viveram e perceberam sua existência, pesquisa que contribuiu para ampliar a percepção sobre as condições da sociedade escravista em seu conjunto, inaugurando na historiografia local a discussão sobre a pouca utilização da Roda de expostos e sobre as mães das crianças abandonadas nessa cidade.[18]

Angelina A. de Barros estudou a infância pobre e abandonada em Cuiabá, no século xix, perseguindo a trajetória de uma criança enjeitada, Mamede Alves Ferreira, que, após ter sido colocada na Roda de Expostos, foi enviada ao Arsenal de Guerra de Mato Grosso, onde permaneceu até a aposentadoria[19]. A importância desse estudo de caso reside no fato de a autora ter localizado a documentação de uma das raras crianças colocadas na Roda de Expostos de Cuiabá, o que nos permite vislumbrar em parte o destino dado à grande maioria das crianças enjeitadas do sexo masculino.

Nancy de Almeida Araújo aborda as práticas de batismos de compadrio de uma parcela da sociedade cuiabana, comuns às paróquias do Senhor Bom Jesus de Cuiabá e de São Gonçalo de Pedro ii, referindo-se aos cativos cujos filhos nasceram livres pela Lei Imperial nº 2040 de 28 de setembro de 1871, dando visibilidade à criança contemplada na legislação.[20]

De nossa parte, em trabalho de pesquisa no arquivo da Cúria Metropolitana de Cuiabá, tendo como referência, principalmente, os registros de batizados, estudamos a ilegitimidade e o perfil das famílias dessas crianças no espaço urbano de Cuiabá, paróquia Senhor Bom Jesus de Cuiabá, século xix, na procura de apreender traços de conjugalidade, sociabilidade e de convivialidade engendrados em uma província de fronteira. Os registros de batizados das crianças expostas foram analisados em relação com os ilegítimos e legitimados, com destaque para os agentes históricos da província propiciadores do nascimento dos filhos ilegítimos, com destaque para as repercussões da Guerra do Paraguai na província de Mato Grosso.[21]

Ednilson Albino de Carvalho, ao analisar a instalação da Fábrica de Pólvora do Coxipó, em Mato Grosso, na segunda metade do século XIX, constatou a existência de famílias compostas por escravos da nação e trabalhadores livres assalariados, no interior da fábrica, o que levou o autor também a constatar a existência de crianças de doze anos e menores de 18 sendo alugados ou enviados para o Arsenal de Guerra de Mato Grosso.[22]

Em pesquisa sobre o cotidiano da Companhia de Aprendizes criada no Arsenal de Guerra de Mato Grosso no ano de 1842, Matilde Araki Crudo analisou a articulação ensejada de trabalho e educação como projeto disciplinar elaborado pelo Estado e principalmente pelo Exército voltado à população livre pobre, particularmente aos meninos, fossem esses órfãos de mãe e/ou pai. Para a autora, o referido projeto constituiu-se em instrumento de reprodução de trabalhadores necessários à manutenção das atividades do Estado e particularmente do Exército, bem como de legitimação da profunda desigualdade que caracterizou a sociedade escravista brasileira e mato-grossense do século XIX.[23]

Há referências nos relatórios de presidentes da província sobre menores vistos como "[...] enjeitados da fortuna que têm direito a uma educação profissional e moral", sendo encaminhados ao Arsenal de Guerra, onde eram iniciados em um determinada profissão, por intermédio da Companhia de Aprendizes Artífices e da Companhia de Aprendizes Marinheiros, criadas em Cuiabá nos anos 1842 e 1857, respectivamente.

Ao recuperar informações sobre a filiação de crianças enviadas para a Companhia de Aprendizes, Crudo identifica como sendo crianças abandonadas em casas de famílias, expostos da Santa Casa de Misericórdia, crianças órfãs, filhos de pais pobres e sem meios de alimentar e educar, filhos de mulheres solteiras e viúvas. Ainda que somente os meninos livres pobres pudessem ser matriculados e aceitos na Companhia de Aprendizes Artífices, também crianças indígenas foram admitidas e igualmente os escravos da nação, menores de idade e libertos pela Lei de 1871 (Lei do Ventre Livre).

Uma outra experiência neste sentido dizia respeito à Companhia de Aprendizes Artífices do Arsenal da Marinha, menos procurada e aceita pelos pais, diante do risco de verem seus filhos serem enviados para cumprir tarefas nos limites fronteiriços da província. O texto a seguir pode melhor explicar a afirmativa:

> É assaz difícil elevar-se ao seu estado completo aquela Companhia, e o motivo é o mesmo que em meu anterior Relatório anunciei-vos, isto é, que em todas as províncias aonde existe o Arsenal de Guerra e nesta Companhia de Aprendizes, os pais e tutores preferem estas às de Aprendizes Marinheiros, porque destinam-se estes a um ramo de serviço que, mais tarde, os afastará da Província, e aqueles, sem educação, crescem aprendendo um ofício mecânico e continuam servindo no mesmo Arsenal, com maior proveito para si e para suas famílias, sem o receio da separação até que chegaria a concluir o seu tempo.[24]

Afirma Crudo que os meninos órfãos abandonados e pobres podiam ser admitidos no Arsenal de Guerra, com idade entre oito e doze anos. Observa, no entanto, ao examinar a documentação, que nem sempre as normas eram respeitadas em relação aos procedimentos de ingresso dos menores no Arsenal de Guerra.

O caso de Mamede, enviado e matriculado na Escola de Aprendizes de Artífices aos catorze anos de idade, pode exemplificar a afirmativa da autora. Estudos já demonstraram que, à época, a idade podia não constituir um quesito que chamasse muita atenção e podia depender, inclusive, do desempenho de autoridades responsáveis quando do exame da solicitação enviada, mesmo porque não era usual que as pessoas andassem e tivessem em mãos registros e documentos pessoais. A definição de vagas era estipulada conforme lei de orçamento para as despesas da Companhia, daí porque o preenchimento ocorria a partir do recrutamento autorizado pelas autoridades competentes com análise das petições de tutores, requerimentos dos familiares dos menores e solicitação do juiz de órfãos. A admissão, por sua vez, dependia da disponibilidade de vagas existentes na Escola de Aprendizes de Menores e do aval da Junta Médica que avaliava as condições físicas dos menores:

> Satisfazendo a ordem de V. Exª., em ofício de ontem datado, mandando-me que exponha o que me ocorre sobre o ofício que tenho a honra de devolver do Juiz de Órfãos desta cidade, solicitando a admissão dos menores Pedro, José e João, filhos de José Guerino Pires de Miranda, na Companhia de Aprendizes Menores desse Arsenal, cumpre-me responder que há número para a admissão destes três menores, e que a considero beneficente, atentas às circunstâncias relatadas pelo Juiz de Órfãos, uma vez que a sanidade deles não se oponha ao fim, para que foi criada a Companhia.[25]

O item saúde constituía um importante requisito, inclusive podia impedir que alguns menores ingressassem no Arsenal de Guerra. Esse item, ao que nos indica a documentação, também era norma seguida pelo Arsenal da Marinha: "[...] tendo sido inspecionado o menor Joaquim [...], decidiu a Junta Médica [...] não poder ter praça o dito menor".[26]

Apoiamo-nos em casos de vida indicativos de que o Arsenal podia constituir-se, para famílias livres e pobres, em um possível espaço de apoio para a educação de seus filhos. Este pode ser o caso do menor Timotheo Fabriciano Gomes, cuja mãe havia se apresentado no Arsenal de Guerra para declarar que desejava que seu filho tivesse praça na Companhia de Aprendizes de Guerra e não na Marinha.[27]

Para reaver os meninos deixados no Arsenal, as mães e/ou interessados tinham de necessariamente aguardar a tramitação interna da análise dos documentos e, inclusive, a deliberação do Juizado de Órfãos. A alegação de muitas mães para reaver seus filhos, muitas vezes, residia no fato de que o filho já havia atingido idade suficiente para sair da Escola de Aprendizes podendo colaborar com as despesas da família. Nem sempre, porém, essas crianças eram solicitadas pelos pais ou por parentes. Aquelas que permaneciam, a exemplo de Mamede, acabavam por "fazer carreira", pois ingressavam como aprendizes, eram formados para serem Artífices e muitos chegavam a Mestre de Ofício.

Há casos em que, por vezes, os próprios menores podiam se dirigir a essas instituições para pedir abrigo. É o caso de João Rodrigues, que segundo o capitão tenente-coronel Antonio Joaquim Ferreira Ramos, da Companhia de Imperiais Marinheiros de Mato Grosso, em ofício, narrava ter recebido um menor com aparência de dez a doze anos de idade em um dia de fevereiro do ano de 1860. Esse menor dizia ser órfão de pai e mãe e viver em casa de um mestre de carpinteiro de quem recebia algum alimento a troco dos serviços que executava. Na mesma narrativa, o capitão dizia ter ouvido do menor que ele sofria maus-tratos, pois o "[...] mestre tinha por costume castigá-lo demasiadamente e que, naquele dia, havendo o mestre lhe dado muitos bolos, resolvera vir pedir para ser marinheiro". O referido capitão fez notar ainda ter sido o menor procurado em sua ausência, sem que a pessoa tivesse retornado para buscá-lo. O destino do menino parece ter sido o de marinheiro, pois, conforme o registro feito por parte dessa autoridade, João Rodrigues "[...] possuía constituição robusta e própria para a vida do mar".[28]

Em consonância com os fins para os quais foram criados, os Arsenais de Guerra e da Marinha tomavam medidas enérgicas e interfeririam na condução da educação dos meninos pobres, considerando-se que um dos objetivos era o de que fossem instrumentalizados ao bom desempenho das atividades solicitadas.

Assim as autoridades não esperavam que os menores aparecessem ou que os pais viessem entregá-los. Com base no Regulamento de 1842, em muitos dos casos tidos como de extrema miséria e pobreza dos pais, as crianças eram recrutadas a ingressarem nos Arsenais. Senão vejamos:

> Tenho a honra de levar ao conhecimento de V. Exª. que existe nesta cidade um homem de nome José Guerino Pires de Miranda com uma numerosa família, padecendo da mais extrema miséria e que entre os filhos que tem, existem três de nomes Pedro, José e João; o primeiro de 12 anos, o segundo de 11 e o terceiro de 10, que estão, no caso de serem remetidos para a Companhia de Aprendizes Menores do Arsenal de Guerra, segundo o que exige o Regulamento de 1842.[29]

Uma situação semelhante pode ser observada em casos de mulheres que se encontravam sozinhas com filhos menores de idade: "[...] menino de nome José da Costa, que diz ser filho de Rosa Benedita de Jesus, Félix, que diz ser filho de Maria Reginalda, e Manoel do Nascimento da Costa que diz ser filho de Tomázia Maria do Espírito Santo"[30]. O conteúdo do documento, ao informar que as mães e ou pais não haviam reclamado por seus filhos abandonados dois meses após terem ingressado no Arsenal de Guerra, pode revelar, em um primeiro momento, que em Cuiabá da segunda metade do século XIX era comum o *abandono* de crianças por parte de suas mães. No entanto o mesmo documento permite que nos perguntemos se realmente essa ocorrência revelaria um caso de "abandono".

Ao procurar respostas para os motivos que teriam levado os pais a procurarem a casa da Roda no Rio de Janeiro e Salvador dos séculos XVIII e XIX, para deixarem os seus filhos, Renato Pinto Venancio atribuiu o abandono como resultante da miséria e indigência em épocas de dificuldades econômicas e não de condenação moral aos amores ilícitos. Teria sido uma tentativa de salvar a vida daqueles que corriam o risco de perecer caso continuassem com seus familiares.[31]

Seria esse um indicativo da existência de estratégias de pais e mães livres pobres: deixar seus filhos no Arsenal de Guerra e posteriormente buscá-los quando a situação econômica melhorasse?[32]. Essa documentação vem reforçar estudos por nós já desenvolvidos com base em análise de registros paroquiais da Paróquia Senhor Bom

Jesus de Cuiabá (1853-1890), em que notamos uma forte sociabilidade inscrita entre as mães e famílias de crianças ilegítimas, voltada à proteção de seus filhos.

Os registros paroquiais e estratégias inscritas no âmbito do privado

Em pesquisa feita anteriormente junto a documentação eclesiástica da Paróquia Senhor Bom Jesus de Cuiabá, observamos que mulheres com sobrenomes de santo ou de situações de vida pertenciam às camadas populares da população cuiabana e eram mães de filhos ilegítimos. Deduzimos, com base em atas de registros de batizados, que as mulheres de *boa estirpe* recebiam do pároco a designação de *Dona,* e seus respectivos nomes eram acompanhados do nome do marido, pai de seus filhos legítimos. Já observamos também que os pais, seja vivendo em forma de união consensual livre, seja a mãe sozinha, preferiam arcar com os custos de permanecer com os filhos em vez de colocá-los na Roda. Os baixos percentuais de crianças expostas nos registros de batizados da referida paróquia e a não-utilização da Roda levaram-nos a inferir para a existência de uma forte sociabilidade inscrita no âmbito do privado. Ou seja, os pais das crianças indesejáveis preferiam antes se utilizar do recurso de apoiar-se nas famílias do que na Roda. Nesse sentido, igualmente as mães das crianças registradas como ilegítimas pareciam tanto viver acompanhadas dos pais de seus filhos como viver sozinhas com os filhos, numa indicação de formas de organização familiar alternativas.

As 73 crianças expostas na Paróquia Senhor Bom Jesus de Cuiabá, no transcorrer das décadas de 1860 a 1880, perfizeram apenas 0,7% do universo de 9.820 batizados no período de 1853 a 1890. Ressalte-se que nos anos de 1850 os percentuais obtidos foram superiores a 1,0%, 0,2% e 0,8% das décadas de 1860, 1870 e 1880, respectivamente.

Quadro 1. Frequência de batismos de crianças expostas da Paróquia Bom Jesus de Cuiabá 1853-1890

Décadas	Batizados	Expostas	%
1853 – 1860	1.797	23	1,3
1861 – 1870	2.477	19	0,8
1871 – 1880	2.505	6	0,2
1881 – 1890	3.041	25	0,8
Total	**9.820**	73	**0,7**

Fonte: Livros de registro de batizados. Arquivo da Cúria Metropolitana de Cuiabá. In: Maria Adenir Peraro. *Bastardos do Império:* família e sociedade em Mato Grosso no século XIX. São Paulo: Contexto, 2001, p.132.

Os baixos percentuais de crianças expostas na citada paróquia conferem com o que temos até então afirmado, de que a prática de colocar os recém-nascidos na Roda não era utilizada com a mesma intensidade de outras regiões brasileiras. Assim as mulheres não tendiam a abandonar seus recém-nascidos ilegítimos, mas contingencialmente deixavam-nos aos cuidados de outrem. Em nenhum dos registros de batizados houve menção de que as crianças tivessem sido colocadas na Roda, e sim em residências, especialmente naquelas dos futuros padrinhos:

> Aos vinte e sete de março de mil oitocentos e cinqüenta e sete anos, nesta Catedral do Senhor Bom Jesus de Cuiabá, batizei e pus os Santos óleos a José, de vinte e quatro dias, exposto em casa de Antonio Fernandes dos Reis. Foram padrinhos o mesmo Antonio Fernandes e Isabel Gomes, e para constar fiz este termo que assinei. O Cura José Jacinto da Costa e Silva.[33]

E na residência de clérigos, conforme exemplo que segue:

> Aos sete dias do mês de junho de mil oitocentos e sessenta e seis na Matriz do Senhor Bom Jesus de Cuiabá, o Cura José Jacinto da Costa e Silva batizou solenemente a Mariana, nascida aos dois dias do ano de N.S.J.Ch. de mil oitocentos e cinqüenta e quatro. Filha de pais incógnitos. Foram seus padrinhos o senhor Cura José Jacinto da Costa e Silva. O vigário Cura João Leocádio da Rocha.[34]

Dentre as poucas opções apresentadas para as mães, quando não viam suas súplicas serem atendidas junto à Igreja e ao Estado, encontravam-se as de criar sozinhas seus filhos, abandoná-los à própria sorte, cometer o infanticídio ou circular suas crianças entre vizinhos e comadres. Essa última prática, marcante na paróquia estudada, revelaria, a nosso ver, o estabelecimento de uma rede de solidariedade entre as mães solteiras e a comunidade. Uma rede que fora forjada, parece-nos, diante de situações de enfrentamentos e de dificuldades a serem superadas, próprias de quem vivia em regiões de fronteira. Podemos afirmar que os agentes históricos nessa província de fronteira estabeleciam relações propiciadoras de aceitação dessas crianças por parte da população. Especificamente sobre as crianças ilegítimas, temos a dizer que, apesar de não nascerem de um casamento legalizado pela Igreja católica, poderiam conviver com seus pais e, quando não, ser criadas por suas mães. Uma rede de solidariedade possivelmente era formada quando do nascimento de tais crianças, de maneira que as mães pudessem contar umas com as outras. Em muitos casos, quando as mulheres brancas viam-se impossibilitadas de assumir publicamente a bastardia, as crianças ilegítimas eram deixadas aos cuidados de parentes, vizinhos, padrinhos e mesmo de clérigos. Como já observamos em estudos, uma extensa rede de parentela e vizinhança assentava práticas e estratégias de mães pobres para socializar os filhos através de parentesco espiritual, via compadrio. Em uma sociedade escravista, como a de Mato Grosso, os registros nos apontam que o parentesco espiritual permitia a aproximação entre livres e escravos, assim como entre homens de posse e livres pobres. O sacramento do batismo possibilitava a ampliação do círculo de parentesco entre pessoas das mais variadas classes sociais, ao tempo em que reforçava os vínculos entre os indivíduos de uma mesma família. O quadro a seguir indica a identidade daqueles que foram batizados na citada paróquia, ao longo das décadas de 1850 a 1890, e remete-nos na busca de maiores informações a respeito tanto dos batizados como dos compadrios que vigoraram no espaço social em estudo.

Quadro 2. Identidade dos batizandos da Paróquia Senhor Bom Jesus de Cuiabá – 1853-1890

Identificação	N°. absoluto	%
Legítimos	5.370	54,7
Naturais	4.269	43,5
Legitimados	25	0,3
Expostos	73	0,7
Indígenas	67	0,7
*Não consta o registro de identidade e sim o ano de batismo	16	0,1
Total	9.820	100,0

Fonte: Livros de registro de batizados. Arquivo da Cúria Metropolitana de Cuiabá. In: Maria Adenir Peraro. *Bastardos do Império*. São Paulo: Contexto, 2001, p. 126.

Conforme quadro a seguir, os pais procuravam eleger para padrinhos de seus filhos homens cuja profissão era a de militar. Tal constatação dizia respeito a 1.623 batizandos. A incidência na preferência pelos santos para padrinhos representava 863 casos, enquanto a escolha de padres incidiu em 555 registros.

292 Uma história social do abandono de crianças

Em apenas 91 registros de batizados, a preferência recaiu para padrinhos escravos.

Quadro 3 - Batizados e Compadrio na Paróquia Senhor Bom Jesus de Cuiabá: 1853 a 1890

	Compadrios 1853 a 1890	Nos. absolutos 1871 a 1890	Total	%
Criancas batizadas	4.274	5.546	9.820	
Com militares	563	1.060	1.623	16,53
Com santos	431	432	863	8,79
Com clérigos	341	214	555	5,65
Com escravos	68	23	91	0,93

Fonte: Livros de registro de batizados. Arquivo da Cúria Metropolitana de Cuiabá. In: Maria Adenir Peraro. *Bastardos do Império*. São Paulo: Contexto, 2001, p.182.

A incidência de batizandos cujos padrinhos eram militares, no período compreendido entre 1871 a 1890, poderia estar relacionada à valorização do Exército e à profissionalização dos militares após a Guerra do Paraguai. Poderia estar relacionada ainda ao prestígio social que a farda poderia trazer. A incidência de padrinhos e madrinhas com nomes de santos revelaria uma forte religiosidade popular assentada em divindades católicas da região, como o Senhor Bom Jesus de Cuiabá, São Benedito, Nossa Senhora do Bom Despacho.

É possível supor que a escolha para padrinhos de homens com prestígio social poderia, de certa forma, garantir ao afilhados, livres ou escravos, o amparo aspirado por parte dos pais, mães e ou tutores. A nomeação dos padrinhos podia presumir, de alguma forma, que mães e crianças fossem amparadas, que filhos de escravas pudessem ganhar alforria e que filhos ilegítimos e expostos pudessem conviver com filhos legítimos, como usufruto do parentesco espiritual.

Notas:

1. Mato Grosso. Relatório com que João José Pedroza (1878-1879), presidente da província de Mato Grosso, abriu a sessão da 22ª. Legislatura da respectiva Assembleia em 1 de novembro de 1878.

2. Elaborada por um conjunto de historiadores brasileiros, a coleção *História da vida privada no Brasil* é composta de quadro volumes e apresenta referenciais teóricos e esquemas interpretativos para o estudo da vida íntima e do cotidiano do século XVIII à contemporaneidade, a partir de densas reflexões sobre mudanças e permanências da formação social brasileira. Laura de Mello e Souza (org.). *História da vida privada no Brasil:* cotidiano e vida privada na América portuguesa. vol. 1. São Paulo: Companhia das Letras, 1997; L. Felipe de Alencastro (org.). *História da vida privada no Brasil.* Império: a corte e a modernidade nacional. vol. 2. São Paulo: Companhia das Letras, 1997; Nicolau Sevcenko (org.). *História da vida privada no Brasil:* da Belle Èpoque à era do rádio. vol. 3. São Paulo: Companhia das Letras, 1998; Lilia Moritz Schwarcz (org.). *História da vida privada no Brasil.* Contrastes da intimidade contemporânea. vol. 4. São Paulo: Companhia das Letras, 1998.

3. Segundo o Censo de 1872, a população de Mato Grosso somava 60.417 habitantes, ou 84.497 habitantes, se incluídos os indígenas. Em 1890, totalizava 92.827 habitantes. Caracterizava-se por uma reduzida densidade populacional (0,041 e 0,063 em 1872 e 1890, respectivamente), se comparada com a população e densidade demográfica de outras províncias brasileiras, apenas superior ao Amazonas (0,032) em 1872, o que refletia a existência de vastas áreas desocupadas e concentração populacional em torno de alguns núcleos como Cuiabá, Miranda, Corumbá, Santa Ana de Paraíba, Diamantino, Rosário do Rio Acima, Poconé, São Luiz de Cáceres e Mato Grosso (Vila Bela da Santíssima Trindade). In: Fernando Tadeu de Miranda Borges. *Do extrativismo à pecuária.* Algumas observações sobre a história econômica de Mato Grosso. 1870-1930. São Paulo: Scortecci, 2001.

4. Maria Aparecida Borges de Barros Rocha. *Transformações nas práticas de enterramentos em Cuiabá, 1850-1889.* Cuiabá: Entrelinhas, 2005.

5. APMT. Relatório de José Cardoso Júnior, presidente de província de Mato Grosso à Assembleia Legislativa, em 1871.

6. Citamos aqui os trabalhos de Laima Mesgravis. *A Santa Casa de Misericórdia de São Paulo (1599?- 1884).* (Contribuição ao estudo da assistência social no Brasil.) São Paulo: Conselho Estadual da Cultura, 1976; Maria Luíza Marcílio. *História Social da criança abandonada.* São Paulo: Hucitec; Edusp, 1998.

7. Após as instalações, os dois hospitais foram gerenciados por uma "Administração de Fundos", cuja atuação pouco teria contribuído para o atendimento aos doentes. Em 1879, o presidente da província, João José Pedrosa, nomeou uma Comissão para organizar uma Irmandade composta por homens abastados que pudessem assumir a administração do Hospital e da Santa Casa. A Irmandade era composta de provedor, escrivão, tesoureiro, procuradores, irmão de Mesa, mordomos, ainda, irmãs honorárias, dentre as quais eram

escolhidas uma provedora, doze irmãs de mesa e mordomas. Aprovada pela Assembleia Legislativa da província de Mato Grosso, a Irmandade foi extinta em 1886, voltando-se à prática de nomeação dos componentes da Mesa Administrativa. Em 1894, o presidente da província, Manoel José Murtinho, organizou a "Sociedade Beneficente da Santa Casa de Misericórdia de Cuiabá". O Estado não dispunha, em pleno séc. xx, das mínimas condições para oferecer tratamento aos indigentes acometidos por moléstias, restando para a Santa Casa a obrigatoriedade de receber e de cuidar dos enfermos. A esse respeito, ver Heleno Braz do Nascimento. *A lepra em Mato Grosso*: caminhos da segregação e do isolamento hospitalar (1924-1941) 2001. n.f. Cuiabá: Instituto de Ciências Humanas e Sociais/ UFMT, 2001, p. 70-72. Dissertação Mestrado em História.

8. Firmo Rodrigues. *Figuras e coisas de nossa terra*. Cuiabá: Escola Técnica, 1969, p. 145.

9. Laura de Mello Souza (org.). *História da vida privada no Brasil*. Cotidiano e vida privada no Brasil na América portuguesa. vol. 1. São Paulo: Companhia das Letras, 1997, p. 9.

10. Joaquim Ferreira Moutinho. *Notícias sobre a província de Mato Grosso seguida d'uma viagem da sua capital*. São Paulo: Tipografia Henrique Schoerer, 1869, p. 81.

11. APMT. Mapa dos escravos pertencentes à Santa Casa de Misericórdia de Cuiabá, 1864

12. Laima Mesgravis. *A Santa Cassa de Misericórdia de São Paulo (1599?-1884)*. Contribuição ao estudo da assistência social no Brasil. São Paulo: Conselho Estadual da Cultura, 1976.

13. APMT. Mapa dos doentes tratados no hospital da Santa Casa do mês de julho de 1856. Lata C.

14. APMT. Ofício da Provedoria da Santa Casa de Misericórdia ao tenente coronel João José da Costa Pimentel, presidente da província de Mato Grosso em 21 de março de 1850.

15. APMT. Relatório apresentado pelo presidente de província, Alexandre Manoel Albino, à Assembleia Legislativa em 3 de agosto de 1865.

16. APMT. Imprensa de Cuiabá, 7 de janeiro de 1864.

17. APMT. Testamento de Luis Silva Prado. Em 1893, Luis da Silva Prado, solteiro, natural e residente em Cuiabá, deixava em testamento legados de parte de seu patrimônio em favor de muitos benefícios de caridade, no qual incluía a Santa Casa da Misericórdia como herdeira da terceira parte de sua herança. O valor de seu benefício era de 300$000 réis, divididos entre os doentes.

18. Luíza Rios Ricci Volpato. *Cativos do sertão*. Vida cotidiana e escravidão em Cuiabá em 1850-1888. São Paulo: Marco Zero; UFMT, 1993.

19. Angelina Rosa Barros. *Mamede, fragmentos de uma vida*. 1997. n°. f. Cuiabá: Departamento de História/UFMT, 1997. Trabalho de conclusão de curso (Graduação).

20. Nancy de Almeida Araújo. "Os caminhos da socialização: os filhos livres das escravas (Cuiabá: 1871-1888)". In: Maria Adenir Peraro; Fernando Tadeu de Miranda Borges (orgs.). *Mulheres e famílias no Brasil*. Cuiabá: Carlini & Caniato Editorial, 2005, p. 321-338.

21. Maria Adenir Peraro. *Bastardos do Império*. Família e sociedade em Mato Grosso no século xix. Cuiabá: Contexto, 2001.

22. Ednilson Albino de Carvalho. *A Fábrica de Pólvora do Coxipó de Mato Grosso* (1864-1906) 2005, nº. f. Cuiabá: Instituto de Ciências Humanas e Sociais/UFMT, 2005.Dissertação Mestrado em História.

23. Matilde Araki Crudo. *Os aprendizes do Arsenal de Guerra de Mato Grosso*: trabalho infantil e educação (Cuiabá. 1842-1899). 2005. nº. f. Campinas: Instituto de Filosofia e Ciências Humanas/ Unicamp, 2005. Tese Doutorado em História.

24. Mato Grosso. Fala com a qual o senhor general Hermes da Fonseca, presidente da província, abriu a 21ª. Legislatura da Assembleia Provincial de Mato Grosso a 3 de maio de 1877.

25. Mato Grosso. Ofício do Capitão Diretor Interino do Arsenal de Guerra, Apolônio Pires Campelo Jacó, ao Presidente de Província, Antonio Pires de Alencastro, em 25 de julho de 1860.

26. Ofício do Capitão Antonio Cláudio Loid, da Inspeção do Arsenal da Marinha, ao Brigadeiro do Exército e presidente da província de Mato Grosso, Alexandre Manoel Albino de Carvalho, em 27 de julho de 1865.

27. APMT. Ofício do Inspetor do Arsenal de Marinha ao Brigadeiro do Exército e presidente da província de Mato Grosso, Alexandre Manoel Albino de Carvalho, em 18 de maio de 1865.

28. APMT. Ofício do Capitão tenente-coronel Antonio Joaquim Ferreira Ramos, da Companhia de Imperiais Marinheiros ao tenente-coronel, presidente da província de Mato Grosso, Antonio Pedro de Alencastro, em 22 de fevereiro de 1860.

29. APMT. Ofício de José Eugenio Moreira Terra, Juiz Municipal de órfãos suplente, ao coronel e presidente da província de Mato Grosso, Antonio Pedro de Alencastro, em 23 de julho de 1860.

30. APMT. Ofício do Major Diretor da Secretaria do Arsenal de Guerra ao Coronel presidente da província de Mato Grosso, Alexandre Albino de Carvalho, em 8 de janeiro de 1864.

31. Renato Pinto Venancio. "O abandono de crianças no Brasil antigo: miséria, ilegitimidade e orfandade". *História*. São Paulo: Unesp, vol. 14, 1995., p. 153-171.

32. Para a Curitiba das primeiras décadas da República, situação semelhante ocorria em relação aos asilos de menores, onde os meninos eram deixados por pais e ou mães de situação econômica de extrema necessidade, sendo que, em muitos dos casos, retornavam para buscar os filhos. A esse respeito, ver Judite Maria Barboza Trindade. *Metamorfose: de criança menor. Curitiba - início do século* xx. 1998, n°. f. Curitiba: Departamento de História/UFPR, 1998. Tese. doutorado em História

33. Livro de registro de batizados da paróquia Senhor Bom Jesus de Cuiabá. 1857 a 1861. Número 5.

34. Livro de registro de batizados da paróquia Senhor Bom Jesus de Cuiabá. 1865 a 1869. Número 7.

XIII. Sobrevivências e trajectórias de expostos emigrados para o Brasil

Henrique Rodrigues *

O ABANDONO EMERGE ENVOLTO em paradigmas com lógicas e comportamentos sociais diferenciados conforme o espaço e o tempo. A criança nascida em locais afastados dos centros de acolhimento e deixada fora da *Roda* dificilmente é objecto de referência estatística. Porque os registos elaborados para controlo destas entradas foram organizados sob a responsabilidade das Misericórdias e dos Concelhos, são raros os espólios sobre os enjeitados e mais escassos para os abandonados nas soleiras das portas.[1] Só os trabalhos que privilegiam o cruzamento de várias fontes e metodologias de microanálise podem proporcionar uma abordagem aos sobreviventes e às trajectórias destas crianças, reduzidos, ainda assim, a estudos parcelares e a um universo circunscrito de meio milhar de casos. Só excepcionalmente há a oportunidade de alargar os projectos de investigação a espaços geográficos de dimensão superior ao de um município, o que, em parte, se deve às características das fontes utilizadas.[2] Para os que venceram as primeiras etapas da vida, torna-se uma tarefa hercúlea deslindar as suas trajectórias, seja pela integração no lar biológico ou no mundo do trabalho, evolução social, profissional ou até mesmo cultural. Raríssimas vezes se apuram as perspectivas de sucesso

---

* Professor do Instituto Politécnico de Viana do Castelo

ou insucesso destes enjeitados. Se o silêncio das fontes é profundo, tão pouco se conhecem, até ao momento, para o espaço luso-brasileiro, quantitativos globais sobre os abandonados. Daí a importância do núcleo documental que apresentamos neste trabalho. Ao analisarmos os processos de aquisição de passaportes para o Brasil emitidos em Viana do Castelo, no século XIX, descobrimos centenas de sobreviventes, no momento em que se apresentam perante as autoridades para fugirem da terra madrasta. Cruzadas as trajectórias do emigrante exposto, num encontro cirúrgico no tempo e no espaço, conseguimos identificar o seu local de origem e o respectivo destino.[3] Podemos, inclusive, apresentar quadros sobre sobrevivência, respectivos percursos sociais, culturais, familiares, profissionais e até trajectórias no espaço luso-brasileiro. O que, apesar de tudo, não nos permite extrair conclusões globalizantes sobre o fenómeno em estudo.

Veremos, através da análise à indumenta, níveis socioculturais, profissionais e procedência familiar, que as lógicas do enjeite para os abandonados nas soleiras ou nas *Rodas* foram diferenciadas. Os resultados autorizam-nos apresentar quadros com exemplos sobre a sobrevivência, os respectivos percursos sociais, culturais, familiares, profissionais e até das trajectórias no espaço luso-brasileiro, mas não nos permitimos extrair conclusões globalizantes.

As lógicas são diferenciadas, tanto para os deixados nas soleiras como para os das *Rodas*, como é visível através da análise à indumenta e aos níveis socioculturais e profissionais e à procedência familiar. Neste contexto, encontramos uma correlação entre a defesa da honra familiar, os emigrantes jovens e instruídos, enquanto que os adultos, com mais indicadores de analfabetismo, estão associados a quadros de pobreza familiar.

A investigação sobre os expostos de duplo sucesso, o mesmo é dizer que sobreviveram e que atravessaram o Atlântico em direcção ao Brasil, será orientada a partir da abordagem dos contextos familiares, existência de lares biológicos, identificação de pais ou outros parentes, elementos constantes dos *processos* de aquisição de passaporte. Mas também utilizámos *certidões de baptismo, autorizações* para os menores não emancipados e *documentos de perfilhação*.[4] Toda esta documentação está depositada no Arquivo do Governo Civil de Viana do Castelo (AVC) e foi por nós usada para estudo das dinâmicas migratórias oitocentistas, ao longo de cerca de duas dezenas de anos.

Sobreviventes abandonados nas soleiras

Os estudos sobre o abandono raramente cobrem as exposições fora dos centros de acolhimento, as crianças da periferia deixadas nos domicílios[5] ou noutros espaços do mundo rural que não foram oficialmente arroladas como enjeitadas. O recurso a fontes existentes nos processos da aquisição de passaporte permite uma nova visão do fenómeno, além de outras discussões científicas sobre esta problemática.

O processo de inserção deste segmento demográfico na sociedade e as respectivas trajectórias permanecem muito obscuros. Porque sabemos pouco sobre o rumo de vida destas pessoas, analisámos alguns casos de sucesso de crianças que não foram para a Roda, mas sobreviveram e saíram de Portugal, tendo emigrado para o Brasil no século XIX.

As indicações sobre o tipo e local de abandono estão, quase sempre, registadas nas certidões de baptismo,[6] juntamente com os *"bilhetes escritos"*, além das informações contidas nas notas averbadas por párocos nos assentos do Sacramento. Quando se trata de jovens a quem os pais concedem a respectiva licença de embarque, também descobrimos alusões à perfilhação em vários documentos como as *autorizações* de viagem.

Noutros processos existem certidões onde se faz menção a amas, mas os emigrantes com indicação de terem sido deixados à porta de particulares[7] são poucos. Entre eles, e apenas a título de ilustração, está Manuel Martins da Costa, viúvo,[8] residente em Gontinhães (actual Vila Praia de Âncora), concelho de Caminha, que encontrou uma criança à entrada da sua soleira, entregando-a aos cuidados de ama Teresa Afonso, de Âncora. Tendo vencido várias etapas da vida, ao atingir os 20 anos de idade,[9] emigrou sem ter perdido o apelido *Exposto*.[10] Foi identificado com a profissão de *"criado de servir"*, quando requereu passaporte, em 1867. Se a actividade profissional aponta para um posicionamento nos estratos sociais da base da pirâmide, o mancebo aprendeu a escrever, o que é um bom indicador cultural numa época de elevado analfabetismo. Um outro exemplo, a viver em Gontinhães, Pantaleão Dias da Costa foi deixado na entrada da habitação de Maria Vitória, uma senhora viúva. Neste caso, estamos perante um celibatário adulto, de 38 anos de idade, no momento da aquisição do passaporte.[11] O nome não mantém sinais de alguém abandonado, contudo a certidão de baptismo[12] apresenta-o com o carimbo de rejeitado, único documento que nos permitiu inseri-lo nesta abordagem.

Entre estes emigrantes que, certamente, punham em causa a honra familiar, o *processo* de José Maria Pereira Chousal confirma o respectivo abandono na soleira de Guilherme Ramos. A criança foi recuperada, mais tarde, pelos familiares da via materna que o educaram, escolarizaram e levaram para o Brasil. O rapaz, filho de

300   Uma história social do abandono de crianças

Ana Pereira Chousal, quando obteve os documentos de saída, era órfão de mãe e nada nos diz sobre o pai. O jovem exercia actividades de caixeiro com onze anos e sabia escrever com desenvoltura e esmero. O início da nova trajectória de vida, rumo ao Rio de Janeiro, ocorreu na companhia da avó, uma viúva analfabeta[13] com quem embarcou, num passaporte colectivo.

A maior parte destes abandonos fora da *Roda* pouco nos permitiu saber sobre os quadros socioculturais em que foram integrados. Mas é de realçar a cultura letrada por eles exibida no momento da obtenção do passaporte, cujo perfil de alfabetização é bem diferente dos colegas que iniciaram a trajectória de vida a cargo dos Hospícios. As famílias biológicas tinham proporcionado condições de sobrevivência e deram-lhes preparação académica para seguirem, ainda meninos, quase sempre antes dos catorze anos, para a outra margem, o Brasil. Outros a quem não foram concedidas tais oportunidades, sem arrimo de parentes, fugiam quase sempre na faixa etária adulta.[14]

Perfil dos sobreviventes e a indumentária da exposição

A documentação existente nos *Processos* de aquisição de licença de viagem para o Brasil permite-nos esboçar traços do perfil do *infeliz*[15] que sobreviveu, cresceu e abandonou a região onde foi preterido, emigrando para terras de Vera Cruz, quer seja pela vontade dos progenitores/parentes, que "expulsam" de novo estas crianças para longe de casa, quer seja por iniciativa própria, quando eram pessoas adultas. Além das cópias dos assentos de baptismo, onde estão transcritos os "bilhetes" da criança exposta[16], usámos correspondência familiar,[17] autorizações dos pais e tutores, certidões de identificação, alvarás de culpas e requerimentos de passaporte[18]. Com recurso à microanálise, podemos delinear as trajectórias de quem foi afastado das vivências domésticas e reconstruímos cenários sobre as origens sócio-familiares de alguns destes indivíduos,[19] traçando o perfil destes expostos.

A alusão às peças de roupas[20] permite-nos reflectir sobre os indicadores de abastança ou de pobreza da mulher/família que colocou o neófito na soleira de uma casa ou na *Roda*.[21] Ao mesmo tempo, ajuda-nos a compreender algumas atitudes da mãe, quando deixa a criança entregue a um futuro incerto,[22] com determinado agasalho.

O enjeitado com vestes usadas ou com metade de uma peça de roupa pode remeter para alguém proveniente de quadros familiares com dificuldades financeiras e sem condições para dar ao filho mais do que metade de um lenço, uma camisa de morim e o «*apertador de estopa*». Mas, as parturientes que adquiriram um enxoval novo, de linho e de seda, com vários acessórios, eram mães que, certamente, tinham condições económicas para proporcionar a estas crianças a sobrevivência.

A reconstrução destes quadros resulta da análise aos documentos exibidos pelos expostos alfabetizados, cujas geratrizes eram, quase sempre, celibatárias. Podemos observar este cenário com o exemplo de Álvaro Lopes, caixeiro de profissão, natural de Ponte de Lima, emigrante de dezesseis anos. A mãe deixou-o com indicação do nome a herdar na pia do baptismo,[23] além de designar o padrinho.[24] Estamos perante um varão enjeitado com os preceitos religiosos, «*água e as três palavras*»,[25] que foi afastado de casa com quatro peças [26] de roupa nova: uma camisa de morim, um vestido de flanela branca e duas baetas.[27] Também António Joaquim Sá Rodrigues Pereira, nascido em 1860, estudante, da freguesia de Calheiros, concelho de Ponte de Lima, aos treze anos de idade deixou, no respectivo processo de aquisição de licença de viagem, a informação certificada em como tinha sido encontrado com um escrito onde consta: «*quando o baptizarem ponham o nome de António Joaquim, duas camisas de morim, uma liga de meia branca, uma baeta branca*».[28] Este adolescente, embarcado com outro irmão também exposto, filho de uma solteira, exibe um perfil de cultura letrada semelhante ao anterior, se considerarmos que frequentaram a escola, tendo ambos aprendido a ler, escrever e contar antes de viajarem para o Brasil. Os dois rapazes, emigrantes em 1873, não voltam a requerer passaportes até ao fim de oitocentos, data em que andariam pelos 40 anos de idade. Somos levados a crer que estamos perante jovens que organizaram a vida no Brasil, pelo menos até à entrada no século xx, e que optaram, provavelmente, por uma fixação prolongada no país de acolhimento, fugindo da família que os escondeu dos olhares recriminatórios.

Para o sucesso destes percursos, muito deve ter contribuído o apoio proporcionado pelas respectivas mães, desde o dia do abandono à recuperação dos filhos, seguindo-se a ida à escola e o momento do embarque para além do Atlântico, fórmula para minorar o quadro da exposição e apagar o estigma do nascimento.

Também houve lares que acolheram crianças e, sempre que lhes era possível, facultaram o acesso à aprendizagem escolarizada a estes jovens, de maneira que tais garotos pudessem preparar-se para exercerem a actividade comercial na ex-colónia portuguesa. Uma trajectória destas foi vivida por Eduardo Augusto Pereira Lima, um adolescente que saiu, regressou e voltou a requerer nova viagem. Abandonado em Viana, o menino teve a protecção de Manuel Segismundo Álvares da Silva, que lhe propiciou boa formação ao nível do domínio da escrita e da actividade profissional, para poder «*dedicar-se à vida comercial*».[29] Na primeira saída, em 1857, era um rapaz de treze anos; na segunda viagem, em 1895, descobrimos um adulto. Perante tais elementos, sabemos que se radicou no Brasil cerca de quatro décadas sem vir à terra da partida. Este emigrante, identificado como caixeiro à data do primeiro embarque, tinha atingido um estatuto profissional privilegiado. Podemos classificá-lo como o paradigma do exposto que beneficiou de cuidados e bons acolhimentos familiares para sobreviver, de forma a poder ausentar-se como balconista, cuja carreira o guindaria até as actividades do sector comercial. O sucesso continuou e ficou patenteado ao atingir a idade dos 50 anos, quando regressou e reembarcou com o estatuto de proprietário. Como outros colegas expulsos de casa à nascença, não voltamos a encontrar Eduardo Augusto na nossa base de dados, tendo, provavelmente, fixado residência no Brasil, tornando-se num dos muitos expostos socialmente bem inseridos entre a comunidade de fixação.

Podemos deduzir que a preparação académica deu os frutos almejados. Este jovem saiu pela primeira vez como caixeiro, regressou e saiu, em 1895, com o perfil próprio de quem já amealhou e possui bens, sendo identificado como proprietário, embora tenha decorrido muito tempo após a primeira viagem. Também inferimos que a marca do *enjeite* não proporcionava uma ligação afectiva suficientemente forte à casa e à terra de onde partiu, motivo porque medeia um espaço temporal tão dilatado entre a primeiro embarque, o refluxo e a segunda travessia. Devemos realçar que nos referimos a um jovem enviado para o Brasil, onde se fez homem, obteve sucesso profissional, assumiu responsabilidades conjugais e familiares ao contrair matrimónio, constituiu família e, quando perdeu a esposa, veio ao Alto-Minho. Tomou o vapor pela segunda vez, no estado de viúvo, regressando ao Brasil, onde tinha apagado os indicadores de exposição e conquistado uma vida com trabalho e dignidade.

Esta preocupação, a de planear o futuro dos filhos ou dos tutelados, como o deste menino que foi cuidadosamente instruído, está presente na estratégia educativa das classes de maior evidência social. Os proprietários, os negociantes ou de profissões liberais emergem com mais visibilidade entre os sobreviventes cujo êxito foi obtido pela via da emigração.

Pouco ou nada prendia estes jovens ao local de baptismo, por isso a fixação além do Atlântico, local de acolhimento, deveria ser tão intensa que os desmotivava a regressar a Portugal. Facilmente se inseriram e diluíram na sociedade, optando pela nacionalidade brasileira, tornando-se imigrantes invisíveis. Alguns tinham mesmo mitigado os vestígios exteriores que os identificavam com a *Roda*, alteraram a denominação,[30] construíram um lar, atingiram patamares sociais destacados decorrentes da progressão profissional,[31] transformaram-se em homens respeitáveis e de sucesso.

Ao analisarmos o padrão de enxoval de Leandro José de Magalhães, com *três camisas novas* e um *vestido de chita*, como vem descrito na respectiva *certidão de baptismo*,[32] somos conduzidos para o imaginário das preocupações que a progenitora teceu antes de se afastar do filho, submetendo-o a um processo de difícil sobrevivência, mas "prendando-o" com peças de roupa em primeira-mão. É, sem dúvida, um indicador em como a vinda ao mundo do neófito foi preparada ao longo da gravidez. Na verdade, a trajectória da criança, aos treze anos, mostra-nos outro estudante que, recuperado e perfilhado por uma mãe solteira. Para o efeito, foi lavrado um documento oficial onde a progenitor outorgou a autorização ao jovem para perseguir as trajectórias conducentes ao sucesso. Era, certamente, a única forma de traçar um rumo seguro e com muita probabilidade de atingir êxitos profissionais, obtendo habilitações académicas capazes de proporcionarem uma vida melhor a estes expostos sobreviventes.

Vejamos, ainda, outro caso, em Ponte de Lima. Nesta vila, Joaquim Eusébio foi abandonado com «*escrito que dizia Joaquim Eusébio, três camisas de punho em boneiro (sic), um vestido de chita abrancaçado com riscas vermelhas, embrulhado em um pano de linho curado*».[33] Ao completar doze anos, embarcou com a experiência de caixeiro. Sabemos que tinha frequentado a escola e exercia uma profissão que lhe proporcionaria bons sucessos profissionais, capazes permitirem a escalada da pirâmide social.

Os sobreviventes, resgatados pelos pais e/ou mães, iniciam o êxodo, quase sempre, com bom nível de conhecimentos das letras. São jovens arrolados como estudantes ou balconistas. Estes exibiram, no acto da exposição, peças de roupa nova e uma indumenta de etiqueta superior. Tais gestos maternais, conducentes à recuperação dos filhos através da perfilhação, juntamente com a qualidade do enxoval, revelam-nos a existência de emigrantes oriundos de estratos sociais elevados. Estamos, quase sempre, na presença de mães solteiras que não se limitaram a delegar a educação destes membros da linhagem a terceiros, recuperando os herdeiros depois de deixados na *Roda* ou em soleiras de portas. Os sinais de uma preparação cuidada da exposição, abandonando com roupas diferentes e de bom gosto,[34] também estão patenteados nos punhos das camisas, das golas e mesmo nos modelos dos tecidos.[35]

A corroborar tal asserção, temos a prova de serem rapazes recuperados para seio do lar biológico, introduzidos no ambiente doméstico, oficialmente aceites pelos parentes, a quem as progenitoras deram oportunidade de acesso ao ensino público ou privado e, depois de aprenderem ler, escrever e contar, iniciaram-nos

304 Uma história social do abandono de crianças

no exercício de uma profissão de estatuto social distinto. Cumpridas as primeiras trajectórias de vida, os sobreviventes são enviados para o Brasil, porque o futuro não era muito risonho na terra natal, nem fácil, para quem tinha sido afastado do local de nascença.

O uso de vestuário em seda, raramente vem anotado nestes documentos. Encontrámos, no rol de um exposto em Ponte de Lima, a residir em Viana do Castelo à data do embarque, alusões a uma peça neste tecido. O menino foi descoberto com duas camisas e um colete de seda, além de uns manguitos e de outras duas camisas e uma camisola, «*tudo dentro de uma peneira*».[36] Não pudemos apurar mais informações, porque esta descrição diz respeito a um "*criado de servir*", de quem não foi reproduzido o respectivo bilhete com que foi deixado na *Roda* de Ponte de Lima. Embora tenha ficado com um bom enxoval, não foi readmitido no ambiente doméstico biológico, certamente por questões de honra familiar. Por isso mesmo as trajectórias iniciais devem ter sido diferentes das de outros emigrantes. Não lhe foi garantido o acesso a um estatuto profissional superior ao de «*criado de servir*», embora tenha sido um sobrevivente, o que só por si é importante, tendo, entretanto, optado por atravessar o Atlântico, onde facilmente branquearia a mancha provocada pelo nascimento.

Vária documentação relativa aos passaportes dá a conhecer a ascendência destes expostos que se orientaram pela via da emigração. Relativamente aos menores de 22 anos com o nome do progenitor masculino arrolado, há sete indivíduos sem descrição da actividade profissional. Os restantes dez frequentavam a escola ou exerciam funções de balconistas, o que evidencia, em relação aos homens que assumiram responsabilidades paternais, que estamos perante uma procedência social bem referenciada. Acresce que, entre os indeterminados profissionalmente, há pais detentores de um domínio perfeito da arte de escrever, tendo gizado as autorizações de embarque com letra caligráfica.

Ao centrarmos a atenção nos casos de mais realce, cujos pais não se consorciaram e resguardaram a identificação da parturiente através do anonimato, notámos que estes jovens foram perfilhados por indivíduos com elevado destaque social. Aqui enquadram-se o filho de Jacinto José Caldas e o de Sebastião Pereira das Neves,[37] tal como o descendente de Cândido José Pinho, um negociante com «*correspondente no Brasil*» e de boas relações sociais na região.[38] Estes comerciantes/negociantes assumiram a paternidade e proporcionaram os meios necessários para os miúdos organizarem a vida longe da terra de exposição. Os referidos jovens deixaram marcas de cultura escolarizada assinalável, grafando esmeradamente, indicador de boa preparação académica, e todos foram homens de sucessos proporcionados pelos progenitores masculinos, sem que nós tivéssemos acesso à identificação da linha matrilinear.

Sobreviventes com indicadores de miséria

Um cenário diferente do descrito anteriormente mostra-nos crianças cuja indumentária não evidencia um nascimento faustoso. O enxoval é constituído por roupa simples e humilde, como os panos de estopa, linhagem, flanela e mesmo meias peças.[39] Estes elementos conduzem-nos para quadros de origem social e familiar diferentes daqueles a quem as mães prendaram com roupa nova os neófitos.

Os arrolados com traje mais pobre são, quase sempre, emigrantes saídos depois de cumprido o serviço militar,[40] por vezes em idade adulta, casados e com família constituída. Assim acontece com Basílio Exposto, deixado na *Roda* de Barcelos com um pedaço de pano velho de estopa grossa, uma saia velha, meio lenço branco de morim velho, além de uma camisa nova do mesmo tecido, única peça mais apresentável.[41] Embora tenha havido uma fita de seda preta como elemento identificativo para recuperação, não temos dados que nos permitam dizer se foi ou não acolhido na família biológica. O facto de continuar com o apelido da Roda, *Exposto*, prova que não alterou a denominação, o que pode ser sinónimo de um abandono não reintegrado pela linhagem.

À data da ida para o Brasil, este homem de 27 anos de idade vivia na freguesia de Navió, município de Ponte de Lima, comunidade onde foi criado, tendo sido deixado, como referimos, num concelho vizinho. Sobreviveu, não lhe foi proporcionado o acesso à escolarização, nem conheceu a mãe e fugiu da terra madrasta ainda solteiro, alterando a trajectória inicial.

Pobreza também está bem palpável relativamente a Bartolomeu Alves. Este emigrante foi deixado com uma camisa de morim, meio lenço, um pano de estopa, uma envolta de cita e um apertador de estopa.[42] Soubemos, através de uma adenda ao respectivo assento de baptismo, que a ama era a respectiva mãe, pelo que foi dada baixa desta criança na *Roda*. A estratégia de sobrevivência também passava pelo abandono e recuperação imediata. Esta família não teve capacidades financeiras para lhe proporcionar o acesso às habilitações académicas, pelo que embarcou a partir da base da pirâmide sócio-cultural, na qualidade de lavrador, analfabeto solteiro e com 28 anos de idade.[43] A sobrevivência deve-se, certamente, ao esforço de mãe solteira que tudo fez para dar vida a esta criança nascida no meio da miséria.

306 Uma história social do abandono de crianças

Entre os que não exibiram níveis de educação letrada nem foram dados como recuperados por parentes, por isso com apoio e formação menos aquilatado, incluem-se, quase sempre, adultos deixados na *Roda* com um enxoval reduzido e precário, de baixa qualidade, geralmente roupa usada e velha e mesmo com meias peças de lenços ou metades de panos de estopa.[44]

Quadros sócio-familiares dos sobreviventes

Os pais ao perfilharem oficialmente o filho – fazendo-o formalmente através de documento para o efeito, quer pelo casal depois de contraído o matrimónio, quer por iniciativa de um dos progenitores – demonstram que acompanharam o crescimento do descendente e desencadearam um processo de recuperação do herdeiro. Este gesto era pouco frequente para a generalidade dos abandonados na *Roda/Hospício*.[45] Para alguns casos, a estirpe foi descoberta através de documentos de autorização dadas ao adolescente para seguir rumo ao Brasil. Temos o exemplo de Jacinto José Pereira de Sousa Caldas que se identificou como ascendente, sem nos divulgar o nome da mulher que deu à luz, e custeou as despesas de saída do rapaz,[46] tendo-se responsabilizado pelo respectivo embarque.

Algumas vezes, as mães solteiras recolheram os enjeitados, outras foram os progenitores masculinos e celibatários que assumiram o ónus da fuga do menino para além do Atlântico. Também há viúvas e padrastos que patrocinaram a ida dos filhos para o Brasil. Perante este quadro, quinze solteiras arcaram com o ónus da maternidade e proporcionaram o embarque rumo ao Brasil,[47] dando autorização para os garotos requererem licença de viagem. Destes jovens, Rodrigo Inácio Domingues, exposto em Messegães, concelho de Valadares,[48] em 1853, foi criado pela própria mãe solteira,[49] Rosa Domingues. Ambos, à data da saída de Portugal, residiam em Paderne, freguesia município de Melgaço.

Outras crianças, depois da descobertas e localizadas as progenitoras, acabaram por ser entregues compulsivamente às respectivas parturientes, como aconteceu a Dâmaso Gonçalves, filho de Teresa Maria Gonçalves, de Longos Vales, concelho de Monção, exposto em 1856 e emigrante aos 21 anos.[50] Este seria, certamente, outro caso de pobreza familiar, considerando os elementos sócio-culturais e profissionais, pois, além de não desempenhar uma actividade de estatuto elevado, o emigrante desconhecia o sentido das letras. Foi, todavia, um vencedor porque sobreviveu e emigrou. Um caso semelhante encontra-se em Viana do Castelo; o filho de Luísa Ferreira Faria, José Ferreira Faria, fruto do enjeite em 1855, mas entregue à parturiente, residente em Anha, era "trabalhador" de profissão à data do embarque para o Brasil em 1881.[51] Também o descendente de Rosa Fernandes Bouça, de Serreleis, Viana do Castelo, foi posto na *Roda* em 1850 e partiu passados 24 anos, na qualidade de lavrador conhecedor do abecedário,[52] embora tenha exibido uma assinatura de nível pouco cuidado.

Abílio Pereira da Silva, nascido de uma viúva instruída, sabia grafar o nome com estilo caligráfico e enquadra-se num cenário diferente.[53] O jovem foi abandonado em Viana do Castelo, em 1868, depois da extinção das *Rodas*, mas as autoridades intimaram a mãe a receber o ilegítimo. O rapaz, aos 18 anos, idade com que foi para o Rio de Janeiro, mostra sinais de ter frequentado a escola, sabia ler, escrever e contar e desempenhava funções de caixeiro. A devolução do menino à parturiente permitiu identificar o nome do pai, Rodrigo Silva, que o renomeou e lhe transmitiu o patronímico. A mãe, por ser um fruto de amor proibido, foi a responsável pela saída deste mancebo detentor de uma assinatura perfeita.

Duas celibatárias informaram que deram à luz, afastaram de casa os frutos do amor e acolheram-nos passados vários anos,[54] como se prova através da respectiva permissão de embarque. Maria Joaquina Mota, analfabeta, confessa que o rapaz foi abandonado nos Arcos de Valdevez, em 1852, que o resgatara aos oito de idade e que «o tem há três anos». Este jovem de onze anos frequentou aulas, como demonstrou através das marcas caligráficas existentes em vários requerimentos[55], antes de atravessar o Atlântico para se fixar no Brasil. Também Albino José Costa, filho de Josefa Maria dos Santos Braga, ostentou documento de permissão de embarque, onde a tutora afirma que o exposto foi «*reclamado aos 7 anos*.» Este sobrevivente, abandonado em 1852, tinha 18 anos e estudava à data da partida, o que lhe proporcionaria condições de acesso rápido na escalada da pirâmide sócio-profissional.[56]

Além dos casos descritos, há quatro mães de quem desconhecemos o estado civil. Outra senhora indica, na licença escrita, o estado de orfandade paterna da criança, que tinha sido recolhida e abraçada pelo casal. Trata-se de Alfredo Pereira de Sá[57], filho de pais solteiros, Lorida Barbosa Vaz de Sá e de João Pereira de Sá, falecido à data da viagem. O ilegítimo fora perfilhado após o consórcio dos ascendentes, recebeu um nome, alterou a denominação e herdou o patronímico. O abandono ocorreu na cidade de Viana, em 1868, dois anos depois de extintas as *Rodas* no distrito de Viana do Castelo, e o embarque realizou-se em 1883, data em que o adolescente tinha quinze anos e trabalhava como caixeiro. Para emigrar com esta idade, necessitou de fazer fiança, o que nos permite deduzir que havia recursos financeiros disponíveis no lar para tal compromisso atinente ao cumprimento do serviço militar.

Identificámos vários progenitores do sexo masculino que confirmaram a saída de descendentes, sem qualquer referência ao nome da mãe, tendo eles perfilhado os respectivos rapazes e garantido o ónus da educação.[58] António José Pinho,[59] solteiro, proprietário, instruído e comerciante com relações comerciais com o Brasil, para onde enviou o rapaz, é um dos exemplos a sublinhar, como foi apontado anteriormente. O progenitor assumiu a paternidade e mandou para longe da casa o menino de doze anos, uma criança que sabia ler escrever e contar à data da entrada no veleiro, em 1859. Tratando-se de outro caso de defesa da honra, a assunção de responsabilidades paternais e de protecção de um filho ficaram patenteadas no gesto deste pai e proprietário.

A estes juntam-se os que se apresentavam plenamente integrados em casas de parentes, ao cuidado de tios e avós. Também os há educados por tutores, que os tinham acolhido no seio do lar e proporcionaram a viagem aos adolescentes, menores de catorze anos, afastando-os de casa em direcção ao Brasil. É paradigmático o caso de João Silvestre, da Labruja, Ponte de Lima, acolhido pela ama Maria Teresa. Ao marido desta senhora, Domingos José Fernandes, na qualidade de protector, que assinava com muita dificuldade, coube o ónus de permissão de saída, quando tinha treze anos, «*visto nós sermos pobres*».[60] Este jovem era iletrado e tinha sido iniciado na arte como "alfaiate". Também Hipólito da Silva Melo, exposto à porta da casa de João Pires Barreira, na rua de São Brás, vila de Arcos de Valdevez, herdado pela mãe, emigrou na companhia de José Pereira Sá Sotomaior, irmão legítimo que tinha saído com quinze anos de idade a saber ler e escrever e contar.[61]

Podemos afirmar que os reintegrados na família biológica, em relação entre os emigrantes com um ou os dois elementos do núcleo identificados,[62] pai e/ou mãe, e os de quem ignoramos o nome dos progenitores, para os vários espaços concelhios do noroeste de Portugal, correspondem a 25,8%. Os restantes exibem documentos com referências à ama e sem menção explícita à linhagem, devido à idade com que se ausentaram, pois não careciam de autorização.

A distribuição de crianças retomadas por membros da família apresenta um rácio mais elevado nos municípios de Melgaço e de Caminha. Em todas as áreas concelhias aqui representadas há mães que acolheram os filhos depois de os terem afastado do local de nascimento, assumiram as responsabilidades devidas e permitiram que estes expostos saíssem da terra, indo para o Brasil.

Os que viram a luz do dia em lares estáveis, nascidos de relações legítimas (falsos expostos) e foram abandonados e/ou aqueles que foram acolhidos pelos pais que contraíram núpcias depois do baptismo do filho, têm maior expressão em Viana do Castelo e Ponte de Lima, com nove e dez casos, respectivamente. Descobrimos, entre estes, crianças enjeitadas noutras áreas vizinhas, que apresentam o nome da ama ou ambos os progenitores. Trata-se de uma estratégia de abandono longe da aldeia, todavia foram referenciados, acompanhados, recuperados, inseridos na família biológica e afastados para outro continente na puberdade.

Alguns exemplos: Abílio Pereira da Silva, filho de uma "viúva-alegre", foi concebido num quadro de relações ilegítimas com Rodrigo da Silva e foi devolvido à mãe *«por intimação»*. O enjeitado exercia a profissão de balconista aos 18 anos e grafou a documentação com muito requinte, exibindo uma letra própria dos escolarizados e fazendo uso constante de tais competências. A progenitora, Lina Maria Pereira, na autorização escrita, assinou com uma caligrafia digna de nota, demonstrando dotes raros entre o feminino e bom domínio de comunicação escrita. O nome do ascendente foi identificado pelo próprio emigrante, quando requereu passaporte de saída por mar. Este jovem herdou o patronímico de Rodrigo da Silva e o segundo apelido da linhagem materna.[63] Outra senhora, Maria Rosa Martins Pinheiro, cujo marido tinha falecido, procriou um filho que deixou na Roda. Este exposto seguiu para o para o Brasil em idade adulta, regressou e reembarcou várias vezes.[64] Tendo sido identificado como pedreiro e ignorante das letras, foi emigrante com êxitos e, ao contrário de outros, deixou-nos indicadores de trajectórias de mobilidade entre as duas margens do Atlântico, tendo obtido vários passaportes de refluxo a Portugal.

Os quadros familiares descritos comprovam a existência de expostos provenientes de estratos sócio-culturais destacados da base da pirâmide que, além de sobreviverem, conseguiram gizar as trajectórias de sucesso, indo para as terras de Vera Cruz.

Os Ascendentes

As certidões de baptismo destas crianças raramente têm anotada a identificação dos progenitores,[65] porque a entrega do neófito na *Roda* era mantida em segredo. Desta forma, algumas mães conseguiam acolher os enjeitados, oferecendo-se para amas dos próprios filhos, procedimento fraudulento e difícil de ser provado. É através dos *termos de identidade*, os *requerimentos de passaporte*, os *alvarás de culpas, autorizações de embarque* e outros documentos que os pais são reconhecidos, assumem o ónus da paternidade e autorizam a viagem.

310 Uma história social do abandono de crianças

Ao conhecermos os ascendentes, quer seja a mãe, ambos os procriadores ou só o membro masculino, observamos os comportamentos domésticos e familiares em momentos diferentes: o da vinda de um ser ao mundo, a recuperação e a partida para longe da terra, ausentando-se legalmente e com o consentimento respectivo, quando eram menores de idade. O exposto, nesta fase etária, é reconhecido publicamente pelos parentes que demonstram sentimento de infância[66] para com a criança expulsa do ambiente doméstico e, porque foi um sobrevivente, fez a trajectória de retorno ao lar.

O reconhecimento da família biológica decorre de vários gestos. Entre eles, destaca-se a atitude dos pais ao recuperarem os filhos, após a legalização a sua união, através do matrimónio; outros, depois de denunciada, devido à entrega forçada da criança à respectiva mãe.[67] Há, ainda, os progenitores que prepararam o futuro dos adolescentes, assumindo a paternidade e enviando-os para longe do local da exposição, o Brasil. É no momento da aquisição dos documentos de embarque que se confirma a origem biológica quer seja da via matrilinear, da estirpe patrilinear ou de ambas as linhagens.

A documentação dos que emigraram com autorização do tutor raramente nos permite identificar a parturiente, embora haja alguns indivíduos devidamente confirmados. É o caso de Cláudio Exposto, da freguesia de Vilar do Monte, concelho de Ponte de Lima, filho de Joana Amorim: um sobrevivente embarcado em 1874, com 23 anos, que regressou em maio de 1882 e voltou a partir em outubro do mesmo ano, sem deixar mais algum rasto.[68] Também António Lourenço, nascido em maio de 1853, filho de Ana Luísa, natural da freguesia de Beiral, Ponte de Lima, criado por Maria Micaela, permitiu que conhecêssemos a mãe, porque ela o recuperou, educou e autorizou a saída para terras de Vera Cruz, quando o mancebo tinha 18 anos de idade, evitando a prestação do serviço militar.[69]

A referência aos pais biológicos vem exarada com menos frequência; José Bento da Rocha Peixoto,[70] criado por Joana Rodrigues, da freguesia de Rio Frio, dos Arcos de Valdevez, atravessou o Atlântico aos 25 anos de idade com a profissão de escrevente. Trata-se de um adulto escolarizado de quem sabemos o nome do progenitor – Manuel Bento da Rocha Peixoto – mas não temos a identificação de quem deu à luz este indivíduo.

Entre os que tiveram os cuidados de uma ama e apresentaram simultaneamente um tutor, destacamos Pedro Ribeiro[71] por ter recebido o apelido do patrono, Joaquim António Ribeiro. Por falta de informação documental, nada podemos conjecturar sobre os hipotéticos elos genealógicos entre a ama, o tutor e o emigrante. Neste caso, estamos perante um analfabeto, embarcado aos 25 anos, na qualidade de trabalhador, por isso conjecturamos que seria oriundo das franjas da pirâmide sócio-cultural.

Sabemos que, entre as 95 mães designadas pelo respectivo nome, havia 20 celibatárias e duas viúvas, no momento em que as crianças foram baptizadas.[72] Pela ausência de outras informações nas fontes, não apurámos o estado civil das restantes. Os casais, pai e mãe arrolados na qualidade de progenitores ou que contraíram núpcias depois do nascimento do filho, seriam, provavelmente, pais solteiros, alguns dos quais organizaram um espaço doméstico estável após o nascimento da criança, tendo integrado estes rebentos posteriormente. Tais cenários familiares nem sempre nos são facultados directamente pelos documentos compulsados. Todavia, entre estas saídas para o Brasil, há os que não se uniram pelo matrimónio, como aconteceu à «criada de servir», de quem já fizemos alusão,[73] que teve relações sexuais com o amo.

No contexto desta mobilidade, apurámos a existência de 29 emigrantes que tinham sido abandonados e conheceram oficialmente os pais. Entre eles, alguns nasceram de relações pré-nupciais pelo que foram enjeitados e perfilhados após o matrimónio dos respectivos ascendentes.[74] Há outros que só receberam esta bênção da parte das mães, passados vários anos, com o objectivo de serem afastados para bem longe do local da "vergonha", embarcando para o Brasil. Tal gesto foi protagonizado por João Maria Pacheco; assumido pela mãe solteira,[75] saiu celibatário aos 21 anos, com conhecimentos rudimentares da escrita, mas exercia a profissão de servente. Também identificámos cavalheiros que arrogaram o ónus da paternidade,[76] tendo deixado no anonimato o nome da concubina, como aconteceu a certas personalidades de notoriedade social.

Os mecanismos oficiais de intimar as parturientes, solteiras ou viúvas,[77] não evitavam totalmente o abandono, como se concluiu ao analisarmos a evolução dos acontecimentos relativos às notificações entre 1861 e 1864, onde o total de citadas anda perto das sete centenas, quando, entre 1861 e 1863, houve mais de três mil abandonos registados oficialmente nos dez concelhos em análise.[78]

As grávidas, depois de arroladas, conseguem socorrer-se de várias estratégias para contornar a vigilância, ausentando-se para parte incerta ou recorrendo aos mais variados processos para se libertarem do filho. Expor na *Roda* era sempre uma opção para a mãe, se vivia perto destes centros de acolhimento. Nos princípios da década de sessenta, 410 mulheres, de um total de 684 notificadas, ficaram a criar os respectivos filhos, embora tivessem falecido 74 crianças nesse período.

Estatuto social dos ascendentes

A existência de famílias de elevada projecção social é confirmada através dos processos de perfilhação, quer pelos testamentos, quer pela posição profissional dos pais e mesmo pelo título de *Dona* com que algumas mães são declaradas pelas autoridades administrativas. Entre vários exemplos, temos D. Maria Rosa dos Anjos, de Ponte de Lima, que assinou a autorização de embarque do filho;[79] D. Maria da Glória Alves Guerra, de Caminha, escolarizada, mandou um menino para o Brasil,[80] ainda estudante de doze anos.

Neste grupo, além das celibatárias, há senhoras que casaram depois de terem exposto o filho, fruto de relações pré-maritais, e ostentavam o título de *Dona*, indicador de prestígio social[81]. D. Carolina Adelaide Pereira de Castro, mãe de Júlio Augusto Pereira Velho Barreto de Castro, abandonado numa soleira da freguesia de Stª Marta de Portuzelo, concelho de Viana do Castelo, contraiu núpcias com Joaquim Pereira Velho de Castro, mas só recebeu e perfilhou o miúdo depois de organizado o novo lar.

Entre o número de protectoras que, depois de resgatarem os meninos, autorizam a saída, quinze sublinham o estado celibatário no respectivo documento. Algumas confessam que abandonaram as crianças e que as acolheram para as criarem[82]; outras só o fizeram passados alguns anos[83]. Entre estes miúdos, há quem tivesse esperado mais de uma década pela legalização oficial.[84]

Desconhecemos o estado civil de outras mulheres com ascendência sócio-familiar distinta, como facilmente se prova pelos elementos de identificação analisados, pela herança do patronímico, renomeação e indicadores de literacia existentes entre os membros do espaço doméstico.[85] Muitas vezes, optavam pelo abandono nas soleiras das portas, evitando-se a ida para a Roda, devido à distância a que estes centros se encontravam dos meios rurais.

Também o índice de alfabetização dos progenitores, analisado através do nível de assinaturas, ajuda a traçar a moldura do ambiente sócio-cultural vivido pelos ascendentes. Temos informação sobre treze registos, onde aparece firmado o nome do procriador, como prova da anuência para a viagem. São cinco do sexo feminino e oito varões, o que não nos autoriza a extracção de ilações conclusivas dos ambientes domésticos, através deste elemento, mas cremos que o cenário tem um colorido diferente, como inferimos ao analisarmos os nomes escritos pela mão de quem atravessou o Atlântico.

Vinte e duas mães devidamente confirmadas assumiram as despesas da organização de todo o processo de obtenção dos documentos de embarque legal.

Nestes casos, estamos perante quadros familiares onde só o elemento feminino assumiu responsabilidades relativas à viagem do jovem emigrante. Elas ficaram com o ónus da educação e avocaram a preparação do futuro do exposto, que se afasta da terra. Todavia, nem sempre temos referências ao estado civil da progenitora.[86] Também descobrimos situações em que a ascendente consorciada autoriza a viagem, porque o marido se encontrava no Brasil.[87] As mulheres, ao darem permissão a estes rapazes para aquisição do passaporte, exibem, perante as autoridades, um gesto de aceitação e recuperação dos filhos,[88] perfilhando-os.

Dificilmente conseguimos reconhecer os filhos de eclesiásticos e nem todos eles exibem a marca da segregação. O acolhimento de crianças por elementos do clero podia representar uma fórmula prudente de assunção de obrigações familiares, especialmente quando os membros da Igreja faziam tudo para que os jovens tivessem condições ideais para o sucesso, ministrando a escolarização a estes herdeiros. Da mesma forma, os padres identificados neste contexto proporcionaram formação académica e custearam as despesas inerentes à travessia do Atlântico, assumindo o verdadeiro papel de progenitor.

Os sacerdotes raramente revelam a assunção do ónus da paternidade ou sentimentos de afecto para com estes elos da linhagem. O exemplo é dado por Maria Joaquina da Ascensão, celibatária, que deixou «na casa do hospício»,[89] o fruto das relações havidas com o reverendo José Maria Pacheco, falecido à data do requerimento de passaporte, conforme está exarado na Certidão de Identificação, assinada pelo administrador do concelho. Pela Certidão de Baptismo, somos informados sobre o nascimento do neófito e do respectivo abandono.

O emigrante, Aurélio Maria Pacheco, era estudante e tinha quinze anos de idade. O pai, padre José Maria Pacheco, era falecido à data do embarque e a mãe identificou-se como proprietária. Assim, a progenitora concedeu anuência ao adolescente para ir ao Governo Civil obter os papéis exigidos por lei para poder seguir em direcção à América.

As autoridades, sempre que tinham conhecimento de tais factos, averbavam no assento de baptismo o que conheciam sobre a filiação, pelo que alguns expostos estão registados como descendentes de eclesiásticos e descritos como adulterinos. O exemplo mais assinalável é referente a outro estudante de doze anos, nascido nos Arcos de Valdevez, que foi legitimado e educado[90] por um sacerdote, que acolheu o descendente e assumiu compromissos paternais, "habilitando" o filho para seguir a carreira mercantil[91]. O pároco recolheu-o para junto dele, proporcionando a formação escolarizada e educando o futuro emigrante.

Se identificámos três clérigos com filhos, miúdos mandados para a América, há outros que, não tendo sido confirmados como descendentes de religiosos, gozaram de protecção doméstica e paternal, ao serem apadrinhados e recolhidos por pastores da Igreja. Este gesto foi assumido pelo sacerdote José Luís de Carvalho,[92] de São Cosme, Arcos de Valdevez, ao dar passaporte a Manuel Dias, de quinze anos de idade, cuja mãe, Rosa Dias, tinha perecido. Não foi anotada a profissão deste adolescente, todavia ficou provado que era instruído, embora o modelo de letra não exiba dotes caligráficos. Este jovem não voltou a impetrar passaporte em Viana do Castelo. Trata-se, naturalmente, de um indicador de permanência prolongada ou mesmo da fixação definitiva no Brasil, pois o perfil de exposto nem sempre originava laços familiares capazes de persuadir ao retorno a Portugal. O facto de ter sido abandonado e recuperado pela eclesiástico, além do apoio declarado pelo tonsurado, depois de perder a respectiva progenitora, que tinha falecido, não seria estimulante para o regresso à paróquia de baptismo, onde pouco ou nada teria que o atraísse, especialmente no domínio dos afectos sócio-familiares.

Ao deslindarmos o estado civil dos pais, especialmente das mães e de alguns homens que continuaram sem responsabilidades conjugais, podemos inferir que estas emigrantes provêm de espaços familiares diferenciados; uns pretendiam a defesa da honra, os filhos ilegítimos;[93] outros, nascidos no seio de famílias constituídas por um lar estável, são abandonados por falta de recursos financeiros.

Herança de bens e patrimônio onomástico

Nestas trajectórias da vida, o exposto leva, quase sempre, uma identificação de que se destaca o nome.[94] Este elemento permitia aos progenitores reconhecer, recuperar e reintegrar o elo na cadeia da linhagem e mostra que a paternidade não era de todo excluída, entre os abandonados, à data do afastamento do fruto ilegítimo para longe dos olhares críticos da sociedade.

A herança de nomes da linhagem e a marca em como a criança foi abandonada, visível através de um apelido *Exposto*, são indicadores quantificáveis destes sobreviventes. Através desta análise, podemos observar quem conseguiu libertar-se do epíteto *"exposto"*, depois de ter alterado a denominação.[95] Para análise desta variável, foi necessário recorrer simultaneamente às certidões de baptismo e a outros documentos existentes nos *Processos* de aquisição de passaporte, como atrás fizemos referência. Deste cruzamento de fontes, foi possível verificar se estávamos perante pessoas com perfil de enjeitados, pois a identificação de muitos emigrantes não permite saber se tinham passado pela *Roda* e, com menos frequência, foram deixados na soleira de uma porta ou outro local, porque, quando embarcaram, o nome não mostrava reminiscências do enjeite. Eram sobreviventes cujas trajectórias os reconduziu ao lar, sendo recuperados pelos parentes, e que agora se afastavam para mais longe de casa e da comunidade.

Há alusão a mais de uma centena de pais devidamente identificados na documentação relativa a estes emigrantes. Se a maior parte revela o nome dos ascendentes femininos, oito indivíduos só nos deram a conhecer o pai, tendo as mães continuado no anonimato e a defender a honra linhagem. Perto de três dezenas de casais, pai/mãe, reconheceram os filhos, num cômputo correspondente a 7% destes números, tendo resgatado as crianças, que mais tarde circularam pelo espaço luso-brasileiro.

Entre os enjeitados em Braga, Melgaço, Brasil e/ou Rio de Janeiro,[96] que obtiveram licença de viagem em Viana do Castelo, não há menção directa ao abandono na identificação onomástica porque não ostentam o apelido *Exposto*[97] e o nome contém a herança patrilinear e/ou da linha materna. Estes alteraram a denominação e adoptaram os nomes familiares, tendo identificado os ascendentes. Assim aconteceu a Manuel Pedro, baptizado em 26 de Março de 1830. Saiu em 1856 na qualidade de "lavrador", regressou e voltou a partir com o estatuto de proprietário, em 1870, mantendo o estado celibatário. Assinou os documentos e o livro de passaportes, com um "*novo nome*", identificado por Manuel Sampaio Ribeiro, filho de António Sampaio e Mariana Ribeiro Rego.[98] Esta alteração também ocorre com enjeitados do sexo feminino, como se ilustra através de «*Antónia Exposta, conhecida por Antónia Maria Pereira*»,[99] uma emigrante viúva.

Os concelhos de Paredes de Coura, Viana do Castelo e Ponte de Lima detêm mais de 64% de emigrantes rotulados com a marca da *Roda*. Destes, destacam-se os municípios de Ponte de Lima e de Paredes de Coura, que exibem a mais elevada taxa de representação relativa aos números de cada autarquia, aos quais se associa Monção. As duas primeiras áreas ostentam mais de 36 sobreviventes em cada 100 indivíduos com indicadores onomásticos directos de terem sido expulsos à nascença. Um outro grupo, formado pelos naturais de Viana do Castelo, Ponte da Barca e Caminha, apresenta um valor cuja percentagem individual está situada entre os 22% e 29%. Os registados no espaço administrado por Arcos de Valdevez despontam com a segunda mais baixa cota de abandonados sem o apelido "*exposto*". Como sublinhámos, Melgaço não apresenta emigrantes perseguidos por este estigma, todos os embarcados tinham alterado a denominação de nascença, antes de saírem rumo ao Brasil.

Os sobrenomes aqui tratados, distinguidos entre os que foram renomeados e os da *Roda*, este com o apelido *Exposto*, são indicadores da transmissão do património familiar expresso no patronímico[100] ou o resultado de uma nova trajectória sócio-profissional, como registámos.

O registo de dotes deixados por mães solteiras é parcimonioso[101]. O gesto de fazer testamento a favor do filho enjeitado merece ser sublinhado, quando os valores correspondem a metade de uma quinta com casas, azenha, vinha e terra de cultivo, avaliados em *"dois contos de réis"*.[102] Desconhecemos a data do falecimento de D. Maria Rosa Palhares e Sá, progenitora de Hipólito da Silva Melo que, aos quinze anos, fez hipoteca dos bens herdados para servirem de fiança, no caso do mancebo ser sorteado para cumprir o serviço militar e se encontrar ausente. Este era um meio legal para se poder emigrar depois dos treze anos de idade. A mãe era uma senhora instruída e detinha boa imagem social na vila de Arcos de Valdevez, letrada, detentora de bens imóveis e do título de *Dona Maria Rosa Palhares Sá*.

A viagem de Hipólito da Silva Melo, que fora deixado à porta de uma casa particular, fez-se no contexto de muito apoio familiar e segue o percurso do irmão que tinha sido enviado para o Brasil em criança, regressou e reembarcou com idade adulta,[103] cerca de 30 anos após a primeira travessia do Atlântico. Ao contrário dos outros colegas, este jovem não nos permitiu saber se era ou não instruído, mas descobrimos que a mãe escrevia bem e que o irmão também possuía competências idênticas, donde se concluiu que coabitou com a cultura escrita numa dimensão das dinâmicas familiares, todavia foi identificado como alguém de estatuto profissional baixo, na qualidade de *"serviçal"*.

Trajectórias profissionais e escolarização

As actividades profissionais destes expostos, desempenhadas à data da requisição da licença de embarque, não formam uma listagem muito extensa. Há mesteres que fazem parte de um painel onde podemos agrupar o "sector primário", constituído por criados, jornaleiros, lavradores, serviçais e trabalhadores, pessoas ligadas ao amanho da terra. Este conjunto detém um valor próximo dos 40%. A seguir temos os alfaiates, caiadores, carpinteiros, ferreiros, pedreiros, pintores, marítimos,[104] sapateiros, costureiras e o grupo onde incluímos *"vários"*[105] os quais representam, todos juntos, perto dos 25 em cada cem embarques. A emigração de estudantes, caixeiros, comerciantes e proprietários[106] regista catorze emissões em cada cem embarques. Também há perto de 90 indivíduos sem actividade identificada, número que aponta para mais de 21%, entre os quais há um total de 58 pessoas com menos de 21 anos, sendo quatro delas do género feminino.

As mulheres ligadas à arte da costura e as que se identificaram como *donas de casa* e domésticas, num total de sete casos, eram quase todas instruídas; à excepção de uma analfabeta,[107] as restantes gizaram pelo próprio punho.

Apurámos, em certas actividades, algum equilíbrio entre os escolarizados e incultos, cujos números, instruídos versos analfabetos, exibem equilíbrio nos dois grupos, como as donas de casa, os carpinteiros e os alfaiates. Quando observamos os "trabalhadores", lavradores, criados, serventes e pedreiros, o rácio apresenta-se a desfavorável aos letrados, o que faz deste segmento sócio-profissional um sector dominado pelos sobreviventes adultos cujas trajectórias os afastaram dos centros de ensino.

Os não classificados profissionalmente ombreiam com os caixeiros, fazendo destes expostos, juntamente com os estudantes, indivíduos com capacidades intelectuais para serem vencedores de todas as etapas da vida.

O nível de instrução, analisado através do nome, revela-nos que as "lavradeiras", as costureiras, os caiadores, os alfaiates, os criados, os jornaleiros e os sapateiros não autenticavam com escrita tão apurada como os restantes. Mesmo assim, descobrimos um pedreiro, um carpinteiro, um serviçal, um ferreiro e um trabalhador cuja firma foi traçada com letra de boa forma. Destacamos, ainda, quatro marítimos que se apresentaram com boas capacidades de comunicação escrita, todos eles ostentavam um *ductus* de boa harmonia, próprio dos que exercitavam o acto da escrita com frequência e de quem acedeu à aprendizagem escolarizada.

O leque profissional não é muito alargado, além de haver poucas actividades sem indivíduos ignorantes, entre os quais se encontra a elite ligada às lides comerciais, os estudantes e os pintores. São os de ofício indeterminado que menos indicações nos facultaram sobre estas competências, juntamente com oito criados/serviçais e dois lavradores. Todos os grupos exararam algum instruído, se exceptuarmos as "*lavradeiras*", senhoras que se declaram como incapazes de grafar. Os homens que viviam dos trabalhos agrícolas são os que mais se destacam entre os que, provavelmente, não sabiam desenhar mais do que o próprio nome, tendo-o feito com escrita desalinhada, sem harmonia e cacográfica, que se identifica com o nível três, por vezes com o registo de que só sabiam "*fazer o nome*". Neste grupo temos os maiores valores com assinaturas

318   Uma história social do abandono de crianças

de um patamar intermédio, o nível dois, o que é revelador de pouco exercício com a pena, embora tivessem escrito cartas para Portugal.

Conclusão

Estes emigrantes foram enjeitados. Alguns, deixados nas soleiras de portas ou levados para as *Rodas/Hospícios,* conseguiram integração nos lares biológicos, adquiriram o patronímico, perderam o apêndice/apelido *Exposto,* recuperando os nomes da linhagem, e até herdaram bens imóveis deixados em testamento.

As trajectórias das crianças abandonadas, que circularam pela roda ou foram deixadas nas soleiras das portas e venceram a primeira etapa da vida, no mundo luso-brasileiro, são difíceis de apreender. Entre os emigrantes saídos de Portugal com perfil de exposto, depois de recuperados, encontramos as ligações de ascendência. Os pais que, após a sobrevivência do enjeitado, assumiram o ónus da procriação, recolheram, educaram ou declararam perante as autoridades a assunção da paternidade/maternidade, transmitiram os apelidos da família, mesmo quando este comportamento é feito no feminino, difundindo os nomes da via matrilinear. Tal herança revela a aceitação do filho pela linhagem e evidencia o apoio dado após a integração da criança entre os parentes.

O estatuto social dos pais e as capacidades financeiras ou o nível da cultura letrada e mesmo o estado civil provam-nos que os abandonos atravessaram verticalmente na sociedade, onde há famílias socialmente bem posicionadas, membros do clero, além de progenitores que continuaram celibatários. Muitos não esqueceram o afecto e apoio material para que estas crianças pudessem sobreviver noutras terras e em melhores condições, tendo beneficiado alguns de heranças familiares que proporcionaram novas trajectórias geográficas e profissionais.

O perfil sócio-familiar, onde se destacam os pais solteiros, quer sejam abandonos das soleiras das portas, quer tenham optado pela *Roda/Hospício,* está patenteado no apoio concedido aos jovens, habilitando-os para o sucesso pela via da emigração para o Brasil. São rapazes a quem as mães ou somente os ascendentes masculinos mandaram à escola e custearam despesas com a fiança militar, dando-lhes prova de afecto, todavia delinearam novos percursos de vida, quando deixaram o noroeste de Portugal. Cremos, a avaliar pelos exemplos apresentados, que se tratava de casos de defesa da honra, alguns dos quais foram acolhidos pela estirpe paterna, tendo as mães "desaparecido" do universo de referências familiares.

Os filhos de celibatários exibem marcas de acolhimento e apoio da linhagem, quando alteraram a denominação, herdando a onomástica a que tinham direito. Se a mãe solteira chamou a si o ónus da educação, sem a presença e apoio do pai, é através dela que ocorre a transmissão do nome, ficando expressa a via matrilinear, indicador de que o homem também tinha uma honra a preservar.

As actividades profissionais, onde se inserem os expostos, são multifacetadas e em quase todas encontramos os analfabetos. O grupo de estudantes, caixeiros e outros ligados ao comércio não apresenta jovens sem escolarização. O domínio quantitativo cabe aos que se ocupavam do amanho da terra, contudo os balconistas emergem, entre as muitas profissões, bem representados, logo a seguir aos que não indicaram o tipo mester exercido.

De acordo com o apoio logístico facultado pelos progenitores, os sobreviventes traçam trajectórias de viagem para o Brasil em dois momentos etários diferentes: uns saem meninos ou adolescentes instruídos; outros atravessam o mar quando adultos e muitas vezes sem preparação académica conducente ao êxito. Depois de saírem de Portugal, raramente fazem refluxo ao local onde foram preteridos, todavia, alguns casos de sucesso regressaram e fixam-se junto da mãe adoptiva.

Notas

1. Sobre esta problemática, ver Luiza Maria Marcílio. *História social da criança Abandonada*. São Paulo: Editora Hucitec, 1998. Consultar também Renato Pinto Venancio. *Casa da roda*: institution d'assistance infantile au Brésil au XVIII et XIX. Dissertação de Doutoramento, disponível em Paris: Sorbonne, Universidade de Paris IV, 1993. Renato Pinto Venancio. *Infância sem destino*: o abandono de crianças no Rio de Janeiro do século XVIII.Dissertação de Mestrado. São Paulo: Universidade de São Paulo, 1988. Carlos de Almeida Prado Bacellar. *Abandonados nas soleiras das portas*: a exposição de crianças nos domicílios de Sorocaba, séculos XVIII e XIX. *Revista Interdisciplinar em História Social*, vol. 5, Rio de Janeiro, 1997. André Luiz M. Cavazzani. *Um estudo sobre a exposição e os expostos na Vila de Nossa Senhora da Luz dos Pinhais de Curitiba, (segunda metade do século XVIII)*. Dissertação de mestrado, disponível em Curitiba: Setor de Ciências Humanas Letras e Artes da Universidade Federal do Paraná, 2005.

2. Há uma variedade de fontes impressas, umas de carácter jurídico, outras com fins educativos e moralistas, contudo é muito fácil encontrarmos em qualquer arquivo municipal luso *livros de entradas e saídas da roda, livros de despesas*, entre todo o tipo de registos que envolvem a criança abandonada. Ver, sem qualquer propósito de citação

320 Uma história social do abandono de crianças

exaustiva, entre outros: Laurinda Abreu. *Memórias da alma e do corpo*. Viseu: Palimage Editores, 1999. Laurinda Abreu. *The Évora foundlings between the 16th and the 19th century: The Portuguese public welfare system under analysis*, 2003. Laurinda Abreu. *A Santa da de Casa Misericórdia de Setúbal de 1500 a 1755:* sociabilidade de aspectos e de poder. Setúbal: Santa Casa da Misericórdia de Setúbal, 1990; Isabel dos Guimarães Sá. *A circulação de crianças na Europa do Sul, o caso dos expostos do Porto no século xviii*. Lisboa: Fundação Calouste Gulbenkian/Junta Nacional de Investigação Científica e *A assistência aos expostos no Porto: Aspectos Institucionais (1519-1838)*. Porto: Faculdade de Letras, 1986; 1995; Vicente Perez Moreda (coord.). *Expostos e ilegítimos na realidade ibérica do século xvi ao presente*. Porto: Edições Afrontamento, [1986]; Nuno Osório Cortes. *O abandono de crianças no Algarve*. Porto: Faculdade de Letras, 1991; Teodoro Afonso da Fonte. *O abandono de crianças em Ponte de Lima (1625-1910)*. Ponte de Lima: Câmara Municipal de Ponte de Lima/Centro de Estudos Regionais, 1996; Teodoro Afonso da Fonte. *No limiar da honra e da Pobreza, a infância desvalida e abandonada no Alto Minho (1698-1924)*. [s.l.]: NEPS/Ancorensis Cooperativa de Ensino, 2005. Sebastião Matos. *Os expostos da Roda de Barcelos (1783-1835)*. Barcelos: Acrav, 1995. Henrique Rodrigues. *Expostos no Alto Minho no século xix e contextos migratórios*. Porto: CEPESE, 2005; Maria de Fátima Reis. *Santarém no tempo de D. João v. Administração, sociedade e cultura*, Dissertação de Doutoramento. Disponível em Lisboa: Faculdade de Letras da Universidade de Lisboa, 1999; Maria de Fátima dos Reis. *As crianças expostas em Santarém em meados do Regime de Antigo (1691-1701), Elementos sociais demográficos*. Lisboa: Edições Cosmos, 2001.

3. Para analisarmos um pequeno volume destas trajectórias, através do cruzamento de várias fontes, foi necessário um esforço de pesquisa moroso, árduo e dispendioso, tendo o processo de recolha de dados e tratamento ultrapassado uma dúzia e meia de anos.

4. É nestes documentos que se faz menção ao perfil de um impetrante "expulso de casa" à nascença ou ao filho de pais incógnitos, recuperados pelos parentes, quer seja o progenitor, a mãe ou outro membro da família, geralmente da via matrilinear.

5. Através do método de reconstituição de famílias, fizeram-se vários estudos como recurso ao cruzamento de fontes, de que destacamos Carlos de Almeida Prado Bacellar. *Abandonados nas Soleiras das portas:* a exposição de crianças nos domicílios de Sorocaba, séculos xviii e xix. *Revista Interdisciplinar em História Social*, vol. 5, Rio de Janeiro, 1997. André Luiz M.Cavazzani. *Um Estudo sobre a Exposição e os Expostos na Vila de Nossa Senhora da Luz dos Pinhais de Curitiba, (segunda metade do século xviii)*. Dissertação de mestrado, disponível em Curitiba: Setor de Ciências Humanas Letras e Artes da Universidade Federal do Paraná, 2005.

6. Não sendo emigrante, sabemos que Severino António foi exposto à *«porta de Antónia, (…) na freguesia de São João da Ribeira, Ponte de Lima»*. Filho D. Ana Maria Gomes Zamith,

sobreviveu, foi recuperado e legitimado pelos ascendentes, que casaram dois anos depois do nascimento deste menino. O rapaz cursou no seminário, onde foi ordenado sacerdote. O padre Zamith transformou-se numa figura de relevo social em Viana do Castelo, no século XIX. Sobre a condição de enjeitado Cf. ADVC, *Livro de Baptismo nº 4*, fl. 115v, cota 3.15.4.5.

7. O abandono ocorria em sítios públicos e estratégicos, zonas de passagem e de culto, como as capelas, portas de igrejas, soleiras de casas de particulares e mesmo nas bermas de caminhos e estradas, além dos locais para o efeito, as Casas das Rodas e os Hospícios. Sobre abordagens a este segmento dos enjeitados, ver Carlos de Almeida Prado Bacellar. *Abandonados nas Soleiras das portas, o.c..*

8. Cf. AGC, *processo do passaporte* número 93, livro 12, folha 14, datado de 16 de Março de 1867. As referências documentais onde intervêm emigrantes e respectivos passaportes encontram-se no AGC, (Arquivo do Governo Civil de Viana do Castelo), que citaremos sem as respectivas siglas

9. Foi baptizado em 12 de Abril de 1847. Trata-se de Joaquim António Exposto, um emigrante bem constituído fisicamente e de boa estatura, com 1,70m, que sobreviveu a um ataque de bexigas. Ver o *doc. cit. processo do passaporte* número 93, livro 12, folha 14, datado de 16 de Março de 1867.

10. O facto de não possuírem o apelido *Exposto,* tendo alterado a denominação e herdado o patronímico, pode corresponder a um indicador de boa e rápida integração sócio-familiar pois, ao serem recuperados pelos parentes biológicos ou lares de estrutura mais estável, adquiriram um nome que os identifica com a ascendência. Neste estudo temos menos de 25% de emigrantes que mantêm referências directas, através do apelido, ao acto de afastamento do lar e quase todos saíram sem identificação do pai e/ou mãe. Na verdade, só Luís Maria Exposto, de Resende, concelho de Paredes de Coura; José Narciso Exposto, de Calheiros, Ponte de Lima; Joaquim Eusébio Exposto, de Ponte de Lima; Cândido Roberto Exposto, de Santa Maria de Geraz, Viana do Castelo, todos indicaram o nome da respectiva mãe sem terem modificado o apelido. Neste grupo de 103 indivíduos com licença de viagem, um emigrante identifica ambos os progenitores e mantém o sobrenome próprio de quem foi preterido à nascença. Trata-se de José Matias Exposto, filho de Rosa Bouças e de José Matias Exposto, de Serreleis, Viana do Castelo, de nascimento ilegítimo, quando a mãe era solteira. A jovem abandonou a criança que lhe foi entregue de novo pelas autoridades. Aos 24 anos de idade, o mancebo exercia a actividade de "*lavrador*" e sabia escrever. Cf. *processo do passaporte nº 1093*, registado no livro nº 25, folha 57v, em Setembro de 1874.

11. Para outras investigações e cruzamento de dados, deixamos aqui outros casos identificados nos processos de aquisição de licença, como: Ermelinda Exposta, tendo sido «*exposta à porta de Maria Araújo*», foi baptizada em 27 de novembro de 1837 e embarcou solteira.

Ver *Processo e registo do passaporte número 10, livro 11, folha 78*, emitido em 30 de Janeiro de 1866; Bento António Pereira, de quem ignoramos outros elementos de identificação, emigrou aos 47 anos com um *«sinal na face esquerda e a estatura 1,54m»*. Quando obteve licença para sair de Portugal, em 1868, estava casado com Antónia Joaquina Ramalho, tendo declarado que *«ia procurar fortuna»*. Era um *"lavrador"* instruído, recenseado como natural da freguesia de Crasto, Ponte da Barca. Ver *processo e livro de registo* número 12, folha 52, passaporte 64, concedido em 31 de Março de 1864; Olindo José, solteiro, 22 anos de idade, viajou com passaporte registado com o *número 833, livro nº 38, folha 97*, concedido em 31 de dezembro de 1882. Desconhecemos a data de baptismo, embora, pela idade, possamos dizer que nasceu por volta de 1860, pois saiu com 22 anos; no patamar da habitação de António José de Melo, na rua Além da Ponte, em Ponte de Lima, foi colocado um menino de *«olhos verdes»*, este sobrevivente obteve passaporte com 32 anos, solteiro, analfabeto e a estatura de 1,56m, identificado com o nome de João Gervásio de Araújo, a residir na Correlhã, freguesia de Ponte de Lima. Ver *processo do passaporte 80*, registado no *livro nº 10, folha 53*, com data de 18 de março de 1863. A nossa lista continua e mostra-nos uma faceta da exposição sem registo oficial nas rodas, porque tendo sobrevivido, circularam em ambientes domésticos e, por vezes, eram recuperados pela família biológica.

12. Uma criança de *«olhos verdes, cabelo louro»*, encontrada numa soleira, recebeu o Sacramento em 6 Setembro de 1836. Quando emigrou, este *"lavrador"* de profissão, com 1,57m de altura, exibiu competências de literacia, tendo assinado os documentos. Cf. *Processo e registo de passaporte 714*, no *livro nº 24, folha 68*, emitido em 13 de Maio de 1874.

13. O titular do passaporte colectivo era Custódia Pereira Chousal, viúva de 72 anos. Ver *processo do passaporte 103, registado no livro nº 51, folha 104,* emitido em 7 de Março de 1897.

14. Francisco Jerónimo foi *«exposto à porta de Caetana e marido João António Lima»* e recebeu o baptismo em 3 de Dezembro de 1843. Quando solicitou documento de embarque, residia em Labrujó, município de Ponte de Lima. Era solteiro, *"lavrador"*, instruído, de 28 anos e tinha *«1,66m, cabelos e olhos castanhos e uma cicatriz na cabeça»*. Ver *processo* do passaporte 681, *livro nº 18, folha 130,* datado de 12 de Julho de 1872. Foi deixado na freguesia de Refoios, concelho de Ponte de Lima, à porta João António Lima e esposa. Desconhecemos as condições socioeconómicas e familiares deste casal, como da maior parte dos receptores aqui analisados.

15. Expressão utilizada no *Relatório da última visita feita às rodas do districto de Vianna e movimento de expostos em 1860*. Doc. avulso in A.G.C, pasta com *«Regulamento de Expostos»*.

16. Para uma visão global sobre o teor dos bilhetes, especialmente no atinente a enxovais e diferenciação social, consultar Renato Pinto Venancio. *Famílias Abandonadas, assistência à criança de camadas populares no Rio de Janeiro e em Salvador – séculos XVIII e XIX.* Campinas: Papirus Editora, 1999, p. 57-59.

17. Ver, como exemplo, a carta de Félix Valadares, enviada do Rio de Janeiro com data de 22 de Março de 1886, para que o respectivo filho, Justino Valadares Seixas, refluísse ao Brasil, terra onde nasceu. O pai recuperou-o e mandou-o estudar para Portugal. Cf. *Processo do passaporte número 228*, registado no livro nº 40, folha 193, datado de 6 de Agosto de 1886. Outro exemplo destes documentos epistolares, de onde emergem tais dos cenários familiares, pode ser visto na missiva de Joaquim António Pinto, onde pede à esposa que, se « *vires minha mãe, lhe dá um abraço* [ela foi a] *mãe que me criou (...) que eu brevemente lhe mandarei a pequena esmola.*» Cremos que se refere à própria ama, anotada com o carinho com que se presenteava uma mãe. Cf. *carta do Processo* do passaporte número 414, registado no *livro de passaportes 46*, folha 183, em nome Maria Assunção Gonçalves, emitido em 19 de Agosto de 1892. Para todas as cartas, veja-se o capítulo da nossa dissertação de doutoramento onde são analisados estes documentos e o respectivo anexo documental. Henrique Fernandes Rodrigues. *Alto-Minho no século xix, contextos migratórios, socioculturais e familiares,* (dissertação de Doutoramento). Porto: FLUP, 2003, 2 volumes + cdrom, disponível na Faculdade de Letras da Universidade do Porto.

18. Num total de cerca de cem mil *"papéis"*, um corpo documental existente no AGC.

19. Identificámos as mães solteiras e pais celibatários que se encarregaram da aquisição do passaporte para estes emigrantes. Também encontrámos progenitores que deixaram herança aos filhos enjeitados; outros declararam que assumiam o ónus da paternidade e/ ou a maternidade e autorizaram a saída para o Brasil.

20. A análise feita por Fátima Reis apresenta-nos um paradigma em que sobressai o enxoval usado e com «*uma aparência de todo velha e remendada*», enquanto que o novo, com seda, linho, bordados e peças de metal precioso são raros, donde o presumir-se que havia «*propensão para um abandono alargado entre as camadas sociais mais desfavorecidas…*». A historiadora faz o estudo das pequenas missivas que acompanhavam os enjeitados, pelo que se remete para o trabalho de Maria de Fátima Reis. *Os expostos em Santarém, a acção social da Misericórdia (1691-1710).* Lisboa: Edições Cosmos, 2001, p. 89-96.

21. Outra investigação neste domínio, onde se faz alusão a mensagens escritas e tipos de enxovais, é a obra de Teodoro Afonso da Fonte. *No Limiar da Honra e da Pobreza, a infância desvalida e abandonada no Alto-Minho (1698-1924).* Viana do Castelo: [s.l.], Ancorensis/NEPS, 2005, p. 324-340.

22. A urgência em ocultar a criança, decorrente da necessidade de abafar o resultado do fruto proibido, levou algumas mulheres a um abandono imediato, após o parto, sem proporcionar cuidados mínimos de higiene, como o da lavagem, pelo que também se pode inferir que o tempo disponível para o enjeite denuncia a qualidade dos cuidados

324 Uma história social do abandono de crianças

ministrados ao exposto, existindo uma correlação entre a urgência do abandono e a ilegitimidade, sublinha Maria de Fátima Reis. *Os Expostos em Santarém, o.c.*, p. 91.

23. Trata-se de Filomena Conceição Lopes que o deixou o filho no Hospício de Ponte de Lima em 1869 com «*um escrito que dizia: receberá na pia do Baptismo o nome de Álvaro, seu padrinho ser Carlos de Sousa Sampaio para que será prevenido pela senhora rodeira. Ao vir a luz recebeu água e as três palavras, uma camisa de morim nova, um vestido de flanela branca novo, uma baeta da mesma branca outra vermelha.*» Cf. *processo do passaporte número 319*, livro 41, folha 11v, emitido, em 4 de Outubro de 1886. Como resultado da renúncia do pai ao patronímico, a transmissão do nome pela via matrilinear representa o bom acolhimento da linhagem feminina, apoio dos parentes e a plena integração familiar. Assim, a mãe custeou as despesas de educação, a formação académica deste sobrevivente e orientou-o para novas trajectórias de vida. Cf. *processo do passaporte número 319*, livro 41, folha 11v, emitido, em 4 de Outubro de 1886.

24. A certidão de baptismo confirma que o pedido foi satisfeito, sendo Carlos Sousa Sampaio padrinho. Trata-se de comerciante, com 22 anos, que emigrou volvidos quatro anos, em 1873. Sabemos que este mancebo era filho de D. Maria José Lima e de Inácio José de Sousa, de Ponte de Lima. O facto de ser um celibatário pode indiciar a existência de alguma ligação afectiva entre a mãe e a criança, contudo, nada nos confirma tal conjectura.

25. Elisabeth Badinter. *O amor incerto, história do amor maternal do séc. XVII ao séc. XX*. Lisboa: Relógio d'Agua, s.d., p. 71. Sobre o baptismo, quando as condições de sobrevivência não apontavam para o êxito, ver também François Lebrun. *A vida conjugal no Antigo Regime*. Lisboa: Edições Rolin, 1983, p. 113-126. No século XIX, continuava a observar-se o que a Igreja determinava, cujo princípio consistia em administrar o sacramento nos três primeiros dias de vida da criança, todavia, emerge uma evolução tendente a celebrar esta festa da família mais tardiamente, de forma a que a mãe participe nos actos, como observa Anne Martin-Fugier. *Os ritos da vida privada burguesa*. In: *História da Vida Privada*, vol. 3, Philippe Ariès e Georges Duby (direcção). Porto: Edições Afrontamento, 1990, p. 248-251.

26. Sobre o vestuário da criança, veja-se ARIÉS, Philippe- *A criança e a vida familiar no Antigo Regime*. Lisboa: Relógio D'Água, 1988, p. 79-94.

27. Ver *processo* do passaporte nº 319, registado no *Livro nº 41, folha 11v*.

28. O emigrante requereu passaporte colectivo com o irmão mais novo dois anos e ambos obtiveram autorização materna para tomarem o vapor. Sabemos que eram estudantes, mas desconhecemos a data em que a progenitora os recuperou, pois foram deixados a tratar em localidades diferentes, o primeiro em Moreira do Lima e João Luís Sá Rodrigues Pereira, em Calheiros, duas freguesias de Ponte de Lima. Será esta opção de enjeite dois filhos, em localidades diferentes, uma estratégia de sobrevivência ou uma forma de garantir sucesso

no sigilo? Na verdade, para esta solteira com capacidades financeiras, a separação em duas terras era um esquema de defesa da honra, pois estamos perante uma família de relevo social. De novo, a transmissão do património onomástico fica circunscrita à linhagem feminina, pois a mãe, Maria Rosa Rodrigues Pereira, não só indicou os primeiros nomes como registou os filhos com os apelidos Rodrigues Pereira. São dois rapazes expostos à porta de particulares. João Luís foi deixado à entrada da casa de João Esteves e criado pela ama Rosa Francisca de Sousa, da freguesia de Calheiros, Ambos os jovens estudavam à data da obtenção do passaporte. Só uma família abastada podia suportar um investimento pecuniário tão elevado com a escolarização e embarcar dois meninos para o Brasil, um dos quais tinha onze anos e 1.26m de altura; o outro, de treze de idade, tinha a estatura de 1,35m e distinguia-se do irmão por «*uma cicatriz no olho esquerdo*» . Cf. *Processo e livro 21*, folha 69, *passaporte colectivo, número 656*, emitido em 14 de Julho de 1873.

29. A autorização do tutor, Manuel Segismundo Álvares da Silva, confirma que o preparou com habilitações antes de mandar para fora de Portugal, «*havendo-lhe dado a necessária educação, pondo em estado de poder dedicar-se a vida comercial*» no Brasil. Ver *processo e livro nº 6 folha 66v Passaporte número 132*, emitido em 5 de Outubro de 1857.

30. São vários os exemplos de emigrantes identificados por dois nomes, em momentos diferentes. Foram as próprias autoridades a averbar que se trata da mesma pessoa. O registo do *passaporte número 327, livro nº 32, folha 23v*, emitido em 6 de Outubro de 1877, em nome de um negociante, de 35 anos, que tinha sido exposto na *roda* de Viana, em 20 de Agosto de 1842, foi escriturado no próprio livro com tinta vermelha, atravessado na folha a seguinte informação: «*João Morais e José da Silva Morais são a mesma pessoa*». Além do primeiro nome, que foi alterado de João para José, temos ainda um outro apelido, Silva, que, ao ser incorporado, altera por completo a identificação. Sem desejar alongar estas listas vejamos outros exemplos: Adriano Luís Rodrigues, «*conhecido por Adriano Rodrigues Santos*», passaporte número 649 emitido no ano de 1898; António Cândido de Oliveira, «*conhecido por António Barreiros*», *passaporte número 239* do ano de 1898; «*António Maria Esteves, hoje António Leão*», *licença número 704*, emitida do ano de 1900; Joaquim António Pinto, conhecido por «*Joaquim Exposto*», *registo número 89*, do ano de 1892; Manuel Alves Valença, «*chamava-se Luís Manuel Afonso*», *passaporte 381*, do ano de 1883. Na verdade, a situação social e profissional, por vezes a necessidade de desenodoar imagens familiares do passado, conduziam à alteração do nome. A nova denominação pode ser incómoda para o investigador que trabalhe com este tipo de fontes, mas o cuidado posto na descrição, no acto da obtenção da licença, permite-nos contornar um problema que é impossível resolver se o estudo tiver um carácter sincrónico ou se a abordagem incidir numa década, porque estas alterações só são visíveis no momento em que o exposto requer novo passaporte. Sobre a denominação no espaço luso-brasileiro, consultar as comunicações apresentadas na *Table –*

ronde, dénomination et destin des enfants trouvés (17ᵉ-20ᵉ siècles), Centre Roland Mousnier, Maison de la Recherche, Université de Paris– Sorbonne, 12 et 13 septembre 2005. Laurinda Abreu. *Abandonned children at work* : individual trajectories (Evora foundlings 1669-1777); Maria Luiza Marcílio. *Dénomination et destin des enfants trouvés dans le Tour de Salvador, Bahia (Brésil) au xixᵉ siècle* ; Maria de Fátima Reis. *The Lisbon foundlings and their return to the family: nineteenth century testimonies of identity reconstitution;* Henrique Rodrigues. *Denomination, Social-Cultural and professionnal mobility of foundlings and illegitimate children:* the Northwest of Portugal emigrant case in the 19ᵗʰ century.

31. Celestino Martins Fernandes, abandonado na vila de Caminha e baptizado em 5 de Maio de 1856, residia em Gontinhães, terra onde foi dado a criar, quando emigrou em 1883. Nesta data, era um comerciante solteiro. Saiu rumo ao Pará com 27 anos e revelou indicadores de alfabetização próprios de quem teve bons mestres do abecedário, tendo assinado os documentos com boa letra. Regressou volvidos quatro anos e reembarcou casado. Este exposto, tendo desempenhado actividades como negociante, obteve cinco passaportes. Foi secretário da Comissão de Obras de Melhoramentos do Monte Calvário em Vila Praia de Âncora e atingiu o estatuto de "*capitalista*". Cf. Henrique Rodrigues. *Denomination, Social-Cultural and professional mobility of foundlings and illegitimate children, o.c..*

32. Ver *processo e livro 39*, folha 78v relativo ao *passaporte número 30*, em 10 de Janeiro de 1884. Tomásia Rosa de Magalhães, mãe solteira, de Ponte de Lima, recuperou o filho e deu-lhe autorização para alterar a trajectória de vida, como emigrante no Brasil. Não voltamos a encontrar este indivíduo antes do início do século xx, pois estes casos costumam permanecer afastados da terra por períodos longos, raramente inferior a uma década, como já anotámos.

33. Joaquim Eusébio Exposto, caixeiro, de doze anos, filho de Ana Conceição Sousa, foi abandonado com bilhete, em Ponte de Lima, em 1863. Este rapaz, à data do pedido da licença, também era órfão de mãe. Ver *processo e livro 30*, folha 48, passaporte 186, em 26 de Fevereiro de 1876.

34. Uma análise à indumentária que acompanhava as crianças no Rio de Janeiro e em Salvador mostra-nos uma paleta variada de cores, tanto para roupa de meninos como para o género feminino, cuja gama cromática é formada por cueiros e camisolas vermelhas, alaranjadas, amarelas, rosas, verdes, azuis ou brancas. O mesmo colorido aplica-se às mortalhas e roupas do funeral destes inocentes, frisa Renato Pinto Venancio. *Famílias Abandonadas, o.c.,* p. 57-59.

35. Este quadro de "luxo" não ocorre com a generalidade dos enjeitados, embora as vestes evidenciem abandonos preparados com tempo, como bem salienta Maria de Fátima dos Reis. *As crianças expostas em Santarém o.c.,* p. 92.

36. Tomás Exposto, deixado na Roda de Ponte de Lima com: «*um lenço de pano cru, duas camisas e um colete de seda e um novelo, uns manguitos, duas camisas e uma camisola, tudo dentro de uma peneira e um escrito que não foi transcrito*», obteve passaporte em 2 de Agosto de 1886, quando tinha 23 anos de idade e a estatura 1,66m. Não voltou a requerer saída por Viana até 1901. Ver *Processo e livro* nº 40, *folha 190, Passaporte nº 216.*

37. Sebastião da Silva Neves, exposto na Roda de Viana em 1857, era filho do proprietário da empresa de «*diligências ...com 440 óptimos cavalos, grande número de empregados e muitas dezenas de carruagens*» cuja rede ligava o Norte de Portugal e a Galiza. Augusto Soares d'Azevedo Barbosa de Pinho Leal. *Portugal antigo e moderno*, vol. 10, Lisboa: Livraria Editora Tavares Cardoso e Irmão, 1882, p. 425-426.

38. Desintegrado da família, por ter sido abandonado, foi mandado aos "*ganhos*". Não voltamos a encontrar rastos deste jovem, enviado para a casa do correspondente do pai. Cremos que se fixou no Brasil, onde a integração social era fácil. Cf. *Processo e livro 7, folha 113, passaporte número 225*, emitido em de Marco de 1859.

39. A pobreza e insuficiência do enxoval, em relação aos expostos em Ponte de Lima, foi anotada por Teodoro Afonso da Fonte. *O Abandono de Crianças em Ponte de Lima o.c.,* p.118-119.

40. Ao analisarmos os grupos sociais onde dominam elites culturais como: Professores, Estudantes e Caixeiros, arrolados à data do recenseamento militar, apurámos que estes actores do mundo da escrita, pois todos são agentes portadores de tais competências, têm representação entre os expostos reclamados pelas mães ou avós. Destacamos um jovem que fora abandonado, sobreviveu e teve uma trajectória profissional diferente dos emigrantes, porque ingressou no seminário, onde era estudante de Teologia aos 20 anos. Henrique Rodrigues. *Estudantes, professores e caixeiros do Alto-Minho na segunda metade do século XIX- uma abordagem aos livros de recenseamento militar*, Comunicação ao «III Congresso Luso-Brasileiro, História da Educação», Coimbra, Faculdade de Psicologia da Universidade de Coimbra, 2000.

41. Ver *processo e livro 37, folha 152v, passaporte 352*, emitido em, 25 de Maio de 1882. Foi abandonado na roda de Barcelos com o seguinte enxoval: «*uma camisa nova de morim com gola de caca e nos pulsos colarinhos do mesmo pano e atilhos de cordão de algodão, um pedaço de pano de estopa grossa velha, uma saia de chita azul com flores brancas velha, um meio lenço branco de morim velho e para sinal trazia atado no pulso da mão esquerda uma fita golão de seda preta de comprimento de três quartas de palmo.*» Este «*lavrador*» de profissão não sabia escrever, o que o aproxima do quadro descrito para os de condição social mais baixa, postos na roda com roupa usada, embora aqui vejamos uma peça feita para a criança, provavelmente por uma mãe com dificuldades financeiras, o que a levou a aproveitar roupa usada, porventura de outros irmãos, pois muitos expostos eram oriundos de lares com dificuldades económicas, o que originava o recurso a tais estratégias de sobrevivência.

328 Uma história social do abandono de crianças

42. Ver *Processo e livro 41, folha 7, Passaporte número 301*, emitido em 25 de Setembro de 1886.

43. À data do embarque, ficou registado o perfil biométrico. Era um homem de estatura baixa, se considerarmos a estatura de 1,62m quando saiu para o Brasil.

44. Sem desejarmos alongar estas referências, veja-se, ainda, o *processo* e *livro 47*, folha 72v, *passaporte número 120*, emitido em 16 de fevereiro de 1893, em nome de Policarpo António, um analfabeto embarcado aos 31 anos de idade, exposto em Ponte de Lima, cujo tipo de indumentária se aproxima do que estava regulamentado para o distrito de Viana do Castelo em 1839. Cf. , para Viana, o *Regulamento para a Administração dos Expostos do Districto Administrativo de Vianna*, Braga: Typographia Bracharense, 1839; *Regulamento para a Administração dos Expostos do Districto Administrativo de Vianna do Castelo*, Viana: Typographia de Manoel Fernandes Pereira da Silva, 1857.

45. Para o Porto, a recuperação de abandonados exibe índices reduzidos como sublinha Isabel dos Guimarães Sá. *A circulação de crianças na Europa do Sul, o caso dos expostos do Porto no século XVIII*. Lisboa: Fundação Calouste Gulbenkian/Junta Nacional de Investigação Científica, 1995. O nosso estudo sobre emigrantes saídos com passaporte emitido em Viana do Castelo, ao longo do século XIX, aponta para mais de 65 por mil de casais que reconquistaram filhos e os reintegraram no nuclear biológico e que, além de sobreviverem, saíram de Portugal.

46. Este menino, igual a muitos outros, quando obteve documentos de viagem, tinha «*olhos, cabelos e sobrolho castanhos, rosto comprido e cor natural, com um sinal na face esquerda e 1,41m de estatura*», chamava-se Jacinto Pereira de Sousa Caldas, um caixeiro de treze anos, e assinou os documentos com caligrafia própria de quem frequentou um qualquer estabelecimento de ensino. Cf. AGC. *Livro nº 51, folha 184* e respectivo processo do *Passaporte nº 525* e emitido em 6 de Outubro de 1897, com destino ao Rio de Janeiro.

47. Cf. *processo e passaporte nº 724, livro nº 18*, folha 151v, emitido em 19 de julho de 1872. Trata-se de um balconista, cuja mãe, solteira, declarou na autorização que o criou na qualidade de ama. Assim, depreendemos que sobreviveu com os apoios financeiros recebidos do erário público.

48. Passados dois anos, em 1855, o concelho de Valadares foi extinto.

49. É um caixeiro de 19 anos, embarcado em 1872. Os dotes caligráficos ficaram gravados com uma assinatura de nível superior. Sublinhamos a herança do nome pela via matrilinear e o facto da progenitora ter garantido a escolarização do filho, o que proporcionou a iniciação no mundo do comércio. Cf. AGC. *Livro de Passaportes nº 18*, folha 151v e *processo* do passaporte nº 724.

50. Filho de Teresa Maria Gonçalves, de Longos Vales, concelho de Monção, lavrador de profissão e analfabeto, também herdou o apelido matrilinear. O mancebo, aos 21 anos, tinha a «*estatura de 1,50m, olhos pardos, cabelo castanho, sobrolho castanho e rosto*

comprido», sem outros sinais específicos. Ver AGC. *processo* do passaporte nº 25, *Livro de Passaportes* nº 2, folha 2v.

51. Deixado na *Roda* de Viana, foi entregue compulsivamente a sua mãe. Obteve documentos, em 1881, com 25 anos de idade e no estado de solteiro. Cf. *processo do passaporte* nº 140, registado no Livro nº 35, folha 202.

52. Ver *Livro de passaporte* nº 25, folha 57v e *processo* do passaporte nº 1093

53. Este emigrante foi identificado com olhos e cabelos castanhos e a estatura de 1,66m *Livro de Passaportes* nº 40, folha 186v e *processo* do passaporte nº 203.

54. A progenitora, quando dá assentimento escrito e oficial, implicitamente, certifica que se trata de um filho preterido e que o readquiriu, já que o *«consentimento»* era obrigatório para os menores e senhoras. Desta forma, ou o juiz de órfãos intervinha, ou o tutor tinha de declarar que confirmava a viagem para o Brasil. Assim, a mãe que tinha recuperado o filho, com quem deveria viver, não só aceita a saída do país, como declara que se trata de um descendente que afastou do espaço doméstico, por não ter contraído núpcias. Era, muitas vezes, uma questão de honra, mas outras também emergem de ambientes de miséria, como está autenticado nos documentos.

55. *Livro de Passaportes* nº 10, folha 65, processo do passaporte nº 160.

56. A autorização, com o conteúdo descrito, foi confirmada e testemunhada pelo professor de Latim e Latinidade da vila dos Arcos de Valdevez, José Maria da Cunha Barros. Ver *Livro de Passaportes* nº 14, folha 176v e *processo* do passaporte nº 424.

57. A identificação dos pais não consta na certidão de baptismo, por isso é importante o estudo das autorizações, onde a mãe e/ou o pai esclarecem sobre as trajectórias domésticas destes emigrantes, perfilhando os filhos, acolhendo-os ou declarando-se progenitores, mesmo que tal decisão ocorresse passados vários anos. Ver *processo* do passaporte nº 345, registado no *Livro de Passaportes* nº 38, folha 184v.

58. Confirmámos este cenário com o *Processo e livro 10*, folha 69, passaporte número 188, em nome de Silviano Luís Exposto, de Ruivos, Ponte da Barca, nascido/baptizado a 14 de Outubro de 1849, tendo o ascendente declarado que o *«adoptou»*, autorizando-o a sair em 21 de agosto de 1863. Este jovem de treze anos de idade obteve licença sem ter assinado o *livro de passaportes*, todavia o pai era uma pessoa instruída. O nome da progenitora não consta nestes documentos.

59. *Livro de Passaportes* nº 7, folha 113, *processo* do passaporte nº 225.

60. Cf. *processo e livro 6*, folha 123, passaporte 246. Entre outras ocorrências, cujos pais fizeram adopção sem identificação da mãe, remetemos para os *Processos* do passaporte 188, *livro 10*, folha 69 de 1863; passaporte 525, *livro 51*, folha 184, onde só consta o designação do ascendente masculino. Outras vezes, são os parentes, como tios e

330 Uma história social do abandono de crianças

avós, que recuperam estes expostos. Entre outros, veja-se o *processo* e passaporte 764, registado no *livro 48*, folha 29v.

61. Cf. *Livro de Passaportes 49*, folha 62v licença nº 56 emitida em 13 de Janeiro de 1895. Muitas das informações foram obtidas através do *"traslado da hipoteca"* dos bens herdados por este rapaz, porque a mãe já tinha falecido. Ficamos a saber que herdou parte da fortuna da progenitora, D. Maria Rosa Palhares e Sá, *«metade da quinta do Espírito Santo, nos Arcos, composta de casas, azenha e terra lavradia, com latas e toda ela confronta do nascente com o rio Vez, poente com Alexandrino Fernandes e do Sul com o Conselheiro Gaspar de Salende Araújo Gama, que tem de valor dois contos de réis, e houve uma doação que lhe fez sua falecida mãe, Dona Maria Rosa Palhares e Sá.»* Numa primeira análise a este caso, os dados reunidos apontavam para uma relação familiar de ambos os emigrantes. Depois de termos feito o cruzamento dos dados apontámos para uma relação fraternal, a considerar os elementos de identificação existentes nas certidões de baptismo e na hipoteca feita pelo jovem. Sendo este cenário mais plausível, o nascimento do exposto ocorreu numa fase em que o filho de D. Maria Rosa Palhares e Sá estava no Brasil. Depois da morte da mãe, perante a perfilhação de Hipólito, um "serviçal" instruído, os dois irmãos seguem para o Brasil.

62. Quando só existe alusão ao nome da ama, sem a citação a outros elementos, não sabemos se houve recuperação de quem foi abandonado. O mesmo não se nos afigura para os que apontam um dos respectivos criadores e mesmo quando coabitam com parentes, tios ou avós. Significa que, o facto de ser do conhecimento público/oficial o nome de um dos pais, houve indicadores de quebra do silêncio sobre a origem do exposto e que o processo evoluiu até a aceitação, por vezes compulsiva, do respectivo descendente.

63. Ver *processo e passaporte nº 203*, registado no *livro 40, folha 186v*, em 23 de julho de 1886. Não voltámos a inventariar este homem, baptizado em 17 de janeiro de 1868, na freguesia de Santa Maria Maior, cidade de Viana do Castelo.

64. Arrolámos três passaportes deste exposto, todavia existem outros duas licenças, cujas informações não nos permitem asseverar com todo o rigor se estamos perante a mesma pessoa. Cremos que os cinco documentos de viagem emitidos como o mesmo nome correspondem a este emigrante, embora os processos não refiram a data de nascimento nem identifiquem os ascendentes. Também não nos permitem saber se as duas saídas, onde não há elementos que relacionem o emigrante com a exposição, correspondem à mesma pessoa. Considerando a data de emissão, a idade registada em anos, a profissão, o perfil de cultura letrada e a residência (Âncora Praia), somos de opinião que este exposto de Caminha fez cinco viagens. Cf. *Passaportes: número 154, livro 15, folha 70v; número 458, livro 30, folha 184; número 563, livro 36, folha 116; número 607, livro 42, folha 173; número 236, livro 46, folha 139* e respectivos processos.

Os três últimos estão identificados com certidões de baptismo e os dois primeiros com a idade em anos, todos emitidos em nome de João Luís Martins Pinheiro.

65. Esta situação não acontece em relação a Espanha, como refere: Isabel dos Guimarães Sá. *A circulação de crianças na Europa do Sul, o.c.*, p. 49. No nosso trabalho, temos as excepções, pois José Albano Almeida, de onze anos de idade, é um enjeitado de quem são identificados os respectivos ascendentes. A autorização foi dada pela mãe porque o pai não assumiu oficialmente a paternidade da criança. É através da certidão de baptismo, requerida pela progenitora, que se decifra o estatuto de *exposto* deste emigrante, onde se lê que é «*filho natural de Amália, solteira, criada de servir de Joaquim José Nunes de Almeida, solteiro, de que e bem publico nesta freguesia de quem teve o referido.*» A avó materna, Leonor, também era uma mãe solteira. O abandonado, à data da aquisição do passaporte, além de saber ler e escrever, é «*actualmente criado de servir do dito Joaquim Almeida e todos moradores entre muros desta vila.*» Este grupo doméstico coabitava com o pai da criança, empregador da mãe, uma «*criada de servir*», e do próprio filho que sobreviveu, estudou e foi enviado para o Brasil, onde o sucesso seria mais fácil. Embora não fosse perfilhado pelo progenitor, foram-lhe proporcionadas condições de preparação académica para fazer a escalada sócio-profissional como emigrante. Este rapaz, nascido na vila de Melgaço em 1856, obteve passaporte com onze anos de idade e fez prova das competências de literacia, tendo assinado vários documentos com letra de bom estilo. Cf. *processo* e *Passaporte número 266*, livro 12, folha 40, emitido em 12 de novembro de 1867.

66. A investigação do "*sentimento de infância*" está devidamente estudada. Porque se trata de uma problemática que não cabe neste trabalho, endereçamos para os clássicos: Philippe Ariès. *A criança e a vida familiar no Antigo Regime.* Lisboa: Relógio D'Água, 1988; Linda Pollock. *Forgotten children, parent-child relationships from 1500 to 1900.* Cambridge: Cambridge University Press, 1983; Viviana Zelizer. *Princing the Priceless Child Social Value of Children.* New York: Basic Books, 1985. Ver também Emmanuel le Roy Ladurie. *Montaillou, cátaros e católicos numa aldeia francesa, 1294-1324.* Lisboa: Edições 70, s.d., p. 259-273. Remetemos, ainda, para a brilhante síntese, sobre a "*História da infância e o abandono de crianças*", de Isabel dos Guimarães SÁ. *A circulação de crianças na Europa do Sul, o.c., .*p. 7-22.

67. Bartolomeu Alves, da freguesia da Ribeira, concelho de Ponte de Lima, abandonado no dia 23 de Fevereiro de 1858 com: «*uma camisa de morim, meio lenço branco, um apertador de estopa, uma envolta de chita preta e um pano de estopa. O escrito dizia o seguinte: vai por baptizar, ponham-lhe o nome de Bartolomeu Alves*», como consta na certidão de baptismo. Numa adenda, foi declarado «*filho da própria ama*», Maria Rosa, motivo porque foi dada baixa do menino e entregue à respectiva mãe. Através deste documento, descobrimos que uma rapariga solteira dera à luz, expôs a criança e acolheu-a na qualidade de ama. Depois de descoberta a fraude, a progenitora celibatária foi obrigada a assumir responsabilidades inerentes a uma mãe

biológica. Ver *processo e Passaporte número 301*, livro 41, folha 7, emitido em 25 de Setembro de 1886.

68. Detectámos dois emigrantes cujas amas solteiras eram as respectivas mães, que recuperaram os filhos depois de os abandonarem. Cf. *processo e passaporte 52* registado no livro 22, folha 136.

69. Este jovem, lavrador de profissão, foi anotado como analfabeto, quando requereu licença de viagem. A prosopografia mostra um retrato físico com marcas sanitárias denunciadoras de um quadro depauperado e com as «*pernas tortas e falta de dentes superiores*». Ver *processo e passaporte 257, livro 17, folha 119.*

70. José Bento da Rocha Peixoto, baptizado em 1 de Março de 1855, nos Arcos de Valdevez, não necessitava da autorização dos tutores devido à idade com que partiu. Assinou vários documentos. A ausência do nome da mãe e o uso dos apelidos herdados do progenitor, tendo declarado que foi acolhido por Joana Rodrigues, de Rio Frio, concelho de Arcos de Valdevez, são indicadores de que o próprio pai reconheceu o enjeitado e renomeou-o com o patronímico. Também sublinhamos a formação cultural, tendo aprendido a ler e escrever, todavia José Bento era casado quando requereu licença. Cf. *processo e passaporte 244*, livro 34, folha 190v.

71. Registado como natural de Calvelo, Ponte de Lima, deve ter nascido por volta de 1833. A ama chamava-se Perpétua Maria e o tutor Joaquim António Ribeiro. Cf. *processo e passaporte 322, livro 6, folha 161v*, registado em 15 de Abril de 1859

72. Lina Maria Pereira, viúva, teve um filho de Rodrigo Silva. O neófito, foi abandonado e devolvido à mãe por «*intimação*». Este adolescente, nascido em Santa Maria Maior, Viana do Castelo, em 17 de Janeiro de 1868, saiu aos 18 anos com a profissão de caixeiro sob autorização da mãe – uma senhora que sabia escrever muito bem, cuja assinatura revela um "grau" de ilustração acima dos padrões médios – para embarcar em direcção ao Rio de Janeiro. Cf. *processo e livro 40*, folha 186v, passaporte número 203, emitido em 23 de Julho de 1886. Do outro emigrante, filho de uma viúva, sabemos quem era o marido dela, entretanto falecido, mas desconhecemos a identificação do pai do respectivo enjeitado. Cf. *processo e livro 36*, folha 116, passaporte número 563, emitido em 10 de Outubro de 1881, correspondentes à terceira viagem autorizada em Viana do Castelo, quando tinha 44 anos.

No ano de 1862, para reformulação de estatutos para o distrito de Viana do Castelo, o Governo Civil organizou documentos provenientes de vários pontos de Portugal, que consta uma pasta com o título «*Regulamento de Expostos*». Entre o conteúdo, há uma «*relação das mulheres grávidas, viúvas ou Casadas com marido auzente, que tendo sido intimadas para crearem seus filhos os deram já à luz e declararam seu destino..*» Estes maços têm estrutura diferente: um com o registo da data «*em que deram à luz* » as parturientes; outro relativo à intimação, ambos enviados pelo Governo Civil do Distrito de Braga. Provavelmente tinham como objectivo servir de modelo. Descobrimos, neste corpo, que Maria Joaquina, de Revelhe estava a criar o filho, enquanto que Josefa Rosa, solteira, de Rio Covo, *«expol-o na roda e foi-lhe entregue em 4 do corrente mez»* de Junho. Não encontrámos documentos com o mesmo teor para Viana do Castelo. Realçamos o facto de presenciarmos o policiamento, através do qual se corrobora, em relação às viúvas, a atitude intimidativa que as obrigava a receber a criança dada à luz.

73. O exemplo de José Albano Almeida, já citado, é paradigmático. A mãe, criada de servir na vila de Melgaço, autorizou-o a sair de casa. A certidão de identidade é muito clara ao "denunciar" que o menino era filho do referido proprietário, como *«é bem público nesta freguesia que teve o dito»* Joaquim José Nunes. Embora o patrão não tenha assumido o ónus da paternidade, o pároco registou-o como ascendente deste exposto. Se o pai é lembrado como empregador e indicia alguma protecção, não se confirma um apoio explícito, já que a tutora era uma mulher solteira, a quem coube o ónus do embarque do filho.

74. A identificação de ambos os progenitores nem sempre significa que os pais tenham optado por uma união conjugal, como observámos em vários casos.

75. Sabemos que, de um total de 66 mães, 20 mulheres eram celibatárias, à data em que deram *"consentimento"* aos rapazes para obtenção de documentos de embarque. A maior parte, além de ter o nome da progenitora, alude ao respectivo estado civil. Os elementos familiares levam-nos a crer que se tratava de senhoras que não tinham contraído matrimónio, se considerarmos que os documentos oficiais não indicam o nome do cônjuge e/ou do pai da criança. Entre as solteiras, duas assumiram a maternidade e perfilharam os respectivos descendentes. O filho de Josefa Antónia, da freguesia de Queijada, município de Ponte de Lima, nascido em 7 de Maio de 1850, *«foi perfilhado por sua mãe.»* Este emigrante saiu em 1871 e regressou em 1880, embora só tenha obtido, em Viana do Castelo, o passaporte nº 393, registado no *livro 35, folha 67,* datado de 27 de Agosto de 1880. Regressou com licença emitida no Rio de Janeiro, em 10 de Março do mesmo ano, como se prova pelos documentos existentes no AGC e relativos ao respectivo processo.

76. Há onze emigrantes que só referem o progenitor. Sem querer alongar estas listas, indicamos os nomes dos seguintes homens inseridos neste quadro: João Domingos Gonçalves, Manuel António Pereira, Jacinto José Pereira de Sousa Caldas, António José Pinho, Bento Augusto Couto Barbosa Azevedo, pais de rapazes, com menos de catorze anos, perfilhados e autorizados a irem para o Brasil. Estes exemplos confirmam a dedução de que *«alguns homens possuidores de bens dariam uma certa protecção aos seus filhos».* Maria Norberta Simas Bettencourt Amorim. *Guimarães 1580-1819, estudo demográfico.* Lisboa: Instituto Nacional de Investigação Científica, 1987, p. 255.

77. A luta contra o excesso de abandono levou as autoridades do distrito de Viana do Castelo a implementar um mecanismo de controlo sobre as potenciais expositoras, *«desde Julho de 1861*

em que começou a praticar-se no distrito o systema das intimações as mulheres solteiras e viuvas gravidas não recatadas» diz-se no *«Relatório de 1864, apresentado à Junta Geral de Districto na sessão ordinaria de 1 de Março de 1864»*, A.G.C., pasta 193, maço 29, doc. s.n. Documento inédito, onde se resume esta actividade para o período de 1861-1863.

78. *Idem*, AGC., *«Relatorio de 1864 apresentado à Junta Geral do Districto de Vianna na sessão ordinaria de 1º de março de 1864 »* com o maço *«Nota das intimaçoes feitas as mulheres solteiras e viuvas gravidas não recatadas por darem conta do feto e resultados obtidos durante o 2º semestre e annos de 1862 e 1863»* elaborado na *«Secretaria do Governo Civil de Vianna do Castelo, 1º de Março de 1864»*.

79. *Processo do passaporte* nº 140, livro 10, folha 62, em nome de Abílio António Pereira Pinto, escolarizado, partiu com doze anos, filho de uma solteira instruída. Ver *processo* do passaporte nº 298, registado no livro nº 46, folha 154, em nome de António Justino de Aragão.

80. A mãe autorizou a viagem do filho em 1879, que saiu para o Rio de Janeiro como caixeiro.

81. Este mancebo de 18 anos era estudante, o que demonstra as capacidades financeiras existentes no lar, pois necessitou de uma fiança para ter o passaporte. Cf. *processo de passaporte* nº 574, registado no livro nº 31, folha 42 do ano de 1876.

82. Ver, além de outros, o *processo e livro 18, folha 151v, passaporte 724*, em 29 de Julho de 1872, em nome de Rodrigo Inácio Domingues, nascido em 16 de Maio de 1853, em Messegães, concelho de Melgaço, caixeiro, 19 anos, filho de Rosa Domingues, solteira, que o expôs e criou, como ela declara na autorização, o que comprova que a mãe/ama beneficiou dos apoios financeiros do erário público para a sobrevivência do filho. Mais tarde, protegeu-o do serviço militar, ao testemunhar que ele lhe dava amparo, e proporcionou-lhe a ida para o Brasil.

83. Uma criança resgatada aos oito anos de idade foi encaminhada aos onze para o Brasil; outro rapaz foi reclamado pela mãe biológica aos onze, como se prova através das autorizações de duas progenitoras solteiras, com que ilustrámos este cenário. O primeiro, Hilário Mota, nasceu 12 de Junho de 1852 e obteve passaporte em 24 de Julho de 1863, (Cf. *processo e livro 10*, folha 165, *passaporte nº 160*); o segundo é um estudante de 18 anos, Albino José Costa, de Arcos de Valdevez, filho de Josefa Maria Santos Braga *«reclamado há sete anos»*, com a idade de onze anos. Ver *processo* do *passaporte 424, registado no livro 14*, folha 176v, em 18 de Novembro de 1870.

84. *Idem, processo* do *passaporte número 424* do ano de 1870.

85. Outro caso pode ser observado através do *processo de passaporte nº 503 , registado no livro nº 9, folha 20 do ano de 1861*, relativo a Luís Cândido Furtado Mendonça Dantas, abandonado em Vitorino de Piães, Ponte de Lima, e recuperado pelos ascendentes Luís Cândido Mendonça Furtado Dantas e D. Ana Joaquina Pereira Barreto, a residirem em Viana do Castelo. O jovem embarcou com catorze anos, sem identificação da profissão,

mas demonstrou era escolarizado, tendo-o provado com letra caligráfica. Pela autorização ficamos a saber que também o pai era uma pessoa instruída.

86. Entre outros casos, registamos o exemplo relativo ao passaporte número 538, *livro 39, folha 29*, emitido em 29 Setembro 1883, em nome de Augusto Pereira Lima, natural de Feitosa, concelho de Ponte de Lima, nascido em 25 de Janeiro de 1873. A progenitora, Rosa Maria Lima Pereira, depois de o ter exposto, recuperou-o, como foi declarado na autorização materna. Do universo doméstico e familiar nada mais ficou exarado na documentação compulsada.

87. Cf. *Processo e livro número 52*, folha 104, passaporte número 639 em nome de José Costa Viana, caixeiro de onze anos de idade, natural de Monserrate, nascido a 20 de Fevereiro de 1887, filho de Floripas Gonçalves Freitas que assinou a autorização com boa letra, porque o marido, Amadeu José Costa, estava no Brasil. Este emigrante, identificado como pai, requereu licença em 1884, regressou em 1891 e voltou a embarcar em 1892, data em que se identificou como sendo naturalizado brasileiro. Ver *processo e livro 46, folha 87*, passaporte 28, em 19 de Janeiro de 1892. Perante estes elementos cronológicos, cremos que o exposto nasceu de uma relação espúria, considerando que foi baptizado em Fevereiro de 1887, ano do abandono e que, nesse período, o cônjuge se encontrava ausente há três anos. Outros quadros semelhantes são visíveis através da correspondência, quando os homens emigrados falam de relações ilegítimas das esposas.

88. Leandro José Magalhães, natural de Ponte de Lima, estudante de treze anos, nascido em treze de janeiro de 1870, filho de Tomásia Rosa Pereira Magalhães, solteira, que o expôs com um bilhete. Mais tarde, recolheu-o e legalizou a maternidade, através do documento oficial de perfilhação. Cf. *Processo do passaporte nº 39, folha 78v, passaporte 30*, datado de 10 de janeiro de 1884.

89. Sabemos, «*que pelas três horas da manha do dia nove do mes de Março do ano de mil oitocentos e sessenta foi exposto na casa do hospício (...)*». A mãe identificou-se como celibatária, proprietária e natural da freguesia de Arcozelo, concelho de Ponte de Lima. Desconhecemos se a paternidade foi assumida, mas sabemos que herdou dois patronímicos. As autoridades confirmam que se trata de um pai clérigo. O filho foi parar à roda, mas resgatado mais tarde e, depois de escolarizado, foi mandado para o Brasil. Ver *processo* do Passaporte 94, livro 30, folha 2, emitido em 28 de janeiro de 1876.

90. A importância da educação escolarizada está salientada em obras do século XVII e XVIII, onde não falta a pedagogia punitiva. Como exemplo, ver Alexandre de Gusmão. *A arte de criar bem os filhos na idade da puerícia*. Organização de Renato Pinto Venancio; e Jânia Martins Ramos. São Paulo: Martins Fontes, 2004. Por isso «[...] *qualquer homem ordinario destina o seu filho desde menino para brasileiro e o manda nessa consideração à escola aprender a ler, escrever e contar.*», sublinha Manoel Gomes de Lima Bezerra. *Os estrangeiros no Lima; ou conversaçõens eruditas sobre varios pontos de*

Historia Ecclesiastica, Civil, Litteraria, Natural, Genealogica, Antiguidades, Geographia, Agricultura, Commercio, Artes e Sciencias, t. II. Coimbra: Real Officina da Universidade, 1791, p. 107-108.

91. Cf. *processo e passaporte 39, livro n° 11, folha 51*, concedido em 15 de Abril de 1865. Referimo-nos a António Félix Teixeira de Sousa, filho do padre Joaquim Félix Teixeira de Sousa, de quem não conseguimos recolher informação sobre o abandono. Foi arrolado como filho de Antónia Maria de Sousa, natural de Gondoriz, concelho dos Arcos de Valdevez. Também é importante registar que este emigrante recebeu todos os apelidos do pai/clérigo. Num quadro diferente, temos Belmiro Moreira, nascido das relações com o padre António, da freguesia de Touvedo, concelho de Ponte da Barca, e de Ana Rosa Moreira, em 1831. Emigrou com 35 anos de idade, casado, lavrador, iletrado. Não recebeu o patronímico, tendo herdado apelidos da via materna. Embora fosse registado com identificação do progenitor, não foi exposto, nem teve apoio para a formação académica, pelo que esta trajectória ocorre na fase adulta, tendo seguido para o Rio Grande do Sul. Este filho de um sacerdote ostenta trajectórias de êxito, se considerarmos as cinco viagens feitas desde 1863 a 1891, tendo exibido dois passaportes de regresso a Portugal, documentos que constam do respectivo *processo* no AGC., onde se lê «*Belmiro, filho de Ana Rosa Moreira e do Rev. Padre António de Touvedo, um forasteiro nesta freguesia e ela natural do lugar de Riba de Nogueira, Santa Eulália de Rio de Moinhos...*» *Processo* do passaporte número 182, livro 11, folha 104.

92. A autorização para embarcar, por ser exposto e órfão de mãe, foi concedida pelo sacerdote que «*tomou conta dele e o ensinou a ler, escrever e contar*». Por fim, custeou todas as despesas inerentes à viagem. Ver *Processo e livro 7*, folha 138v, passaporte 276, emitido em 5 de Abril de 1859.

93. Nizza da Silva é de opinião que os enjeitados no Brasil colonial eram o resultado de relações ilícitas das mulheres socialmente destacadas já que a falta de mão-de-obra estimulava a reprodução como um investimento lucrativo e não como uma sobrecarga familiar. Sublinha os benefícios para quem educasse os expostos até aos dezesseis anos, isentando os receptores da soldada. Maria Beatriz Nizza da Silva. "O problema dos expostos na capitania de São Paulo". In: *Revista de História Económica e Social*, n. 5. Lisboa: Sá da Costa Editora, 1980, p. 95-104.

94. Devido à importância social que a onomástica representa, como elemento de identificação, para a área do Porto, mais de 96% ostentam bilhetes onde se referencia o nome da criança. Tal facto pode ser identificado como sinal de desistência da paternidade, opina Isabel dos Guimarães Sá. *A circulação de crianças na Europa do Sul, o.c.*, p. 242-243.

95. A alteração da denominação podia ter lugar a partir da existência de dois registos de baptismo, tendo ocorrido um antes de ser abandonado. Também o crisma permitia que fossem adoptados novos apelidos, herdados da família biológica ou adoptiva. Alguns

emigrantes modificaram a identificação depois de terem saído de Portugal, como demonstrámos anteriormente através de vários casos, embora não saibamos quais foram as motivações destas alterações de nome.

96. Há cinco casos de expostos nascidos no Brasil, crianças abandonadas, perfilhadas de quem se conhecem os pais. Vejamos o exemplo de Justino Valadares Seixas, baptizado na paróquia de Santa Ana (Rio de Janeiro?), como consta na cópia da certidão baptismo. Este rapaz, filho de Félix Valadares, natural de Seixas, pintor que atingiu o estatuto de negociante depois de casado, nasceu de uma relação com Maria Teresa e emigrou na qualidade de *"súbdito brasileiro"*, tendo exibido a respectiva certidão de baptismo emitida no Brasil. O pai emigrou em 1872, obteve mais três passagens em 1880, 1890 e 1894; contraiu matrimónio com Antónia Sousa, natural de Seixas, e, depois de viúvo, com Bárbara Teixeira Paulo, natural de Alijó, uma jovem de 24 anos, em 1894. O rapaz veio estudar para Portugal e regressou ao Brasil em 1886, com dez anos de idade. Ver *processo* do *passaporte 228, livro número 40, folha 193*, emitido em 6 de Agosto de 1886. Curiosamente, este emigrante exposto, além do apelido paterno, anexou o topónimo geográfico de terra de naturalidade do pai, a freguesia de Seixas, do concelho de Caminha.

97. Os cinco abandonados no Brasil, referidos anteriormente, que requereram licença em Viana do Castelo, eram filhos de portuguesas que se encontravam naquelas paragens. Entre estes portadores de passaporte, há duas meninas: Constância Rodrigues Queirós, filha de Generosa Maria Conceição, e Maria Amélia Amorim, filha de Maria Teresa. A jovem Constança, de 17 anos, obteve passaporte no Rio de Janeiro, em 24 de Março de 1886, veio para Sapardos, concelho de Vila Nova de Cerveira, e regressou ao Brasil em 24 de Março de 1887. Ver *processo do passaporte número 141*, registado no *livro número 41, folha 88v*. Dos restantes casos, não temos identificação dos progenitores nos documentos compulsados.

98. Cf. *livro número 4*, folha 144v, passaporte número 902; *processo* e *livro número 13*, folha 168v, passaporte 8.

99. Identificada como natural de Bico e residente em Padornelo, duas freguesias de Paredes de Coura, nasceu a 30 de Junho de 1865, partiu no estado de viúva, com 33 anos, acompanhada por dois filhos, de cinco e dez anos de idade. Ver passaporte colectivo número 773, *livro número 52, folha 127*, datado de 17 de Dezembro de 1898.

100. Sobre a importância social do nome ver: Carlo A. Corsini. "Prénom et classe. Les enfents trouvés à Sienne, 1766-68". In: Jacques Dupâquier; Alain Bideau; Marie-Elizabeth Ducreux. *Le Prénom, mode e histoire. Entretiens de Mahler.* Paris: E.H.E.S.S., 1984, p. 177-187.

101. Norberta Amorim faz referência a testamentos de nobres e burgueses a favor dos filhos ilegítimos, como processo de legitimação dos naturais. Cremos que este caso é paradigmático,

na medida em que falámos de um exposto que foi recuperado pela mãe e de quem herdou os bens, o que não o impediu de ir para o Brasil. Ver, sobre paternidade e herança, Maria Norberta Simas Bettencourt Amorim. *Guimarães 1580-1819, o.c.,* p.250-254

102. *Processo do passaporte* número 56, registado no livro nº 49, folha 62v, emitido em 13 de Janeiro de 1895, em nome de José Pereira Sá Sotomaior, que «*leva em companhia um serviçal, exposto*». Cf. *processo e livro nº 49, folha 62v, Passaporte 56,* supra citado.

103. Ver *processo e livro nº 11,* folha 105, passaporte 192, emitido em 12 de Outubro de 1866, data em que os próprios pais autorizam e assinam com letra própria de quem frequentou a escola.

104. Não devemos entender a classificação profissional *marítimo* como um indivíduo da lide das pescas, mas alguém cuja actividade é de apoio às embarcações. Por vezes fazem várias viagens entre Portugal e o Brasil.

105. Agrupamos em *"vários"* as actividades: artista, barbeiro, moleiro, taberneiro, seleiro, cocheiro, cordoeiro e calceteiro.

106. Ao associarmos caixeiros e proprietários quisemos lembrar que aqueles, tal como os estudantes, ao reembarcarem, mostraram esta evolução sócio-profissional. Embora os caixeiros nada pareçam ter a ver com os proprietários, por se aproximarem das lides do comerciante e do negociante, descobrimos que a evolução destas trajectórias levou estes jovens ao topo da pirâmide sócio-profissional. Muitos caixeiros, depois de terem passado pela actividade ligada ao "comércio", transformaram-se em proprietários volvidos muitos anos de trabalho em terras do Brasil.

107. A mulher que assina pelo alfabeto é, quase sempre, oriunda de quadros sociais elevados, geralmente, vinculada ao comércio ou de estractos familiares nobres, firma: Francisco Ribeiro da Silva. *Barroco e escolarização:* taxas de alfabetização no Porto nos inícios do século XVIII. In: "I Congresso Internacional do Barroco", actas vol. II, Porto, Reitoria da Universidade do Porto/Governo Civil do Porto, 1991, 456.

XIV. *De exposto a menor abandonado: uma trajetória jurídico-social*

Silvia Maria Fávero Arend [*]

NA OBRA *HISTÓRICO DA PROTEÇÃO À INFÂNCIA NO BRASIL (1500-1922)*, considerada a primeira tentativa de escrita da história dos infantes no país, Moncorvo Filho afirmava que entre o início da colonização até o final do século XIX, quase nada havia sido realizado em relação à assistência jurídica infanto-juvenil. Para o médico, "a preservação da infância pelo seu aspecto jurídico em todos os povos civilizados sempre representou, sem contestação, a maior das preocupações. Ora a observação dos fatos deixa ver havermos feito, nesse ponto de vista, uma exceção odiosa na corrente de civilização".[1]

O autor denota coerência em parte, ao fazer sua digressão alicerçada no ideário da civilização e da higiene em voga nas duas primeiras décadas do século XX no Brasil. Realmente, no século precedente, os legisladores e os juristas dispensaram pouca atenção para as matérias cujos protagonistas eram os infantes brasileiros livres e libertos. A exceção fica por conta dos filhos e filhas dos escravos. Todavia, o que estava em pauta nessas leis era sobretudo os interesses relativos ao mundo do trabalho dos adultos.[2] Para o sociólogo francês Pierre Bourdieu, devemos entender a lei na sociedade ocidental (que implica em dois momentos distintos, isto é, a sua

---

[*] Professora da Universidade do Estado de Santa Catarina

340 Uma história social do abandono de crianças

produção e a sua aplicação) como um produto dos embates entre os diferentes grupos sociais e não como a manifestação da vontade de um determinado sujeito histórico, seja ele individual ou coletivo.[3] Sendo assim, a referida legislação toma corpo no país quando os primeiros governantes republicanos (1889-1930) transformaram em uma questão social os destinos das crianças e dos jovens pobres.

De maneira geral esse conjunto de leis emitidas no Brasil em nível federal, provincial ou estadual e municipal, desde o século XIX até a instituição do *Estatuto da Criança e do Adolescente* em 1990, gira em torno de três grandes temáticas que, em alguns casos, encontram-se interligadas: a assistência e proteção aos infantes pobres, órfãos ou "em situação de risco", a relativa às infrações e a que procura regulamentar as relações de trabalho infanto-juvenis. É importante frisar que mesmo o Estatuto da Criança e do Adolescente, alardeado por muitos como o ordenamento jurídico que visa à proteção dos infantes oriundos de todos os grupos sociais, não rompeu com essa estrutura temática idealizada em grande parte a partir dos problemas colocados pelos primeiros republicanos para a prole das famílias pobres.

Para os primeiros republicanos, em função do alto índice de mortalidade infantil, um dos problemas a ser resolvido no que tange à assistência, era o da criação e educação dos expostos. Nesse artigo efetuar-se-á uma incursão pela legislação brasileira relativa aos infantes de ambos os sexos considerados expostos. Através da análise do discurso presente em leis instituídas, entre 1828 e 1927, procurar-se-á demonstrar quais eram as perspectivas vigentes em relação à assistência a infância e juventude brasileira.

Os expostos na legislação emitida no Império: primórdios da gestão da população.

Na legislação brasileira, instituída ao longo do século XIX, não se encontrará uma definição jurídica para o termo exposto. Os legisladores e juristas preocuparam-se em atribuir um significado mais preciso para o termo somente no Código de Menores de 1927, ou seja, quando essa forma de assistência aos infantes já estava sendo largamente questionada. Segundo a referida lei, "são considerados *expostos* os infantes até sete anos de idade encontrados em estado de abandono, onde quer que seja".[4] Na redação das demais leis, como se demonstrará posteriormente, o vocábulo é sempre mencionado sem qualquer esclarecimento.

Visando sanar essa imprecisão, os pesquisadores da área da história que se debruçam sobre tais experiências, recorrem aos dicionários lusos e nacionais do

XVIII e do XIX ou então à legislação portuguesa vigente na colônia e no período joanino. Todavia, como afirma Renato Pinto Venancio, essa tarefa torna-se muitas vezes complexa, pois em documentos oficiais da época expedidos pelos Hospitais e pelas Câmaras Municipais, em teses da Faculdade de Medicina e em obra literária escrita por Bernardo Guimarães, os vocábulos *exposto* e *enjeitado* são utilizados como sinônimos.[5] Em artigos de jornais publicados em Desterro, capital da província de Santa Catarina, observa-se esse mesmo fato relativo ao campo da semântica. De acordo com Henrique Pereira Oliveira, em 1853, o jornal *Correio Catharinense* publicou o poema intitulado "O canto do enjeitado", onde são narradas as agruras enfrentadas por essas pessoas na época. Eis uma das oito estrofes do poema:

> [...] Enjeitado! Um só carinho
>
> De meus pais não mereci!
>
> Infeliz! P'ra que nasci?
>
> Para ser tão desgraçado?
>
> Todos me fogem – depressão
>
> O pobre filho enjeitado! [...][6]

Mas para uma parcela da população brasileira do século XIX, os vocábulos *expor* e *enjeitar* não tinham o mesmo significado, conforme sugere Renato Pinto Venancio. No primeiro caso, ao deixar as crianças em terrenos públicos à mercê dos animais e intempéries, as mães, pais ou parentes consanguíneos, não estavam preocupados com o possível destino de seus filhos e filhas. No outro caso, ou seja, quando a criança era levada até a casa do funcionário da Câmara ou colocada na Roda, possivelmente, por parte dos ascendentes ou de outros familiares, havia a intenção de salvar-lhe a vida.[7] Na legislação nacional emitida tem-se somente a menção do termo exposto e, como se afirmou, sem a presença de complementos que informem sobre a idade da criança, o local do abandono, sua condição de órfão, entre outros. Há aproximadamente dois séculos havia sido implementada essa forma de assistência aos infantes que viviam na América Portuguesa e, depois, no Brasil. Provavelmente os significados da prática de expor já haviam sido instituídos socialmente, e não há necessidade de esmiuçá-los no âmbito da legislação. Por outro lado, no momento da aplicação da lei, tal imprecisão facilitaria os procedimentos das autoridades e demais pessoas envolvidas no processo. No século xx, quando os representantes do Estado objetivavam instituir uma assistência à criança e aos jovens pobres ou órfãos, sob outras bases, tornou-se de suma importância explicitar na redação da lei quais eram as características de um infante exposto e de um menor abandonado.[8]

Morcorvo Filho afirma que o imperador Pedro i em um de seus pronunciamentos realizados na Assembleia Constituinte em 1823 refere-se aos expostos. Segundo o autor, o governante havia visitado a Roda dos Expostos da cidade do Rio de Janeiro e ficara espantado com o quadro que lá encontrara. Para Pedro i "parecia incrível, sete crianças com duas amas: nem berços, nem vestuário. Pedi o mapa e vi que em treze anos tinham entrado perto de doze mil e apenas vingado mil, não sabendo a Misericórdia verdadeiramente onde elas se acham".[9] A Carta Magna de 1824, que fora outorgada pelo monarca, fundamenta-se em grande parte nos princípios do Liberalismo. Mas, como afirma Alfredo Bosi, um liberalismo conservador que procurava conservar "as liberdades de produzir, vender e comprar"; "de representar-se politicamente"; "de submeter o trabalhador escravo mediante coerção jurídica"; e de garantir "a aquisição de terras em regime de livre concorrência" (a partir de 1850).[10] No Título 8°, que versa sobre os direitos civis e políticos dos cidadãos, o Estado brasileiro comprometia-se em garantir também os chamados na época "socorros públicos".[11] Entre essas ações capitaneadas pelas autoridades públicas do Império estavam as relativas aos infantes expostos.

O inciso 18, do Artigo 179, da Constituição de 1824, preconizava que "o quanto antes" deveria ser organizado "um código civil e criminal, fundado nas sólidas bases da justiça e equidade". O Código Criminal foi instituído pelas autoridades do Império em 1830, a partir de princípios liberais e concepções de Bentham.[12] Todavia, o primeiro Código Civil brasileiro entrou em vigor somente em 1916, quando os grupos dirigentes da nação ingressaram de forma definitiva na ordem burguesa.[13] Sendo assim, ao longo daquele século, as questões que envolvem a relação de filiação das pessoas consideradas livres e libertas — tratadas no que atualmente denominamos Direito de Família e nas leis menoristas — seguiam o que prescreviam as leis da antiga metrópole, ou então eram objeto do Direito Penal. Os debates da historiografia europeia e brasileira em torno da filiação dos expostos giram, sobretudo, em torno de sua condição de filhos ilegítimos. Mas, do ponto de vista estritamente jurídico, este debate aparentemente parece ser irrelevante, pois quando essas crianças ingressavam na assistência tornavam-se "filhos do segredo", ou seja, "filhos de ninguém", sob a proteção do Estado. Porém, a condição social de "pária" do infante exposto era construída especialmente em função dessa ausência de laços de parentesco em uma sociedade em que esses ainda eram fundamentais, uma vez que os direitos civis (e quiçá os direitos sociais) apenas começavam a ser instituídos.[14]

É consenso entre os historiadores que as Câmaras Municipais tinham um papel fundamental no Império ultramarino português. Para Iara Lis Carvalho Souza, "a Câmara era tanto um órgão administrativo quanto judiciário, que debatia e arbitrava, a nível local, o poder político respondendo pela justiça, fazenda e milícia frente ao poder régio".[15] As Câmaras Municipais, através de um conjunto de representações realizadas junto ao Conselho Ultramarino, defendiam também os interesses dos "homens bons". Por outro lado, como afirma a autora, o governo lusitano de posse desse cabedal de informações obtinha um mapa do que se passava em nível local. Através da Lei dos Municípios de 1828, verifica-se que o Império brasileiro não rompeu, em grande parte, com essa estrutura político-administrativa idealizada pelos lusos em relação ao poder local. Às Câmaras Municipais eram atribuídas um conjunto de funções fiscais, policiais, relativas à ordem pública, à infraestrutura urbana, à saúde pública, à educação, entre outros. Entre essas destacava-se a assistência aos órfãos e aos expostos. De acordo com o Artigo 69, a Câmara Municipal deveria zelar pelo "estabelecimento, e conservação das casas de caridade, para que se criem expostos se curem os doentes necessitados, e se vacinem todos os meninos do distrito, e adultos que não tiverem sido, tendo Médico, ou Cirurgião de partido". Já o Artigo 70 da referida lei afirmava o seguinte:

> Terão inspeção sobre as escolas de primeiras letras e educação, e destino dos órfãos pobres cujo número entram os expostos; e quando estes estabelecimentos, e os de caridade, de que trata o art. 69, se achem por lei, ou de fato encarregados em alguma cidade ou vila a outras autoridades individuais, ou coletivas, as Câmaras auxiliarão sempre quando estiver de sua parte para a prosperidade, e aumento dos sobreditos estabelecimentos.[16]

Na Lei dos Municípios de 1828 estava explícito que a assistência aos expostos seria efetuada através da caridade. O catolicismo, de acordo com a Constituição de 1824, permaneceu sendo a religião oficial do Brasil durante o Império.[17] Para a

344 Uma história social do abandono de crianças

maioria dos cristãos católicos, os assim considerados infortúnios da vida, isto é, a pobreza, as doenças e as deficiências físicas, eram percebidos como um desígnio de Deus. A pobreza nessa perspectiva era combatida, sobretudo, através da prática da caridade que conferia para quem a realizava, após a sua morte, um lugar próximo ao Senhor. Os demais sofrimentos advindos das patologias deveriam ser aceitos com resignação. Como afirma Renato Pinto Venancio, a prática da caridade em nível individual era um elemento de fundamental importância na assistência aos expostos. Um número significativo de criadeiras, especialmente as mulheres viúvas ou as solteiras mais idosas, imbuídas desse ideário acolhiam os bebês em suas moradas.[18] Já as doações feitas em numerário pelos fiéis que tinham alguma posse eram gerenciadas pelas Irmandades católicas que administravam as casas de caridade. Em Desterro, a Irmandade do Senhor dos Passos, por exemplo, administrava a Casa de Caridade do Menino Deus onde foi instalada a Roda dos expostos em 1828. Compunham o quadro de sócios da referida Irmandade no século xix os "homens bons" da cidade, ou seja, comerciantes, funcionários públicos de alto e baixo escalão, armadores, militares, boticários, médicos, bacharéis em Direito, lavradores, mestres artesãos e os religiosos.[19]

Do ponto de vista político, a prática da caridade caracterizava-se por criar uma teia de relações sociais onde os considerados "desclassificados sociais" tornavam-se "reféns" dos cidadãos mais poderosos de uma determinada localidade. Do ponto de vista socioeconômico, a caridade contribuía, por sua vez, para a consolidação e reprodução do *status quo*. Ao delegar a administração da assistência aos expostos e aos órfãos para as Câmaras Municipais, em 1828, as camadas dirigentes da nação entendiam que a gestão da população livre ou liberta, especialmente a pobre de cor branca ou parda, deveria ser uma responsabilidade dos potentados locais. Os "homens bons" religiosos ou leigos eram atores privilegiados no processo de manutenção da ordem latifundiária e escravista, pois quase sempre possuíam ciência do que se passava ao seu redor. As negociações com a população cativa, na tentativa de manter a ordem social, ocorriam em outras bases: controle sobre a obtenção das alforrias, estabelecimento de relações de compadrio entre senhores e escravos e a utilização da violência física.[20]

É importante ressaltar que, no caso de Desterro, a atribuição da assistência aos expostos conferida pelo Estado brasileiro às Câmaras Municipais, através da Lei dos Municípios de 1828, gerou um grande impasse. Na primeira década do século xix, as dívidas contraídas pelo erário público municipal com as criadeiras eram de grande vulto. Após a implementação da Roda na Casa de Caridade do Menino Deus, desenvolveu-se uma polêmica em relação ao pagamento da criação dos expostos. Segundo Henrique Pereira Oliveira, os administradores da Irmandade entendiam que lhes "cabia apenas efetivar para com os expostos as despesas correspondentes aos valores que eram transferidos pela Câmara". Os vereadores, por seu turno, alegavam que a Câmara Municipal não possuía fundos suficientes para arcar com despesas anuais de porte tão elevado. De acordo com o autor, em 1840 o governo provincial, por fim, assumiu grande parte das despesas relativas às crianças enjeitadas.

Essa polêmica de ordem financeira entre os dirigentes da Irmandade do Senhor dos Passos e os vereadores de Desterro enseja duas questões. Em primeiro lugar, no campo discursivo começava a ser gestado o embrião do que denominamos atualmente de social. Mas, por outro lado, sabe-se que, sobretudo a partir de 1850, com a proibição do tráfico escravos, agravou-se o problema da carência de mão-de-obra no país. A canalização dos investimentos públicos na criação dos expostos, com a perspectiva de sanar a "falta de braços" no mundo urbano ou rural, não parecia interessar os administradores das duas instituições, possivelmente porque os enjeitados se tornariam trabalhadores livres. Uma política social dessa natureza — os patronatos agrícolas — foi implementada em nível nacional pelos republicanos somente na primeira década do século XX.[21]

Temáticas presentes na Lei dos Municípios de 1828 encontravam-se regulamentadas, segundo os preceitos adotados pelas elites locais, nos chamados Códigos de Posturas. O primeiro Código de Posturas do município de Desterro entrou em vigor em 1845. No Capítulo Oitavo da referida lei, denominado de "Expostos", tem-se três artigos que versam sobre os infantes.[22] Segundo o Artigo 82, "aquele que tiver exposto, ou abandonado em lugar solitário uma criança de menor de idade será multado em 12$000 réis, e seis dias de cadeia, sem prejuízo das penas mais graves impostas pelas leis criminais". Já o Artigo 81 centrava o seu foco na preservação do corpo físico das crianças. De acordo com o mesmo, "toda a pessoa que tiver a seu cargo a criação, e educação de órfãos e Expostos será obrigada a tratá-los com humanidade, castigando-os com moderação", conforme asseverava o Código Criminal do Império.[23] As pessoas que não cumprissem tal determinação ficariam sujeitas a "uma multa de 12$000 réis e quatro dias de cadeia". Por fim, o Artigo 83 afirmava que os "Fiscais de fora da Cidade" deveriam "olhar" pelas crianças que haviam sido acolhidas por criadeiras que habitavam em freguesias distantes. Esses deveriam informar a Santa Casa, caso percebessem que a criadeira estava maltratando os infantes. Os demais artigos do Capítulo Oitavo referem-

346 Uma história social do abandono de crianças

se ao conjunto de procedimentos "humanizados" que deveriam ser adotados nos óbitos de livres, libertos e escravos.

Mas não era por acaso que prescrições sobre a vida e a morte andavam juntas na redação do primeiro Código de Posturas de Desterro. Alcileide Cabral do Nascimento, pautada nos ensinamentos de Michel Foucault, afirma que, no final do século XVIII, em Recife, o "combate ao infanticídio e a institucionalização da assistência às crianças abandonadas não foram políticas isoladas, mas fizeram parte de um plano geral de governamentalidade".[24] Henrique Pereira Oliveira analisa a emergência da assistência aos expostos em Desterro no século XIX sob um prisma semelhante ao da referida historiadora, ou seja, a população paulatinamente transformou-se em um problema e passou a ser "o objetivo final do governo". Na legislação municipal de 1845 vislumbra-se uma faceta desse processo em que o Estado brasileiro passa ter ingerência sobre o destino dos infantes. No Artigo 82, por exemplo, foi criminalizada a exposição de recém-nascidos ou o abandono de meninos e meninas em lugares ermos que, consequentemente, provocariam a morte da criança. Os autores de infanticídios, além de pagar multa, ficariam detidos na Cadeia Pública. É importante lembrar que a Roda dos expostos, que tinha entre as suas atribuições o objetivo de preservar da vida do infante, fora instituída em Desterro aproximadamente 20 anos antes, isto é, em 1828. Os outros dois artigos do Código de Posturas de Desterro criminalizavam a prática dos castigos corporais imoderados, assim como transformavam os chamados maus-tratos em infração. A lei, todavia, não definia o que eram, na época, considerados maus-tratos. As possíveis atitudes violentas das criadeiras para com os expostos, que poderiam colocar em risco a sobrevivência deles, eram o alvo principal desses dois artigos.

A biopolítica da população, como a denomina Michel Foucault, desenvolveu-se através de táticas e técnicas, levadas a cabo por um conjunto de instituições de caráter público e privado, em dois polos que estão relacionados: o corpo como máquina e o corpo-espécie. Os investimentos no que tange ao corpo-espécie incidiram, sobretudo, nas relações que se estabelecem no âmbito da família. Segundo o autor, "é a partir da metade do século XVIII que a família aparece nesta dimensão instrumental em relação à população, como demonstram as campanhas contra a mortalidade, às campanhas relativas ao casamento, às campanhas de vacinação, etc".[25] Os investimentos relativos ao corpo-espécie, na sociedade ocidental, vão atuar no sentido de preservar a vida de um sujeito que foi ressignificado, de forma concomitante à noção de população. Philippe Ariès demonstrou, em obra clássica, que, a partir do século XVI, começa a ser elaborado pelos pedagogos, religiosos, filósofos e médicos de alguns países da Europa um novo discurso sobre a criança.[26] Nesse discurso, essa deixa de ser considerada como um adulto em miniatura ou um animalzinho de estimação, para ser percebida como um ser em formação. Através de práticas e valores que vão sendo instituídos inicialmente entre as elites e os setores médios, os pais, preferencialmente os consanguíneos, tornam-se os principais responsáveis pela sobrevivência dos infantes até a idade adulta.

A Irmandade do Senhor dos Passos, em janeiro de 1858, enviou para o presidente da província de Santa Catarina ofício contendo informações sobre a situação dos expostos no ano anterior. Em 1857, dez recém-nascidos haviam sido deixados na Roda, cinco crianças tinham falecido e quatro infantes permaneceriam sob os cuidados das criadeiras sem mais nenhum ônus financeiro para a instituição, pois já haviam completado sete anos. A partir dessa idade os meninos e as meninas pagavam a sua criação com o seu labor. Em 1858 seria necessário custear a criação de 44 expostos, ou seja, uma criança a menos que no período anterior.[27] Conforme afirmou-se, em 1840 o governo provincial assumiu uma parcela significativa dos encargos financeiros relativos à criação dos enjeitados. A lei provincial n° 141, que regulamentava a assistência nessa nova fase, instituiu o cargo de mordomo dos expostos. Esse deveria fiscalizar o que se sucedia nas casas das criadeiras com os infantes, encaminhar os meninos com mais de dez anos para um mestre de ofício e obter um dote ou esmola para que as jovens pudessem casar. Todavia, segundo Henrique Pereira Oliveira, a maior parte do que estava prescrito nessa legislação acabava não sendo cumprido.[28]

No Código de Posturas de Desterro, aprovado em 1888, não se encontra mais nenhuma menção aos enjeitados. No ano da abolição definitiva do regime de trabalho escravo no país e no limiar da República, outros sujeitos preocupavam as elites da cidade: os loucos e os bêbados. Estes são citados no Capítulo III denominado "Higiene e Saúde Pública" da referida lei.[29] Nesse período o complexo da assistência aos expostos, instalado na Casa de Caridade do Menino Deus, já fora desativado. Em outras cidades do Brasil, tais como Salvador, São Paulo e Rio de Janeiro, esse permaneceu em funcionamento até meados do século XX.[30] A legislação federal que regulamentou essas ações será analisada a seguir.

Os expostos na legislação emitida na República:
a introdução da norma familiar burguesa

Na década de 1930, no Distrito Federal havia em torno de 50 instituições voltadas para os chamados desvalidos. Essas instituições acolhiam os "inválidos da Pátria", as "moças pobres", os mendigos, os cegos, os surdos-mudos, os "psicopatas", os

348 Uma história social do abandono de crianças

tuberculosos, os "morféticos", os que necessitavam de "regeneração social" e a infância. Em 1933, havia 39 asilos de "amparo à infância", sendo que no ano seguinte esse número elevou-se para 45.[31] A "Casa dos Expostos" do Distrito Federal destacava-se dentre essas instituições de "amparo à infância" pelo elevado número de crianças de ambos os sexos acolhidas na mesma. Na tabela a seguir apresenta-se um quadro do que se passava nessa instituição no final de 1937.

Quadro 1. Crianças acolhidas na Casa dos Expostos do Distrito Federal em 31.12.1937

Crianças Acolhidas	Do sexo masculino	Do sexo feminino	TOTAL
Expostos	230	217	447
Desamparados	177	133	310
Recolhidos provisoriamente	10	4	14
TOTAL	417	354	771

Fonte: Instituto Brasileiro de Geografia e Estatística, Anuário Estatístico do Brasil, ano IV, 1938, p. 451.

Os números da Casa dos Expostos do Distrito Federal revelam as modificações que estavam se operando na assistência à infância e à juventude nas primeiras décadas do século xx, no Brasil. Mesmo nessa instituição, que tinha por finalidade acolher os expostos, ao somar-se as cifras dos infantes considerados desamparados com as dos recolhidos provisoriamente, verifica-se que essas correspondem a 40% do total de crianças. Do ponto de vista jurídico, esses dois grupos de crianças, provavelmente, haviam sido declarados abandonados pelas autoridades judiciárias do Rio de Janeiro ou então estavam em vias de tornarem-se "filhos do Estado", conforme prescreve o Artigo 26, do Código de Menores de 1927. A legislação republicana no âmbito do Direito Penal, do Direito de Família e do Direito do Menor forneceu suporte, de forma articulada, para tais mudanças.

Na Constituição republicana, promulgada em 1891, não há menção a matérias relativas à assistência.[32] No primeiro Código Penal da República, que foi sancionado anteriormente à Carta Magna, encontra-se artigos que dizem respeito aos expostos.[33] Essa lei penal, assim como o Código Civil de 1916, foram de fundamental importância no processo de introdução da norma familiar burguesa para os diferentes grupos sociais do país. Essa configuração de família, em função de suas práticas e valores, possibilitaria que os infantes atingissem a idade adulta, objetivo final da gestão da população. É importante salientar que, nessa outra etapa da gestão da população no Brasil, a família assume, com maior ênfase, o papel instrumental sugerido por Michel Foucault.

A norma familiar burguesa, que surge inicialmente entre as elites e as camadas médias, caracteriza-se pelo seguinte conjunto de práticas e valores: pela composição pai, mãe e filhos; pela presença de representações sociais que conformam o chamado amor romântico entre os cônjuges, bem como o amor materno e paterno em relação aos filhos; a sexualidade do casal deveria ser pautada pela prática da monogamia e pelo heteroerotismo; à mulher caberia a administração do mundo do doméstico, enquanto que o homem tornar-se-ia o provedor, atuando no âmbito do público; as relações de parentesco entre os membros da família seriam construídas a partir de dois eixos, isto é, a consanguinidade e a afetividade. No ideário da infância, que nasceu atrelado ao da norma familiar burguesa, a criança e o jovem passam a ser considerados como seres em formação que necessitam de cuidados materiais e afetivos. Os pais, preferencialmente os consanguíneos, tornam-se os principais responsáveis pela sobrevivência material e afetiva dos infantes até a idade adulta. Para os menores, até certa idade, estariam interditadas as práticas sexuais e determinadas atividades laborais, bem como esses seriam obrigados a frequentar as instituições escolares.

O Código Penal da República e o Código Civil de 1916, como se demonstrará, operaram em sentidos diferentes, mas complementares. A primeira lei atribuía, na maioria dos casos, penas bastante severas as práticas que vão de encontro a essa configuração de família, enquanto a outra tornava legítima as práticas que fundamentam a norma familiar burguesa. Os textos das referidas leis possibilitam a análise de um grande número de temáticas em relação à introdução da norma familiar burguesa no Brasil, todavia centrar-se-á o foco nas relações que se estabelecem entre pais e filhos. O sociólogo Pierre Bourdieu comenta como se processa a normalização das condutas através das práticas do mundo jurídico:

> Compreende-se que, numa sociedade diferenciada, o efeito de universalização é um dos mecanismos, e sem dúvida dos mais poderosos, por meio dos quais se exerce a dominação ou, se prefere, a imposição da legitimidade de uma ordem social. A norma jurídica, quando consagra em forma de um conjunto formalmente coerente regras oficiais e, por definição, sociais, "universais", os princípios práticos do estilo de vida simbolicamente dominante, tendem a informar realmente as práticas do conjunto de agentes, para além das diferenças de condição e estilo de vida: o efeito de universalização, a que se poderia chamar de efeito de normalização, vem aumentar o efeito da autoridade

> social que a cultura legitima e os detentores já exercem
> para dar toda a sua eficácia prática à coerção jurídica.[34]

Segundo o Código Criminal do Império, o autor de um defloramento de uma menor de 17 anos seria punido com o desterro da Comarca onde residia a jovem por um período compreendido entre um e três anos, assim como seria obrigado a obter-lhe um dote.[35] Já o autor de um estupro de uma "mulher honesta" seria punido com a detenção entre três e doze anos, como também seria obrigado a auferir-lhe um dote.[36] Nesses dois casos a preocupação central era com o casamento da jovem ou da mulher. A perda da virgindade, considerada de fundamental importância nesse período entre as elites, seria compensada pelo dote doado pelo criminoso para a vítima. O Código Penal da República, por sua vez, previa que o autor de um defloramento de "pessoa menor de idade" fosse punido com a prisão celular, em um período compreendido entre um e quatro anos, enquanto que o autor de um estupro de "mulher honesta" poderia ficar encarcerado entre um e seis anos.[37] Não há nessa lei menção ao dote. Para os legisladores e juristas os chamados crimes de violência carnal — defloramento e estupro — poderiam ter como consequência uma gravidez. Nesses casos os pais consanguíneos poderiam não se responsabilizar pela criação da prole gerada sob tais circunstâncias.

No que tange ao rapto, que poderia também resultar em gravidez, verifica-se uma situação inversa da que ocorria nos considerados crimes de violência carnal. O Código Criminal do Império previa para o autor do mesmo uma pena superior a estabelecida pela lei penal republicana.[38] Até o final do século XIX, os enlaces matrimoniais, especialmente entre as famílias da elite, davam-se a partir de interesses econômicos ou políticos. Na norma familiar burguesa, como afirmou-se, o ideário do amor romântico (erigido sob a ótica do individualismo) pauta a escolha dos cônjuges. A escolha do cônjuge pelo indivíduo garantiria uma maior longevidade para o casamento, uma vez que esses deveriam permanecer juntos "até que a morte os separasse" criando os seus filhos consanguíneos. No início do século XX, através dos raptos, jovens questionavam a ordem matrimonial estabelecida desde longa data. A lei penal era menos severa com estes "criminosos do amor" porque os mesmos estavam, de certa forma, implementando o almejado pelos grupos sociais que governavam o Estado brasileiro.[39] Todavia, era necessário constituir uma família dentro dos parâmetros da norma, ou seja, o raptor não poderia ser ministro religioso (sobretudo padre), casado, empregado doméstico da casa da raptada, pai, irmão, cunhado ou tutor da ofendida. Nesses casos, a penalidade atribuída ao raptor tornava-se mais severa.

Durante o Império, a pessoa que praticasse o infanticídio poderia permanecer detida entre três e doze anos. Caso fosse a mãe do recém nascido que tivesse cometido o delito para "ocultar desonra" essa ficaria encarcerada por três anos.[40] Os republicanos, em seu primeiro Código Penal, duplicaram os anos de detenção para os autores deste crime.[41] A prática do infanticídio, assim como a prática do aborto, eram diametralmente contra os princípios norteadores da gestão da população.[42] No caso do aborto a lei republicana era mais severa com os médicos e com as parteiras legalmente habilitadas para o exercício da medicina do que com as gestantes. As mulheres que haviam abortado poderiam ser encarceradas por até seis anos em prisão celular. Os profissionais, além poderem ficar detidos em prisão celular entre seis e 24 anos, estavam impedidos de exercer o seu ofício.[43]

No Código Penal da República, encontra-se pela primeira vez as expressões *expor* e *abandonar* na redação de um mesmo artigo de uma lei federal. Eis o que afirma tal artigo:

> Art. 291. Expor, ou abandonar, infante menor de 7 anos nas ruas, praças, jardins públicos, adros, cemitérios, vestíbulos de edifícios públicos ou particulares, em fim em qualquer lugar onde por falta de auxílio e cuidados, de que necessita a vítima corra perigo sua vida ou tiver lugar a morte:
>
> Pena — de prisão celular por seis meses a um ano.
>
> § 1º Se for em lugar ermo o abandono, e, por efeito deste perigar a vida, ou tiver lugar a morte do menor:
>
> Pena — de prisão celular por um a quatro anos.
>
> § 2º Se for autor do crime, o pai ou a mãe, ou pessoa encarregada da guarda do menor, sofrerá igual pena com aumento da terça parte.[44]

O Código Penal da República, conforme afirmou-se, foi instituído em 1890. Nesse período as expressões *expor* e *abandonar* começam a adquirir um significado semelhante. Esse processo, que ocorre na língua portuguesa em relação à semântica de determinadas palavras, culminou no Código de Menores de 1927 na definição de exposto. Conforme mencionou-se no início deste artigo, esse é definido como a criança menor de sete anos encontrada "em estado de abandono". Porém, do ponto de vista jurídico, a diferenciação entre o que era uma criança exposta e um infante considerado menor abandonado estava sendo construída. Da mesma forma que a legislação anterior, emitida no Império em âmbito municipal, a lei penal federal criminalizava a prática de expor caso a criança corresse risco de vida. O que diferia em relação àquela legislação era a penalidade aplicada aos considerados criminosos, ou seja, a prisão celular de até um ano para a pessoa que abandonasse a criança em algum lugar ermo e o encarceramento de até quatro anos, se o infante falecesse. A atribuição dessa pena tão mais severa pelos juristas e legisladores aos que expunham ou abandonavam um bebê tinha por finalidade obstruir essas práticas.

Todavia, a grande novidade do Artigo 291, do Código Penal da República, consistia na atribuição de penalidades maiores para os pais consanguíneos ou guardiões dos menores caso estes abandonassem a prole. No ideário da norma familiar burguesa, os principais responsáveis pela criação e educação dos filhos eram os pais consanguíneos. A lei penal seria uma grande aliada nesse processo de introdução de novos valores, cujo resultado final foi a construção da representação social da mãe desnaturada a partir da patologização da prática do abandono. Nesse sentido, a referida legislação previa ainda a pena de prisão celular de até quatro anos para os pais que enviassem seu filho "legítimo ou reconhecido" para asilo beneficente ou estabelecimento congênere, com a finalidade de ocultar o seu estado civil.[45]

No início do século XX, os republicanos sancionaram o primeiro Código Civil brasileiro que vigorou por quase 90 anos. Essa legislação, que foi sofrendo alterações ao longo do tempo, foi um poderoso instrumento no processo de introdução da norma familiar burguesa para os diferentes grupos sociais do país. Segundo a referida lei, teriam os seus direitos garantidos os filhos considerados legítimos ou os legitimados. A atribuição dessa condição jurídica a determinada pessoa estava condicionada ao casamento de seus pais consanguíneos, que deveria ocorrer preferencialmente antes do nascimento da prole, ou então, dar-se-ia em função da adoção.[46] Semelhante ao que processava na lei penal de 1890, o Estado brasileiro, através da instituição da figura jurídica do pátrio poder, delegava aos pais consanguíneos a responsabilidade pela criação e educação dos filhos menores. O Artigo 384 afirmava, inclusive, que os pais deveriam "tê-los em sua companhia e guarda". Conforme afirmou-se, os infantes deveriam residir na mesma morada de seus ascendentes. Esse fato, entre outras coisas, oportunizaria a construção dos vínculos afetivos entre pais e filhos. O pátrio poder seria exercido "pelo marido com colaboração da mulher". Caso houvesse alguma divergência de opiniões entre os cônjuges no que tange à criação dos descendentes prevaleceria a decisão paterna, isto é, do provedor do lar.[47]

O Artigo 395, do Código Civil de 1916, propugnava que a perda do pátrio poder, via ato judicial, ocorreria em três situações: se os pais castigassem imoderadamente o filho; se o deixassem em abandono; ou ainda, se os ascendentes praticassem atos contrários à moral e aos bons costumes. Nos dois primeiros casos, a lei civil procurava preservar a vida da criança da mesma forma que nas demais legislações anteriormente analisadas. No terceiro caso, todavia, o que estava em jogo eram as condutas das mulheres e dos homens não pautadas pelos preceitos da norma familiar burguesa. Tal artigo do Código Civil é de suma importância pois, associado às prescrições vigentes no Código de Menores de 1927, relativas aos considerados menores abandonados, possibilitou que os Operadores do Direito interviessem nas relações que se processavam no interior das famílias pobres do Brasil.[48]

O Código de Menores de 1927 é considerado um marco no que tange à legislação infanto-juvenil. Este ordenamento jurídico contempla as discussões que vinham sendo realizadas em nível internacional, sobretudo nos Congressos Pan-americanos da Criança, e na sociedade brasileira nas primeiras décadas do século XX. Segundo esses discursos formulados pelas elites, sob a ótica dos ideários do Progresso e da Civilização, era preciso "salvar" as crianças e os jovens pobres do Brasil do abandono, do ócio e do vício. É importante observar, que a partir da instituição da primeira legislação menorista, o Poder Judiciário torna-se uma peça fundamental na administração da assistência.

No Capítulo III do Código de Menores de 1927, denominado "Dos infantes expostos", encontra-se as prescrições relativas à assistência dessas crianças naquele momento histórico. O Artigo 15 do Código de Menores de 1927, afirmava que a "admissão dos *expostos* à assistência, far-se-á por consignação direta excluído o sistema das rodas". Essa mudança nos procedimentos de acolhimento das crianças é de fundamental importância. Com essa medida os legisladores e juristas procuravam impedir que um grande número de infantes se transformasse em "filho de ninguém". No Artigo 18, que versa também sobre a entrega da criança pela mãe consanguínea ou por outra pessoa ao asilo, verifica-se esse fato de forma explícita. Segundo a lei, "se é uma outra pessoa que apresenta o infante, *o funcionário do recolhimento procurará mostrar-lhe os inconvenientes do abandono,* sem, todavia, fazer pressão sob pena de demissão". Além desses procedimentos, outro de igual importância dizia respeito à necessidade das crianças, cujas mães não desejavam permanecer incógnitas, portarem "um registro civil de nascimento e a declaração de todas as circunstâncias que poderão servir para identificá-las".[49]

Por outro lado, a lei menorista, em dois artigos, garantia às pessoas a possibilidade de manterem-se incógnitas no momento da entrega da criança aos asilos. O Artigo 16 prescrevia que as instituições deveriam ter um "registro secreto e organizado" para os que optavam por não revelar a identidade dos pais consanguíneos do infante. Os que violassem tal segredo seriam punidos com uma multa de até 500 mil réis, além das penas previstas no Código Penal para esses casos.[50] Os funcionários das instituições, após recolherem as crianças consideradas "filhos de ninguém", deveriam emitir o registro civil das mesmas. Esse documento, juntamente com uma caixa contendo a roupa do bebê ou qualquer outro material que pudesse identificar o infante no futuro, deveriam ser encaminhados para o Juiz de Menores ou Juiz de Órfãos da localidade.[51] Esses procedimentos demonstram que as camadas dirigentes do país tinham a intenção de acabar com essa forma de assistência, mas de forma paulatina. Os números relativos aos abrigados da Casa dos Expostos do Rio de Janeiro, apresentados anteriormente, mostram que esse processo estava em curso. Porém, a possibilidade da existência dos "filhos do segredo" ainda interessava às famílias. Entre as camadas médias e as elites vigorava o ideário da "mulher honesta" construído sobretudo a partir do controle das práticas sexuais. As mulheres pobres, possivelmente, nesse outro contexto da assistência no Brasil, não desejavam ter problemas com as autoridades policiais e judiciárias.

Chama atenção o fato de que, no capítulo sobre os expostos do Código de Menores de 1927, não há nenhum artigo que atribua algum tipo de penalidade aos autores da prática da exposição ou do abandono. Este "silêncio" da lei provavelmente estava associado a duas questões: no Código Penal de 1890 já estavam prescritas tais sanções; e a legislação menorista tinha por objetivo regulamentar essa forma de assistência. O Artigo 25, por sua vez, imputava pena de prisão celular por um a seis meses e pagamento de multa para as pessoas que transferissem menores "sem o consentimento da autoridade pública ou de quem houvesse "doado" a criança", para abrigos ou outros lares. Os homens e mulheres que encontrassem recém nascidos ou crianças com menos de sete anos "em estado de abandono" estariam sujeitos à referida penalidade, caso não avisassem as autoridades judiciárias. A medida do Artigo 25, cujo alvo era o fenômeno da migração das crianças pobres entre várias moradas ou instituições, juntamente com a necessidade da emissão do registro civil do infante considerado exposto ou abandonado, indicam que os representantes do Estado procuravam atacar outros flancos que envolviam a gestão da população.

A mudança na assistência preconizada pelas autoridades federais na década de 1920, fica patente no Código de Menores de 1927. Nessa legislação encontra-se três capítulos cuja matéria são os considerados menores abandonados, enquanto que as questões que envolviam os expostos estão esplanadas em apenas um capítulo. No Capítulo IV, intitulado "Dos menores abandonados", tem-se a descrição das situações em que uma criança ou um jovem podia ser declarado como abandonado pelas autoridades judiciárias.[52] No Capítulo V, denominado "Da inibição do pátrio poder e da remoção da tutela", são listados os casos em que era possível suspender ou retirar o pátrio poder dos responsáveis pelos menores.[53] No Capítulo VI, cujo título é "Das medidas aplicáveis aos menores abandonados", eram apresentados os possíveis destinos dos infantes após estes ficarem sob a tutela do Estado.[54]

Inicialmente, para uma criança ou um jovem ser declarado abandonado, eram necessários dois procedimentos jurídicos que ocorriam de forma concomitante. O magistrado destituía ou suspendia o pátrio poder dos responsáveis pelos infantes, bem como associava o que se passava nas suas vidas naquele momento a um dos oito parágrafos do Artigo 26, do Código de Menores de 1927. Em seguida, este era enviado para a morada de um guardião, tutor ou então para um hospital, asilo, instituto de educação, oficina, escola de preservação ou de reforma. Os registros de tais procedimentos jurídicos eram efetuados em um processo denominado de "Autos de Abandono Administrativo de Menores". No quadro 2[55] apresentamos qual era o cenário da Comarca de Florianópolis em relação aos motivos que levaram o Juiz de Menores, entre 1936 e 1940, a transformar 281 infantes do sexo masculino e feminino em "filhos do Estado".

356 Uma história social do abandono de crianças

Quadro 2. Distribuição percentual de casos enquadrados conforme Artigo 26, parágrafo I, II, III, IV, V, VII – letra a e VII – letra b, do Código de Menores de 1927.

Código de Menores de 1927, Artigo 26, Parágrafo,	Número de Casos
I. Órfãos.	20%
II. Progenitores pobres, doentes, ausentes ou presos.	52%
III. Progenitores impossibilitados ou incapazes de cumprir seus deveres com os filhos.	15%
IV. Progenitores que se entregam a atos contrários à moral.	3%
V. Menores "vadios", mendigos ou "libertinos".	5%
VII. *Letra a.* Menores vítimas de maus-tratos físicos ou "castigos imoderados".	3%
VII. *Letra d.* Menores "excitados habitualmente para a gatunice, mendicidade ou libertinagem".	2%
TOTAL	100 %

Fonte: Autos de Abandono Administrativo de Menores emitidos pelo Juizado de Menores da Comarca de Florianópolis, 1936 - 1940.

Diferente dos expostos, conforme observa-se no quadro 2, a grande maioria dos menores abandonados do município de Florianópolis, na década de 1930, era "filho de alguém". Os pais consanguíneos poderiam estar "ausentes", ou ainda, ter falecido, como no caso dos órfãos. Os representantes do Estado brasileiro nessa assistência, pautada nos preceitos da norma familiar burguesa, agora, iriam intervir nas relações que se estabeleciam entre pais e filhos, em especial nas dos oriundos dos grupos populares urbanos. Os dados estatísticos revelam que mais de dois terços dos infantes tornaram-se "filhos do Estado" em função das condições de pobreza dos seus ascendentes. Os números revelam igualmente que, em uma escala menor, as autoridades judiciárias colocaram em prática um programa de combate aos "maus costumes" dos pais, bem como de seus filhos. Esse duplo caráter, ou seja, de combate a miséria e moralizante, caracterizava a assistência aos menores abandonados preconizada pelo Poder Judiciário na época.

Na legislação civil, penal, trabalhista ou menorista brasileira sancionada após 1940 não se encontra mais nenhuma referência aos expostos. A partir desse período, prevaleceu a noção de abandono associada à infância e juventude pobre ou a que estivesse fora dos padrões estipulados pela norma familiar burguesa.

Notas:

1. Arthur Moncorvo Filho. *Histórico da proteção à infância no Brasil. 1500-1922.* Rio de Janeiro: Editora Paule Pongelli, 1927, p. 73.
2. Brasil. Lei do Ventre Livre. Lei n° 2040, de 28 de setembro de 1871.
3. Pierre Bourdieu. "A força do Direito. Elementos para uma sociologia do campo jurídico". O *poder simbólico.* Rio de Janeiro: Bertrand, 1989, p. 209-254.
4. Brasil.Código de Menores. Decreto n.° 17. 943 A, de 12 de outubro de 1927, Artigo 14.
5. Renato Pinto Venancio. *Famílias abandonadas*: assistência à criança de camadas populares no Rio de Janeiro e em Salvador - séculos xviii e xix. São Paulo: Papirus, 1999, p. 19-20.
6. Henrique Pereira Oliveira. "Assistência aos expostos e remodelação das condutas em Desterro". In: Ana Brancher; Silvia Maria Fávero Arend. *História de Santa Catarina no século xix.* Florianópolis: Editora da UFSC, 2001, p. 220.
7. Renato Pinto Venancio. *Famílias abandonadas*: assistência à criança de camadas populares no Rio de Janeiro e em Salvador – séculos xviii e xix. São Paulo: Papirus, 1999, p. 23.
8. Brasil. Código de Menores. Decreto n.° 17. 943 A, de 12 de outubro de 1927, Capítulo iii e Capítulos iv, v,vi.
9. Arthur Moncorvo Filho. *Histórico da Proteção à Infância no Brasil. 1500-1922.* Rio de Janeiro: Editora Paule Pongelli, 1927, p. 36
10. Alfredo Bosi. "A escravidão entre dois Liberalismos". *Dialética da Colonização.* São Paulo: Companhia das Letras, 1992, p. 199-200.
11. Brasil. Constituição do Império, de 25 de março de 1824, Título 8°, Artigo 179, Parágrafo 31.
12. Brasil. Código Criminal do Império, de 16 de dezembro de 1830.
13. Brasil. Código Civil. Lei n.° 3.071, de 1°. de janeiro de 1916. Parte Especial. Livro i. Do direito de família.
14. Ilmar Rohloff de Mattos. "Um império e três mundos". *O tempo Saquarema. A formação do estado imperial.* São Paulo: Hucitec, 2004, p. 122-143.
15. Iara Lis Carvalho Souza. "A adesão das Câmaras e a figura do Imperador". *Revista Brasileira de História.* vol. 18, n. 36, 1998, p. 369.
16. Brasil. Lei dos Municípios, de 1° de outubro de 1828.
17. Brasil. Constituição do Império, de 25 de março de 1824, Título 1°, Artigo 5°.

18. Renato Pinto Venancio. *Famílias abandonadas*: assistência à criança de camadas populares no Rio de Janeiro e em Salvador - séculos XVIII e XIX. São Paulo: Papirus, 1999, p. 63.

19. Oswaldo Rodrigues Cabral. *Nossa Senhora do Desterro*. Notícia 1. Florianópolis: Editora Lunardelli, 1979, 427- 432.

20. Sidney Chalhoub. *Visões da liberdade*. Uma história das últimas décadas da escravidão na corte. São Paulo: Companhia das Letras, 1990.

21. Daniel A. Boeira. "Do olhar policial ao trabalhador nacional. Os patronatos agrícolas e a ressocialização da delinquência juvenil no Brasil". In: Cristina Wolff; Marlene Faveri; Tania. R. O. Ramos (orgs.) *Anais do Seminário Internacional Fazendo Gênero 7*. Gênero e Preconceito. Florianópolis: Editora Mulheres, 2006.

22. Desterro. Código de Posturas, de 10 de maio de 1845, Capítulo 8°, Artigos 81, 82, 83.

23. Brasil. Código Criminal do Império, de 16 de dezembro de 1830, Artigo 14, Parágrafo VI.

24. Alcileide Cabral Nascimento. *A sorte dos enjeitados:* o combate ao infanticídio e a institucionalização da assistência às crianças abandonadas no Recife (1789-1832). Recife: UFPE, 2006, p. 3. Tese doutorado em História.

25. Michel Foucault. *Microfísica do poder*. Rio de Janeiro: Graal, 1986, p. 289.

26. Philippe Ariès. **História social da criança e da família**. Rio de Janeiro: Guanabara, 1981.

27. Mapa do número d'expostos a cargo da Irmandade do Senhor dos Passos relativos ao tempo decorrido de Janeiro a dezembro de 1857. Ofícios 1857-1860, Biblioteca da Assembleia Legislativa do Estado de Santa Catarina.

28. Henrique Pereira Oliveira. "Assistência aos expostos e remodelação das condutas em Desterro". In: Ana Oliveira; Silvia Maria Fávero Arend. *História de Santa Catarina no século XIX*. Florianópolis: Editora da UFSC, 2001, p. 214-215.

29. Desterro. Código de Posturas da Câmara Municipal da Capital, de 22 de outubro de 1888.

30. Maria Luiza Marcílio. *História social da criança abandonada*. São Paulo: Hucitec, 1998, p. 163.

31. Instituto Brasileiro de Geografia e Estatística, Anuário Estatístico do Brasil, ano IV, 1938, p. 452.

32. Brasil. Constituição da República dos Estados Unidos do Brasil, de 24 de fevereiro de 1891.

33. Brasil. Código Penal dos Estados Unidos do Brasil, Decreto n° 22.213, de 14 de dezembro de 1890.

34. Pierre Bourdieu. "A força do Direito. Elementos para uma sociologia do campo jurídico". O *Poder Simbólico*. Rio de Janeiro: Bertrand, 1989, p. 246.

35. Brasil. Código Criminal do Império, de 16 de dezembro de 1830, Artigo 219.

36. Brasil. Código Criminal do Império, de 16 de dezembro de 1830, Artigo 222.

37. Brasil. Código Penal dos Estados Unidos do Brasil, Decreto n° 22.213, de 14 de dezembro de 1890, Artigos 267 e 268.

38. Brasil. Código Criminal do Império, de 16 de dezembro de 1830, Artigos 226, 227 e 228. Brasil. Código Penal dos Estados Unidos do Brasil, Decreto n° 22.213, de 14 de dezembro de 1890, Artigos 270, 271, 272, 273, 274 e 275.

39. Jurandir Freire Costa. *Ordem médica e norma familiar*. Rio de Janeiro: Edições Graal, 1989, p. 234.

40. Brasil. Código Criminal do Império, de 16 de dezembro de 1830, Artigo 197.

41. Brasil. Código Penal dos Estados Unidos do Brasil, Decreto n° 22.213, de 14 de dezembro de 1890, Artigos 298 e 299.

42. Joana Pedro (org.) *Práticas proibidas*. Práticas costumeiras de aborto e infanticídio no século xx. Florianópolis: Cidade Futura, 2003.

43. Brasil. Código Penal dos Estados Unidos do Brasil, Decreto n° 22.213, de 14 de dezembro de 1890, Artigos 301, 302, 303.

44. Brasil. Código Penal dos Estados Unidos do Brasil, Decreto n° 22.213, de 14 de dezembro de 1890, Artigo 291.

45. Brasil. Código Penal dos Estados Unidos do Brasil, Decreto n° 22.213, de 14 de dezembro de 1890, Artigo 287.

46. Brasil. Código Civil. Lei n.° 3.071, de 1° de janeiro de 1916. Artigos 353, 359, 377.

47. Brasil. Código Civil. Lei n.° 3.071, de 1° de janeiro de 1916. Artigo 380.

48. Sobre as intervenções feitas pelos Operadores do Direito nas famílias pobres do município de Florianópolis, na década de 1930, tendo em vista o Artigo 395, Parágrafo III, do Código Civil de 1916 e o Artigo 26, do Código de Menores de 1927 vide: Silvia Maria Fávero Arend. *Filhos de criação*: uma história dos menores abandonados no Brasil (década de 1930). Porto Alegre: UFRGS, 2005, p. 325-334. Tese doutorado em História.

49. Brasil. Código de Menores. Lei n.° 3.071, de 1°. de janeiro de 1916. Artigo 18.

50. Brasil. Código de Menores. Lei n.° 3.071, de 1°. de janeiro de 1916. Artigo 19.

51. Brasil. Código de Menores. Lei n.° 3.071, de 1° de janeiro de 1916. Artigos 20 e 22.

52. Brasil. Código de Menores. Decreto n° 17.943 A, de 12 de outubro de 1927.Artigos 26 a 30.

53. Brasil.Código de Menores. Decreto n° 17.943 A, de 12 de outubro de 1927. Artigos 31 a 54.

54. Brasil. Código de Menores. Decreto n° 17.943 A, de 12 de outubro de 1927. Artigos 55 a 67.

55. Silvia Maria Fávero Arend. *Filhos de criação*: uma história dos menores abandonados no Brasil (década de 1930). Porto Alegre: UFRGS, 2005, p. 292. Tese doutorado em História.

Esta obra foi impressa em Santa Catarina pela Nova Letra
Gráfica & Editora no inverno de 2010. No texto foi utilizada a fonte
Minion Pro, em corpo 10,5, com entrelinha de 15 pontos.